人力资源管理名家精品系列教材

Labor Relation Management

劳动关系管理

——理论与实务（第三版）

陈维政　李贵卿　毛晓燕　主编

科学出版社

北京

内 容 简 介

本书分为上篇（劳动关系管理理论，共五章）和下篇（劳动关系管理实务，共八章）两部分。上篇包括：劳动关系导论、劳动关系的理论演进和趋势、世界各国的劳动关系管理实践、员工参与和民主管理、政府在劳动关系管理中的作用等。下篇包括：劳动关系管理实务概述、劳动合同管理、企业用工管理、劳动标准管理、社会保险、集体协商与集体合同、劳动争议处理、非标准劳动关系等。

本书适合工商管理专业、企业管理专业、人力资源管理专业、劳动与社会保障专业、劳动经济专业、劳动关系专业等管理类专业的师生使用。

图书在版编目（CIP）数据

劳动关系管理：理论与实务 / 陈维政，李贵卿，毛晓燕主编.
3 版. -- 北京：科学出版社，2024. 6. --（人力资源管理名家
精品系列教材）. -- ISBN 978-7-03-078954-9

Ⅰ. F246

中国国家版本馆 CIP 数据核字第 2024EF4398 号

责任编辑：陶 璇 / 责任校对：姜丽策
责任印制：张 伟 / 封面设计：蓝正设计

科 学 出 版 社 出版

北京东黄城根北街 16 号
邮政编码：100717
http://www.sciencep.com

中煤（北京）印务有限公司印刷
科学出版社发行 各地新华书店经销

*

2024 年 6 月第 一 版 开本：787×1092 1/16
2025 年 7 月第二次印刷 印张：23
字数：477 000

定价：58.00 元
（如有印装质量问题，我社负责调换）

FOREWORD

前　　言

　　党的二十大报告指出："我们要坚持教育优先发展、科技自立自强、人才引领驱动，加快建设教育强国、科技强国、人才强国，坚持为党育人、为国育才，全面提高人才自主培养质量，着力造就拔尖创新人才，聚天下英才而用之。"①处在经济转型时期的中国，严峻的就业压力和复杂的劳动关系给我国的经济和社会生活带来诸多不确定因素，引起了各界的高度关注。近年来，企业面临着不断上升的用工成本和用工风险，劳动者更面临着就业保障和就业安全的挑战。

　　为应对这些挑战，我国企业以习近平新时代中国特色社会主义思想为指导，认真贯彻落实党中央、国务院关于构建和谐劳动关系决策部署，加快构建新发展格局，以促进企业发展和维护职工权益为目标，激发尊重劳动、造福职工的崇德向善行为。

　　编写本书是希望有助于我国企业应对劳动关系管理面临的挑战，有助于实现党的二十大提出的以中国式现代化全面推进中华民族伟大复兴的宏伟蓝图。要将美好蓝图变为现实，需要广大劳动者以主人翁姿态奋进新征程、建功新时代。相信本书的出版，将对我国的劳动关系管理起到积极的作用。

　　本书适合工商管理专业、企业管理专业、人力资源管理专业、劳动与社会保障专业、劳动经济专业、劳动关系专业等管理类专业的教师和学生使用。本书分为上篇（劳动关系管理理论，共五章）和下篇（劳动关系管理实务，共八章）两部分。上篇包括：劳动关系导论、劳动关系的理论演进和趋势、世界各国的劳动关系管理实践、员工参与和民主管理、政府在劳动关系管理中的作用等。下篇包括：劳动关系管理实务概述、劳动合同管理、企业用工管理、劳动标准管理、社会保险、集体协商与集体合同、劳动争议处理、非标准劳动关系等。本书内容可供 30～70 学时课

---

　　① 习近平：高举中国特色社会主义伟大旗帜 为全面建设社会主义现代化国家而团结奋斗——在中国共产党第二十次全国代表大会上的报告. https://www.gov.cn/xinwen/2022-10/25/content_5721685.htm，2022-10-25.

程使用。

本书在编写中突出了以下特点。

（1）内容的前沿性。本书尽量收集国内外劳动关系管理领域理论与实践的最新进展。理论方面，以中国现实的劳动关系为依据，比较分析了西方劳动关系的理论与实践，如合作型劳动关系的建立与管理等，体现了编写者的最新研究成果；实践方面，在《中华人民共和国劳动合同法》（以下简称《劳动合同法》）《中华人民共和国劳动争议调解和仲裁法》和《中华人民共和国就业促进法》（以下简称《就业促进法》）等出台后，本书突出了新时期劳动合同、劳动用工、劳动标准、劳动争议和劳务派遣等方面的管理及操作实务。

（2）本土化导向性。我国是社会主义国家，必须坚持马克思主义理论的基本原则，继承我国在长期实践中探索形成的一系列具有中国特色的优良传统和制度经验，切实维护广大劳动群众合法权益。落实劳动合同和集体合同制度，加强企业民主管理，依法保障职工劳动报酬、休息休假、劳动安全卫生、社会保险、职业技能培训等基本权益，强化劳动争议预防，促进劳动争议协商和解，重点总结我国新时代建设中国特色和谐劳动关系的理论与实践经验。

（3）应用实操性。本书突出劳动关系管理的实践性，针对我国劳动关系管理面临的实际问题，立足于企业，从企业劳动关系管理的视角来分析和运用相关理论和法规政策。结合劳动关系管理课程实践性强的特点，本书编写重视"体验式"和"参与式"教学方式的运用，通过案例分析和讨论大幅增加课程教学中师生交流互动环节，提升教材的高阶性、创新性、实操性。学生通过本书的学习，能系统了解企业的实际劳动关系管理工作，并掌握相关的必备知识和技能。而且，本书配以大量的真实案例以生动说明企业劳动关系管理的经验及教训，帮助学生理解相关理论与法规政策，以增强本书的可读性。

在本书的编写过程中，我们参阅和借鉴了大量的相关书籍和论文，同时引用了部分文献资料和案例，在此谨向这些书籍、论文和案例的作者表示最诚挚的谢意。本书在引用案例时，对大多数案例中的人名、地名和时间等进行了掩饰性改动。

本书上篇由李贵卿撰写初稿，下篇由毛晓燕撰写初稿，全书由陈维政修改定稿。由于编者水平所限，书中难免有疏漏和不足之处，恳切希望使用本书的老师和学生提出批评和建议，使本书不断充实完善。

希望通过众多专家的共同努力，逐渐有更多的适应中国实际、富有中国特色的教材问世，为我国培养更多高素质的复合型人才作出积极的贡献。

编　者

2024 年 6 月

CONTENTS
目　　录

上篇　劳动关系管理理论

下篇　劳动关系管理实务

上 篇
劳动关系管理理论

第一章 劳动关系导论

近年来，各类企业在保障劳动者各项合法权益、完善劳动关系协商协调机制方面取得了积极进展，为促进经济高质量发展和社会和谐稳定发挥了重要作用。随着劳动力市场化进程的加快，以及信息技术对社会经济发展影响的增强，在建设中国式现代化条件下，为推进新时代和谐劳动关系建设，我国在劳动关系理论方面还有许多问题亟待进一步深入研究，以解决劳动关系建立和运行中存在的问题。劳动关系对劳动者、企业（雇主）和整个社会都有着深刻的影响。对于劳动者来说，工作条件、工作性质、薪酬福利待遇，决定着他们的生活水平、职业发展、个人尊严、自我认同感和身心健康。对于企业来说，职工的工作绩效、忠诚度、工资福利水平都是影响生产效率、劳动成本、经营效益等的重要因素，甚至影响着企业的生存与发展。对于整个社会而言，劳动关系还会影响经济增长、通货膨胀和就业状况以及社会财富和社会收入的总量与分配，并进一步影响全体社会成员的生活质量。

第一节 劳动关系的含义

一、劳动关系的概念

劳动关系是人们为实现生产劳动过程而形成的一种社会关系，是人类社会活动中最基本的社会关系。在企业的劳动关系管理中，广义地讲，劳动关系是指企业、经营管理者、职工及职工组织（工会、职工代表大会等）之间在企业的生产经营活动中形成的各种权、责、利关系，主要包括：①企业与全体职工（包括经营管理者）之间的关系；②企业与职工组织之间的关系；③经营管理者与职工之间的关系；④经营管理者与职工组织之间的关系；⑤职工与职工组织之间的关系；等等。狭义地讲，企业的劳动关系是指用人单位（雇主）与职工（雇员）及职工组织之间依据劳动法律法规确立和形成的劳动法律关系。本书讨论的主要是狭义的劳动关系，即劳动法律关系①。

"劳动关系"这一概念包含以下几个方面的内容：其一，劳动关系的目的。劳动关系是与生产劳动过程相联系并在生产劳动过程中形成的，实现生产劳动过程是劳动关系的直接目的。其二，劳动关系的主体。劳动关系是以劳动者和劳动力使用者（雇主）为基本主体构成的，但为实现生产劳动过程，劳动关系的主体也包括相关的社会组织——主要是作为社会生产过程的组织协调者的政府、作为劳动者利益代表的工会组织以及作为雇主利益代表的雇主组织。其三，劳动关系的性质。劳动关系的基本性质是社会经济关系，或者说，劳动关系是以经济关系为基本构成的社会关系②。

二、关于劳动关系的不同称谓

劳动关系在不同的国家和不同的历史时期，有不同的称谓。与劳动关系内容接近的称谓有劳资关系、雇佣关系、产业关系等③。

（1）劳资关系指劳动者与雇主（资本所有者）之间的关系。这一关系既包括劳动者个人与雇主的关系，也包括工会与雇主或雇主团体的关系。这一概念在市场经济背景下，使用得非常广泛；其特点是突出劳资的区别，主体明确，关系清晰。雇主以生产资料的所有者或所有者代理人的身份支配、控制劳动过程；劳动者则作为被雇佣者挣得相当于自己劳动力价值的工资。劳动和资本不是简单的利益共同体，他们存在着力量的对比和利益的博弈。

（2）雇佣关系指一种经济的、法律的、社会的、心理的以及政治的关系，在这种关系中，雇员投入自己的时间、劳动和专业技能为雇主谋利，以此换取一系列个性化的经济和非经济的报酬。在这一关系中，主要指以就业关系为中心的个别的劳动关系，不强调集体的劳动关系，强调的是受雇佣的劳动者个体和雇主的关系。

（3）产业关系指区别于前资本主义劳动关系的、以社会化大生产为基本特征的工业生产过程中的劳动关系。产业关系分为狭义的产业关系和广义的产业关系，狭义的产业关系等同于劳资关系，主要指劳动者及工会与雇主之间的关系。广义的产业关系则指产业及社区中管理者与受雇者之间的所有关系，包括了雇佣关系的所有层面，以及相关的机构和社会、经济环境。在美国，产业关系被定义为：不仅包括劳动者组织和产业经营者之间的关系处理，而且包括工资、生产、雇佣保障、经营者的雇佣惯例、工会的政策，以及对于劳动问题的政府行动，即劳动

---

① 陈维政，程文文，吴继红：《人力资源管理》.5版.北京：高等教育出版社，2020年，第283页。
② 常凯：《劳动关系学》.北京：中国劳动社会保障出版社，2005年，第9页。
③ 常凯：《劳动关系学》.北京：中国劳动社会保障出版社，2005年，第11页。

的全部领域。而在英国，其更是把产业关系作为研究劳动问题的一门学问，就主体而言，这一关系不仅包含劳资双方，而且还包括政府一方，即三方关系。产业关系这个概念一般是使用其广义的含义。

总体分析以上这些概念，劳资关系是劳动关系发展和劳动关系研究中的传统概念，强调劳资力量的平衡和集体劳动关系。雇佣关系的概念，更多地从管理方出发而注重个别劳动关系。产业关系则是一个宏观和社会层面的概念。相对于以上这些概念，劳动关系不仅可以避免由所有制的不同所引起的概念的差别，而且可以避免从某种政治立场或经济利益出发而引起的概念差异，更能反映这一社会关系所具有的一般特征。

当然，以上概念的差异在一定程度上也是我国在从西方引入这些概念时由翻译的不同所引起的。比如，劳动关系、劳资关系、劳工关系等在英文中都是"labor relation"，早期常被译为劳资关系，主要是反映工业社会初期劳方（工人、无产阶级）与资方（资本所有者、资产阶级）的对立关系。但是，随着工业化的快速发展，现代工业企业已发生了巨大变化，作为资本所有者的出资人退出了企业，变成了数量巨大的公众出资人（股东、股民、基民）。企业成为独立的法人实体，其经营管理由职业经理人掌控。职业经理人既受雇于企业，同时又代表企业管理职工，此外还存在部分职工因持有本企业或其他企业的股份而同时是出资人的情况。这种复杂的关系显然不能再简单地用劳资关系来描述。

另外，产业关系的英文是"industrial relation"，也常被译作工业关系或劳动关系；雇佣关系的英文是"employment relation"，也可被译为用工关系或劳动关系。

综上所述，用劳动关系比其他术语更妥当。

三、劳动关系管理的研究对象

劳动关系管理的研究处于不断变化之中，其关注的问题也不断发生显著的变化，其各种理论框架也经过反复修正。这是因为劳动关系和其他相关学科、领域的界限通常比较模糊，并且新的研究方法不断出现，加之劳动关系管理研究发生的这些变化与雇佣方式、雇佣关系发生的深刻变化有着广泛的联系，因此多数国家对劳动关系的研究大多集中在工会、雇主、政府等几个方面，其内容多围绕工会的成因、功能和影响等。然而，近年来劳动关系管理的研究范围已经逐步扩大到与工作相关的全部问题，如劳动合同、职业安全和健康、雇佣歧视、雇员满意度、工作保障以及劳动关系的跨国比较等。

研究范围的扩大，使劳动关系管理与其他学科进一步交叉融合，并促使其他学科的学者开始研究劳动关系，如经济学、社会学、法学、组织行为学、政治伦理学等领域学者有所介入。与此同时，各学科的研究方法和研究策略在劳动关系管理理论和实证的研究中得以扩展，以前研究劳动关系管理多为制度描述、历史回顾、案例分析以及简单的描述性分析等，而现在劳动关系管理的研究则增加了实证研究和处理复杂数据的统计分析。

近年来，由于人力资源管理作为一个研究领域得到了长足发展，人们开始质疑，传统的劳动关系理论只适用于大机器生产的工业化时代，而不适用于以知识经济为特征的信息化和智能化时代，因为工厂的工人数量不断下降，工会运动的影响力慢慢减弱，在工作中更加独立和个性化的知识型职工越来越多，人们对职工的工作认同感和工作参与的关注度不断上升，劳动关系管理研究的对象和内容正面临新一轮严峻挑战。

第二节　劳动关系的环境

所谓劳动关系的环境是指一个社会的劳动关系系统所拥有的具体社会条件和所处的社会背景。劳动关系的存在与它所处的社会环境直接相关，劳动关系的性质和特点直接受其所处的社会环境的影响。

劳动关系的环境包括政治环境、经济环境、技术环境和国际环境。

一、政治环境

劳动关系的政治环境主要包括影响劳动关系的政府和法律等因素。政府作为劳动关系的"第三方"，通过立法对劳动关系产生影响，主要表现在以下几个方面[①]：①政府拥有制定和改变雇佣关系系统规则的权力和职责；②政府通过对公共部门内的组织和有潜在联系部门的直接或间接控制，体现他们所倾向的运行模式；③政府的社会和经济政策对劳动关系的影响。

政治环境中的法律因素是指对我国劳动关系有直接影响的相关法律和规定。正如我国的《中华人民共和国劳动法》（以下简称《劳动法》）、《劳动合同法》、《就业促进法》、《中华人民共和国工会法》（以下简称《工会法》）等都对保护劳动者的合法权益、鼓励建立规范的劳动关系、促进就业和培训起到了积极的推动作用。

二、经济环境

劳动关系的经济环境主要包括所有制和分配的制度状况、技术状况、经济结构、市场状况等因素。其中，所有制和分配的制度状况是对劳动关系影响最为直接的经

---

① 菲利普·李维斯，阿德里安·桑希尔，马克·桑得斯：《雇员关系：解析雇佣关系》. 高嘉勇，曹金华，邓小涛，等译. 大连：东北财经大学出版社，2005 年，第 28-32 页。

济因素。在市场经济条件下，劳动关系与市场状况直接相关，特别是劳动力市场状况，直接决定了劳动关系的特点。技术状况包括技术水平、技术构成以及与此相适应的企业管理方式等，这些因素对于劳动关系的构成和特点会产生直接影响。

经济全球化的发展趋势对劳动关系的影响是不容忽视的。当今社会的产品生产越来越多地被跨国公司所控制，并且跨国公司之间在多方面相互影响。中国加入 WTO 标志着中国直接与国际经济接轨，融入国际经济大循环的体系中，并遵守其规则和惯例，这对中国劳动关系产生了重大、深远的影响。WTO 要求中国劳动关系的运作符合国际通行的"游戏规则"和公认的国际劳工标准及惯例，如工资作为劳动力的市场价格，要由劳动关系双方谈判确定等，从而使劳动关系趋于国际化。

当前，我国进入了新的发展阶段，构建以国内大循环为主体、国内国际双循环相互促进的新发展格局已经作为重要理论概念和发展模式被提出。中国经济已深度融入世界经济，同全球许多国家的产业关联和相互依赖程度较高。中国构建以国内大循环为主体、国内国际双循环相互促进的新发展格局，绝不是关起门来封闭运行，而是通过发挥内需潜力，使国内市场和国际市场联通，利用国内国际两个市场、两种资源，提高我国资源配置的能力。因此，我国要科学认识国内大循环和国内国际双循环的关系，主动作为、善于作为，建设更高水平开放型经济新体制。要构建和谐的劳动关系，促进我国经济高质量发展，就离不开国内国际双循环的相互促进[1]。

由于新冠疫情影响和中美经贸关系紧张，外部不确定因素不断增加，就业难、失业快的现象时有发生。就业作为经济关系和社会发展的基本，国家和政府高度重视，采取了一系列的政策措施。在国内国际双循环的发展中，就业发挥着枢纽的作用。因此，劳动关系的运作模式与经济环境变得更加密切相关。

三、技术环境

科学技术的快速发展对工作环境的影响是巨大的，特别是 20 世纪 70 年代以来，计算机技术的广泛应用使以前由人工承担的生产和管理工作中的例行任务逐渐自动化。到了 20 世纪 90 年代，这种自动化又得到了分布式通信技术的互联网系统的支持，使工作突破了时间和空间的限制。如今，已有相当部分的工作可以在互联网平台或通过互联网平台来完成。

新技术的应用对劳动者的工作环境和工作性质造成了很大的冲击，以前由管理者实施的控制程序和内容，很多已经通过信息技术转移到了工作平台上。同样，

---

[1] 刘鹤：《加快构建以国内大循环为主体、国内国际双循环相互促进的新发展格局》.《人民日报》，2020年11月25日。

互联网技术使组织增加了在任何地点进行工作的自由度。新技术的出现使许多新的工作职务出现了，而以前存在的很多工作也随之消失。美国著名经济学家里夫金在《工作的终结——后市场时代的来临》一书中对这个问题做过深入的研究。

从宏观上讲，高新技术使社会拥有更为先进的生产力，人们能够利用更为先进的生产工具去创造更多的财富，从而带来更多的利益。同时，高新技术的不断发展加剧了市场竞争，在低水平运行层次上的企业将被淘汰出局，这将更大限度地实现社会资源优化配置。从微观上讲，高新技术（尤其是信息技术）的广泛运用使再造企业成为可能，企业的运作更具效率。同时，企业的大量裁员会降低工资成本和负担，公司将获得更多的盈利，从而更具竞争力。

在社会方面，高新技术（尤其是自动化和信息化）打破了劳动力市场的均衡，使劳动力供给出现绝对过剩，整个社会将日益分化为彼此不同的两类人：一类是高新技术人员，他们引领着高科技经济的发展，成为满负荷甚至超负荷工作的劳动者，他们可能只占劳动力人口的不到 20%；另一类是数量庞大的工人和白领职员，他们的处境正在发生巨大变化，在日益自动化和信息化的背景下，其发展前景不太理想，很大可能得不到真正的全日制工作。彼得·德鲁克警告过他的同事，面对新兴的信息社会，关键的社会挑战在于防止后资本主义社会中两个主要集团——知识工作者和服务业劳动者之间的冲突[①]。

目前，人工智能对劳动的替代效应是一个热门话题，人工智能是研究、开发用于模拟、延伸和扩展人的智能的理论、方法、技术及应用系统的技术科学。人工智能的出现和普及应用拉开了第四次工业革命的序幕，使产业结构、城市形态、生活方式和科技格局等领域发生深刻改变。历史经验表明，由于其兼具创新性和破坏性，颠覆性的技术革新往往不仅能带来生产力的飞跃，而且会对就业市场产生重要影响，人工智能也是如此。一方面，人工智能可能通过替代效应造成技术性失业。人工智能是一种能够替代劳动力的技术，在一些传统工作岗位上，人工智能可能会取代人类，而一些企业为了提升自身的竞争力，在采用人工智能提高生产率的同时，并没有对由此而导致的失业问题给予足够的重视。另一方面，人工智能可以通过互补效应带动部分就业增长，或者通过创造效应在相关领域创造一些新的工作岗位。人工智能对就业市场的影响取决于其所产生的替代效应、互补效应和创造效应的综合作用结果。人工智能的发展为全球经济带来了新的增长点，可以成为应对人口老龄化问题的有效手段。此外，智能机器可以承担日常的、危险的或污秽的工作，让人类更充分地发挥天赋，但要获得这些好处，我们需要通过确保强劲的经济增长、强调新技能培训和持续学习能力培养，为劳动力转移创造条件，以便积极拥抱人工智能时代。

---

① 转引自杰里米·里夫金：《工作的终结——后市场时代的来临》. 王寅通，等译. 上海：上海译文出版社，1998 年，第 203 页。

另一热门话题是互联网技术发展和平台用工对劳动关系的冲击。相较于传统劳动关系，互联网平台用工有几个突出特点：第一，许多平台用工人员具有较强的自主性，能够自由选择工作时间、工作地点、工作时长等，而传统劳动者不能对此自行决定；第二，平台用工人员的监督一般来自于获得购买服务的顾客，而传统劳动者一般只受用人单位监督；第三，许多平台用工人员自备劳动工具和设备，如网约车主自备汽车，而传统劳动者多是使用用人单位提供的原材料和设备。

从岗位创造而言，网络平台劳动力市场借助互联网大数据对用工信息进行充分、即时、有效的传播和分享，大大降低了用工的交易成本，创造了大量的灵活就业岗位。灵活就业岗位的供给涌现，反映出企业对用工灵活性的诉求，也反映了劳动者对工作自主性的诉求。双方利益诉求的结合，有利于形成和谐劳动关系和社会公平。在网络平台劳动力市场中，劳动者收入水平以客观的工作类型为参照，而非个体特征或劳动力市场特征。这从三方面降低了收入不平等程度：一是提高行业内低收入群体工资，缩小行业内工资收入差距；二是设置较低的就业门槛，吸纳其他行业的专职就业者以兼职的方式获取收入，缩小行业间工资收入差距；三是消除歧视，给予女性、流动人口以及失业人口平等的就业机会，缩小不同群体间收入差距[①]。

但是，互联网平台用工也对传统的劳动关系理论和现行的劳动法律法规带来了挑战。互联网平台与劳动者之间是否存在雇佣关系？平台是否是用人单位或用工单位？由于大多数平台劳动者与平台之间没有签订劳动合同，其合法权益如何得到有效保护？谁该承担平台劳动关系管理的责任？这些问题是当前劳动关系管理理论界和实践界共同面临的亟待解决的难题。本章后附的阅读材料就是对解决这些问题的一个初步探索。

四、国际环境

劳动关系的状况对经济发展和社会安定有着直接、重要的影响，所以，调整劳动关系的劳动立法普遍受到各国的重视。随着经济的发展，越来越多的人意识到，保护劳动者的权利，体现社会正义，对保障经济发展，缓和社会主要矛盾关系重大。

1. 各国劳动法对劳动关系的调整

《世界人权宣言》第二十三条规定：①人人有权工作、自由选择职业、享受公正和合适的工作条件并享受免于失业的保障；②人人有同工同酬的权利，不受任何歧视；③每一个工作的人，有权享受公正和合适的报酬，保证使他本人和家属

---

① 纪雯雯：《网络平台就业对劳动关系具有积极影响》.《工人日报》，2017年5月24日。

有一个符合人的尊严的生活条件，必要时并辅以其他方式的社会保障；④人人有为维护其利益而组织和参加工会的权利。

《世界人权宣言》第二十四条规定：人人有享有休息和闲暇的权利，包括工作时间有合理限制和定期给薪休假的权利。

基于此，各国的劳动法律法规都广泛规定了法定的劳动权利：第一，平等的就业权和创业权。第二，自由选择职业权。第三，自由缔结劳动合同权。第四，劳动报酬权。第五，休息休假权。第六，劳动安全卫生和劳动保护权。第七，职业技能培训和文化素质教育权。第八，社会保障和社会福利权。第九，参与管理决策权。第十，联合组建工会权。第十一，获得信息和磋商权。第十二，合法罢工权[1]。第十三，提请劳动争议处理权。第十四，与劳动相关的其他权利，如工作中的表达权、隐私权、人身自由权等。以上是一个基本范围的劳动权利，劳动权利的内容还很丰富，而且不断扩大。

2. 国际劳工标准对劳动关系的调整

国际劳工标准是指由国际劳工大会通过的国际劳工公约书和建议书，以及与之相关联的一些关系的原则、规则等[2]。国际劳工组织在制定劳工标准的同时，也规定了监督条款。国际劳工组织是隶属于联合国的专门负责劳工事务的国际组织，其重要特点在于由成员国的政府、工人和雇主三方代表以平等、独立的方式共同组成。

国际劳工标准的主要内容有：基本人权，包括结社自由、集体谈判、禁止强迫劳动、机会和待遇均等；就业政策与人力资源开发，包括就业政策、就业服务和就业机构、人力资源培训与开发（职业指导和培训、残疾人职业康复与就业、就业保障、社会政策）；劳动行政管理与劳动监察，包括工资、一般就业条件、职业安全和卫生、社会服务、住房和休闲；社会保障和社会保险（医疗保险、养老保险、工伤保险、失业保险、生育保险等）；妇女就业，包括生育保护、夜班工作、井下劳动；儿童与未成年人就业，包括最低就业年龄、夜班工作、体格检查、井下劳动；老年工人；移民工人；非本土劳动者；特殊行业劳动者；等等。

国际劳工标准逐渐受到我国的高度重视。在 1990 年，中国批准了《对男女工人同等价值的工作付予同等报酬公约》（第 100 号公约）。2005 年 8 月 28 日第十届全国人大常委会第十七次会议决定：批准经第 42 届国际劳工大会通过的《1958 年消除就业和职业歧视公约》（第 111 号公约）。目前，中国已经批准了《准予就业最低年龄公约》和《禁止和立即行动消除最恶劣形式的童工劳动公约》。中国批准这些公约的行为表明，中国政府向国际劳工组织，向国际社会作出承诺，决定

---

① 姜颖：《劳动法学》. 北京：中国劳动社会保障出版社，2007 年，第 36-37 页。

② 董保华：《劳动关系调整的社会化与国际化》. 上海：上海交通大学出版社，2006 年，第 63 页。

承担由于批准公约而产生的国家义务。

3. SA8000 社会责任管理体系

SA8000 社会责任管理体系（Social Accountability 8000）是一种以保护劳工权利为主要内容的新兴的管理标准体系。其宗旨是使公司所制定、维持并执行的政策及程序，在公司可以控制和影响范围内符合有关社会责任的强烈要求。

1997 年，美国经济优先委员会建立了一个特许机构，即经济优先认可委员会，旨在直接监督跨国公司在承担社会责任问题方面的表现。由来自工会、大学、人权团体、公司和会计师事务所的参与者组成的顾问委员会，帮助起草了一项社会责任标准（SA8000），借鉴国际劳工组织公约和人权原则的一些条款，建立了一套涉及劳工和工作条件等问题的具体标准，包括童工、卫生和安全、结社自由、集体谈判、歧视、工作时间、工资等内容。这就是现在流行的 SA8000，其发起组织也从经济优先委员会改名为社会责任国际组织[①]。

SA8000 的规范性原则包括世界人权宣言、联合国儿童权利公约、国际劳工组织的八项核心公约及第 135 号公约（《工人代表公约》）、第 155 号公约（《职业安全和卫生及工作环境公约》）、第 159 号公约[《（残疾人）职业康复和就业公约》]、第 177 号公约（《家庭工作公约》）。从表面上看，SA8000 并不是强制性规范，即企业自愿向认证机构提出申请，但事实上，出口企业对认证机构比对很多政府部门还客气。在商业利益面前，企业为保证产品的销售，遵守企业社会责任标准已经是生死存亡的大事。以下是 SA8000 涉及劳动关系的相关规定摘要：

1）核心劳工标准[②]

（1）公司不应使用或者支持使用童工，无论工作地点内外，不得将儿童置于不安全或不健康的工作环境和条件下。

（2）公司不得使用或支持使用强迫或强制性劳动，也不得要求员工在受雇起始时交纳"押金"或寄存身份证件。

（3）公司应尊重所有员工的结社自由和集体谈判权。

（4）在涉及聘用、报酬、培训机会、升迁、解职或退休等事项上，公司不得从事或支持基于种族、民族或社会出身、社会阶层、血统、宗教、身体残疾、性

---

① 程多生：《企业社会责任是中国企业面临的新课题》.《中国企业报》，2004 年 9 月 24 日。

② 这一概念在 1995 年召开的社会发展问题世界首脑会议上首次提出。国际劳工组织在 1998 年国际劳工大会上通过的《国际劳工组织关于工作中基本原则和权利宣言及其后续措施》中将核心劳工标准称为"工人的基本权利"，并将其规定为四个方面的内容：禁止强迫劳动和童工；结社自由；自由组织工会和进行集体谈判；同工同酬以及消除就业歧视。这四项基本劳动权利，主要体现在八项国际劳工公约中，这八项公约为：1930 年《强迫劳动公约》（第 29 号）；1948 年《结社自由与保护组织权公约》（第 87 号）；1949 年《组织权与集体谈判权公约》（第 98 号）；1951 年《对男女工人同等价值的工作付予同等报酬公约》（第 100 号）；1957 年《废除强迫劳动公约》（第 105 号）；《1958 年消除就业和职业歧视公约》（第 111 号）；1973 年《准予就业最低年龄公约》（第 138 号）；1999 年《禁止和立即行动消除最恶劣形式的童工劳动公约》（第 182 号）。

别、性取向、家庭责任、婚姻状况、工会会员、政见、年龄或其他的歧视。

（5）公司不能允许任何威胁、虐待、剥削的行为及强迫性的性侵扰行为，包括姿势、语言和身体的接触。公司应给予所有员工以尊严及尊重，不得从事或支持体罚、精神或肉体胁迫以及言语侮辱，也不得以粗暴、非人道的方式对待员工。

2）工时与工资

（1）公司应遵守法律及行业标准中有关工作时间和公共假期的规定。标准工作周不得超过 48 小时，每连续工作六天至少须有一天休息。每周加班时间不超过 12 小时，所有加班应按照国家规定支付加班津贴。

（2）公司应保证所付工资至少达到法定或行业最低工资标准并满足员工基本需要。公司应保证不采取纯劳务合同安排、连续的短期合约或虚假的学徒工制度以规避法律所规定的对员工应尽的义务。

3）健康与安全

公司应为员工提供安全健康的工作环境，采取足够的措施，降低工作中的危险因素，尽量防止意外或健康伤害的发生；为所有员工提供安全卫生的生活环境，包括干净的浴室、洁净安全的宿舍、卫生的食品存储设备等。

4）管理系统

公司高层管理人员应制定实施 SA8000 标准的政策和程序，并将之有效传达给员工，还要清楚地分享给客户、供应商、分包商和下级供应商，此外还要对实施结果定期进行管理评审。公司应建立书面申诉程序，确保员工以及利益相关方可以在保密、公正、无报复的情况下进行评论、建议、报告或投诉。

进入 21 世纪后，企业在社会发展中所扮演的角色和发挥的作用越来越重要，由传统企业向全新的社会责任型企业转变的企业革命，正在全球悄然兴起。2003年世界经济论坛中关于"企业公民"的标准包括四个方面：第一是好的公司治理和道德价值；第二是对职工的责任，包括职工安全计划、就业机会、反对歧视、薪酬公平等；第三是对环境的责任，包括维护环境质量，使用清洁能源，共同应对气候变化和保护生物多样性等；第四是对社会和经济福利的广义贡献，如传播国际标准、解决贫困问题等。事实上，当很多企业努力将这些要求体现在企业宣言中的时候，领先的企业已经将企业社会责任整合到企业运作的各个层次中，按照优秀企业公民标准打造长青基业了①。

第三节　劳动关系中的主体

劳动关系的主体是指劳动关系系统的参加者，又被称为劳动关系的当事人。

---

① 马力，齐善鸿：《西方企业社会责任实践》.《企业管理》，2005 年，第 2 期。

劳动关系的主体包括参与劳动关系的两方：一是劳动者及其组织（工会、职工代表大会）；二是用人单位（企业）及其代理人（经营管理者）。

具体来讲，劳动关系的主体由以下部分构成：

一、劳动者

劳动者是指被用人单位（企业）以支付劳动报酬的方式所雇佣的职工。职工的范围广泛，包括蓝领工人、白领职员、专业技术人员以及管理人员。但是，职工不包括自由职业者、自雇者。

1. 劳动者的权利

（1）劳动就业的权利。我国《劳动法》第三条规定，劳动者享有平等就业和选择职业的权利、取得劳动报酬的权利、休息休假的权利、获得劳动安全卫生保护的权利、接受职业技能培训的权利、享受社会保险和福利的权利、提请劳动争议处理的权利以及法律规定的其他劳动权利。

（2）参加和组织工会的权利。《劳动法》第七条规定，劳动者有权依法参加和组织工会。工会代表和维护劳动者的合法权益，依法独立自主地开展活动。

（3）参与民主管理的权利。《劳动法》第八条规定，劳动者依照法律规定，通过职工大会、职工代表大会或者其他形式，参与民主管理或者就保护劳动者合法权益与用人单位进行平等协商。

2. 劳动者的义务

《劳动法》第三条规定，劳动者应当完成劳动任务，提高职业技能，执行劳动安全卫生规程，遵守劳动纪律和职业道德。

二、劳动者组织

劳动者组织是指因共同利益和共同目标而组成的企业职工团体，工会、职工大会、职工代表大会是企业职工团体最主要的形式，其主要目标是为职工争取利益。

1. 工会

我国《工会法》规定，工会是中国共产党领导的职工自愿结合的工人阶级群众组织。我国《劳动法》也规定，工会代表和维护劳动者的合法权益，依法独立自主地开展活动。

2. 职工代表大会（职工大会）

我国《企业民主管理规定》第三条和第八条规定，职工代表大会（职工大会）

是职工行使民主管理权力的机构，是企业民主管理的基本形式。企业可以根据职工人数确定召开职工代表大会或者职工大会。当企业超过一定人数（综合各地区职工代表大会条例规定，通常多于 100 人）时，应采取职工代表大会的形式；在职工人数较少（综合各地区职工代表大会条例规定，通常少于 100 人）的企业，则采取由全体职工参加的职工大会的形式。

三、用人单位

用人单位是指能够依法雇佣职工的具有独立法人地位的组织机构，如企业和事业单位。职工受雇或受聘于用人单位，并与用人单位签订劳动合同，从而形成与用人单位的劳动关系。但是，用人单位是一个组织机构，不能自己真正行使其法人权利，只能通过其代理人（经营管理者）来行使其权利和履行其责任。

我国《劳动法》规定，用人单位是在中华人民共和国境内的企业、个体经济组织。用人单位应当依法建立和完善规章制度，保障劳动者享有劳动权利和履行劳动义务。2022 年新修正的《工会法》扩大了用人单位的范围，该法第三条规定："在中国境内的企业、事业单位、机关、社会组织（以下统称用人单位）……"

1. 用人单位的权利

在理论和实践上，用人单位的权利可以理解为以下几点：

（1）劳动指挥权。劳动指挥权是用人单位所拥有的核心权利。用人单位是生产资料的所有者，因此在生产过程中享有相对优势的指挥权，这也是保证生产经营正常运行和提高劳动生产率的必要前提。为此，用人单位的首要权利是根据本企业的实际情况制定各项规章制度，并要求劳动者遵守的权利。

（2）奖惩权。奖惩权可以理解为用人单位实施劳动指挥权的延伸和补充，其中惩罚权是用人单位谋求企业生存、提高生产率和维持企业秩序的重要手段。一般法律中不对用人单位的奖励措施进行规定，而是由用人单位根据企业的具体状况和职工在生产过程中的表现设计奖励措施和内容。

（3）人事权。用人单位可以根据需要依法录用、调动和辞退职工，任免企业行政干部，决定企业内部机构和岗位的设置，以确保生产经营的正常进行。

2. 用人单位的义务

相对于用人单位的权利，用人单位在劳动关系中对职工负有更多的义务。

（1）平等雇佣劳动者。劳动就业是劳动者的个别劳权的基础和前提，也是劳动者的其他权利在劳动关系中得以实现的条件。

（2）提供劳动报酬。劳动报酬是劳动者在劳动关系中享有的基本的和核心的权利，劳动者是为了获得劳动报酬才与雇主缔结劳动关系的，这也是劳动者建立劳动关系的直接目的和追求。因此，作为雇佣劳动者的手段，用人单位必须支付工资报酬。

（3）保障工人休息休假。休息休假是关系到劳动者本人以及生命延续——劳动力再生产的基本权利。

（4）提供社会保险。社会保险是关系到劳动者基本生活能否得到保障，社会能否稳定和发展的一项基本制度。社会保险的内容和范围在各国略有不同，但基本上都涵盖生、老、病、伤、残等方面，并且一般由国家、用人单位和职工合理分摊。

（5）保障工人安全和健康。工人的安全与健康，既是一项重要的劳动者人权和人格权，也是用人单位维持正常生产和提高劳动生产率的必要条件。虽然保障工人的安全与健康是国家、用人单位和职工的共同责任，但工人的安全与健康直接与工作场所有关，所以，保护工人的安全与健康主要是用人单位的义务。

（6）提供职业培训。职业培训，又称职业技能训练或就业训练，是劳动者为提高个人技能所必需的，也是社会生产过程中的客观要求。各国法律都十分强调政府、用人单位和社会机构在职业培训中的作用，有些国家更明确地规定用人单位在提供职业培训方面的义务[①]。

四、管理方

管理方一般是指在企业中具有主要经营决策权的人或群体。在企业中，只有一个或少数几个人具有比较完全的决策权，而其他各管理等级的决策权是逐级递减的，每一级都要在服从上级权力的前提下行使其权力。所以，管理方是等级制的，权力在管理方的分布是不均衡的，多集中于管理方的上层。除了最高层的管理者之外，其他管理者都会同时处于服从上级和指挥下级的这两种关系之中。管理方具有以下特点[②]。

1. 管理方具有职权

职权是指能向其隶属人员进行指挥、发出命令并要求下级强制服从并执行的权力，以及给予奖惩的权力。其中，隶属人员既可以是下层管理人员，也可以是生产工人。

2. 管理方通过合法程序获得职权

企业各级管理人员的职权是经由一定正式程序而被赋予某个职位的一种权力，而不是某个人的权力。它源于企业产权，因而是合法的。

[①] 程多生：《雇主在劳动法律关系中的权利和义务》.《中国企业报》，2005 年，第 12 期。

[②] 程延园：《劳动关系》. 2 版. 北京：中国人民大学出版社，2007 年，第 87 页。

3. 职权自上而下逐级授予

除非生产组织完全由一个或几个管理人员控制，管理人员的职权通常由自上而下逐级授权获得。上层管理人员授予中下层管理人员一定的权力，使他们在一定监督下有相当的自主权与行动权；被授权者对授权者负有报告的义务与完成任务的责任。因此，管理人员的职权有严格的等级之分。

五、雇主组织

雇主组织是由用人单位依法组成的协会、联合会、商会等，其目的是根据一定的组织形式，使单个用人单位组合起来形成一种群体力量，以维护用人单位利益，并努力调整用人单位与职工以及与工会之间的关系。准确理解雇主组织这一概念，需要把握以下两点[①]：

（1）区分雇主组织与纯粹的行业协会。纯粹的行业协会不处理劳动关系，只关注本行业的营销、定价与技术革新等事务。而大部分雇主组织既具有雇主协会的功能，又兼有行业协会的功能；既负责处理劳动关系，也负责处理本行业生产事务。

（2）雇主组织是由企业法人而不是由自然人组成的协会。雇主组织的存在能够增强其成员（各企业）与工会进行集体谈判的力量，因此在西方，雇主组织是随着工会组织的不断发展壮大而建立和发展的。

在我国，主要的雇主组织之一是中国企业联合会[②]。中国企业联合会是经民政部核准注册登记的全国性社会团体法人，由各种所有制企业和有关经济、科研、新闻工作者以及有关企业工作者团体组成。中国企业联合会是非营利性社会组织，作为中国雇主组织代表，参与国家协调劳动关系三方机制的建设及国际劳工大会和国际劳工组织的各项活动。依据中国法律和业务主管部门的要求，中国企业联合会需要建立企业与政府、企业与企业、企业与社会间的联系，为推进企业改革与发展、提高企业经营管理水平和企业竞争力、推进企业家（企业经营者）素质建设、增强企业家（企业经营者）遵纪守法意识、依法维护企业和企业家（企业经营者）合法权益等目标开展各项服务活动，并为培养一批有影响力的企业和社会主义企业家而努力。

[①] 程延园：《劳动关系》. 2 版. 北京：中国人民大学出版社，2007 年，第 88 页。

[②] 冷明权，张智勇：《经济社团的理论与案例》. 北京：社会科学文献出版社，2004 年，第 122-124 页。

第四节　劳动关系的类型

劳动关系的类型主要指劳动关系的不同类别，根据不同的方法可以将劳动关系分成不同的类型。

一、传统的分类方法

按照劳动关系双方利益关系的性质、利益关系的处理原则来划分，劳动关系的基本类型有三种：利益冲突型，利益协调型，利益-体型[①]。

1. 利益冲突型

在资本主义发展初期，资产阶级借助国家政治权力实现经济上的强制，制定了最早的劳工法规，要求工人接受苛刻的劳动条件，延长工作时间，限制最高工资等。为了捍卫自己的生存权利，从 18 世纪中叶开始工人阶级就自发组织起来和资本家作斗争，工人运动日渐高涨，劳资关系日趋紧张。工人除了采取罢工、破坏机器等方式外，还要求政府颁布法律来限制日工作时长，要求改善劳动条件和待遇。这一时期，劳资双方利益根本对立，形成了尖锐的阶级对抗和劳资冲突，究其原因在于以下几点：第一，在建立劳动关系的过程中劳动者总是处于弱势地位，由雇主单方面决定劳动条件和劳动待遇，工人只能被动接受资方的剥削；第二，劳资双方在工资等劳动条件上始终存在经济性对立，劳动者要求更好的劳动条件和待遇，而资本家追求最少经费支出和更多剩余价值。这就决定了在自由资本主义时期劳动关系具有对抗和冲突性质。

2. 利益协调型

科技变革引起了劳动活动在内容、范围、职能和组织方面空前的变化，民主化浪潮和人权运动，以及现代管理科学的发展，推动劳资关系逐步发展和改善。科技进步使人力资本在生产中的贡献率越来越大，在企业经营管理中的作用越来越强，以企业或业主为中心的劳资关系越来越成为提高企业工作效率所必须突破的障碍。管理方认识到，如果没有劳资双方的良性合作，就不可能顺利实现生产经营，只强调企业和资方的权利，要求劳动者被动地服从，并不能真正提高劳动效率。劳动者也认识到，淡化对抗，采取与企业合作的态度，才能使企业效益得到提高，也才能提高自己的待遇。因此，现代工业化国家都强调劳资双方在利益差别基础上的合作，主张通过正式制度规范双方的权利、义务，通过平等协商和谈判来保障各方权益，平衡各方利益并实现共同利益最大化，以此来稳定劳动关

---

① 常凯：《劳动关系学》. 北京：中国劳动社会保障出版社，2005 年，第 67 页。

系，提高劳动效率。许多企业开始寻找激发劳动者积极性的出路，加强产权民主化改革，提出"分享制"（如美国的职工持股计划，加拿大、德国等的工作分享计划），以改进人力资源管理。近年来，国际劳工组织提出"体面劳动"的概念，强调劳动管理人性化，逐步向合作协调的劳动关系发展[①]。

3. 利益-体型

这种劳动关系主要表现为劳资利益一体化，即职工个人利益本就包括在企业利益中。例如，员工持股计划（employee stock option program，ESOP）或合作制企业（co-operative firm，CO-OP）就采用了此类劳动关系。

员工持股计划是一种新型股权形式，由全体职工通过受让或购买而共同持有企业的全部股份，而合作制企业是指由全体职工共同出资或参与出资组建的合作型企业。在这类企业中，职工不仅是被企业雇佣的劳动者，而且是企业的股东。也就是说，职工在这样的企业里，既是劳方，又是资方，由此形成了劳资利益一体化。

二、差异化视角的分类方法

劳动关系在一定程度上反映的是企业财务资本与人力资本之间的博弈，这与人力资本本身所具有的价值性与独特性有着很大的关系。

与传统的劳动关系调整方法不同，人力资本管理方法非常强调职工的差异性，强调根据职工不同特点采取不同的管理方法。在这方面代表性的观点有 Divid P. Lepak 和 Scott A. Snell 的混合雇佣模型[②]，即依据人力资本的价值性和独特性这两个维度，对职工实行差异化的劳动关系管理策略。

价值性维度：综合人力资本理论和会计学方法，人力资本价值是指作为组织主要资源的个体或群体为组织提供有效服务的能力，表现为这种服务为组织带来的收益，这种服务能力的大小，就是人力资本价值的高低。如果雇员能帮助企业降低成本、提高效率或创造更多具有客户价值的产品，帮助企业实现战略目标，那么对该企业来说，他就具有高价值；反之，就只能称为低价值人力资本。

独特性维度：人力资本的独特性或称人力资本的专属性，是指其知识和技能的不可复制性和不可模仿性。人力资本的这一特性可以理解为人力资本与企业特征及其用人要求的契合程度，或者说对特定企业来说是不易获取的资源。R. 卢卡斯、舒尔茨和贝克尔都曾将人力资本划分为一般人力资本和特殊人力资本。一般人力资本是指适用于宽泛职业的技能和素质的人力资本；特殊人力资本是指只对

① 高新会：《论转轨时期我国劳动关系的制度变迁》，暨南大学博士学位论文，2006 年。

② Lepak D P, Snell S A: The human resource architecture: toward a theory of human capital allocation and development. Academy of Management Review, 1999, 24(1): 31-48.

特定厂商产生价值的专业化的技能、经验或素质。人力资本的独特性是影响企业竞争优势的重要因素。

詹婧和朱必祥[①]在混合雇佣模型的启发下，提出了企业劳动关系管理差异化的思想，并提出了与各种人才相适配的劳动关系契约类型，见图1-1。

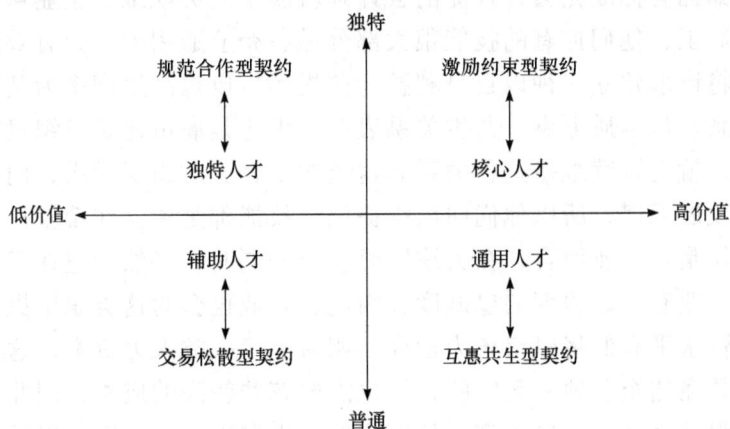

图1-1　人力资源的混合雇佣模型及其契约类型

1. 激励约束型契约

高价值和高独特性的人力资本是企业的核心职工，他们从事与企业生存和发展密切相关的工作，企业将其视为产生竞争优势的源泉，如高科技企业的工程师。核心职工所处的基本上是卖方劳动力市场，在劳企双方的力量对比中，居于相对的优势地位。对这类职工，管理者应注重履行劳动关系中的组织承诺，要与职工建立以组织为导向的紧密的劳动关系，鼓励雇主和雇员在开发企业关键技能方面相互投资。管理这类职工的主要方式是长期介入和投资，通过投资和开发雇员技能，允许雇员更多地参与企业决策活动，使雇员产生高水平的持续承诺，而雇员的承诺就能转化为更高的绩效。这类职工一般都能得到高薪水、高福利甚至企业的一部分股权，工作中的自主性也比较大。与这类职工签订劳动合同时也要注意灵活性，如工作时间、工作条件等条款，尽量为此类职工提供比较自由的发挥空间。但这类职工是企业用人中的"双刃剑"，他们在具有高价值和高独特性的同时也会给企业造成一定的威胁，因为企业为这类职工提供良好的培训机会，会花费较大的成本，但能否收回投资是一个长期的、有风险的过程；另外，一旦这些核心职工违约离开企业，就有可能把核心技术带走，这会给企业造成巨大损失。因此对这类职工，企业除了要有健全的激励机制以外，还需要有相应的约束措施，如在劳动合同中设置竞业禁止条款和商业机密条款，以此维护企业的

---

① 詹婧，朱必祥：《企业劳动关系差异化管理研究》.《华东经济管理》，2005年，第2期。

利益。

2. 互惠共生型契约

高价值而非高独特性的人力资本是企业的必备职工，他们从事一般意义上的传统工作，如拥有标准化会计技能的会计师就属于此类职工。企业可以直接从市场获得这类职工，他们拥有的技能很大部分是各企业通用的。为有效地管理这类职工，组织将谋求建立一种以自身利益为前提的、以提高生产率为基础的互惠共生式劳动关系。从本质上讲，共生关系表明，无论是雇员还是组织只要双方能继续得到利益，就会继续维持这种关系。这类职工较少对组织承诺，而是更多地对自己的职业发展承诺，所以他们向组织提供的技能都是建立在希望得到高回报的基础上的。但是就企业而言，在关注即时绩效的同时，必然期望在双方关系存续期间职工对企业有一定程度的忠诚度，因此，企业也会为这类职工提供较好的工资待遇，薪资水平高低将以市场为指导。相对于第一类人力资本，这类职工拥有的技能并不是雇佣企业独一无二的，但也需要花费较高的成本，因此企业应着重于培养和加强其对企业的忠诚度，从而降低这类职工的流失率，以减少企业再次雇佣的成本，从而在雇佣关系存续期间获得企业和职工的双赢。

3. 交易松散型契约

价值和独特性都较低的人力资本是企业的辅助性职工，该类职工从事基础性工作，如操作工人、普通文秘、后勤人员等，这类职工价值较低，且容易在开放的劳动力市场上获得，他们拥有的技能可以说是一种"公共知识"。这一劳动力市场是买方市场，其劳动力数量在我国相当庞大。针对这类职工，企业方将以命令和服从为基础建立劳动关系，与之签订尽量详细的劳动合同，并严格按照合同履行职责。管理方的主要工作在于制定标准化的工作方法和制度化的工作流程，做好监督和约束，努力追求管理的规范化。这类职工的薪资水平一般都不高，以满足一般生活为标准。现在的趋势是企业向一些提供外部服务的职工租赁公司租用。当然，这类职工的作用也是显而易见的，企业各类活动的开展都离不开这类辅助性职工，保持其工作的连贯性是企业正常运转不可或缺的，因此企业仍要努力与之建立和谐的劳动关系，要与职工签订合法正规的劳动合同，双方要通过协商确定工作时间和期限、工作内容、劳动报酬、劳动保护、劳动条件等方面的合同内容。

4. 规范合作型契约

高独特性、低价值的人力资本通常是指那些从事基础研究，不直接从事产品生产和服务活动的工程师和科研人员等，他们也属于企业的辅助型职工，但其工作又是难以替代的，一些学者称之为异质人力资本。这类职工在某种程度上是独一无二的，但他们对创造客户价值并不具有直接的作用，这类人力资本使企

业处于两难境地，一方面其低价值使得企业不愿花费较多的成本进行内部培养且内部化的成本过高，另一方面其独特性又决定了企业无法完全依赖外部资源得到适用的技能。因此，可以采取业务外包的做法或雇佣非全日制职工。对这类职工的劳动关系管理应该以合作为基础，与之建立一种联盟关系，并注重协调双方关系。

第五节　我国目前劳动关系特点

一、社会主义市场经济下的劳动关系初步确立[①]

（一）劳动关系转型初步完成

以邓小平同志 1992 年南方谈话和党的十四大为标志，我国改革开放和现代化建设事业进入了一个新的发展阶段。1993 年 11 月 14 日，党的十四届三中全会通过了《中共中央关于建立社会主义市场经济体制若干问题的决定》，其中明确提出，改革劳动制度，逐步形成劳动力市场。我国劳动力充裕是经济发展的优势，同时也存在着就业的压力，要把开发利用和合理配置人力资源作为发展劳动力市场的出发点。1993 年 12 月，劳动部发布了《关于建立社会主义市场经济体制时期劳动体制改革总体设想》，提出全面推行劳动合同制的任务，并制定了明确的时间表。劳动关系加速向市场经济条件下的劳动关系转型，即劳动关系从国家化、行政化向企业化、契约化加速推进，劳动关系市场化进入了快车道[②]。

（二）《劳动法》在调整劳动关系过程中发挥基础性作用

1994 年 7 月 5 日，第八届全国人大常委会第八次会议审议通过《劳动法》，这是中华人民共和国成立以来第一部全面调整劳动关系、确定劳动标准的基本法。《劳动法》规定，劳动者享有平等就业和选择职业的权利、取得劳动报酬的权利、休息休假的权利、获得劳动安全卫生保护的权利、接受职业技能培训的权利、享受社会保险和福利的权利、提请劳动争议处理的权利以及法律规定的其他劳动权利。为贯彻实施《劳动法》、推动集体合同制度的建立，劳动部发布了《集体合同规定》，对集体协商的具体程序、主体、管理、争议处理等作了较为完整的规定。《劳动法》的颁布与实施，为市场化劳动关系的建立、维护、解除构建起了一个法

---

① 陶志勇：《九大关键词标定中国劳动关系 40 年变迁与发展》.《中国工运》，2018 年，第 10 期。
② 刘承烈，谭建国：《我国职业介绍的发展历史》.《山东劳动》，1994 年，第 8 期。

治体系框架，标志着中国劳动关系法治化建设的初步完成①。

（三）劳动关系三方协商机制初步确立

1990年，全国人大常委会批准了国际劳工组织第144号公约《三方协商促进履行国际劳工标准公约》。一些地区从实际出发，借鉴国际经验，建立了地区性劳动关系三方协调制度。2001年8月，劳动和社会保障部、中华全国总工会、中国企业联合会、中国企业家协会建立了国家级协调劳动关系三方会议制度，使中国劳动关系协调工作有了一个较为规范和稳定的工作机制。2001年10月，《工会法》修正案的出台为劳动关系三方协商机制的建立提供了法律依据和框架。建立劳动关系三方协调机制有助于协调处理基于市场雇佣关系引起的冲突和矛盾，确保劳动关系的和谐稳定。

（四）《劳动合同法》在规范劳动关系管理过程中起到关键作用

2007年6月29日，第十届全国人大常委会第二十八次会议通过了《劳动合同法》。该法在《劳动法》的基础上，扩大了适用范围。2008年9月，国务院第25次常务会议通过《劳动合同法实施条例》，进一步推进了劳动合同签订工作。2010年4月，人力资源和社会保障部、中华全国总工会、中国企业联合会、中国企业家协会联合下发了《关于印发全面推进小企业劳动合同制度实施专项行动计划的通知》，督促各类小企业与劳动者普遍依法签订劳动合同。

（五）新时期构建和谐劳动关系得到深入贯彻

十八大以来，党中央将构建和谐劳动关系摆在了重要的位置，作出了重大部署。党的十八大提出构建和谐劳动关系，十八届三中、四中、五中全会均对构建和谐劳动关系提出了明确要求。2015年，《中共中央 国务院关于构建和谐劳动关系的意见》强调要把构建和谐劳动关系作为一项紧迫任务，摆在更加突出的位置，采取有力措施抓紧抓好。实现劳动用工更加规范，职工工资合理增长，劳动条件不断改善，职工安全健康得到切实保障，社会保险全面覆盖，人文关怀日益加强，有效预防和化解劳动关系矛盾，建立规范有序、公正合理、互利共赢、和谐稳定的劳动关系。

（六）新就业形态给新型劳动关系管理提出挑战

2015年10月，党的十八届五中全会首次提出了"新就业形态"的概念，与传统的"灵活就业"概念相分离，其明确指出要"加强对灵活就业、新就业形态的支持"，反映出我国政策层面对共享经济下的新就业形态的重视。同时，新就业形态劳动用工也面临突出的问题，它呈现出关系灵活化、工作碎片化、工作安排去组织化的特征，无法用现行的劳动法律关系加以界定，对传统的就业主体两分法（要么劳

---

① 宋士云：《改革开放以来中国企业劳动关系变迁的历史考察》.《当代中国史研究》，2018年，第1期。

动关系、要么劳务关系）提出了挑战。按照传统劳动法律的思维路径，不能真正有效解决新就业形态从业人员的权益保障问题，必须创新劳动法律的理念和制度。

二、劳动争议现状

随着市场经济体制的发展，中国企业的构成发生了巨大的变化。根据 2019 年公布的全国第四次经济普查结果，在全部企业法人单位中，国有企业 7.2 万个，占 0.4%，而民营、私营、外资企业等所占比例已高达 85.3%[①]。企业所有制占比的改变意味着国家已不再扮演计划经济时期"大家长"的角色，企业劳动关系的总体态势呈现出"强资本、弱劳动"的格局，劳资力量失衡导致企业侵犯劳动者权益的事件频繁发生，集体劳动争议和突发事件的规模不断扩大[②]。部分外资企业和民营企业中此类问题表现较为严重，主要体现在：任意延长工作时间；劳动强度与劳动报酬不成正比；劳动条件差，危害职工身心健康；打骂、体罚职工；克扣工资；违法辞退；等等。由于外资企业和民营企业的工会作用有限，职工的权益很难得到保护。相比之下，国有企业虽然情况好些，但潜在问题也不少，尤其是国有企业在改制改革过程中裁减人员，导致部分国有企业职工下岗失业，对社会的安定与和谐造成了一定影响。

我国目前劳动者与用人单位建立的个别劳动关系存在一定的失衡情况，而集体劳动关系尚未普遍形成。从近年来我国劳动争议状况可以看出，劳动争议案件数量依然较多。2008～2021 年我国调解和仲裁劳动争议案件如表 1-1 所示。

表 1-1 2008～2021 年我国调解和仲裁劳动争议案件

年份	调解和仲裁劳动争议案件/万件	办结案/万件	仲裁结案率/%	调解结案率/%	全年查处劳动保障违法案件/万件
2008	69.3	64.5	86.0	62.3	48.3
2009	87.5	87.0	92.9	62.3	43.9
2010	128.7	126.4	93.0	69.6	38.4
2011	131.5	118.7	93.9	50.0	38.0
2012	140.3	126.1	94.7	49.0	41.2
2013	149.7	138.8	95.6	48.0	41.9
2014	155.9	136.2	95.2	52.0	40.6
2015	172.1	161.0	95.2	62.0	38.9
2016	177.1	163.9	95.5	65.8	32.3
2017	166.5	157.5	95.9	67.9	20.6

23

---

① 《第四次全国经济普查公报》.http://news.cnhubei.com/content/2019-11/20/content_12489976.html, 2019-11-20。

② Kai C, Brown W: The transition from individual to collective labour relations in China. Industrial Relations Journal, 2013, 44(2): 102-121.

续表

年份	调解和仲裁劳动争议案件/万件	办结案/万件	仲裁结案率/%	调解结案率/%	全年查处劳动保障违法案件/万件
2018	182.6	171.5	95.1	68.7	13.9
2019	211.9	202.3	95.5	68.0	11.2
2020	221.8	212.3	96.2	70.6	10.6
2021	263.1	252.0	97.0	73.3	10.6

资料来源：中华人民共和国人力资源和社会保障部.2008～2021年度人力资源和社会保障事业发展统计公报. http://www.mohrss.gov.cn/xxgk2020/fdzdgknr/ghtj/tj/ndtj/.

可以看出，这些年来我国总的调解和仲裁劳动争议案件基本呈现逐年上升趋势，到2021年为最高峰，调解和仲裁劳动争议办结案件也基本呈现逐年上升趋势，而全年查处劳动保障违法案件基本呈逐步下降趋势，说明劳动争议案件虽然数量依然较多，但国家处理劳动保障违法案件的力度在逐渐加大，有利于促进和谐劳动关系建设。

三、就业供需矛盾长期存在

就业是民生之本，是人们改善生活条件的基本前提和途径。根据经济学家与人口学家的研究，我国人口年龄结构的变化使劳动力人口规模不断扩大，且占总人口比重越来越大，劳动力供给过剩。在21世纪前30年，我国16～59岁的劳动人口持续增加，2020年达到最大值，为9.30亿人左右，占总人口比重始终保持在60%以上。在2023年以前，每年进入劳动力年龄的人口数量比每年退出劳动力年龄的人口数量多，这种劳动力的替代比始终大于100%，如表1-2所示。

表 1-2 劳动力资源（16～59岁）数量及其比重变化

年份	劳动力人口/亿人	占总人口比重/%	劳动力替代比/%
1982	5.67	56.51	239.8
1990	6.99	61.82	329.2
2000	8.04	62.83	249.5
2005	8.70	65.27	260.3
2010	9.12	65.98	152.3
2015	9.21	64.58	122.3
2020	9.30	63.61	110.8
2025	9.18	61.53	88.3
2030	8.86	58.54	79.6

注：劳动力替代比=进入劳动年龄（16岁）人口数/退出劳动年龄（60岁）人口数×100%

资料来源：本刊编辑部，胡鞍钢，莫荣，等：失业人口与人口失业：经济学家和人口学家的对话. 人口研究，2003，（6）：14.

　　但是，到 2023 年以后这种状况会发生逆转，劳动力的替代比开始小于 100%，即每年新进入劳动力的人口数量将少于退出劳动力的人口数量。此外，可供转移的农村富余劳动力也将逐渐减少。有专家指出，一直以来，我国农业部门存在大量的剩余劳动力，但随着经济的增长和人口结构的变化，劳动年龄人口增速减缓，劳动力供给逐渐趋于紧张。同时，经济的持续较快增长使得工业部门不断吸纳农业劳动力，以至于劳动力需求的增速超过供给的增速。劳动力供求关系开始发生变化，导致劳动力短缺现象普遍存在[1]。

　　过去劳动力以空前规模从乡村迁至城市，支撑了 30 多年的经济高速增长。然而，随着农村富余劳动力的逐渐减少而出现"招工难"的状况，城市雇主必须提供更高的工资，才能吸引农村居民离开家乡。即便乡镇的工资水平仍低于城市，但如今两者差距已经收窄，以至于一部分潜在的进城务工者选择留在离家更近的地方，以求得到更高的生活质量。

　　英国《金融时报》2015 年 5 月 14 日报道，中国正面临经济学家所称的"刘易斯拐点"，中国经济的格局将发生深远改变。中国社会科学院人口与劳动经济研究所所长蔡昉表示，2016～2020 年，中国国内生产总值增速预计将从 1995～2009 年的 9.8% 放缓至 6.1%。根据后来国家公布的数据看，2016～2020 年的平均国内生产总值增速实际是 5.74%[2]，与专家当年的预测很接近。我国经济增速放缓，劳动力人口不断缩减是主要因素之一。

　　针对上述我国劳动关系的特点和问题，我们究竟应该采取什么方法、推行什么机制来有效促进劳动关系的和谐发展呢？这是关乎国民生活和国家稳定的头等大事，是我国目前经济与管理领域亟待解决的问题。

思考题

1. 如何理解劳动关系的含义和性质？
2. 如何理解目前劳动关系面临的环境？
3. 劳动关系有何类型？分别具有哪些特点？
4. 我国劳动关系有何特点？存在什么问题？面临哪些挑战？

阅读材料　我国互联网平台多元劳动关系研究（节选）

---

[1] 张兴华：《农村还有多少剩余劳动力？》．《农民日报》，2014 年 2 月 12 日。

[2] 《2020 国内生产总值 1015986 亿元 2021 年前我国脱贫攻坚战取得了全面胜利》．https://www.chinairn.com/news/20210301/104715378.shtml，2021-03-01。

第二章　劳动关系的理论演进和趋势

　　劳动关系是人类社会最基本的一种社会关系，也可以说是生产关系中与劳动最直接相关的那部分社会关系。这种关系自从有了人类的劳动，实际上就已经形成了。但真正关注劳动关系问题并从事劳动关系理论研究的历史，是从 18 世纪后期亚当·斯密对英国早期的劳工运动解释开始的。本章着重介绍自亚当·斯密以来的劳动关系理论的演进。

第一节　劳动关系的理论演进

一、劳动分工与劳工运动理论

　　劳工问题是伴随着资本主义制度的建立而出现的。18 世纪中叶，以蒸汽机的发明为标志的产业革命首先从英国开始，产业革命引发了社会关系领域的重大变革。劳工问题就是在这种时代背景下劳资双方围绕生产控制权和收入分配权而引发的斗争与冲突。

1. 亚当·斯密的劳动分工思想①

　　关于劳工运动问题的研究，可以追溯到英国古典经济学家亚当·斯密。他的著作《国民财富的性质和原因的研究》，体现了其主张资产阶级应自由地追逐个人利益的自由放任思想。

　　他把资本主义社会划分为三大阶级，即工人阶级、资产阶级和地主阶级，认为三个阶级的三种收入分别是工资、利润和地租，并对劳动分工、社会分工和社会公正进行了分析。

　　（1）经济发展的根本原因是劳动分工的发展。分工促进了劳动生产率的提高，

---

① 常凯：《劳动关系学》. 北京：中国劳动社会保障出版社，2005 年，第 40 页。

因为分工能提高劳动者的熟练程度、技能和判断力。同时，分工又成为把全社会整合起来的力量，因为社会分工必然促进社会交换，而社会交换能促进经济的更快发展。

（2）市场是一只"看不见的手"，自由竞争和交易制度可以有效释放经济动力，导致劳资之间形成更为公正的收入分配，从而达到社会普遍富庶的目标。

2. 马克思的劳工运动理论[1]

马克思系统研究了欧洲的劳工运动问题，认为生产的社会性和资本主义私人占有是资本主义社会的根本矛盾。马克思通过对劳动力成为商品，剩余价值的生产和资本积累一般规律的论述，揭示了劳资关系的本质，其主要观点有：

（1）资本主义社会由两大阶级组成，即工人阶级和资产阶级，两者之间具有根本的、不可调和的冲突和矛盾。马克思从逻辑和历史的结合上，揭示了资本主义社会劳资关系是两大阶级之间关系的实质。

（2）雇主将工资压低到劳动力价值以下，从而获得剩余价值，这是剥削产生的原因。从经济关系看，资本家与雇佣劳动者之间的关系是剥削和被剥削的关系，资本家是资本的所有者，劳动者丧失了对生产过程的控制权，从而失去了生活的本来意义。在这种劳动关系下，劳动者自身的创造力被异化了，劳动力成为备受摧残的"商品"[2]。

（3）出于追逐剩余价值的动机与目的，资本家通过不断更新生产技术和机器设备，持续增加劳动的强度来提高生产率，造成了工人内部技术差距的日益缩小，从而促使工人阶级更加团结。随着时间的推移和劳动生产率的提高，工人阶级的整体生活水平虽然得到一定程度的提升，但与资产阶级相比，差距越来越大，形成阶级之间的两极分化，如此必然导致经济危机和社会矛盾的爆发。

（4）工会的作用在资本主义条件下是受到限制的，但工会对于组织工人阶级进行反资本家的日常斗争，是非常重要的。工会不仅要在各个民族国家内，而且应该通过工会的国际联合，把自己变成工人阶级的组织中心。

二、工业资本主义理论

工业革命是资本主义由工场手工业阶段到大机器生产阶段的一个飞跃，它既是生产领域的一场大革命，又是社会关系方面的一次革命。工业革命伴随着工业资产阶级和工业无产阶级的产生，也伴随着资本主义发展时期的劳动关系的发展。在这方面具有代表性的有迪尔凯姆工业主义理论、韦伯工业资本主义理论、凯恩

---

[1] 常凯：《劳动关系学》. 北京：中国劳动社会保障出版社，2005年，第41页。

[2] 萨尔·D. 霍夫曼：《劳动力市场经济学》. 崔伟，张志强译. 上海：三联书店上海分店，1989年，第247页。

斯的政府干预思想等。

1. 埃米尔·迪尔凯姆的工业主义理论①

埃米尔·迪尔凯姆在《社会分工论》中提出了有时候被称为"结构功能主义"的工业主义理论，该理论认为，社会是以所有成员的功能整合方式获得发展的，秩序和进步代表着经济与社会自然发展过程的主流，而冲突和停滞仅仅是局部的问题②。其主要论点主要包括以下内容。

（1）在前工业化社会，劳动的社会分工很简单，人和人之间的差别不大，并在此基础上形成了普遍一致的集体意识，而这种集体意识是形成"无机整体"社会结构的条件，是社会秩序赖以维持的根本。随着工业化的推进，劳动分工越来越明显，由于社会地位和工作职位的不同，人们之间产生了越来越大的差别。相互依赖性增强，产生了合作的需要，并形成"有机整体"。

（2）从前工业社会过渡到工业化社会的进程中，劳动分工导致"无机整体"瓦解，社会的分化势必产生阶级冲突。也就是说，阶级冲突不是资本主义制度本身的问题，而是工业化进程中出现的必然现象。

（3）在工业化社会，传统的工人和资本家阶级分类已经过时，企业的所有者同管理者之间相分离，所有者越来越分散，工会与集体谈判制度更加成熟。劳动关系在某些情况下虽然存在对立，但这种对立并不是由资本主义制度本身的局限性造成的。

2. 马克斯·韦伯的工业资本主义理论③

马克斯·韦伯在《关于工业劳动的心理物质原理》等著作中，对工人的职业构成、社会出身、生活方式和心理状态同劳动生产率以及整个企业发展的相互关系作了深入研究，其理论中最为著名的是对官僚制组织的论述。他认为，官僚制的主要特征是工作方式高度专业化、明确的等级权威、相当完善的规则和过程的制定方法与职业生涯的发展，选举和晋升不是由个人决定的，而是由候选人的资格、价值和资历决定的。官僚制度的组织管理者是专业管理人员，权威的实现是非人格化的，它主要以谨慎的理性计算为基础，以理性的法律体系为支撑④。

在劳动力市场上，资本主义企业存在的前提条件是自由劳动力市场。尽管立法对劳动关系具有重要的影响，但管理方仍然处于主导地位，因此工人的利益和资本家的利益是相互冲突的。

韦伯认为，整个资本主义经济体系，甚至整个社会都会越来越官僚化。这种

---

① 程延园：《劳动关系》. 2版. 北京：中国人民大学出版社，2007年，第48页。
② 张欢华：《现代性之下的社会分工——解读涂尔干的〈社会分工论〉》.《社会》，2002年，第11期。
③ 常凯：《劳动关系学》. 北京：中国劳动社会保障出版社，2005年，第43页。
④ 龚基云：《转型期中国劳动关系研究》. 南京师范大学博士学位论文，2004年。

趋势会给经济和社会发展带来矛盾的结果：一方面，社会有了高水平的生产效率；另一方面，会造成社会的腐化和堕落。主要反映在以下几个方面：①大规模的官僚组织盛行使权力不断集中在少数精英手中；②民主力量的削弱；③工作本身失去意义；④失去个性、生活意义和道德目标。

3. 凯恩斯的政府干预思想

凯恩斯主张采用政府干预经济的政策以实现充分就业和经济增长。他在 1936 年出版了《就业、利息和货币通论》，其理论的提出是为了"医治"资本主义国家的高失业率和经济危机，适应挽救资本主义制度的迫切需要。

在凯恩斯看来，一国经济之兴衰取决于有效需求是否充分，而有效需求不足的最终原因在于心理因素，经济机制既与之无关也无能为力，因此国民经济的调节需要由政府来进行。政府干预的中心在于有效需求管理，实行逆经济风向而行的宏观财政政策和货币政策，通过实施增加投资、刺激消费，以及对外经济扩张等政策，来提高社会有效需求，从而实现充分就业[①]。

三、劳动关系系统理论

当代劳动关系系统理论开始于 20 世纪 40 年代，是一种运用系统方法从总体观察和分析社会现象的研究策略，系统理论已经成为社会科学中一个普遍而重要的分析框架。邓洛普率先将系统理论的模型引入劳动关系研究的领域，形成最有影响的现代劳动关系理论之一。

1. 邓洛普的劳动关系系统理论[②]

在前人研究的基础上，邓洛普形成了劳动关系系统理论体系。他在《工会下的工资决定》中指出[③]，工会已成为经济制度中的经济"活动人"，其行为可以用工资和雇佣最大化经济模型来解释。1950 年邓洛普写成《产业与劳动关系评论》，提出一个分析集体谈判与劳动关系的框架，这个分析框架将经济、技术和社会因素相互作用包含在内[④]。他在《劳动关系系统》中进一步把制度理论吸收进了他的分析框架，用来解释影响劳动关系系统的因素及其影响，力图建立一种更普适的理论，以解释劳动关系中可能发生的一切现象，并解释每一种特殊规则的产生依据和劳动关系系统的其他方面对这些特殊规则的影响。邓洛普将劳动关系从社会系统中分离出来，使之成为一个既非单纯是经济的，也非单纯是政治的相对独立的系统。

---

① Kaufman B E, Dunlop J: Reflections on six decades in industrial relations: An interview with John Dunlop. Industrial and Labor Relations Review, 2002, 55(2): 324.

② 常凯：《劳动关系学》. 北京：中国劳动社会保障出版社，2005 年，第 48 页。

③ Frank B: Wage determination under trade unions. Science and Society, 1944, 8(4): 362-364.

④ 郭庆松：《当代劳动关系理论及其最新发展》. 《上海行政学院学报》，2002 年，第 4 期。

邓洛普指出，在劳动关系系统中，行为主体、环境、意识形态以及规则网是构成劳动关系系统的基本要素①。

（1）行为主体。劳动关系的行为主体分为三个系列：一是管理阶层系列；二是雇员系列；三是与劳动关系有关的特定的政府机构系列。在劳动关系系统内，三类主体相互影响、相互作用，成为各种劳动关系行为的载体。

（2）环境。劳动关系主体的行为要受到其他环境因素的影响。这样的环境因素很多，大致也可分为三类：一是工作场所和工作团队的技术条件；二是市场或预算约束；三是整个社会系统中的权力所在和分配。

（3）意识形态。系统内的意识形态是各行为主体普遍奉行的一套思想和信念，它往往在很大程度上影响系统的运作。这些思想观念直接影响着劳动关系各方对自身和其他主体角色的认识。只有在各方角色的意识形态保持基本一致时，劳动关系系统才能稳定地运行，否则系统就会出现冲突。

（4）规则网。规则是劳动关系系统运行的规章，指用来约束行为者在工作场所雇佣关系的规章制度，包括薪酬制度、操作规程、奖惩和解雇等。规则的制定和建立是劳动关系的中心，而规则会随着系统运行过程的变化而变化。

劳动关系主要是将冲突转化为规则的一个过程，集体谈判是理解劳动关系的基础。就建立劳动关系系统的过程而言，输入部分包括主体、环境和意识形态；在转换过程中，可采用集体协商、仲裁等方式；在输出部分，则是形成规则。最后将共同制定的规则再反馈到输入部分和转换过程，予以修正或检验。

2. 桑德沃的劳动关系分析模型

美国学者桑德沃（Marcus H. Sandver）在 1987 年出版的《劳动关系：过程与结果》一书中，提出了劳动关系分析模型。他认为，在劳动关系运作过程中，外部环境因素、工作场所和个人因素是导致冲突的基本因素；而冲突的解决，依赖于管理和工会。工会在解决冲突的过程中，其基本手段是集体谈判。工会一般就工资、工时和工作条件等工人权益与雇主进行集体谈判，在集体谈判的基础上，制定劳动合同和有关协议。劳动合同和有关协议成为工作场所的行为规则，对工作场所产生影响，使工作场所得到改善。工作场所发生的变化又会对外部环境产生影响，外部环境也因此得到改善。而外部环境的改善又反过来影响劳动关系的运行。桑德沃劳动关系分析模型是迄今为止劳动关系领域内建立在多学科基础之上的、多因素的理论模型②。桑德沃还从理论上较为全面地分析和阐述了劳动关系的一些具体影响因素，以及劳动关系中冲突的解决方法及其成效。总之，桑德沃不仅构建了劳动关系理论

---

① Dunlop J T: Industrial Relations Systems(1958). Revised Editions. Boston: Harvard Business School Press, 1993: 47-61.

② Sandver M H: Labor Relations: Process and Outcomes. Boston: Little, Brown and Company, 1987: 26-34.

模型，而且还对影响劳动关系及其管理运作的各项因素进行了理论分析，因此，该模型便于人们从全貌上了解和多角度把握劳动关系系统运行机制。

3. 冈德森的劳动关系投入-产出模型[①]

著名的劳动关系专家冈德森（Morley Gunderson）在邓洛普劳动关系系统理论的基础上，建立了得到北美国家普遍接受的劳动关系投入-产出模型，由"投入、主体、转换过程和产出"四个相互关联部分组成。投入和主体两个部分的性质同时也受转换过程和产出两个部分或直接或间接影响，因而在分析劳动关系时要充分考虑系统内部各个部分之间的互相作用[②]。

（1）投入，包括法律环境、经济环境、政治环境、社会文化环境、技术环境。投入直接作用于主体，但反过来又受到主体和产出的影响。

（2）主体，包括雇主与其组织、雇员与其组织、政府，表明了劳动关系之间的多层次性。主体受投入和产出的影响，但同时又作用于转换过程和投入。

（3）转换过程，包括单方行为、集体谈判、争议处理程序、劳资合作、利益仲裁、经济行动。转换过程受主体的影响，同时又作用于产出。

（4）产出，包括劳资矛盾、工资福利、工作条件、管理方权力、辞职、旷工、工作态度、生产效率等。产出受转换过程的影响，反过来又作用于投入和主体。

冈德森劳动关系投入-产出模型的主要优点有：首先认识到劳动关系的投入，除了市场、技术和权力之外，还包括其他各种因素。劳动关系并非一个孤立的系统，它不可避免地要影响到其他层次的产出。其次，明确对程序规则（转换过程）和实体规则（产出）进行了区分，同时认为实体规则网络不仅包括工资、福利和工作条件，而且包括转换过程的其他产出，如法律、生产效率、劳资矛盾、管理方权力、辞职、旷工、雇员工作态度等。该模型将劳动关系看成一个动态的系统，揭示了劳动关系系统中的一种因果性联系。

第二节　劳动关系的不同理论学派与观点

如何调整劳动关系，发达国家为解决这个问题已经经历了几个世纪的探索和改进。在发达国家和地区，劳动关系研究几乎与现实社会同步发展，从工业革命创造出一种新型雇佣关系起，国外学者就一直关注劳动关系的变化发展，并形成

---

① 常凯：《劳动关系学》. 北京：中国劳动社会保障出版社，2005 年，第 52 页。

② Anderson J C, Gunderson M, Ponak A:Union-Management Relations in Canada. 2nd ed. Boston: Addison-Wesley Publishers, 1995: 8.

了相对完整的现代劳动关系理论，但他们的见解却不尽相同，形成了大相径庭的学派和观点①。

1. 新保守派

新保守派也称新古典学派，基本由保守主义经济学家组成。这一学派主要关注追求经济效率的最大化，研究分析市场力量的作用，认为市场力量不仅能使企业效率最大化，而且也能确保雇员得到公平合理的待遇。

该学派认为，劳动关系是具有经济理性的劳资双方之间的自由、平等的交换关系，双方有着不同的目标和利益，从长期看，供给和需求的力量是趋于均衡的：雇员根据其技术、能力、努力程度获得与其最终劳动成果相适应的工作条件和待遇。假如市场运行和管理方的策略不受任何其他因素的干扰，那么劳资双方都会各自履行权利和义务，从而实现管理效率和生产效率的最大化。资方获得高利润，雇员获得高工资、福利和工作保障，形成双赢格局。

美国是奉行新保守派思想的典型代表。在美国，劳动关系是具有经济性的劳资双方之间的自由、平等的交换关系，双方具有不同的目标和利益。美国的劳动法律体系虽然比较完善，但功能较弱，导致雇员尽管也相信和遵从"意思自治、选择自由"的理念，但也意识到只要雇主不违反国家制定的反歧视法或劳动法，就可以在任何时候、以任何理由合法地解雇雇员，雇员主要依赖工会来维护自己的利益。但工会要获得代表雇员与雇主谈判的权力，需要得到企业大部分雇员投票承认工会的谈判代表权。工会一旦获得承认，即具有合法的排他性的谈判代表权。排他性谈判代表权意味着工会对所有雇员的谈判拥有垄断权，即工会有权代表全体雇员与雇主谈判，而不只是代表投了赞成票的雇员谈判。而且法律要求雇主只能与获得合法代表权的工会进行谈判。

2. 管理主义学派

管理主义学派多由组织行为学者和人力资源管理专家组成。该学派关注劳动关系中员工的动机、认同感和忠诚度，主要研究企业对员工的管理政策、策略和实践。该学派认为，员工同企业的利益基本一致，但雇员始终处于被管理的从属地位，管理与服从的关系是员工产生不满的根源。如果企业能够采用高绩效模式下的"高认同感的"管理策略，冲突就可以很大程度上得到避免，并且会使双方保持和谐的关系。这种高绩效的管理模式的内容包括：高工资高福利、保证员工得到公平合理的待遇、各种岗位轮换制度和工作设计等。

该学派对工会的态度是模糊的。一方面该学派认为，由于工会的存在威胁到资方的管理权力，给劳动关系带来不确定性，甚至是破坏性的影响，所以应尽量

---

① 程延园：《劳动关系》. 2版. 北京：中国人民大学出版社，2007年，第32-41页。

避免建立工会。但另一方面，该学派也相信，在已经建立工会的企业，管理方应该将工会的存在当作既定的事实，同工会领导人建立合作关系；同时向工会强调，传统的、起破坏作用的工会主义已经过时，只有那些愿意与管理方合作的工会才有可能在未来生存。

3. 多元论学派

多元论学派由传统上采用制度主义方法的经济学家和劳动关系学者组成。该学派主要关注经济体系中对效率的需求与雇佣关系中对公平的需求之间的平衡，主要研究劳动法律、工会、集体谈判制度。该学派的核心假设是：通过劳动法和集体谈判确保实现公平与效率，这是建立劳动关系的最有效途径。

德国是典型的实施多元论学派政策的国家，德国模式也是该学派最为推崇的现实模式。德国模式的特色是强势的劳动规制、雇员参与制、工人委员会制、共同决策制，以及政府为工会提供信息和咨询服务等。在德国，企业被视为社会机构而不仅仅是一个营利机构，是产生社会绩效和经济绩效的基本单位。雇员享有广泛的参与管理权，雇员代表加入企业管理委员会，保证雇员利益与雇主利益在公司政策中的相互协调，如规定在 2000 人以下的企业，雇员代表要占管理委员会的 2/3；超过 2000 人的企业，雇员代表占半数。另外，对 5 名以上雇员的企业，只要雇员提出要求，就必须成立工人委员会。工人委员会全部由被选出的工人代表组成，以拥有更多的权利了解企业信息，享有协商的权利，对任何涉及雇佣关系的问题拥有共同决策权。而且，通过谈判达成的协议即使在为绝大多数工人争取权益的情况下，也不要求工人必须参加工会和缴纳会费，因而，德国工会在产业层面上，具有相当强的调整劳动关系的能力。

4. 自由主义学派

自由主义学派十分关注如何减少或消灭工人受到的不平等和不公正待遇。该学派的观点包括了对歧视、不公平、裁员和关闭工厂、拖欠工资福利、危险工作环境以及劳动法和集体谈判体系中的缺陷等问题的分析，认为劳动关系是一种不均衡的关系，管理方凭借其特殊权力处于主导地位。他们认为，现存的劳动法和就业法不能为工人提供足够的权利保护，因为公正、平等地对待工人，往往不符合管理方的利益，也不是管理方凭借其自身能力所能实现的。因此为了确保工人能获得公正平等的待遇，必须要加大政府对经济的干预力度。

自由主义学派支持强有力的工会和各种形式的工人代表制度，关注更广泛的经济社会政策，认为政府应该限制和改变市场经济所产生的经常性的负面影响，反对完全市场化，尤其是自由贸易协议[①]。该学派支持政府增加对企业和高收入群

---

① 程延园：《当代西方劳动关系研究学派及其观点评述》.《教学与研究》，2003 年，第 3 期。

体的赋税，以降低失业率；支持增加教育和培训支出，以减少贫困，加强对妇女、儿童、少数民族及因裁员和关闭工厂而失去工作的弱势群体的保护；支持加大健康和安全法规的执行力度；等等。

5. 激进主义学派

激进主义学派主要由西方马克思主义者组成。该学派更关注劳动关系中双方的冲突以及对冲突过程的控制。该学派认为，在经济中代表工人的"劳动"的利益，与代表企业所有者和管理者的"资本"的利益，是完全对立的。企业所有者和管理者希望用尽可能少的成本获得尽可能多的收益，而工人由于机会有限则处于一种劣势地位。因此，劳动关系中的这种对立冲突不仅表现为双方在工作场所的工资收入、工作保障等具体问题的分歧，而且还扩展到"劳动"和"资本"之间在宏观经济中的冲突。

激进主义学派认为，其他学派提出的"和谐的劳动关系"只是一种假象，只要资本主义经济体系不发生变化，工会的作用就非常有限。尽管工会可能使工人的待遇得到某些改善，但这些改善是微不足道的。在中小企业，工会所争取到的让步会受到更多的竞争约束的限制。大企业虽然受到的约束限制较少，但通常会采用诸如关闭工厂、重新进行组织设计等措施对付工会。在技术变革和国际竞争不断加剧的今天，工会显得越来越力不从心。因为国际竞争总是更多地依赖人均劳动成本的优势，而非人均劳动生产率的优势。所以，要使工会真正发挥作用，必须提高工人对自身劳动权和报酬索取权的认识，了解劳动关系对立的本质，进而广泛开展与资本斗争的运动，挑战资本的主导权。

第三节　现代劳动关系管理的新趋势：
合作型劳动关系

合作是指在就业组织中，双方共同生产产品和服务，并在很大程度上遵守一套既定制度和规则的行为。这些制度和规则是经过双方协商一致，以正式的集体协议或劳动合同形式，甚至包括非正式的心理契约，规定双方的权利和义务。协议内容非常广泛，涵盖双方的行为规范、员工的薪酬体系、对员工努力程度的预期、对各种违反规定行为的惩罚，以及有关争议的解决、违纪处理和晋升提拔等制度性规定。

一、劳动关系合作的相关理论

劳动关系双方的矛盾和问题是普遍存在的，但是处理这种矛盾和问题的方式却不同。

1. 劳动关系的连续带理论

Harbison 和 Coleman[①] 将 劳 动 关 系 划 分 为 四 种 连 续 的 形 态 ： 冲 突（confrontation）、对峙（armed truce）、协调（working harmony）与合作（cooperation）。资本主义早期以冲突为主，发展到 21 世纪则以合作为主，但目前这四种状态仍然都存在（图 2-1）。

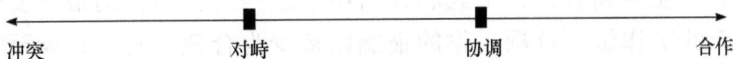

| 冲突 | 对峙 | 协调 | 合作 |

图 2-1 劳动关系连续带

（1）冲突型劳动关系：这种劳动关系存在于资本主义早期或产业运动时期。劳资矛盾尖锐，冲突不断变化，彼此在利益上存在根本的、不可调和的矛盾。

（2）对峙型劳动关系：管理方把工会看成工业社会的毒瘤，工会的目标是挑战与抗议管理方行为，因而双方在集体谈判中经常发生冲突。Harbison 和 Coleman 认为，化解冲突的关键取决于工会与管理方的力量对比。虽然对峙型劳动关系中没有激进的产业行动，但是劳动关系仍然靠对立的集体谈判维系。

（3）协调型劳动关系：管理方不仅把工会视为企业负担，而且认为它也是一种资产，因而善意地与工会进行谈判。工会也逐渐意识到自身的发展在很大程度上取决于企业的经营绩效。双方找到共同的利益，于是相互作出让步。但是，由于生产经营权仍由管理方控制，工会只能事后监督管理方的行为，而不能事前干预管理方的决策。

（4）合作型劳动关系：劳动关系的最高形式是劳资合作，合作型劳动关系形成的基础是工会与管理方之间相互信任，彼此尊重。管理方相信工会愿意与雇主合作，降低生产成本；管理方也愿意让工会代表参与企业的经营管理活动。工会则鼓励雇员提高劳动生产率，以为其争取更多有形或无形的福利。总之，双方共同解决生产过程中出现的问题，不断提高企业的经营效率[②]。

劳资合作有助于减少劳动冲突，增进工会与管理方之间的沟通，使工会与管理方建立伙伴关系。这种双赢的局面有利于雇主在市场上获得竞争优势，雇员则可以从劳资合作中获得更多的就业保障、更好的工作条件。

---

① Harbison F H, Coleman J R: Goals and Strategy in Collective Bargaining. New York: Harper and Brother, 1951: 20.

② 程延园：《劳动关系》. 2 版. 北京：中国人民大学出版社，2007 年，第 12 页。

2. 泰勒的劳资合作思想

泰勒在《科学管理原理》中指出，科学管理的精髓是资方与工人之间的紧密合作。他把劳资合作看成高于一切的东西，同时也是科学管理成功的必不可少的条件。泰勒认为，企业中劳资双方之间的矛盾或纠纷都是由"盈余分配"问题所导致的，即过去劳资双方都将注意力集中在他们共同生产所取得的盈余上，工人想通过工资的形式尽可能从盈余中多得一些，而雇主则想通过利润的形式多得一些，这样，双方就会逐渐地产生对立情绪甚至把彼此看作敌人。因此，劳资双方所要进行的革命是不把注意力再放在盈余分配上，相反，应将注意力转移到盈余数量的增加上，而一旦盈余数量增加到一定水平，则因盈余分配所产生的争论就成为多余的了。在泰勒看来，工人和他的雇主之间所要讨论的最主要的问题，不外乎每人一天的工作量，这项工作的报酬以多少为合理，每人每天至少应干几个小时活儿，等等。他坚信，科学的工时研究可以建立起一些双方都能接受的公平合理的标准[①]。

3. 康芒斯的《工业友善》

关于劳动关系主体之间的合作，康芒斯在《工业友善》中指出，只有赢得员工的友善，雇主才能收获劳动者合作的意愿、合作的兴趣以及对企业的承诺。合作的形成有以下几种先决条件：第一，雇主必须认识到，无论工人是否加入工会或是否以有组织的方式采取行动，他们都必须在劳动者集体的基础上而不是个人的基础上来处理劳工问题。第二，赢得劳动者的友善最基本的先决条件是就业的保障。这种就业的保障并非终身的就业保障，而是在员工的绩效令人满意以及企业盈利的条件下，使员工对未来的就业时间有一个合理的预期。第三，企业的治理必须建立在遵循规章制度的基础上，而不是建立在管理者个人主观、随意的决策基础之上。至于这种规章和制度，既可以通过集体谈判来确定，也可以通过资方的管理政策来建立，总之，需要有一个规范的"预定程序"系统，以确保劳动者不会受到管理方不公正的对待。第四，企业中还需要建立某种民主治理机制或者有效的发言机制。康芒斯认为，要想获得劳动者的友善，就必须让他们有机会表达自己的不满、陈述自己的意见以及参与会对他们产生影响的决策等[②]。

4. 青木昌彦的企业合作博弈理论

青木昌彦深入研究了三种企业决策模式（股东主权-集体谈判模式、共同治理模式、管理者自由决策模式）是否会产生制度性效率。他认为，股东和雇员之间

---

① F. W. 泰罗：《科学管理原理》. 胡隆昶译. 北京：中国社会科学出版社，1984 年，第 139 页。

② 刘昕：《现代企业员工关系管理体系的制度分析——一种全面的战略性人力资源管理视角》. 北京：中国人民大学出版社，2004 年，第 194 页。

的力量平衡是企业内部制度性效率发展的结果，即一个有制度性效率的模式能够实现组织均衡[①]。

第一，股东主权-集体谈判模式。在股东主权-集体谈判模式中，管理者和工人必须就工资、工作时间和其他雇佣条件进行有诚意的谈判，这里的"其他雇佣条件"可以有许多不同的解释。根据国家劳工关系委员会条例和法庭的判例，在决定将某些工作外包或者引入时，节约劳动力的机器设备可能会导致部分工人失业，工会有权要求与管理方进行谈判。实际上，如果所作的决定会严重影响狭义上的雇佣条件（如工作时间、工作保障等），管理者就必须与工会进行谈判。但一般来讲，工会对管理者决策的影响是有限的并且是间接的。

第二，共同治理模式。共同治理模式指通过公司治理组织使雇员参与到企业的管理决策过程中，这种模式是由高管层和雇员代表双方组成劳资联合委员会，共同决定公司重大事项的决策，然后由管理部门和机构实施。青木昌彦认为，劳资联合委员会和下属管理机构相结合的双层治理体系，能有效地将管理层的信息传达给雇员，向他们阐明客观的谈判形势——这是在企业内近似达成组织均衡的前提条件。普通雇员对管理决策制定过程的直接影响非常有限，但他们可以通过参与选择代表人来施加间接影响[②]。

第三，管理者自由决策模式。在这种模式中，企业被视为由股东和雇员这两个基本组成单位所构成的一个系统。而股东和雇员之间的联合是通过一个一体化的利益调节机制来实现的，这一机制就是管理层。在管理者自由决策模式中，管理者既不像在股东主权-集体谈判模式中企业的管理者那样，只是一个基本组成单位（股东）的代理人；也不像在共同治理模式中那样，管理者是组成单位的一个直接的组成要素。然而，这并不意味着在这种模式中的管理者是完全不受基本组成单位控制的。相反，虽然管理者对企业特定性资源的内部配置及监管有一定的自由决定权，但同时也受制于由基本组成单位所实施的一系列的相互制约机制。为了使管理者能有效地扮演构建一体化的利益协调机制的角色，防止管理者以牺牲基本单位的利益来追逐其自身利益，互相控制是必要的。同样，为了使各基本组成单位同意管理者使用一些特权，并赋予其合法性，这些相互制约也是必要的。

二、企业内部激励的合作模型[③]

企业的生产效率在很大程度上取决于企业员工技能水平和努力程度，其中员

① 青木昌彦：《企业的合作博弈理论》. 郑江淮，等译. 北京：中国人民大学出版社，2005 年，第 191-203 页。
② 青木昌彦：《比较制度分析》. 周黎安译. 上海：上海远东出版社，2001 年。
③ 刘昕：《现代企业员工关系管理体系的制度分析——一种全面的战略性人力资源管理视角》. 北京：中国人民大学出版社，2004 年，第 73-82 页。

工的努力程度是最不稳定的。从企业管理实践发展来看，从一开始的严密监管、扣罚工资、解雇威胁再到后来企业普遍实行的奖金鼓励、利润分享、参与管理、工作生活质量计划以及员工持股等，所有这些手段都是为了激励员工，以形成员工和企业合作双赢的局面。归结起来，学界形成了以下一些主要理论。

1. 阿克劳夫的交换理论

阿克劳夫（Akerlof）认为[①]，如果按照标准经济学的假设，在劳动的边际效用为负的情况下，员工一旦达到了企业规定的最低努力要求就不会再作任何过多的努力了。然而实际上，许多可以观测到的员工的努力水平却高于企业工作规范的要求。阿克劳夫用社会学中的交换理论来解释这个现象。员工们是否为企业提供高于工作规范所要求的劳动，取决于员工和企业之间的相互交换关系。员工的士气和他们的努力程度取决于他们认为自己所得到的工资的公平程度（将自己的工资与其他参照者的工资进行对比）。而企业为了保持员工的士气，也宁愿向员工支付比他们的参照群体（其他员工）更高的工资，甚至高于市场的平均工资。

2. 索洛社会习俗理论

索洛（Solow）认为，在社会习俗中，人们不断重复着"囚徒困境"式的博弈结果[②]。众所周知，在这种游戏中，当参与双方只玩一次的时候，双方都会选择不合作策略，但他们如果不断地重复这样的游戏，迟早会发现，采用合作策略才符合双方的利益要求。因为尽管依靠自己的不合作策略，短期内可以获得较高收益，但这种不合作很快就会招致报复。只有双方建立起一种基本的信任关系，采取一致的合作行为，才是明智的选择。

3. 列昂惕夫的工会-厂商博弈理论

列昂惕夫（Leontief）提出，工会和厂商之间存在关于工资和雇佣的博弈模型[③]。在假设完全由工会决定工资的前提下，他研究了厂商根据工资的高低决定雇佣人数的博弈问题。工会追求的不可能只有高工资一个目标，必然还有较多的雇佣数量目标，而厂商关心的只有一个目标，即利润。这样，工会与厂商的关系就构成了两者之间的博弈模型，通过求解，就可以求得工会与厂商效用最佳状态下的工资和雇佣数量。

---

① Akerlof G A: Labor contracts as partial gift exchange. Quarterly Journal of Economics, 1982, 97(4): 543-569.

② Solow R M: On theories of unemployment. American Economic Review, 1980, 70(1): 1-11.

③ Leontief W: The pure theory of the guaranteed annual wage contract. Journal of Political Economy, 1946, 54(1): 76-79.

4. 拉奇尔的竞赛激励理论

拉奇尔（Lazear）研究发现，企业通过让工人进行竞赛的方法激发他们更努力地工作[1]。企业宣布产量高的工人将得到较高的工资，而产量低的工人就只能得到较低的工资。这是一个双方同时选择的动态博弈问题，工人可以选择参加竞赛，也可以选择退出企业；而企业则设定一个工资水平诱使工人参加竞赛，进而使双方的效用最大化。

从以上理论可以看出，劳动关系主体之间的合作内容和形式虽然有一定的差异，但走向合作的努力从来没有间断。

第四节　劳资合作关系的发展趋势

西方学者将劳资合作理念贯穿于劳资关系的处理中，在冲突中寻求利益均衡点。学者们认为，面对世界范围内劳资冲突的加剧，他们不应该停留在对劳资对立、对抗的刻画上，而应该注重对劳资双方的合作与双赢战略方面的研究。

一、社会契约对劳资合作关系的影响

当今社会正在变化的价值观对工作场所产生着重大影响，尽管政府、消费者、社区等外部利益相关者仍然是影响企业社会环境的主要方面，但是现在有些学者将相当多的注意力集中于雇员这种利益相关者身上，并关注他们的地位、待遇以及满足感[2]。

雇员权益的变化和发展是这些社会变化的直接结果，这些变化已经成为社会关注的焦点。以前诸如提高工资、缩短劳动时间、要求更多的工作保障以及改善工作条件这类涉及生计的问题尽管依然存在，但是已经让位于其他更复杂的工作场所的改善等问题。

是什么因素导致了旧社会契约的退出与新社会契约的产生呢？在探讨新社会契约时，主要有三种力量在起作用：第一，全球竞争；第二，技术进步；第三，放松管制。由于这三种力量以及其他因素对工作场所的影响，原有的组织和旧契约开始瓦解。企业与工人之间的旧契约被称为是一种家长式作风的合约，其特征

---

① Lazear E P, Rosen S: Rank order tournaments as optimum labor contracts. Journal of Political Economy, 1981, 89(5): 841-864.

② 阿奇·B. 卡罗尔，安·K. 巴克霍尔茨：《企业与社会：伦理与利益相关者管理》. 黄煜平，等译. 北京：机械工业出版社，2004 年，第 313-314 页。

包括终身雇佣、稳定雇佣、稳定晋升以及忠诚等几个方面。而新的社会契约更多强调的是,在就业关系中雇员对自己的成功与发展承担更重要的责任。工作保障、报酬和晋升,更多地取决于雇员对公司任务的贡献。表 2-1 对新、旧两种契约做了总结概括。

表 2-1 正在变化的雇主与雇员之间的社会契约

旧社会契约	新社会契约
工作保障:长期、稳定的职业与雇佣关系	很少有任期协议;工作经常"有风险";只有增加组织的价值,企业才会为雇员提供就业机会
在一个雇主下的终身职业	很少有终身职业;雇主变动是普遍的;工作是有活力的
稳定的岗位/工作分配	临时的项目任务
对雇主忠诚;识别雇主身份	对自己和职业的忠诚;减少了对雇主身份的识别
家长式的作风;家庭式的关系	关系并不是那么温暖和家庭式的,更不用说是父子关系
雇员权利感	个人对自己职业/工作的未来负责
稳定的、增加的收入	反映工作贡献;根据增值取得报酬
与工作相关的技能培训	学习机会;雇员对自己的教育和知识更新负责
重点在个人工作成就	重点在团队合作与团队成就

资料来源:Hiltrop J M.The changing psychological contract:The human resource challenge of the 1990s.European Management Journal,1995,13(3):286-294.

　　新社会契约体现对变化的世界和变化的企业环境的适应。在某些方面,工人们可能喜欢这种新的社会契约,对公平待遇的期望仍将上升。新契约中除了丰厚的薪水和奖金外,还有其他很多条件都是很诱人的,包括灵活的工作时间、舒适的办公室、随意的服饰、音乐节和各种聚会等。年轻的雇员乐于频繁地变动工作以便改善工作条件,公司为了能留住他们就不得不提供更好的条件。

二、经济全球化对劳动合作关系的影响

　　William N. Cooke 研究了过去 20 年来不断扩展的外商直接投资和跨国公司对劳资合作的影响。跨国公司通过减少工会的相关权力以及管理者控制国内外投资(投资地区、投资方式等)来影响投资目的地的工会代表,并通过影响竞争对手的投资和岗位创造来与工会进行博弈①。

---

　　① Cooke W N: Exercising power in a prisoner's dilemma: Transnational collective bargaining in an era of corporate globalisation?Industrial Relations Journal, 2005, 36(4): 283-302.

1. 权力的博弈

在与跨国公司管理方动态的博弈过程中，工会也采取相关措施予以应对，跨国公司工会之间也开展了积极的合作，主要体现在以下几个方面。①所有相关联的工会都逐渐成为参与博弈的伙伴；②逐渐将所有非工会的运作有组织化，并使其分歧最小化；③工会合作伙伴对外商直接投资和跨国公司资金投入决策产生影响；④孤立那些试图获得超额收益的工会伙伴；⑤使工会伙伴之间公平分享增加的收益。

2. 就业岗位的博弈

外商直接投资的增加伴随着工会密度的持续降低，使工会不得不考虑在跨国公司投资的过程中如何与跨国公司在投资与岗位之间展开竞争。

跨国公司中工会的合作方式是多次重复博弈和非零和博弈。在遵守博弈过程中几个基本条件的前提下，其作出了如下选择，具体包括以下几个方面。①增强相互对比的力量，进而对重新分配工资施加影响；②增加可支配的工资收入；③在合作伙伴之间使相对权力和工资分享最大化。

由此可见，随着经济的全球化，劳资合作关系将面临新的挑战，工会的应对措施也更加复杂化。

三、工作分享促进和谐劳动关系的形成

工作分享是企业为了避免裁员，对企业的工作总量和付薪工作时间进行重新分配，以增加全体员工的就业机会。工作分享在国外已实施多年，对增加就业、增进企业和谐劳动关系产生了积极的效果。

1. 劳动力绝对过剩导致劳动关系紧张

目前，整个世界都面临高失业率的问题。原因何在？美国经济学家里夫金认为，全球失业率的不断升高不是一个偶然现象，这是经济的自动化和信息化带来的必然结果。里夫金在《工作的终结——后市场时代的来临》中谈到了经济的自动化和信息化给现代生产方式带来的影响。目前，75%的就业人口从事的工作或多或少都是重复性劳动，而越来越完善的自动化系统、机器人和计算机完全可以从事这类劳动。以美国为例，在此后若干年内，全美 1.2 亿个工作岗位中，约 9000 万个将被自动化系统代替去完成。在许多劳动领域，替代人的工作岗位的智能机器已在迅速出现[①]。

信息技术的大量采用使企业大量裁员，降低工资成本和公司负担，以获得更

---

① 杰里米·里夫金：《工作的终结——后市场时代的来临》. 王寅通，等译. 上海：上海译文出版社，1998年，第5页。

多的盈利。但是，信息技术打破了劳动市场的均衡，使劳动力供给出现绝对过剩，导致劳动者与企业之间的鸿沟扩大，劳动关系日趋紧张。

里夫金指出，企业要避免劳动关系恶化也是有可能的，如果我们学会彼此分享工作，这些新技术有可能使人类改变其工作和生活方式，从而产生一种更为有效的工作制度，即工作分享制。在这种制度下，长时间的全日制工作变得不再必要，人们拥有的是较短的工作时间，大部分时间将用于休闲、娱乐、学习和个人兴趣爱好上。这种制度能减少甚至避免裁员，最大限度地改善企业劳动关系。

2. 工作分享的含义、形式与作用[①]

工作分享是通过对一个经济系统内（如一个企业、一个地区或一个国家）的工作总量和工作时间进行重新分配，以减少非自愿失业，增加就业机会而采取的措施。西方企业通过缩短员工的平均工作时间，保留员工工作岗位，减少或避免解雇员工。工作分享方式主要有下列几种[②]。

（1）工作岗位分享。工作岗位分享，即通过对现有工作岗位的劳动时间（工作日或工作周）进行不同形式的分割和重组，从而创造出更多的工作岗位，使就业机会增加。例如，甲、乙二人分享一个岗位，每人每天分别工作 4 小时，或者每人每周分别工作 2 天半，使就业机会增加一倍。

（2）时间购买计划。这是一种以年为单位进行工作时间分割的工作分享方式。在加拿大，企业员工可以自愿加入政府支持的"四一工作计划"，每工作四年，即可休假一年。在工作的四年中，员工每月只领取工资的 80%，另外 20%存入银行为其开设的专门账户，这部分延付工资加上利息成为第五年的收入来源。加拿大政府为鼓励员工加入该计划，对其存入银行的 20%的工资实行免税政策，并通过法律保障参加该计划的员工在休假一年后能够回到原公司的原岗位上工作。

（3）缩短法定工作时间。政府通过缩短法定工作时间，使企业为确保生产经营的连续性而雇佣更多的人员。法国从 1996 年就开始实行法定每周 4 天工作制，将每周法定工作时间缩减到 32 小时，为此增加了约 150 万个工作岗位。

（4）提前退休和过渡性退休。提前退休是让接近退休年龄的人自愿提前退出工作的一种方式。英国在 1977 年开始实施"工作让渡计划"，即自愿退休计划，让失业人员接替提前退休人员让出的工作岗位，同时对自愿提前退休人员给予适当的补偿。过渡性退休指让接近退休年龄的员工逐年减少工作时间，直至正式退休。美国大约 600 家大公司有类似的工作安排。

（5）延长休假时间。休假时间的延长可以使在岗员工的实际工作时间缩短，

---

① 陈维政，李贵卿：《实施工作分享破解就业难题》. 北京：中国经济出版社，2007 年，第38-76 页。

② 陈维政，曹志强，菲利普·赖特：《工作分享制——解决国企冗员问题的有效途径》.《管理世界》，2000 年，第 11 期。

而企业需要扩招员工以弥补岗位空缺。延长休假时间的形式有：不付薪的延长休假、储蓄性休假、周期性休假、自愿休长假等。从 2002 年起，瑞典政府开始试行自愿休长假的制度。自愿脱离工作岗位休假 12 个月的员工，虽然在休假期间没有工资，但可以领取 85%的失业保险金。

（6）灵活工作制。灵活工作制，即企业对员工实行不固定的灵活工作时间，这样可以使企业增加用工的灵活性。灵活工作制的种类主要有计时工作制、随叫随到制、压缩工作周制、弹性工作制、机动工作制、远程工作制等。

工作分享在世界发达国家得到推行。2001 年，美国已有 19 个州实施了工作分享计划，以避免企业在经济困难时期裁员。以马萨诸塞州为例，提出实施工作分享计划申请的公司在 2002 年已经达到 11 277 家。德国在 1983～1992 年增长的 320 万个就业岗位中，有 1/3 的岗位是通过减少员工的平均工作时间促成的。加拿大人力资源部对实施工作分享计划的情况进行了评估并得出结论：在 1990～2001 年的 12 年中，平均每年有 36 000 人申请参与了该计划，每年平均避免了 10 302 人下岗。这充分表明实施工作分享对避免裁员、促进和谐劳动关系有显著作用。

思考题

1. 简要分析马克思的劳工运动理论。
2. 简要描述五大劳动关系学派的主要观点。
3. 简要评析邓洛普的劳动关系系统的构成。
4. 试分析合作型劳动关系的主要特点。
5. 试分析工作分享制对促进和谐劳动关系的意义和作用。

第三章 世界各国的劳动关系管理实践

不同的劳动关系管理学派和观点对各国的劳动关系管理实践产生了不同的影响，形成了各具特色的劳动关系管理策略、制度和方法。本章选择了有代表性的国家的劳动关系管理实践进行介绍和比较。

第一节 美国的劳动关系管理实践

美国劳动关系管理的主要特色体现在其工会组织、劳资委员会、员工持股计划和员工援助计划（employee assistance programs，EAP）等方面。

一、美国的工会组织

美国劳工联合会-产业工会联合会（以下简称劳联-产联）是美国最大的工会联合会，1955 年由劳工联合会（以下简称劳联）和产业工会联合会（以下简称产联）合并而成。劳联建立于 1886 年，是根据把工人组织成行业工会的原则建立的，其所属工会对自身事务保留充分的自主权，而每个工会都从劳联得到对工人和对声称属自己管辖的产业领域的保护。而产联建立于 1935 年，是按照工业部门组织工人的，是由从劳联分裂出来的一个工会团体成立的产业工会委员会[①]。

1. 劳联-产联的内部组织

劳联-产联有以下组织机构[②]。

（1）全体大会。全体大会是劳联-产联的最高权力机构，主要负责修订该组织

---

① 金·赛普斯：《美国劳联—产联的"劳工帝国主义"》. 郭懋安译. 《国外理论动态》，2006 年，第 4 期。

② 孙茹：《劳联—产联》. 《国际资料信息》，2004 年，第 12 期。

的章程、选举领导人等重大事项。大会每 4 年召开一次，必要时可以召开特别代表大会。

（2）执行委员会。执行委员会是两次大会期间的管理机构，负责实施大会通过的决议，解释组织章程，制定工会的方针政策。执行委员会由主席、司库、执行副主席和副主席组成，一年至少开两次会议。

（3）领导集团。领导集团由主席、司库、执行副主席及 51 个副主席组成，最重要的三位领导是主席、司库和执行副主席。主席为劳联-产联组织的首席执行官，负责该组织的日常事务，如主持特别会议、支持执行委员会、签署重要文件等。司库为首席财政官，负责审计劳联-产联组织的所有财务账目，并负责编制财务年度计划。执行副主席协助主席工作，必要时代理主席职务。

（4）总董事会。总董事会由执行委员会所有成员、工会主要官员、产业和工业部门主要官员、执行委员会选出的地区代表等组成。总董事会在 4 年大会期间至少开会一次。

（5）行业和产业部门。根据劳联-产联组织的章程规定，设立了建筑产业部、食品与联合服务产业部、海事产业部、金属产业部、职业雇员产业部、交通产业部、联合标签和服务产业部等 7 个部门。它们由相关领域的附属工会组成，这些部门有很强的独立性。但各部门的规章必须符合劳联-产联的章程，其主要负责人均参加执行委员会的会议。

（6）小组委员会和职能部门。该部门由主席根据需要，报执行委员会批准成立，负责处理工会的具体事务。

（7）州、市和地方中心组织。它们是各行业工会在州和地方一级的横向联合组织，由地方工会代表选举产生。在执行委员会指导下从事与立法、教育和社会服务相关的工作，维护工会会员的利益。

（8）直属工会、委员会和理事会。根据章程，除了上述机构外，劳联-产联还成立了 6 个组织，充当工会和社区联系的桥梁。

2. 劳联-产联的政治参与方式

劳联-产联的宗旨是改善工人生活，实现所谓经济正义和社会正义。它的主要活动都围绕维护劳工权益开展，并通过游说、罢工及鼓励工会成员投票、竞选公职来实现目标。主要参与方式有以下几种[1]。

（1）支持竞选。例如 2004 年的总统预选，劳联-产联支持与产业界密切相关的民主党候选人克里。

（2）与各种有影响力的国际劳工组织合作，资助各种相关的基金会和活动，

___

[1] 周薇：《劳联—产联与全球经济贸易问题》.《工会论坛》（山东省工会管理干部学院学报），2005 年，第 1 期。

扩大劳联-产联的影响力和覆盖范围。

（3）组织协调罢工、游行示威、动员消费者联合抵制等发动大量民众的活动来产生影响。

3. 美国劳联-产联所产生的影响①

（1）加强劳工斗争力量。美国劳联-产联在合并后拥有如此众多的工人会员，对于发动罢工，为工人争取更多的利益是非常有效的。通过罢工，美国劳联-产联为工会工人争取到了关于经济方面的几项权利：第一，完善工人养老制度；第二，物价上涨时，资方应该提高工资；第三，工会有权参与劳动规章的制定和生产过程中的某些组织工作。

（2）争取有利于劳工的立法。美国劳联-产联对立法的影响力是社会发展的客观要求，劳联-产联通过发动罢工、谈判、向国会游说、对议员施加影响以及以选票为武器要求总统就职后实行对劳工有利的立法等一系列政治活动，争取到了主要包括职业保护、最低工资工时、劳动条件、保障就业机会、社会保障、健康保险、工伤保险等方面的立法。

（3）对美国经济政策和对外政策的影响。美国在经济政策决策中，劳联-产联、政府、企业成为一个权力相互制衡的三角体系。尤其是美国民主党执政时期，民主党鼓吹私有化、贸易协定、反对自由贸易。美国劳联-产联也一直是反对自由贸易的急先锋，成为美国贸易保护主义的代言人②。

二、产业和区域劳资委员会③

美国在过去的几十年，劳资双方参加了各种区域或各种产业的劳资委员会，给劳资双方提供一个相对独立的空间或人群环境。以产业劳资委员会为例，它通过改善集体谈判关系、提供必要的技术服务、提高劳动者的劳动生产率、改善健康和安全状况、提供工作保障等一系列努力，帮助本行业雇主解决共同存在的劳资关系问题。

美国基础钢铁产业于1960年成立的"关系委员会"就是一个典型的产业劳资委员会。1959年，美国基础钢铁产业发生了较长时间的工人罢工。面对复杂的劳资冲突问题，雇主们无法通过自己的力量加以解决。于是，该委员会就企业的工资与福利调整指南、工作分类系统、职位高低的确认，以及员工的医疗保健等问

---

① 李洁：《试论美国劳联与产联的合并及其影响》.《湖州师范学院学报》，2007年，第5期。

② 金·赛普斯：《美国劳联—产联的"劳工帝国主义"》. 郭懋安译.《国外理论动态》，2006年，第4期。

③ 王杰，高敬，南兆旭：《哈佛模式人力资源管理》. 北京：人民日报出版社，2002年，第2096-2097页。

题开展了研究，并提出了自己的解决建议。可以说，该委员会的工作对于解决基础钢铁产业各企业的劳资冲突、实现企业劳动关系的合作，发挥了重要的作用。人们普遍感到，该委员会及其各分委员会的有效运作，是劳资双方下一个集体合同谈判和签署的有力保证。

区域劳资委员会的成立和发展，是为了解决社区范围内的企业劳资冲突。一般来说，区域劳资委员会是一个劳方、资方有时也由政府组织成员共同自愿组成的联合体，其要解决的直接问题是影响社区或区域内经济健康运行和发展的有关问题。例如在美国纽约的詹姆斯敦，由于制造行业工作机会的减少而导致的高失业率以及该地有名的罢工历史，迫使其市长在 1971 年发起成立了一个劳资委员会。该委员会在增加就业机会、强化社区经济基础等方面发挥了非常重要的作用。同时，该委员会通过发展企业劳资合作项目，将劳资双方结合在一起，让他们共同寻找解决问题的办法，改善劳资关系，实现企业劳动关系合作。1978 年，美国区域劳资委员会全国联盟宣告成立，其主要宗旨就是为区域劳资委员会的工作提出建议和提供技术帮助。

三、美国的员工持股计划

美国企业员工参与管理的形式以劳资集体谈判为主，另外最有特色的则是近几十年兴起的员工持股计划。

1. 员工持股计划的由来

员工持股计划开始于 20 世纪 60 年代初，由路易斯·凯尔索（Louis Kelso）最先提出。从 1973 年开始，美国国会陆续通过 16 项关于鼓励员工所有制的法律，14 个州通过了建立员工所有制计划的法案，而所有这些法律几乎都集中在员工持股计划上，这对促进员工持股计划的发展起到了重要作用。到了 20 世纪 90 年代初，美国已有 11 000 多家公司采用了这一计划，超过 1100 万名员工成为该计划的直接参与者，他们拥有的资本总量已超过 500 亿美元[①]。

2. 员工持股计划的运作[②]

美国企业中实行的员工持股计划有两种情况：一种是不利用信贷杠杆的员工持股计划，由企业直接将股票交给公司成立的员工持股计划委员会（小组），该委员会为每个员工建立股权账户，并每年从企业利润中按其掌握的股票分得红利，用部分红利归还雇主或公司以股票形式的赊账，还完赊账后股票即为员工个人所

---

① 路易斯·凯尔索：《民主与经济力量》．赵曙明译．南京：南京大学出版社，1996 年，第 21 页。

② 刘元文：《相容与相悖：当代中国的职工民主参与研究》．北京：中国劳动社会保障出版社，2004 年，第 320-324 页。

有。另一种是利用信贷杠杆的员工持股计划，这种做法是公司首先设立一个员工持股计划的基金组织，该组织向银行或其他金融企业申请优惠贷款，用该项贷款购买公司的股票，保留在"悬置账户"之中，公司每年在利润中按预定比例提取一部分交给员工持股计划的信托基金组织，信托基金组织将这笔资金用来归还银行贷款，并负责把股份转化到每个员工的账户上，悬置的账户逐渐变成拥有实际股份的个人账户[①]。

员工持股计划实施过程中，管理员工股份的信托基金组织，既可以是企业外部的公共托管机构，也可以由公司自己组织。一般企业内部的信托委员会由3～5人组成，由董事会任命，其中可包括一个或一个以上的普通雇员。信托组织不参加董事会，但要参加股东大会，代表员工行使表决权。除此之外，它们每年要按时将员工的持股数和股票市场价格等情况向员工通报，按公司规定做好持股员工的股票登记、收购、转让和红利发放等事宜，每年还要向税务管理部门报告自己的经营状况[②]。

实行员工持股计划的企业，工作一年以上和年龄在 21 岁以上的员工均可参加，一般要求 70%以上的员工参与。股份分配以工资为依据，兼顾工龄和业绩。上市公司的持股员工享有与其他股东相同的投票权，非上市公司的持股员工对公司的重大决策享有发言权。在实行员工持股计划以后，员工既是股东又是雇员，因为个人收益与企业的经营联系起来，员工较以前更为重视参与企业管理，而经理人员和职工的沟通也相应增多。这些情况都说明，实行员工持股计划以后，企业的劳动关系开始发生一些变化。

美国企业中实行的员工持股计划，从让员工拥有所在企业资产所有权促进资本泛化进而提高员工收入和改善福利条件的角度看，员工持股计划有其科学和进步的一面。在设计员工持股计划方案时所采用的某些技术手段，对中国正在进行的国有企业产权改革有一定的参考价值。

四、美国的员工援助计划

随着现代社会形态急剧变迁、企业竞争的加剧及生活节奏的加快，现代人们的物质生活虽然越来越丰富，但是精神生活却令人担忧。失业、工作压力、家庭收入、人际关系、个人危机感等问题已成为影响员工心理健康的主要因素。员工如果不具备良好的心理状态，便会失去工作热情，工作情绪低下，旷工与离职率也会增加，严重时还会影响工作效率、客户服务水平和企业绩效。在美国企业盛行的员工援助计划（employee assistance programs，EAP）作为解决这个问题的较好方法之一，近年来越来越多地受到了世界各国企业的重视。

---

① 常凯：《劳动关系学》. 北京：中国劳动社会保障出版社，2005 年，第 313 页。

② 车驾明：《美国员工持股计划及其运用》.《企业导报》，2002 年，第 1 期。

1. 员工援助计划的概念和发展

1982 年，沃尔什（Walsh）提出"员工援助计划"的概念，旨在利用公司政策及相关程序来帮助员工解决某些直接或间接影响其工作效率的个人或情绪问题[①]。员工援助计划有别于一般的福利措施，而是一种组织机制。它是企业为了帮助员工及其家属解决与工作相关的心理及其他方面的问题，由企业出资为员工设置的一套系统的服务项目。通过专业人员对员工及其直属亲人问题的诊断、建议，并为其提供专业的指导、培训和咨询，目的是帮助员工预防和解决个人、家庭以及工作上的各种心理和行为问题，使员工能以健康的身心投入工作，提高员工的绩效，改善企业的管理，最终实现提高绩效的目的。

员工援助计划的发展历程大致可以分为四个阶段[②]。

（1）职业戒酒计划（occupational alcoholism programs，OAP）。20 世纪初，美国的一些企业开始注意到员工的酗酒、吸毒和其他一些药物滥用问题会影响员工和企业的绩效，于是开始聘请有关专家探讨解决这些问题的可能性，推动了职业戒酒、戒毒计划的产生。

（2）职业健康促进计划（occupational health promotion programs，OHPP）。职业健康促进计划是企业所采取的寻找并解决那些在工作场所内外引起员工健康隐患问题的措施与活动的总称，目的在于通过提高员工的身心健康水平，促进员工人际关系的良性发展，增加工作环境中的合作行为，提高员工的适应性、健康水平及主观幸福感，最终达到提高工作效率与组织绩效的目的。

（3）员工援助计划。从 20 世纪 60 年代起，越来越多的企业开始执行员工援助计划。在这个时期，企业主要运用一些系统干预的方法来了解、诊断问题员工的行为并探讨其产生的原因，积极主动地提供家庭、法律、医疗、财务方面的援助，帮助员工解决问题。常见的干预方法主要包括评估、咨询、辅导、治疗等。

（4）员工增强计划（employee enhancement programs，EEP）。从 20 世纪 80 年代起，一些新概念的提出使员工援助计划扩展为员工增强计划，它强调工作压力管理、全面健康生活形态、工作生活质量、人际关系管理等问题，致力于改进工作中和工作后可能引发未来健康问题的行为。员工增强计划具有系统性、全面性、动态性、超前性等特点。

2. 员工援助计划的作用

员工援助计划的实施对于提高企业员工的工作、生活质量，增强企业的核心竞争能力有着重要的意义，因此员工援助计划越来越受各国企业界的重视。一项研究表明，1991 年在美国，企业为员工援助计划投入 1 美元，可节省运营成本 5～

[①] 转引自欧明臣，凌文辁：《国外企业员工协助方案及其应用》.《外国经济与管理》，2003 年，第 7 期。

[②] 王雁飞：《国外员工援助计划相关研究述评》.《心理科学进展》，2005 年，第 2 期。

16 美元。到 1994 年，在世界财富 500 强中，已经有 90%以上的企业建立了员工援助计划项目，现今美国有两万个以上的员工援助计划。有的企业在应用员工援助计划时还创造了一种被称为"爱抚管理"的模式，通过设置放松室、宣泄室、咖啡室等来缓解员工的紧张情绪；或者制订员工健康计划和增进健康的方案，帮助员工克服身心方面的疾病，提高健康水平。还有的企业设置一系列课程，对员工进行心理卫生的自律训练、性格分析和心理检测等。总之，员工援助计划和员工福利、安全卫生、劳资关系、员工发展以及绩效改进息息相关，已经成为劳动关系管理中必不可少的环节。

第二节　加拿大的集体合同谈判

研究加拿大集体合同等问题，要从加拿大的工会发展说起。加拿大工会最早在 19 世纪由非正式的社会团体演变而来。早期的工会只限于男性和技术工人。1967 年，《公共机构工作人员关系法》获得通过，使得为联邦政府工作的员工有权加入工会。20 世纪 90 年代以来，工会发展速度缓慢下来。

一、加拿大劳动关系的处理办法[①]

加拿大调整劳资关系的体制大体上可分为两种：一种是以私营企业为基础，通过集体谈判自主地解决劳资争议以协调劳资关系；另一种以公共部门（政府部门及政府下属机构和组织）为基础，采取强制仲裁的方式来调解劳资关系[②]。

1. 私营企业劳资关系的处理

（1）集体谈判制度受到了美国的影响，但加拿大的集体谈判在某些方面超过了美国。加拿大的集体谈判非常重视对工会权利的保护。

（2）在谈判的程序方面非常规范化。加拿大的法规对谈判主体资格的确认，尤其是工会的代表资格、集体协议的最短有效期、集体协议在生效期间所发生罢工的处理方式等都有明确的规定，这就使得劳资双方在集体谈判过程中严格在法律轨道上行事。

（3）谈判的主体多样化。加拿大的集体谈判是以企业级谈判为主的。这主要

---

① 北京市总工会赴加拿大培训团，高大慧：《关于加拿大工会组织及集体合同工作的考察与思考》.《北京市工会干部学院学报》，2007 年，第 1 期。

② 雨夕：《加拿大劳资关系立法及处理制度》.《工会理论与实践-中国工运学院学报》，1997 年，第 4 期。

是由加拿大工会的组织特点所决定的。

（4）注重集体协议的法律效力。劳资双方一旦达成协议，那么该项协议就具有法律效力，劳资双方必须严格遵守，否则就算违法行为。

（5）集体协议履行过程中发生争议时所采用的调停和仲裁制度是加拿大集体谈判制度的重要组成部分。加拿大法律规定，所有的集体协议必须包括有关劳资争议处理程序的条款，由于加拿大的法院不受理雇员个人提出的劳动争议诉讼，因而在加拿大的集体协议中都有此类规定。

2. 公共部门劳资关系的处理

公共部门劳资关系的处理多采取强制仲裁的制度，虽然加拿大公共部门的雇员自1967年就获得了集体谈判权，但谈判的范围非常有限，属于国家法律规定的事项，如退休金、伤病抚恤金、死亡津贴、加班费、休假等均按法律规定处理。

加拿大公共部门的劳资关系平时受公务员关系署的管理。公务员关系署由劳资双方推荐的同等数目的人员组成，由政府任命，其工作内容包括确定谈判单位、对工会谈判代表资格的认定、有关不正当劳工行为的调查与处理、劳资争议案件的仲裁及工资资料的收集等。

二、加拿大工会的组织体系①

加拿大工会的各层级关系可划分为全国总会、行业总会、地方总会和基层工会②。全国总会是加拿大全国劳工大会，下分省、市地方总会和产业、行业总会，行业涉及汽车、建筑、公务员、教师等。产业、行业工会都有全国性的组织，并在省、市总工会中有自己的代表，如图3-1所示。

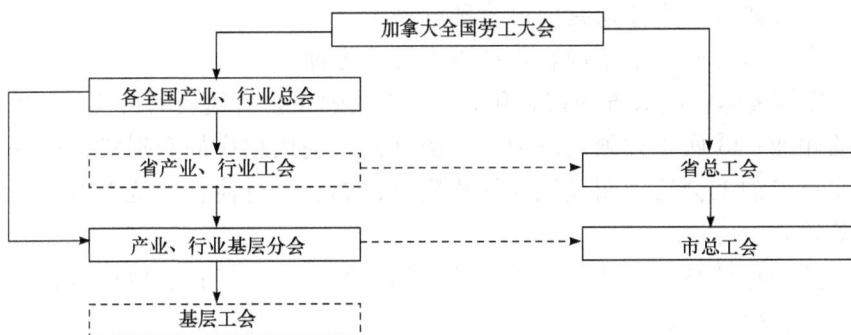

图3-1　加拿大工会组织机构

---

① 北京市总工会赴加拿大培训团，高大慧：《关于加拿大工会组织及集体合同工作的考察与思考》.《北京市工会干部学院学报》，2007年，第1期。

② 北京市总工会赴加拿大培训团，侯小丽：《加拿大工会概况及其稳定劳动关系的做法》.《北京市工会干部学院学报》，2006年，第2期。

加拿大全国劳工大会以及省、市总会的主要工作是与政府以及立法机关进行沟通，争取在立法中保护劳工的利益，提高工人的地位和福利；进行劳工教育、劳动关系研究工作，并以多种形式宣传工会的主张，积极扩大工会组织在社会中的影响。加拿大各产业和行业工会对下级工会有业务指导和提供咨询与支持的职能。总会一级的工会不亲自参与集体协商和签订集体合同的工作，主要工作是与议会、政府部门和行业协会进行沟通，扩大工会的影响，并指导基层工会的集体谈判。产业、行业工会的基层分会的主要任务是协调指导基层工会的集体谈判，帮助他们处理重大的劳资纠纷。另外，基层分会还承担着建立工会组织、教育培训职工、维护职工职业安全等重任。基层工会的目标比较单一，主要任务就是在任期内代表会员与雇主进行谈判，签订并监督执行集体合同，在谈判破裂时组织会员按照法定程序进行罢工。基层工会是伴随着集体合同的存在而存在的。

三、加拿大的集体合同

加拿大实行分散的集体谈判，即工厂或企业集体谈判，尽管各省之间法律以及与联邦法律之间差别较大，但它们还有一些共同点，即几乎所有的集体协议都是单独一个工厂与其工会签订，而不是与行业工会或地方工会签订。

集体合同作为加拿大工会维护会员合法权益、协调劳动关系的主要手段，在稳定劳动关系方面起着重要的作用。

（一）集体合同的谈判原则和内容

加拿大工会在集体谈判中坚持"工人有权利过体面生活、分享所创造的价值和享受应得的待遇与服务，每一个职工都有权利在单位表达自己的心声"的原则。这一原则充分体现在集体谈判的内容和程序上。

加拿大集体合同的主要内容包括以下几个方面。

（1）签订集体合同双方的权利和义务：①明确工会所代表的员工的范围；②工会会费的扣缴；③雇主方须及时为工会谈判代表提供相应的数据资料；④雇主方不得因雇员参加工会活动而歧视或处罚雇员；⑤雇主行使合同范围内的正常管理权力；等等。

（2）劳动标准与劳动条件：①劳动报酬；②工作时间；③休息休假；④劳动安全卫生；⑤保险福利；⑥教育培训。

（3）雇员的管理：①试用期的规定；②雇员资历认定的原则和评定方法；③职位空缺的补充，有的集体合同规定只允许企业雇用工会会员；④给予职工降职、解雇、纪律处分时的条件、程序（也称"公平原则"），如要求有恰当充分的理由，并以书面形式通知雇员，雇员有权要求举行有工会代表参加的申辩会；等等。

（4）争议处理的程序：①争议的界定；②申诉程序；③仲裁程序；④仲裁费

用；等等。

（5）其他条款：①谈判破裂后行动（罢工或闭厂）的相关规定；②集体合同的期限（一般为2~3年）；③合同文本的文字；④补充条款；等等。

（二）集体合同的谈判程序①

加拿大集体合同谈判是通过工会谈判资格的认定→制订谈判方案→代表谈判、达成协议→投票表决、通过执行等程序实现的。

1. 工会谈判资格的认定

在工会组织分散化、多元化的情况下，集体合同的谈判首先要确定哪个工会有资格成为劳资谈判的主体。《加拿大产业关系法》规定，只有经过加拿大产业关系委员会认定并备案建立的工会组织，才有资格代表雇员与雇主进行谈判，谈判的协议才具有法律效力。

2. 制订谈判方案②

该阶段主要是向所有会员征求谈判内容的意见，并根据会员的意见提出谈判的方案。拟订谈判方案，就是双方当事人各自拟订谈判的基本原则、最低标准和主要谈判策略等的方案，以便在谈判过程中有的放矢；组建谈判机构和人员班子，即在没有谈判机构的情况下，双方当事人都要临时成立自己的谈判机构，具体确定自己一方的谈判代表；约定谈判日期和地点，这是由双方当事人协商而定的；上报政府有关部门或主管机构，即要将预定的谈判主题、谈判日期和地点以及谈判双方当事人代表等上报政府有关主管劳动关系或劳动问题的部门或机构。

3. 代表谈判、达成协议

谈判进程可能出现以下几种情形：

（1）谈判双方相互谅解和妥协，谈判很快达成协议。

（2）双方就有关问题互不相让，谈判陷入僵局，但经过调解后可达成协议。

（3）谈判陷入僵局后，经过调解无效，导致谈判破裂甚至引起罢工或关闭工厂事件，这时就需要用仲裁或法律诉讼的办法来解决，或者由政府出面促成谈判继续举行，直至最终达成协议。

4. 投票表决、通过执行

在加拿大，在企业级的谈判中，工会代表对谈判结果无权决定，需由企业职工大会通过投票表决，批准执行。

---

① 董平：《加拿大的集体谈判概况》.《中国人力资源社会保障》，1996年，第10期。
② 左祥琦：《劳动关系管理》. 北京：中国发展出版社，2007年，第122页。

（三）集体合同的履行和争议解决

第一，集体合同的履行。签订集体合同后，双方要共同组成一个集体合同监督委员会，监督合同的执行，确保合同的正常履行。如因履行集体合同发生争议，将按集体合同中规定的程序处理解决。

第二，集体合同的争议解决。集体合同履行中出现的争议，按集体合同中规定的处理程序解决。当雇员认为被侵权时，首先要向工会代表提出申诉，并与工会代表一起，按规定程序向各级行政主管逐级提出申诉，仍未能解决纠纷的，可向省劳动厅申请仲裁。

（四）集体合同的管理

集体合同签订之后，要在各省劳动主管部门的集体合同部备案。劳动主管部门的集体合同部还对所备案的合同进行不同项目的分析：本省不同地区、同一产业的集体合同中工资涨幅、福利待遇的比较，不同行业的工资上涨幅度、工作条件、工时标准的情况；通货膨胀率的指数的规定方式；等等。分析的数据除定期出版刊物外，主要是提供给政府有关部门、集体合同谈判双方或研究部门等，用于财政预算、谈判参考依据或学术研究。政府管理部门提供的信息咨询服务，对于谈判各方，特别是各基层工会了解同行业的合同标准，从而确立自己的谈判目标提供了较多的便利和坚实的依据。

（五）集体合同在协调劳资关系中的作用

加拿大工会组织通过集体谈判就雇员的工资、工作时间、保险福利等问题与雇主方达成劳动协议，尽可能避免采用游行、罢工等激烈的斗争方式维护会员利益。只要雇主在合同期限内履行集体合同规定的义务，工人就不得进行罢工，从而有效地缓解了劳资之间的矛盾冲突，使整个社会的政治、经济环境相对平稳和谐，使劳动关系形成一种相互制衡、协调合作的局面。

第三节　英国政府的"第三条道路"①

劳资双方利益往往存在分歧，资方总是希望提高生产效率，节约劳动成本，实现资本效益最大化；劳方则希望改善雇佣条件，提高工资和福利，获得公正待遇。二者之间存在的矛盾需要第三方来协调。1997年布莱尔沿着"第三条道路"开启了工党执政的新纪元。

---

① 吕楠：《布莱尔政府劳资利益协调政策分析》.《当代世界与社会主义》，2006年，第3期。

一、英国的劳资政策历史沿革

第二次世界大战结束后，英国凯恩斯主义大行其道，凯恩斯提出了以下观点。①失业水平是由社会经济对产品和服务的总需求决定的；②在失业率高的时期，政府应当通过降低税率和利率来刺激需求，同时增加对公共事务的开支；③为刺激需求，政府将产生额外的雇员，从而提高个人的支付能力；④个人支付能力的提高，将反过来增加对私营经济部门的产品的需求；⑤对私营部门产品需求的增加将使私营部门的雇主能够雇佣更多的劳动力，因此会再次提高支付能力和需求；⑥如果这一过程不断反复，那么支付能力和需求的提高将会降低失业率。

这意味着，当失业率上升时，政府应当通过增加公共开支/降低税率来刺激社会消费①。

与其相匹配的法团主义（阶级合作主义）在劳资关系协调中占据主导地位，合作主义认为要由社会不同阶层、不同团体，特别是工会和管理方共同参与政策的制定。受法团主义的影响，工会势力膨胀，工会过高的要价阻碍了劳动力市场作用的发挥，影响了资本的投入，20世纪70年代，凯恩斯主义逐渐失灵，英国陷入严重的"滞胀危机"。

1968～1979年，经过选举上台的保守党政府出台了一系列的法律法规，1970年出台了《平等工资法》、1971年出台了《产业关系法》、1976年出台了《工会和产业关系（修正）法》、1974年出台了《工作场所中的健康与安全》、1975年出台了《性别歧视法》等，这些法律的出台，对改善劳动关系起到积极的作用。

1979年撒切尔夫人上台执政后，奉行市场自由主义。在整个20世纪90年代，政府通过每隔一两年制定新法律来限制工会的力量。比如，要求工会在采取罢工行动前，必须经过会员投票表决，并限制设立罢工纠察线。其目的是压制工人罢工，降低工会领导对罢工行动的支配能力，削弱工会的作用及其法律地位，使得工会与政府之间的协商关系不再是平等的"伙伴关系"。在经济政策上，撒切尔夫人奉行的是货币主义的宏观政策，将抑制通货膨胀而不是充分就业作为首要目标，大幅度削减个人所得税，导致贫富差距进一步加大。

二、全球化的加速推进及其影响

全球化的到来为资本提供了逃避与劳工谈判的机会。资本的全球化流动与新科技在生产中的应用，客观上起到了强化资本实力的作用。相对资本在全球范围内流动性较大，劳动力的流动性则小得多，这使得劳动在与资本对垒中处于明显不利的地位，"强资本、弱劳动"的现象愈发明显。然而，全球化的发展对政府向

---

① 凯恩斯：《就业、利息和货币通论》（点评详注本）. 杨力注释. 上海：上海外语教育出版社，2004年，第110页.

资本倾斜的政策也具有一定的约束力。以欧洲一体化为例，欧洲国家顺应全球化趋势，为增强区域竞争力，除了实现共同市场和统一货币等外，还签署了统一的劳工标准、社会宪章等。但是，在《马斯特里赫特条约》谈判中，当时的保守党首相约翰·梅杰为英国赢得了不实施该宪章的权利，目的是保护保守党在 20 世纪 80 年代和 90 年代采取的劳资政策，这使欧盟和英国各届保守党政府之间存在明显的冲突。保守党政府的雇佣关系政策以抛弃战后法团主义的观点为特征，其特点主要体现在以下几个方面[1]：①让私营部门取代政府的模范雇主地位；②将国有产业和部分公共部门私有化；③增强对工会及其活动的法律控制，明确表示了反工会的立场；④放弃了政府对充分就业的承诺；⑤在政府经济政策的制定中几乎完全排除了工会联合会和英国产业同盟的参与。

1979～1997 年，英国相继出台《雇佣法》（1980 年）、《工会法》（1984 年）、《工资法》（1986 年）、《工会和劳资关系法》（1992 年）、《工会改革和雇佣权》（1993 年）。其间的各届保守党政府的立法和言论都是鼓励雇佣关系的个人化和非政治化。为了保护雇员和雇主的个人利益，以及发展二者间更加个人化的关系，集体主义的价值观和组织机构都被丢弃了[2]。这也为工党赢得大选带来了契机。

三、工党政府的劳资关系协调政策

在 1997 年的竞选中，工党为了表明自己不同于以前的工党，把自己命名为新工党。以布莱尔为首相的工党政府奉行所谓的"第三条道路"，在经济政策方面，工党政府在为公司发展创造良好环境的同时，考虑到低收入阶层的利益，恢复了最低工资制度，工党还提出"利益相关者"（stakeholder）理论，来协调资本与劳工的关系。这一概念提倡双方建立风险共担、利益共享的关系，它暗含了包容、社会团结、公正的观念。在"利益相关者经济"（stakeholder economy）中，公司要尊重雇员、顾客和股权人，承担对人力资本培养的责任。政府利用激励和控制手段来支持公司的发展，创造一种风险共担、利益共享的企业文化，希望能够借此消除资本与劳工之间的对立。

1. 社会伙伴关系[3]

Kelly 在研究英国新型劳动关系合作机制时，开始强调承诺在工人、工会和雇主之间结成的"社会伙伴关系"。在"社会伙伴关系"中，强调以下几点：①工会

---

① 菲利普·李维斯，阿德里安·桑希尔，马克·桑得斯：《雇员关系：解析雇佣关系》. 高嘉勇，曹金华，邓小涛，等译. 大连：东北财经大学出版社，2005 年，第 151 页。

② 吕楠：《二战后英国劳资关系的立法分析》.《当代世界与社会主义》，2004 年，第 6 期。

③ Kelly J: Social partnership agreements in Britain:Labor cooperation and compliance .Industrial Relations: A Journal of Economy and Society, 2004, 43(1): 267-292.

要放弃一些传统的集体行动；②与传统的集体谈判相比，社会伙伴协议可以大幅度地促进员工的培训和工作保障；③与传统的工人相比，现代的工人降低了参加工会的热情；④雇员更希望雇主和工会之间开展合作；⑤雇主也不情愿与强硬的工会展开谈判，有时会说服工会，寻求建立社会伙伴关系以处理劳动关系。

英国的社会伙伴关系有益于平衡各个群体的权力和利益关系，在社会合作伙伴关系中，管理方与工会的信息共享、彼此诚信等非常重要。

在社会政策方面，工党政府社会政策改革的一个重要举措就是签署了《马斯特里赫特条约》（1991年）中的社会宪章，接受了宪章中关于工时、假期、企业破产提前告知雇员、在大型跨国公司设立由劳资双方代表参加的咨询服务工作委员会等方面的内容。福利改革是工党社会政策的重要内容，既要保存已确立的基本福利保障，维护劳工的利益，又要满足资本的要求，防止资本外逃，维持生产效率和国内就业的增加。工党提出的口号是"促进工作福利"（welfare to work），这体现了"工作"在福利改革中的核心地位。1998年4月，工党政府公布了福利改革绿皮书《我们国家的新动力：新的社会契约》。该项改革的宗旨是为有工作能力的人创造就业机会，为无工作能力的人提供生活保障，最终节省福利开支[①]。其实质是推行以工作为导向的社会福利制度，把重点放在劳动力市场，强调就业的重要性。

2. 调和自由放任主义和工团主义

新工党上台后的"第三条道路"主要是调和了自由放任主义对经济效率和经济动力的强调，以及工团主义对平等、融合和社会包容的关注。"第三条道路"的价值标准体现在以下几个方面[②]：①平等的价值，即所有人生来都是平等的，所以也应该被平等对待；②机会均等，即关注机会，而不是结果；③义务，即人们不能只向国家索取权利，同时也要承担与权利相对应的义务；④社区，即建立能为个人提供发展机会和存在意义的社会关系，以及能为此承担责任的结构和组织。

3. 促进就业和劳动关系立法

（1）促进就业。政府制定了"就业新政"等促进就业的政策，为促进就业投入了大量的经费，免费向求职者提供职业介绍、职业指导、职业培训等就业服务。从政府促进就业的目标来看，既包括创造工作岗位以帮助失业人员就业，也包括帮助已就业人员保住就业岗位。从政府部门及研究机构反复提到的理念来看，都强调企业应该承担社会责任，不应单纯追求利润的最大化。从政府的行为来看，为帮助已就业的人员保住就业岗位，政府采取了以下措施：一是立法禁止不公平解雇，要求企业大规模解雇员工必须与员工集体协商一致；二是用经济手段鼓励企业长期雇佣员工，

---

① 张世鹏：《当代西欧工人阶级》. 北京：北京大学出版社，2001年，第167页。

② 菲利普·李维斯，阿德里安·桑希尔，马克·桑得斯：《雇员关系：解析雇佣关系》. 高嘉勇，曹金华，邓小涛，等译. 大连：东北财经大学出版社，2005年，第155页。

如对于雇主雇佣失业残疾人达六周以上的，政府可以给予雇主每周 75 英镑的工资补贴；三是在其学习与技能委员会资助提供的职业培训中，有一部分是针对已就业人员的在职培训，以避免在职人员因技能不适应企业生产经营的变化而失业[①]。

（2）劳动关系立法。1997 年以来，英国修订和出台了《国家最低工资法》（1998年），最低工资标准不断提高，由 1998 年 3.6 英镑逐渐提升到 2002 年 4.2 英镑。1998 年 5 月，发布的关于《工作场所中的公平》（*Fairness at Work*）白皮书，构建了工党政府劳资立法的蓝图，其核心是推动雇主和雇员之间建立伙伴关系。工党认为，设立劳资关系机制的主要目的是要创造一个有利于就业的工作环境，《学习和技能法》（2000 年）规定，国家承担 16 岁以上公民在某一政府机构下接受教育和培训的责任，使工人的积极性和创造性得到有效发挥，从而实现企业利润的最大化。

《雇佣关系法》（1999 年）等对调整英国劳动关系起到了重要的作用，布莱尔劳资立法对劳动力市场的调整采取增加劳工个人法律权利的形式，而非采取加强工会集体权利的形式。对待罢工仍然有比较严格的限制，但立法为那些参加合法劳资行动的人提供了更多的保护措施。例如，因参加合法的劳资行动而被解雇的工人有权运用法律维护自己的权利；宣布雇主歧视工会会员或将工会会员列入黑名单的行为是非法的。此外，政府对保守党时期过于严苛的立法进行了修改。比如，试用期由撒切尔时代的 2 年调到 1 年；不公平辞退赔偿由 1.2 万英镑增至 5万英镑；工会有权代表其会员处理各种劳资问题；等等。此外，《雇佣法》（1988年）还制定了家庭友好政策，内容包括：①半职与全职员工享有平等的权利；②延长产假时间；③允许父母在孩子 5 周岁前停薪留职照顾孩子；④允许雇员在家庭发生紧急情况时，在合理的时间内离开工作岗位[②]。

布莱尔政府劳资政策的实施取得了明显的成效，经济持续稳定增长，失业率和通货膨胀率大幅度降低，投资环境得到了明显的改善。2001 年，英国失业人数下降到 100 万人以下，为 1975 年以来的最低点，失业率为 5.1%。布莱尔政府对工会的三项承诺，即实行国家法定最低工资、给工会法定的发言权、英国加入《欧洲社会宪章》，都在政府政策中得到贯彻实施。工会状况改善明显，劳资纠纷明显下降，罢工次数显著下降。20 世纪 80 年代，英国平均每年发生的罢工次数为 1129次，而 2004 年发生的罢工次数仅为 130 次。总体看来，布莱尔时期的劳资关系基本保持稳定，基本呈现相对良好的发展势头[③]。

① 劳动保障部赴英国促进就业立法考察代表团，沈水生：《英国的促进就业立法及其对我国的启示》.《中国就业》，2004 年，第 4 期。
② 李广林，张友山：《英国劳动关系调整考察报告》.《山东人力资源和社会保障》，2003 年，第 8 期。
③ 吕楠：《布莱尔政府劳资利益协调政策分析》.《当代世界与社会主义》，2006 年，第 3 期。

第四节 德国的"共决制"劳动关系运作

"共决制"是德国职工参与管理的基本原则。"共决制"是指在企业的最高管理层，资方代表与工人代表对企业的重大经营管理问题进行讨论磋商，共同决定。"共决制"是德国劳动关系管理的最大特色，在西方国家颇有影响。

一、"共决制"的产生与发展①

19 世纪中后期，德国曾是世界工人运动的中心，对世界工人运动发展起到过号角的作用，产业工人自发地产生了要求改善劳动条件和增加劳动报酬的思想。随着工业化的发展，产业工人队伍不断壮大，不仅要求改善物质生活条件，而且要求参与社会生产中与自身命运密切相关的产业劳动过程中的决策制定。

德国工人运动一直深受改良主义的影响，改良主义的两个最有影响的代表人物伯恩思坦和考茨基，都是德国人。改良主义放弃无产阶级专政，主张议会民主，同时也提出了经济民主和工人参与管理的主张。这种思想一直影响着德国工人运动，可以说这是"共决制"最初的思想来源。

二、"共决制"的法律依据

德国是一个典型的法治国家，因此"共决制"的建立和实施都是以详尽的、比较完善的法律规定为依据的。

现代意义上的企业"共决制"产生于第二次世界大战结束以后，"共决制"的发展一共经历了三个阶段。

1. 1951 年的《煤钢共决法》

1951 年 5 月，联邦议院通过了《职工在矿业和钢铁工业企业的监事会和经济委员会中共决法》，即《煤钢共决法》，其适用范围包括矿山和钢铁行业企业。规定在 1000 人以上的煤矿和钢铁工业股份公司中，监事会由劳资双方代表对等组成，并另设一名双方都能接受的"中立"代表。监事会主席由资方出任，劳方代表担任副主席。在表决时出现意见相左两方成平局的情况下，由中立代表作最后裁决。同时该法律还规定，在公司管理委员会内任命一名由工会提名的劳工经理。

---

① 张俐平：《德国企业共决制的发展及其性质》.《世界经济与政治论坛》，1997 年，第 3 期。

2. 1952～1972 年《企业法》

1972 年，联邦议院通过新的《企业法》，对 1951 年的《煤钢共决法》进行补充，该法律涵盖涉及 5 名以上雇员的所有企业。新补充的共决内容是，在 2000 人以下的股份公司里，监事会中的职工代表应占 1/3；工会可以推荐工会代表作为职工代表参加监事会。

3. 1976 年《共决法》

1976 年 3 月，联邦议院通过了一个新的《共决法》，此法律扩大了"共决"的范围，规定在煤炭、钢铁企业以外雇佣 2000 人以上雇员的私人企业也实行劳资对等共决。这样，几乎所有的股份公司都实行了"共决"，这标志着"共决制"作为一个完整的工人参与制度的最终形成。

三、"共决制"的运作方法[①]

在德国，除了直接或主要为政治、政策、教派、福利、教育、科学和艺术服务的企业，其他一切雇佣 2000 人以上的股份公司、股份两合公司、有限股份公司、具有法人团体性质的合资矿业公司、工商业合作社和经济合作社等企业组织，都适用"共决制"，主要是通过职工监事参与监事会来实现。

1. 平衡的股东监事和职工监事

"共决制"采用监事会中的职工代表制做法，企业监事会成员总数视企业规模而定，企业监事会由股东监事和职工监事对等组成。一般情况是，在职工不足 1 万人的企业中，监事会由 6 名股东监事和 6 名职工监事组成，职工监事中包括 2 名工会代表；职工人数超过 1 万人但不足 2 万人的企业，监事会由 8 名股东监事和 8 名职工监事组成，职工监事中有 2 名工会代表；职工总数超过 2 万人的企业，监事会由 10 名股东监事和 10 名职工监事组成，职工监事中有 3 名工会代表。

2. 职工监事的构成

按 1976 年《共决法》，职工监事包括三种人，即工人代表、职员代表和高级职员代表。这三种人按一定比例选出。职工监事的产生并不采用直接选举办法，而是由企业中的三种人分别按每 60 位职工产生 1 位选举人组成自己的选举团，再由选举团进行选举。工人、职员、高级职员推出的候选人都必须由各自的1/5 有选举权的职工或 100 人签名（高级职员为 50 人），候选人以多数票通过则当选。

---

① 刘元文：《相容与相悖：当代中国的职工民主参与研究》. 北京：中国劳动社会保障出版社，2004 年，第 320-324 页。

3. 监事会的职权

监事会是"共决制"的权力机构，监事会的职权主要有：任命和罢免经理委员会成员；监督企业的营业活动和生产；参与企业的重要决定，如投资、接受和提供贷款的限额、利润的分配和使用、雇佣和解雇高级职工等。例如，职工超过2000人的股份制公司，必须设立12人或16人的监事会，监事会由职工代表和股东代表人数对等组成[①]。企业监事会组成以后，监事会以2/3的多数票选举1名主席和1名副主席。主席由股东代表担任，副主席则由职工代表出任。监事会在作出决议时必须有半数以上监事出席会议，决议以多数票通过为有效。如果监事会在表决时出现票数相等的情况，资方主席则有两票表决权[②]。

四、"共决制"实施的效果

从"共决制"的实践来看，它在缓和劳资矛盾、促进企业发展方面的意义较为突出。

1. 改善劳动关系

主张职工参与公司控制的学者认为，"共决制"可以改善劳资关系，激发职工工作积极性，提高团队的合作精神，有利于提高经营效率；职工比股东更了解公司的经营情况，因此比股东监督经营者更具有信息优势。

这一制度改善了劳资双方的关系，使职工的利益要求能够在决策层得到及时反映，并通过职工监事反映在企业决策之中。这种"共决制"也促使劳资双方都能认识到双方利益的互相依赖性与一致性，在决策问题上强调双方的合作，在利益问题上互相妥协，减少了非理性化冲突。由于企业劳动关系稳定、和谐，职工的合法权益能够得到尊重，职工缺勤和跳槽现象大为减少，为企业后续发展创造条件。联邦德国原总理施密特在谈到共决时认为，"共决是迄今我们在经济上获得国际竞争优势的一个原因"[③]。

2. 股东控制权的反面意见[④]

有学者在对企业所有权有效配置进行深入分析后，对职工参与企业所有权决策的效率提出了否定性结论。比如，亨利·汉斯曼在《企业所有权论》中将企业所有权定义为对企业的控制权和剩余索取权，并认为这两种权力都有成本，可归

----

① 阎向东：《德国式的职代会制度——共决制》.《工友》，2001年，第7期。

② 常凯：《劳动关系学》. 北京：中国劳动社会保障出版社，2005年，第311页。

③ G. 戴维·加尔森：《神话与现实西欧国家工人参与管理概况》. 裴彭龄，李振洁，夏白桦译. 北京：中国工人出版社，1985年，第163页。

④ 张舫：《职工参与公司控制质疑——对"共决制"的理论与制度分析》.《现代法学》，2004年，第2期。

结为三类成本：管理人员的监督成本、集体决策成本和风险承担成本①。

当多人共同分享一个企业所有权时，一方面，不同的当事人作为客户与企业交易的方式可能有差异；另一方面，企业的所有人可能在利益上存在异质性，从而产生额外成本——集体决策成本，所有人的异质性越大，集体决策的成本就越高。由于企业职工利益的差异很大，过大的集体决策成本可能使职工控制企业这种所有权安排方式，这就在很大程度上增加了集体的决策成本，从而影响企业的效率。

3. 对其他国家的影响

德国企业实行"共决制"曾被看成西方工人参与管理的里程碑，其成功经验也影响到了西欧其他国家。20世纪欧洲各国都遭遇了工人罢工这个棘手的问题，许多国家效法德国，开始下放管理权力，吸收工人参与管理。法国、挪威、荷兰、奥地利、卢森堡等国先后颁布法律，规定职工代表要在董事会中享有1/3的席位，这种做法最后还影响到欧洲共同体订立的《欧洲公司法》，其中规定共同体成员国在其所有的公司制企业中，应组建由1/3职工代表参加的董事会。

第五节　日本的终身雇佣制

人们通常将日本的终身雇佣制、年资性工资体系以及合作性企业内的工会当成传统的日本企业劳资关系的三大支柱。第二次世界大战结束后，日本表面上主张个人主义的伦理，但实际上以企业为"家"的集体主义的观念以及重视社会基本伦理的观念依然存在，并且以"年功序列工资制度"以及终身雇佣制度作为生活的保障，使企业发挥出集体的能量，正因为如此，日本才成功地取得了社会经济的发展。

一、日本的人本主义企业体制②

在日本的企业中，以人为中心的管理观念是深入人心的，这不仅体现在日本的企业重视工人个人需求的满足上，而且更为突出地表现为日本企业对集体主义的强调。

伊丹敬之对日本的企业体制和典型的资本主义企业体制进行了对比③。与古

---

① 亨利·汉斯曼：《企业所有权论》. 于静译. 北京：中国政法大学出版社，2001年，第48页。

② 刘昕：《现代企业员工关系管理体系的制度分析》. 北京：中国人民大学出版社，2004年，第245-262页。

③ 伊丹敬之：《日本企业的"人本主义"体制》. 载今井贤一，小宫隆太郎：《现代日本企业制度》. 陈晋，等译. 北京：经济科学出版社，1995年，第43-63页。

典资本主义企业的股东主权观念不同，日本企业贯彻的是从业主权，即企业属于长期固定在那里工作的职工所有，他们拥有重要的决策权，对企业所获得的经济利益有优先分配权。其典型表现是，企业宁可削减股东的股息，也要优先确保从业人员的就业安全；企业的员工对企业各种管理决策活动的广泛参与；长期的利润分享计划；劳资双方共同抵抗来自外部的收买行为；等等。

二、以终身雇佣为主的雇佣模式

终身雇佣制是指在高中、大学等各类学校毕业的求职者，一经企业正式录用，直到退休始终在同一企业任职，企业除了面临极度的经营困难外，决不随意解雇其"正式"录用的从业人员。终身雇佣制度的适用范围，主要是大企业和部分有实力的中小企业，只适用于这些企业中的"正式"员工，不包括临时工、合同工、计时工、零工等[①]。

第二次世界大战后，日本面临着严重的经济危机，由于制造业和其他一些部门的萎缩，员工们面临被大规模解雇的威胁，因此他们希望在企业中得到就业保障的愿望非常强烈。在这种情况下，工会普遍地强调"充分就业"或"完全就业"，坚决反对企业任何解雇员工的企图。此时，"终身雇佣"出现了，这一概念很快就被劳资双方广泛接受，这是因为它成功地表达出这样一层意思，即员工与企业之间存在的是一种交换或社会契约关系；员工将不会轻易离开企业，除非资方对他们实行极为不公正的待遇，企业也不会随意解雇员工，除非员工有极为错误的行为或企业确实面临着生存危机。

三、日本的年功序列工资体系

要想使终身雇佣制度得以维持，同时又不牺牲效率，就必须在企业内部和企业之间进行大规模的人员调整。而这种灵活的企业间人员转移和工作轮换又要求必须有一种灵活的工资制度与之配合。

1. 定义

年功序列工资就是在终身雇佣体制下形成的一种晋升和薪金评定的标准。"年功"就是工作年限，因为大多数职工都是从学校毕业后直接进入企业的，所以工作年限基本上与年龄同步。"序列"就是整个企业职工形成一个随着年龄的增长，工资和职位也不断提高的序列[②]。

[①] 宋德玲，郭迪佳：《日本企业终身雇佣制的成因及演变研究综述》.《日本学论坛》，2007年，第2期。
[②] 邢雪艳：《论日本"年功序列制"的历史变迁》.《日本学论坛》，2007年，第3期。

2. 生活工资模型

1947 年，日本电气产业工会在中央劳资关系委员会的支持下成功地使劳资双方接受了它所构建的一个生活工资模型。该模型是建立在对工会会员的实际生活成本调查的基础之上的，它确定了工人应当达到的最低生活标准。在这个模型中，一位工人的工资包括三个组成部分：①标准工资，标准工资又包括工人个人及家庭的生活成本补贴；对工人的资格、能力和服务年限的补贴以及地区价格差异补贴。②非标准工资或对特殊工作内容、工作条件（包括加班）所提供的补贴。③半年一次的奖金和退休奖金。

以抚养孩子数量平均在 2.5 人的 30 岁工人为例，生活成本因素占标准工资的70.6%，其中生活成本工资占 47.5%，资格和能力工资占 19.4%，而服务年限工资占 3.7%[①]。

3. 年功序列工资的鼎盛时期

20 世纪 60 年代中期，一种新的工资制度出现了，这种工资制度不是将工资同特定的工作联系起来，而是更多地将工资同员工所具有的与工作相关的能力联系起来。由于与工作相关的能力通常是随着工作经验的增加而提高的，因此，新的工资制度就能够与按年资提升工资的普遍要求相适应。同时，它对灵活的工作设计和人员调整/工作轮换也不构成干扰，还给员工以很大的激励，推动他们积极地通过在职培训或其他培训途径不断地提高自己的能力/技能。

这个时期的年功序列工资可以理解为"年"和"功"相结合，即工龄+功绩。

4. 引入绩效主义

进入 20 世纪 90 年代，日本企业在工资方面遇到的最大的麻烦实际上还是来源于经济增长的衰退和员工队伍的老龄化。90 年代日本经济一蹶不振，4.9%的失业率达到历史最高水平。到了 2000 年，根据日本劳动省的长期预测，许多企业对自己的年功工资体系进行了调整，其中最主要的做法是引入了绩效主义。

绩效主义源于美国，它主张将企业员工实际工作业绩的评价结果直接反映到工资或职务晋升中。实践证明，在员工的工资、奖金及晋升中恰如其分地体现其个人能力，能够起到激励员工和提高生产效率的显著效果。

许多日本企业加强了对员工尤其是管理人员的绩效评价。职位较高同时工资水平较高的员工，其年度奖金在很大程度上取决于他们的工作绩效评价结果。因而这种工资制度被称为"年薪制"，以区别于传统的月薪制。这样就可以在某种程度上确保企业所支付的高工资一定是与较高的生产率相匹配的。

引进绩效主义，企业能够更有效地控制劳动成本：企业可以改善原有的工资

---

① 刘昕：《现代企业员工关系管理体系的制度分析》. 北京：中国人民大学出版社，2004 年，第 245-262 页。

结构，减少固定支出；同时企业能够有效控制工资总支出，绩效工资制度使工资与业绩建立了正相关关系，这就意味着企业已经将工资总支出与经营效益联系起来[①]。

四、企业内工会主义

日本在 20 世纪 30 年代已经出现了独立的劳工工会运动，但是受到资方和政府的压制。大规模的工会运动到第二次世界大战结束以后才得以恢复。在 20 世纪五六十年代还是出现了一系列严重的劳资争端甚至流血冲突，员工和雇主双方都为之付出了沉重的代价。在惨痛的教训面前，资方才逐渐接受为提高效率而谋求与工会合作的产业关系哲学，政府也不再采取与工会公开对立的态度了。

1. 日本工会的"春斗"

1959 年，由左翼工会领导人发起的钢铁行业三个月的罢工的失败是合作型企业内工会主义形成的一个重要标志。罢工失败后，上台的温和型工会领导层创造了每年春季决定工资的一次性谈判方式，即春斗或春季攻势，此后，合作型企业内工会主义在企业中奠定了牢固的基础。在 20 世纪 60 年代的经济高速增长时期，许多员工从旧工厂向沿海地区新工厂转移，企业内工会在介绍、咨询以及转移条件的谈判方面都起到了积极的作用。70 年代末期，企业内工会则成功地保证了资方履行以最大的工作保障换取工资限制的承诺。80 年代日本工会运动的发展不仅体现在有组织的以权力为中心的参与上，还表现在一种新的工会运动的出现，这种工会运动推动个人化的、以工作为中心的工会会员对管理的参与。工会意识到，员工的构成以及他们的态度已经出现了越来越明显的多样化倾向，如果工会仍然坚持传统的运动模式而不加以改进的话，他们就很难得到员工的认同。

2. 企业内工会与资方合作的内容

目前，日本的大多数工会都制订了分享企业决策信息和劳资协商计划，解雇、晋升以及调动等员工们非常关心的问题通常都是通过企业工会和资方之间的协商和谈判来解决的。

企业内工会以及员工对企业战略决策的参与同日本公司的特殊治理结构、高度的企业特殊技能以及长期雇佣制度紧密联系在一起。经济学家们在对日本大企业的公司治理结构进行分析后发现，股东的利益并不是第一位的。青木昌彦在对四种关于日本经营者所扮演的角色的假说进行归纳之后指出，在员工群体持股以及来自金融市场的压力下，企业高层管理人员实际上是扮演着金融投资者和员工群体之间的仲裁者的角色。"日本企业的经营政策是在平衡从业人员利益和金融

---

① 张玉来：《"神器"的黯然：日本终身雇佣制改革》，《现代日本经济》，2008 年，第 1 期。

利益基础上形成的。"①

在工会和资方就企业人员配备水平变化与大规模人员调整进行讨论和谈判的时候，工会在原则上不反对因结构重组、技术变化而引起的人员配备变化。当企业因为业务调整需要裁员时，工会要参与决定裁员的数量，并就对这些人员的补偿提出建议。

事前协商是谈判顺利进行的关键所在，劳资之间的相互信任对于有效协商起到重要作用。在不同的企业中，工会在企业人事、雇佣决策方面实际拥有的权力是不同的。比如，尽管工会通常会涉足人员调动和人员配备的数量变化以及其他一些人事措施的制定，但有些工会对于被调整的员工数量及其调动方向有发言权，有些工会则没有。

当然，并非所有的工会和资方都能在毫无冲突的情况下成功地解决矛盾和各种纠纷。即使是在一些较大的私营企业里，也出现过因自愿离职和其他雇佣调整而发生的劳资争议。这表明，日本的劳资关系体系也并非自然而然地就具有和平、有效地处理雇佣/人事问题的天赋能力，它有赖于工会和资方双方积极而富有创造性的努力。

66

第六节　新加坡的劳动关系

新加坡从建国至今，其经济在短短的几十年中取得了巨大的成就。新加坡的劳资关系体系因其独特的劳、资、政三方机制而闻名，并且很多人认为它是亚洲最稳定和最有弹性的劳资关系体系。

一、新加坡的劳资管理发展历程

新加坡劳资关系的发展经历了三个阶段②。

1. 1959～1978 年：劳资关系规制化阶段

1959 年，新加坡摆脱英属殖民统治后，人民行动党成为唯一的执政党。伴随着经济的发展，政府通过立法对劳动力市场进行规制，1960 年制定了用于稳定劳资关系、控制劳动成本的《产业关系法》，该法规定，未经政府允许的罢工和闭厂是非法的，劳资双方的纠纷经工业仲裁庭仲裁后必须执行等。

---

① 青木昌彦：《契约论分析与日本企业》. 载今井贤一，小宫隆太郎：《现代日本企业制度》. 陈晋，等译. 北京：经济科学出版社，1995 年，第 39 页。

② 李向民：《新加坡劳资关系发展研究》.《南洋问题研究》，2007 年，第 4 期。

新加坡政府于 1968 年通过了《产业关系法（修正案）》和《就业法》。其中，《产业关系法（修正案）》在劳动力的安排方面赋予雇主更多的处置权，雇主可以自行决定工人的雇佣、解雇和内部调动。《就业法》通过限定支付奖金、退休金、加班费等手段，达到降低工资增长速度、控制劳动成本的目的。从 1972 年开始，国家工资委员会定期发布工资指南，从机制上增强了国家工资委员会对工资指导的权威性。

与此同时，新加坡的工会组织也发生了较大的变化。新加坡职工总工会也被分为左翼的新加坡工会联合会和全国职工总会，掌权的人民行动党全力支持全国职工总会，并承认其是唯一合法的总工会。随着法律的不断完善，劳、资、政三方关系转入合作，该时期的集体谈判主要在产业层面上开展。

2. 1979～1997 年：劳资关系国家社团主义化阶段

20 世纪 70 年代后期，新加坡经济上取得了巨大的成功，但是新加坡面临劳动力短缺和低工资陷阱的严峻局面。与此同时，新加坡的劳动关系走上国家社团主义道路。人民行动党作为政府和最大的雇主，在三方机制中拥有绝对的权威，作为劳资关系三方机制的重要一方，两个最大的雇主联合会合并成为新加坡雇主联合会，唯一合法的全国职工总会则同人民行动党形成共生关系。工会的声音主要通过三方机制体现在国家层面上，在工作场所层面则比较弱，工会的吸引力有所下降。

3. 1998 年至今：向更加灵活的人力发展战略转变

1997 年受亚洲金融危机的影响，面对经济的不景气，新加坡劳、资、政三方积极应对，并做出了一些实质性的行动。1998 年，新加坡劳工部确定其主要任务为发展具有全球竞争的劳动力，培育高度适宜的工作场所，以获取持续的经济增长。另外，全国职工总会主动停止了工资和红利的增长，雇主为员工缴纳的公积金从 20% 降到 10%。2005 年在全国职工总会的积极推动下，劳、资、政三方联手推出职业再造计划，通过技能培训，实现更多人就业。

二、新加坡劳动关系的协调[①]

新加坡政府在建立稳定的劳动关系过程中，非常注重三方性原则。政府同雇主以及工会经常就劳动关系问题进行会谈与协商。坚持三方性原则使一些敏感问题得到三方认可，也为政府、雇主、工会间伙伴关系的建立奠定了基础。按照三方性原则建立起来的协调劳动关系和劳动争议的国家一级的机构主要有：劳动仲裁法庭、劳资纠纷调查委员会、全国工资理事会、国家生产委员会。这些机构在

---

① 王杰，高敬，南兆旭：《哈佛模式人力资源管理》. 北京：人民日报出版社，2002 年，第 2093-2095 页。

解决劳资纠纷、促进劳资合作中起着非常重要的作用。

1. 劳动仲裁法庭[①]

这个法庭是 1960 年新加坡政府根据《产业关系法》条款建立的，又称工业仲裁法庭。这个法庭由专职庭长、10 名雇主组织陪审员和 10 名工会组织陪审员组成。陪审团成员分别由雇主协会和新加坡员工总会提名并由劳工部长认定，任期为一年，也可连任。

劳动仲裁法庭在处理劳资之间由于权力和利益而引起的纠纷中拥有完全的裁定权，劳资之间的纠纷可以在一个月内做出最终裁决，裁决对双方都具有法律约束力。劳动仲裁法庭的另一个作用是确认雇主和工会双方签订的集体合同的合法性，负责对集体合同的解释以及由于正当理由提出对集体合同进行修订的要求。从 1965 年起，劳动仲裁法庭在依法裁决之外，还通过登记员向纠纷双方提供非正式调解服务。经法庭认可后，非正式调解服务使劳资纠纷在提交法庭前便有可能圆满解决。由于这种方式有助于加强雇主与员工间相互理解，促进双方有效合作，稳定劳动关系，新加坡政府重视并提倡这种方式。

2. 劳资纠纷调查委员会

这是政府的非常设机构，由劳工部授权组成，其作用是对劳资纠纷进行调查并向政府提出调查报告。依据新加坡《劳动关系法》，劳工部部长只有在劳资纠纷无法通过集体谈判和依法裁定而顺利解决时，才能行使这一权力。调查委员会由部长认为合适的人选组成，依据部长对问题设置的程序，自行决定调查方式。中期报告提交部长，调查结论向议会提交报告，调查委员会的裁决对纠纷双方都具有法律约束力。案件终结，调查委员会解散。

3. 全国工资理事会

这个组织成立于 1972 年，由政府、工会和雇主三方的 5 个成员组成。每年年初理事会举行会议，对企业工资增长额提出指导意见，并于 6 月公布于众。这个委员会也对企业的工作条件、福利补助、津贴等提出建议，这些建议一般都可得到劳资双方的响应。几十年来，全国工资理事会在工资方面的协调作用对于避免劳资对抗起到了积极作用。

4. 国家生产委员会

这是一个由三方组成，并有专业学术团体的代表参加的组织，其目标是为提高管理者、工人的生产意识，培训管理人员，提高企业的劳动生产率。1981 年这

---

① 谭泓：《三方合作、劳资两利、效率公平兼顾：新加坡劳动关系协调机制的启示》．《山东人力资源和劳动保障》，2008 年，第 10 期。

个委员会指定专门班子负责起草了 20 世纪 80 年代在新加坡开展改进工作态度、改善劳资关系的运动的报告。这个报告强调了科学技术、劳资关系管理对提高劳动生产率的作用。实际上这是一个从教育入手，从提高企业人员素质入手，加强劳资合作、防微杜渐、减少劳资纠纷的组织。

新加坡劳方、资方和政府之间的三方关系特别引人注目[①]。新加坡能有今天和谐稳定的劳资关系局面，工会发挥着不可替代的积极作用，无论政府还是资方对工会都给予了最大限度的尊重和信任。劳方利益的代表者工会也与政府和资方尽可能合作，维护职工利益，稳定劳动关系。

思考题

1. 比较分析美国、德国和日本的劳动关系管理特点。
2. 简要评述加拿大的集体合同谈判的特点及作用。
3. 简要评述英国在劳动关系管理策略上的"第三条道路"。
4. 试分析新加坡在劳动关系管理方面的经验。

阅读材料　"一带一路"共建国家劳动关系简述（节选）

---

① 郑桥，张喜亮：《新加坡的劳资关系与工会运动》.《工会理论与实践-中国工运学院学报》，2003 年，第 3 期。

第四章　员工参与和民主管理

　　员工参与企业的管理出现于 19 世纪的西方工业国家，员工参与管理在不同的国家既有共性，也有其独特性。国内有的学者在研究员工参与管理时，常将西方国家的这类现象称为"员工参与"，而将我国企业职工的这类参与活动称为"民主管理"，以示区分。其实，两者都是以企（事）业组织里的劳动者为主体的参与管理行为①，除了参与形式和方法有所不同外，并无本质区别。而且，这两种方式在发展中互相学习、互相渗透、相互融合②。因此，本书并不刻意地将二者分开论述。

第一节　员工参与管理的内涵与典型形式

一、员工参与管理的基本含义

　　西方在经历了工业民主运动之后，许多企业开始引入员工参与管理的方案。员工参与管理就是指企业的普通员工依据一定的规章制度，通过一定的组织形式，直接或间接地参与企业的管理决策和管理活动的总称③。参与管理的实行，从员工角度看，可以保证自己参与企业的管理决策，从而提高自己的社会地位和经济地位，增强满意感和归属感；从管理者的角度看，让员工参与管理决策，减少了很多不必要的摩擦和纠纷，与员工的关系更为融洽、稳定，有利于企业的稳定发展。

　　员工参与管理方案的一个共同特征是参与决策，也就是下级在一定程度上分

---

　　① 田明，徐建川：《工会大辞典》. 北京：经济管理出版社，1989 年，第 371 页。

　　② 常凯：《劳动关系管理》. 北京：中国劳动社会保障出版社，2005 年，第 297 页。

　　③ 李敏，张彤：《西方劳资关系冲突管理研究综述》.《华南理工大学学报（社会科学版）》，2002 年，第 9 期。

享其上级直接管理者的决策权,与其上级形成共同决策的机制。为使员工能有效参与民主管理,员工必须能够稳定、如期参加,而且员工参与决策的问题必须与其利益有关。另外,员工必须具有参与民主管理的能力(相关知识、技术条件、沟通技巧等),以及企业文化和组织氛围也有利于员工参与。许多研究表明,企业员工参与管理能使雇佣关系协调,使劳资双方的矛盾得到缓和[①]。员工参与管理方案通过增加员工在工作中的责任和成长机会使员工获得激励,把员工从被动参与转变为主动参与,有效地把企业和员工的目标结合在一起。

二、国外员工参与管理的常见形式

国外员工参与管理的主要形式有集体谈判、工人委员会制、工人董事和工人监事制度、工人自治小组、员工持股计划、共决制等,由于这些内容大多在上文已经作过深入分析,这里仅作简要介绍,不再重复,把重点放在与我国企业民主管理密切相关的工会及其作用上。

1. 集体谈判

集体谈判是职工团体为了维持和改善劳动条件等而与企业管理方所进行的交涉活动,是职工通过工会组织参与管理的一种有效手段。西方国家大都通过立法形式规定了集体谈判的具体内容和方法,并赋予工会作为工人代表与资方进行谈判的资格。在实际谈判过程中,管理层代表企业和出资人的利益,而工会则代表工人的利益。集体谈判对职工参与管理产生双重影响。一方面,要想取得良好的谈判结果,离不开对企业生产经营和管理状况的深入了解,提出任何修正企业现行管理政策的要求都要有真凭实据,因此,它要求工人主动参与企业管理;另一方面,集体谈判也是签订集体合同的过程,以确定劳资双方各自的权利与义务,也是在为工人自己制定行为准则。因为涉及切身利益,工人大多会为谈判的顺利进行出谋划策[②]。

当前,集体谈判有两种发展趋势:一是谈判范围分散化,职责向基层转移,主要是从行业或全国一级逐渐向公司一级、工厂一级,甚至车间一级发展。二是谈判的内容不断丰富,过去许多国家集体谈判的内容只限于工资和劳动条件,现在谈判的内容扩展到工会权利、工人代表权利、参与管理形式、假日和养老金等方面的优惠,甚至人事、公司投资及搬迁等过去被认为是企业方管理特权的问题也被列入了集体谈判范围。

---

① 斯蒂芬·P. 罗宾斯:《组织行为学》. 孙建敏,李原,等译. 北京:中国人民大学出版社,1997 年,第 200-204 页。

② 常凯:《劳动关系学》. 北京:中国劳动社会保障出版社,2005 年,第 309 页。

2. 工人委员会制

在欧洲国家，这是一种被广泛采用的形式。从组织上看，基本上分为两种形式：一种是由企业管理者代表和工人代表按人数对等原则组成，类似于劳资联席会议；另一种是由企业全体工人选出的工人代表组成，不论是不是工会会员都可当选职工代表。工人委员会被认为是工人影响企业决策的"双轨体系"的一部分。工会参与到集体谈判和政治性活动之中，而工人委员会则在工作场所中被赋予更大的权利——从参与讨论的权利到共同决策的权利。1972 年，联邦德国通过法律，对工人委员会的权利作出规定，包括在人力资源事务上有全部信息的知情权，在雇佣、调动和工资等问题上有建议权和同意权等。在很多情况下，工人委员会是职工民主参与的基础和平台[①]。

3. 工人董事和工人监事制度

工人董事和工人监事制度是公司制企业最高管理决策机构中的工人参与民主管理的制度，多数欧洲国家有在董事会层次设立职工代表的法律要求。在 20 世纪早期，欧洲共同体通过一个草案，要求各成员国在雇员超过 1000 人的公司内设立工人董事，作为民主管理的一种模式。在实践中，这种体制可分为一级委员会制（董事会）和两级委员会制（监督委员会和管理委员会，以下简称监管会和管委会）两种形式。在德国、荷兰、奥地利，公司均实行监委会和管委会两级职工代表制，而在其他国家，仅在公司董事会一级实行职工代表制。工人董事作为公司管理部门的顾问。在各种体制中，职工代表少则一人，多则占到 1/3，只有德国按劳资双方人数对等原则组成监委会。监委会中的职工代表由全体工人选举产生，有的地方工会也可派代表参加[②]。工人代表有权参加董事会或监事会的各种会议，与股东代表共同行使对企业生产、经营、技术、劳动、财务等方面的决策权、监督权和部分人事任免权。

工人董事和工人监事制度意在使员工代表对公司决策进行监督，及时反映员工的意愿和要求；平衡与股东和管理方的利益；能够兼顾员工利益和公司利益，使其共同承担风险、承担责任，共同分享企业利益，在促进企业发展、协调劳资关系方面发挥着积极的作用。

4. 工人自治小组

工人自治小组是车间和班组一级工作现场工人直接参与民主管理的一种形式，它是在车间内成立的正式或非正式的工人小组，有自己的目标，能自主自发地解决工作中的各种问题，并且从事技术改革和质量改进等工作。与其他形式不

---

① 刘元文：《相容与相悖：当代中国的职工民主参与研究》. 北京：中国劳动社会保障出版社，2004 年，第 318 页。

② 谢玉华，何包钢：《西方工业民主和员工参与研究述评》.《经济社会体制比较》，2007 年，第 2 期。

同，这样的参与更直接，职工也被授予更大的责任和权利。这种民主管理形式的出现，主要原因是企业生产进一步社会化，并导致生产分工更加精细，要求职工之间有更多的合作，并在完成任务上担负更多的责任[①]。

第二节　工　　会

上面提到，在西方企业里，职工主要是通过工会与企业进行集体谈判从而维护其合法权益的，因此工会在职工参与管理中起到了重要的作用。

一、工会的概念

人们通常从工会的职能、作用和活动方式等方面认识工会。一般认为工会是由雇员建立起来的，通过集体谈判改善雇员地位、工资水平与就业条件的组织。关于工会，最经典的是韦伯夫妇在《英国工会运动史》中下的定义：工会是指由工人组成的旨在维护并改善其工作条件的持续性组织[②]。这里的工人是指技术工人和一般劳动者，他们的工资按小时计算，从而区别于那些领取年薪的专业人员和管理者。该定义也将专业性人士，如医师、律师、教师、工程师、会计师、经济师、演员等排除在工会之外。詹姆斯·坎尼森（James Cunnison）认为，工会是工人的垄断性组织，它使单个的劳动者能够相互补充[③]。由于劳动者不得不出卖自己的劳动力从而依附于企业，因此工会的目标就是要增强工人在与企业谈判时的力量[④]。

在美国，《国家劳资关系法》认定，"劳工组织"这个词是指职工参与的任何种类的任何组织，或任何代理机构，或职工代表委员会，其存在的全部或部分目的是为了就各种申诉、劳资争议、工资、待遇等级、工时、工作条件等问题同雇主进行交涉。这里的"劳工组织"就是工会。日本《劳动组合法》规定：工会是指以劳动者为主体，以维护和改善劳动条件、提高其经济地位为主要目的而自主地组织起来的团体或其联合团体[⑤]。

中国共产党领导下的中国工会一直强调，工会是职工自愿结合的工人阶级群众组织。2021年新修订的《工会法》明确提出"中华全国总工会及其各工会组织

---

① 郭庆松：《企业劳动关系管理》. 天津：南开大学出版社，2001年，第142页。
② 韦伯夫妇：《英国工会运动史》. 陈建民译. 北京：商务印书馆，1959年，第4页。
③ 赵小仕：《劳动关系中的集体谈判机制研究》.《当代经济管理》，2009年，第7期。
④ Cunnison J.Labor Organization. London: Sir Isaac Pitman & Sons, 1930: 13.
⑤ 常凯：《劳动关系学》. 北京：中国劳动社会保障出版社，2005年，第179页。

代表职工的利益，依法维护职工的合法权益"。

总之，工会是现代工业条件下，职工为改善劳动条件和生活条件而在工作场所自主设立的组织。

二、工会的职能

由上述定义可以看出，工会的一般作用主要体现在以下几个方面。

1. 平衡劳资关系

工会是市场经济中劳动关系矛盾冲突的产物。冲突的内容在于特定工作场所中劳动与资本的分配关系与管理关系，而冲突的根源则在于单个劳动者与企业间存在不平衡的劳资关系。工会是作为与资本相抗衡的职工组织而产生和存在的，其作用正是在于平衡劳资双方的力量，在于使劳资冲突的解决走向制度化。因而，工会是劳动关系在市场经济下制度化运行的产物。

2. 维护职工权益

工会是一个利益团体，是为其会员职工谋取利益的权益维护团体。这些权益包括经济权益，也包括政治权益和人身权益。正因为工会是会员职工权益的维护团体，工会存在的目的便定位在劳动者的劳动条件和生活条件的改善上。因此，工会的首要职能是为会员职工谋求薪酬福利、工作安全、就业保障等经济利益。

3. 参与民主管理

职工因为需要与企业进行有组织的交涉而建立工会，西方工会大多以集体谈判作为谋取职工利益的基本手段，集体谈判也因此成为以工会为主体一方的集体劳动关系的核心运行机制。在此基础上，工会还具有通过其他民主参与途径促进劳动者实现民主管理的政治职能。

4. 代表会员职工意志

几乎所有国家的法律都刻意强调工会组织是由职工自愿结合而成的。自愿性一般理解为特定工作场所的职工自主地建立或选择某个工会作为自己的代表。当职工对是否成立工会或对选择某一工会出现分歧时，往往要依照相关法律规定通过工会承认程序确定，以保障职工对工会的民主选择权利，从而确保工会能真正代表职工的意志和利益。

三、工会对企业和经济的影响

在西方，工会主要通过促进就业和增加职工的薪酬福利来影响企业和经济的发展。

1. 工会在维护工人就业方面发挥的作用①

面对严峻的就业问题，西方工会维护工人就业权的方式日益多样化。

1）从源头上参与制定促进就业的政策和法规

工会代表积极参与国家有关就业问题的立法活动。例如，英国工党执政期间每年召开三次"国家政策咨询论坛"，工会都会派代表参加。在德国，施罗德当政期间，组织经济界、企业、工会和政府部门相关人士组成专门的劳动委员会研究就业问题，在吸取多年改革思路和周边国家的经验的基础上，推出了"哈茨计划"，包括对减少裁员的企业给予资金支持、提高职业介绍效率、创办人力资源服务机构、扶持失业者创业等内容，其目标是激活劳动力市场，引导劳动者积极寻找工作，参加培训，实现自主创业和自我雇佣，从而大幅减少失业。

2）自我约束工资增长、保护就业岗位

在现实生活中，虽然工会可能一时凭借其谈判力量超过企业的经济力量，使谈判确定的工资水平高于边际生产力水平。但是较高的工资会导致较高的成本和价格，从而降低市场对产品的需求，最终又会导致企业减少雇佣量，使失业率上升。所以，自 20 世纪 90 年代以来，为了确保工人得到长远的就业利益，西方工会开始调整战略思路，许多全国性工会与政府、企业组织达成包括约束工资增长等内容的全国性协议。

例如，意大利的三大工会早在 1994 年就同政府与企业组织达成了约束工资的协议：三方签署了一个为期 4 年的全国性调节劳动关系的合同，规定工资增长率控制在估计的通货膨胀率以下，并根据实际通货膨胀率每两年调整一次；私营企业只在盈利和生产力提高的基础上给职工增加工资等。

又如，荷兰的工会、企业和政府三方达成共识，确立了"限制工资增长，创造就业机会"的就业思路。为了保护就业岗位，避免削减福利支出，三方于 2003 年达成终止上调工资的协议。企业至少冻结一年职工的工资，大部分荷兰人维持工资现状，只有少数在经济萧条时期效益特别好的公司才给员工增加工资。

3）支持"工作分享制"和"灵活工时制"，缓解就业压力

西方工会认为，缩短工时能够缓解就业压力，所以大力支持以采用缩短工时、提前退休为主要内容的"工作分享制"。20 世纪 90 年代，意大利工会提出了"减少工作时间，大家都会有工作"的口号。加拿大等国流行的"四一"工作计划也得到了工会的大力支持，该计划规定，职工可以工作四年，带薪休假一年，从而使企业避免裁员。总体来看，有效降低失业率，成为各国促进就业改革的重要途径。

在德国，劳资双方经过协商达成共识：在考虑市场需求的情况下，灵活分配

---

① 沈琴琴：《西方工会参与促进就业、维护工人劳动就业权益的基本经验及其启示》，《中国劳动关系学院学报》，2006 年，第 4 期。

劳动时间，采用灵活的工时制度。例如，戴姆勒·奔驰集团公司下属的一家工厂对工人实行每三周减少 2 天工作的工时制度，企业按生产需要进行调整，但工人总的工作时间平均不超过每周 35 小时，而且月工资不变，且公司承诺不会因为公司的原因而解聘职工。又如，大众汽车公司首创了"终身劳动时间"模式，即在企业内部设立"工时账户"，工人加班不再领取加班费，而是将积累的加班时间存入工时账户。这样职工可以根据积累的工作时间选择提前退休，或者选择过渡性退休，即在退休之前将周工作时间最多缩短到 18 小时。

2. 工会在维护职工报酬方面发挥的作用

工会对职工工资水平的影响，一直受到广泛的关注。一般认为，工会能够为其会员带来更高的工资。最近 50 年来，西方工会面临严峻的挑战，其影响作用逐渐减小，但工会在企业有关职工薪酬的决策中仍然扮演着重要的角色。

美国劳工局 2019 年数据显示，工会工人平均周薪 1041 美元，未参加工会者为 829 美元。医疗保险方面，工会 94% 的人获得了雇主资助的医疗保险计划与退休计划，非工会成员只有 67%。在解雇工人或解除劳动合同方面，二者差距更大[①]。

近年来，西方工会更愿意接受把职工报酬与企业效益联系在一起的报酬机制，工会常常坚持以企业职工的集体工作绩效作为测评基础，并支付给集体成员相同的奖励性绩效报酬。这种平等原则可以避免工会成员之间发生内部矛盾。

3. 工会与企业效率

根据弗里曼和梅多夫的研究，工会具有两面性：一方面，工会是垄断机构，其不断要求涨工资的做法会降低配置效率；另一方面，工会又能通过增进职工与管理者的沟通来提高内部效率。工会为企业职工提供了一种正式的申述渠道，帮助职工表达其意见，而不是简单采取消极怠工甚至离职的方式。从招聘、选拔及培训的角度看，职工的离职是有成本的，而且可能扰乱正常的工作秩序。因此，离职率的下降有利于提高企业内部的工作效率[②]。

四、工会的新策略

随着经济的全球化和高新技术的不断发展，仅就工资报酬、福利和基本工作权利进行谈判已经不足以维持工会的生存和发展了，西方工会正在尝试采取以下

---

① 董小华：《发挥工会应有的作用》. https://www.hswh.org.cn/wzzx/sdjl/gr/2023-06-14/82273.html，2023-06-14。

② 转引自青木昌彦：《企业的合作博弈理论》. 郑江淮，等译. 北京：中国人民大学出版社，2005 年，第 191 页。

策略，以确保它们在 21 世纪的地位（图 4-1）。

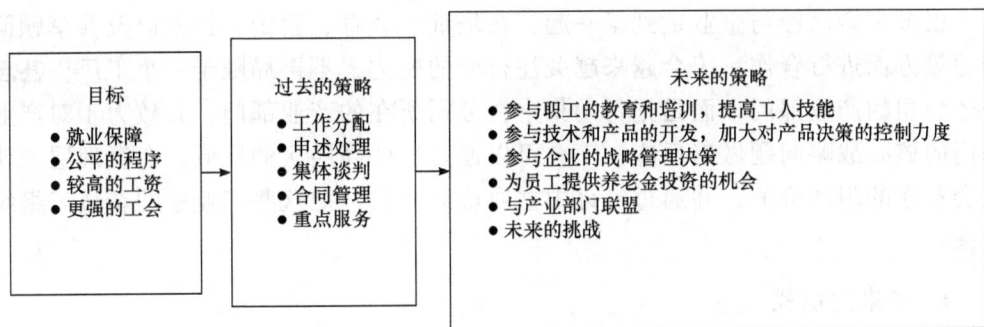

目标	过去的策略	未来的策略
● 就业保障 ● 公平的程序 ● 较高的工资 ● 更强的工会	● 工作分配 ● 申述处理 ● 集体谈判 ● 合同管理 ● 重点服务	● 参与职工的教育和培训，提高工人技能 ● 参与技术和产品的开发，加大对产品决策的控制力度 ● 参与企业的战略管理决策 ● 为员工提供养老金投资的机会 ● 与产业部门联盟 ● 未来的挑战

图 4-1 工会的新策略

资料来源：拉泽斯 P，萨维奇 J. 展望未来：21 世纪的工会战略//梅洛 J. 战略性人力资源管理. 吴雯芳译. 北京：中国财经经济出版社，2004：291-294.

1. 参与职工的教育和培训

很多工会现在都优先考虑如何为职工创造更多的教育、培训和发展的机会，使其不断获得新的知识技能，并在自己工作的领域里保持不断进步。因为许多工会意识到，在迅速变化的全球化经济条件下，建立和保持以知识为基础的劳动者队伍对于发展经济和保障就业安全来说都是很重要的。

2. 参与技术和产品的开发

不少企业的工会在不断增加与企业管理层的合作，共同改进和开发新的产品与服务。很多情况表明，工会的参与对产品开发和市场推进有积极的作用，有利于缩短新产品开发的时间周期，有利于市场占有率和销售额的提高，最终有利于提升企业职工的薪酬福利和工作保障。

3. 参与企业的战略管理决策

很多工会对其企业所在的行业、技术、市场和生产越来越熟悉，这使它们能够积极参与有关企业经营和行业竞争的战略管理决策。工会通过将其代表派入公司董事会和管理决策层，达到在战略决策中发挥作用的目的。

4. 为员工提供养老金投资的机会

人们越来越有兴趣寻找如何把员工养老金的钱用于获取工会利益的方法。一个类似的方法为：利用债券并运用其他的财政手段以帮助公司，使它们能够进行重组，跟上市场变化的步伐。然而，很多工会已认识到，利用养老金发展工会这条途径，可以更好地支持企业，而不是仅仅把它用于满足企业的其他利益相关者的需要。

5. 与产业部门联盟

很多工会已经与企业走到了一起，在培训、教育、营销、技术以及共享顾问资源等方面进行合作。工会越来越关注行业的变化，不再局限于一个工厂，甚至一个公司的产业部门，而是把行动集中在公司所在的产业部门，并致力于对产业部门的核心战略问题做出反应。工会可以通过这些高层次的反应，向管理层证明工会存在的附加价值，并通过签订中立协议等方式，把这些产业里的新员工组织起来。

6. 未来的挑战

尽管以上策略的目的可以说主要定位在保障职工的工作机会上，但工会如果想更多地发挥正面作用的话，则需要具有更宽广的视野和途径。

工会成员必须认识到企业的长远发展需要削减成本，而且还要根据那些影响工作环境的外部变化采取相应的行动。因此，工会必须开发有效的程序，以便与会员职工进行交流，鼓励职工参与到企业的战略变革中去。而且，工会代表必须通过主动积极参与企业的战略管理决策，以确保企业的战略决策可能产生的具体变化不会影响到职工的长远利益。

进入 21 世纪，工会将面临更多风险。为了保持自身的重要地位，工会需要开展多层次的活动，充分利用新知识、新技能，把企业变革的成功与职工的参与联系起来，为职工争取更好的工作条件。只有做好应对变化的准备，以及针对未来不断变化的市场采取灵活的应对措施，工会才能成功应对眼前的挑战。

第三节　我国工会的作用

我国 1950 年颁布了《工会法》，共计五章二十六条。这五章分别是总则、工会的权利与责任、工会基层组织、工会经费、附则。其中规定了工资劳动者均有组织工会的权利，中华全国总工会是工会最高领导机关，企业工会有参加生产管理和劳资协商与缔结集体合同的权利，基层单位行政或资方应按月拨缴工会经费等内容。由于"文化大革命"的影响，工会组织曾一度遭受极大冲击而几乎停止活动。改革开放以来，新的形势呼唤新工会法的诞生。1992 年《工会法》扩充为六章四十二条，除有些内容与原工会法一脉相承外，另外新增加了一些内容，如工会有参与权，工会具有法人资格，工会有权参加劳动争议处理，工会应协助处理停工息工事件等。

随着社会主义市场经济的发展，国有企业的改革和改制不断深入，以及非公有制经济大量涌现，使得我国企业的经济关系和劳动关系趋于多样化和复杂化，企业侵犯劳动者权益的事件，如不与劳动者签订劳动合同或拒不履行劳动合同、拖欠工资、违法超时加班、劳动安全卫生条件恶劣、拒缴社会保险费等时有发生。1995年1月1日实施《劳动法》和2008年9月18日实施《劳动合同法》后，上述情况有了一定的改观。为了进一步维护劳动者的合法权益，《工会法》也经历了2001年、2009年和2021年三次修订。于2022年实施的新版《工会法》扩充到七章五十八条，除个别内容外，大多数条文适用于各种所有制形式的企业。修订后的《工会法》突出了"维护职工合法权益、竭诚服务职工群众是工会的基本职责"；明确了"工会通过平等协商和集体合同制度等，推动健全劳动关系协调机制，维护职工劳动权益，构建和谐劳动关系"；加大了对职工参加和组织工会的权利以及工会干部的保护力度；通过新增第八条强调了工会要"推动产业工人队伍建设改革，提高产业工人队伍整体素质，发挥产业工人骨干作用，维护产业工人合法权益，保障产业工人主人翁地位，造就一支有理想守信念、懂技术会创新、敢担当讲奉献的宏大产业工人队伍"。

一、我国工会的性质[①]

我国的《工会法》对工会性质做了明确的规定，即工会是中国共产党领导的职工自愿结合的工人阶级群众组织，是中国共产党联系职工群众的桥梁和纽带。这句话点明了工会的阶级性、自愿性和群众性的特点。另外，依据《劳动法》、《工会法》和《中国工会章程》的规定内容，工会是独立性和永续性的组织。

（1）阶级性。参加工会必须是以工资收入为主要生活来源的体力劳动者和脑力劳动者，即被用人单位招用的劳动者。所以工会是工人阶级的组织，这是各国工会所具有共有的特点。

（2）自愿性。职工参加或组织工会完全是自愿的，任何组织和个人不得阻挠和限制，也不能强迫他们参加和组织工会。

（3）群众性。《工会法》规定，在中国境内的企业、事业单位、机关、社会组织（以下统称用人单位）中以工资收入为主要生活来源的劳动者，不分民族、种族、性别、职业、宗教信仰、教育程度，都有依法参加和组织工会的权利。任何组织和个人不得阻挠和限制。工会适应企业组织形式、职工队伍结构、劳动关系、就业形态等方面的发展变化，依法维护劳动者参加和组织工会的权利。

（4）独立性。我国《劳动法》规定，工会"依法独立自主地开展活动"。《工会法》规定，工会"依照工会章程独立自主地开展工作"，"国家保护工会的合法权益不受侵犯"。

（5）永续性。中国工会不是暂设性组织，而是永久性、连续性组织。基层工

79

[①] 史探径：《中国工会的历史、现状及有关问题探讨》.《环球法律评论》，2002年，第2期。

会所在的企业终止或者所在的事业单位、机关被撤销，该工会组织相应撤销，它的经费财产由上级工会处置，会员的会籍可以继续保留。中国工会作为一个整体，它是永久存在的组织。

二、我国工会的职责

根据我国《工会法》，工会的职责，就是工会的权利和义务。例如，维护职工合法权益是工会的基本权利，同时也是工会的基本义务，二者合二为一，即为工会的基本职责。

工会实现维权的基本方式有二：一是从源头上维护，即通过参与法律、法规的起草和政策、计划的制定等，使职工的合法权益从根本上得到应有的保障；二是具体的维护，即对个别职工或具有相同情况职工群体的利益采取援助活动。一般来说，全国总工会和地方各级总工会较多地采取第一种方式，有时也对个别基层工会或个别特殊劳动争议案件提供具体的援助；基层工会较多地以第二种方式进行维权，而参加平等协商、签订集体合同、参与企业管理等工作，也可以说是在本企业范围内从源头上进行的维权。

依据《工会法》的规定，工会的职责归纳起来主要有以下 10 种。

（1）工会组织和教育职工，通过各种途径和形式，参与管理国家事务、管理经济和文化事业、管理社会事务；协助人民政府开展工作。国家机关起草法律、法规、规章时，县级以上各级人民政府制定国民经济和社会发展计划或者制定政策措施时，凡涉及职工切身利益的，均应听取同级工会意见。县级以上各级总工会可以为所属工会和职工提供法律服务。

（2）县级以上各级人民政府可以通过会议等形式，向同级工会通报重要的工作部署和与工会工作有关的行政措施，听取其意见。各级政府劳动行政部门应会同同级工会和企业方面代表，建立劳动关系三方协商机制，研究解决劳动关系方面的重大问题。

（3）工会通过平等协商和集体合同制度，协调劳动关系，维护职工权益。

（4）工会帮助、指导职工与企业签订劳动合同。

（5）企业如有克扣职工工资、不提供劳动安全保障、随意延长劳动时间、侵犯女职工和未成年工特殊权益等违反劳动法律、法规的行为，工会有权要求其改正，必要时可以提请政府依法处理。工会有权参加职工因工伤亡事故等的调查处理。

（6）工会参加企业的劳动争议调解工作；派代表参加同级地方劳动争议仲裁组织；职工申请劳动争议仲裁或向人民法院起诉的，工会应当给予支持和帮助。

（7）企业发生停工、怠工事件，工会应当代表职工同所在单位或有关方面协商，并提出解决意见；对于职工的合理要求，企业应予以解决；工会协助企业尽快恢复生产、工作秩序。

（8）对于建立工会组织的企业，无正当理由拖延或者拒不按照每月职工工资总额 2%向工会拨缴经费者，工会可向法院申请支付令以至申请强制执行。

（9）工会对违反工会法规定侵犯其合法权益的，有权提请政府或有关部门予以处理，或向法院提起诉讼。

（10）工会动员和组织职工积极参加经济建设，完成生产任务和工作任务；教育职工不断提高思想道德、技术业务和科学文化素质，建设有理想、有道德、有文化、有纪律的职工队伍；协助所在单位办好职工集体福利事业，做好工资、劳动安全卫生和社会保险工作；支持企业依法行使经营管理权。

三、工会的组织机构

1. 工会的组织原则

根据《工会法》和《中国工会章程》的规定，中国工会的组织原则有二：一是民主集中制的根本组织原则；二是产业和地方相结合的组织领导原则。

民主集中制的主要内容是：

（1）个人服从组织，少数服从多数，下级组织服从上级组织。

（2）各级工会委员会由会员大会或者会员代表大会选举产生，向其负责并报告工作，接受其监督。企业主要负责人的近亲属不得作为本企业基层工会委员会成员的人选。

（3）工会会员大会或者会员代表大会有权撤换或者罢免其所选举的代表或者工会委员会组成人员。

（4）上级工会组织领导下级工会组织。

产业和地方相结合原则的主要内容是：

（1）同一企业的会员，组织在一个基层工会组织中，而不是按工种、职业组织职业工会。

（2）同一行业或性质相近的几个行业，根据需要建立全国的或地方的产业工会组织。产业工会委员会每届任期 5 年。

（3）除极少数产业工会委员会实行系统领导外，其他产业工会全国委员会与地方总工会对所属地方产业工会实行产业和地方双重领导。

2. 工会的机构设置

（1）企业有会员 25 人以上的，应当建立基层工会委员会；不足 25 人的，可以单独建立基层工会委员会，也可以由两个以上单位的会员联合建立工会基层委员会，也可以选举组织员一人。企业职工人数较多的乡镇、城市街道，可以建立基层工会联合会。基层工会委员每届任期 3 年或 5 年。

（2）基层工会中女职工人数较多的，可以建立工会女职工委员会；女职工人数较少的，可以设女职工委员。各级工会建立经费审查委员会。

（3）县级以上地方建立地方各级总工会，总工会委员会委员每届任期5年。

（4）全国建立统一的中华全国总工会。

3. 工会的法人资格

中华全国总工会、地方总工会、产业工会具有社会团体法人资格；基层工会组织具备《中华人民共和国民法典》（以下简称《民法典》）规定的法人条件的，依法取得社会团体法人资格。

中国工会的法人资格具有公法人和私法人双重性意义。我们一般所说的法人是指民事法人，民事法人与公法人不同。中华全国总工会与地方各级总工会，负有参与法律法规起草、政策制定以及三方协商机构活动组织等职责，这些不是通常的民事法人所能承担的，所以它们的社会团体法人资格可视为具有公法人的性质。而基层工会在参与民事活动中则与一般民事法人没有两样，它们是私法人。各国法律过去一般不规定工会具有公法人资格，而仅规定工会具有民事法人，即私法人的资格。近年来，有些国家的工会获得了立法、政策制定、企业经营方针确定的参与权和共决权，这些工会事实上也已具有了公法人资格。

四、工会在协调劳动关系方面的主要作用

根据《工会法》，我国工会在协调劳动关系方面应该发挥以下作用。

（1）工会通过职工代表大会或其他形式，组织职工参加本单位民主管理和民主监督。国有企业的工会委员会是职工代表大会的工作机构，负责职工代表大会的日常工作，检查、督促职工代表大会决议的执行。"集体企业的工会委员会，应当支持和组织职工参加民主管理和民主监督，维护职工选举和罢免管理人员、决定经营管理的重大问题的权力。本法第三十六条、第三十七条规定以外的其他企业、事业单位的工会委员会，依照法律规定组织职工采取与企业、事业单位相适应的形式，参与企业、事业单位民主管理。"

（2）参与协调劳动关系和调解劳动争议，与企业建立集体协商制度，解决涉及职工切身利益的问题。代表职工与企业签订集体合同或其他协议，并监督执行。当企业违反集体合同时，工会可以依法要求企业承担责任，经协商解决不成的，工会可以提请仲裁和提起诉讼。

（3）监督有关法律、法规的贯彻执行，协助和督促企业做好社会保险、劳动保护工作，办好职工集体福利事业，改善职工生活。

（4）企业违反劳动法律、法规规定，有侵犯职工劳动权益的情形时，工会应当代表职工与企业交涉，要求企业采取措施予以改正；企业拒不改正的，工会可以提请当地人民政府依法作出处理，也可以支持和帮助受侵害的职工申请仲裁或

提起诉讼。

（5）各级人民政府劳动行政部门应当会同同级工会和企业方面代表，建立劳动关系三方协商机制，共同研究解决劳动关系方面的重大问题。

五、我国工会在转型调整中面临的挑战

为适应我国劳动关系多元化和社会化的明显趋势，《工会法》及时进行了调整。但工会在实践中仍面临不少挑战。

1. 关于工会自身建设问题

改革开放以来，中国工人阶级队伍发生了明显的变化，其组成成分从单一的从事体力劳动为主的产业工人，转变为产业工人、非产业工人、知识型员工和新就业形态劳动者等多群体的完整的工人阶级队伍。改革开放带来工人阶级队伍的另一变化是出现了进城务工的农民工群体，但在这部分人群中，许多仍然未加入工会。另外，近年来互联网平台经济的快速发展，催生了大量的新就业形态的劳动者，他们中大部分因为没有明确的用人单位而无法参加工会。为了更好地维护广大工人阶级的权益，扩大工会的社会影响，当前要大力加强基层工会的组织建设，坚持哪里有职工哪里就要建工会的原则。根据工人阶级队伍的变化，工会必须自我更新，尽快扭转工会工作行政化管理倾向。首先，要提高工会干部的政治素质，不断增强政治鉴别力和敏锐性；其次，要在经济、法律、管理等方面提高工会干部的业务素质。只有这样，工会才能在劳动关系中作为劳动者权益的代表，与企业管理方进行有效的对话、协商和谈判。

2. 关于发挥集体谈判的作用

集体谈判是指资方和雇员代表借助谈判，旨在达成覆盖某一雇员群体的协议，以决定就业条件或待遇，协调劳动关系的一种方法。集体谈判能有效地促使劳资双方互相让步，达成妥协，签订协议，减少诸如罢工、怠工、辞职等情况，因而通过集体谈判解决劳资冲突，成本最低且最有效。

劳动者及其工会是否有集体谈判权不仅关系到对劳动者利益的保护，而且也关系到我国市场化进程。如果没有集体谈判或者集体谈判不发挥作用，工人在工资、福利和工作条件等方面就没有真正充分的谈判权。我国于1994年正式开始建立平等协商和集体合同制度，以集体协商取代个人议价，这无疑是保护劳动者权益事业的重大进步。

3. 关于我国的劳动关系三方协商机制[1]

《工会法》规定："各级人民政府劳动行政部门应当会同同级工会和企业方面

---

[1] 高新会：《论转轨时期我国劳动关系的制度变迁》，暨南大学博士学位论文，2005年。

代表，建立劳动关系三方协商机制，共同研究解决劳动关系方面的重大问题。"至此，我国以法律的形式明确了劳动关系三方协商机制的建立，为市场经济条件下劳动关系的调整提供了法律保障。

劳动关系三方协商机制是实行市场经济的国家长期以来处理劳动关系的制度，是国际上解决劳动关系问题的一种行之有效的形式。在经济全球化的今天，三方协商机制作为一项原则，已经被绝大多数实行市场经济的国家所接受并具体实施。我国劳动关系的调整要逐步与国际接轨，其中一个重要的方面就是要尽快建立起劳动关系三方协商机制。

探索建立三方协商机制的道路十分艰辛，在实施过程中也存在一些问题：

首先是观念问题。三方协商机制是一种国际通行的协调劳动关系的有效制度，但许多人对其都很陌生。从政府部门来说，有的政府官员对职能转换感到茫然，他们难以接受让工会代表和企业代表以平等的身份与自己进行协商。作为企业代表和工会代表，他们也受到长期计划经济条件下形成的思维定式的影响，认为工会应当服从党和政府的领导，而企业则应当服从政府部门的管理，只能处于从属地位。

其次是主体问题。在三方协商机制中，主体分别是代表政府一方的劳动行政部门，代表职工一方的工会，代表企业一方的企业组织。但目前在我国，三方缺一，即企业组织缺位。现有的企业主管部门均是政府行政部门，不能在真正意义上代表企业。在非公有制企业经济领域，尽管有工商联、私营企业协会、外资企业协会等，但其组织形式都是自上而下的，也不是真正意义上的企业组织，而且它们也不能代表广大国有企业。另外，很多私营企业还没有建立工会，因此真正的三方协商机制形成很难。

最后是三方协商机制在运作形式、活动内容和操作规范等方面存在问题。目前在操作上还没有形成规范，以至于在一些涉及劳动关系问题的重大政策方面，工会代表和企业代表的参与力度较小。政府方面也难以全面而深入地了解职工和企业方面的意愿与要求，从而导致一些政策在实施过程中未能在三方组织之间达成共识。当前迫切需要作为职工群众组织的工会能有效地为劳动者争取利益，以创新精神推动三方协调机制的形成。

4. 关于罢工权①

我国在批准《经济、社会和文化权利国际公约》的决定中声明，有关罢工权的规定，将依据我国法律行使。

我国现行法律中没有规定罢工权，但也没有禁止罢工的规定。《工会法》第二十八条规定：企业、事业单位、社会组织发生停工、怠工事件，工会应当代表职

---

① 史探径：《中国工会的历史、现状及有关问题探讨》.《环球法律评论》，2002年，第2期。

工同企业、事业单位、社会组织或者有关方面协商，反映职工的意见和要求并提出解决意见。对于职工的合理要求，企业、事业单位、社会组织应当予以解决。工会协助企业、事业单位、社会组织做好工作，尽快恢复生产、工作秩序。

罢工有狭义和广义之分。狭义的罢工仅指企业内的全部或多数受雇职工，为改善劳动条件或争取经济利益而一致公开宣布停止其劳动和工作。广义的罢工还包括不公开宣布的停工和怠工。

我国企业中罢工事件虽然规模和影响不大，但缺少法律规范。罢工事件基本上处于无序的自发状态，这对维护职工权益、稳定社会秩序和促进经济发展都不太有利。我国现行法律、法规在这方面亟待完善。

六、工会在企业构建和谐劳动关系中的重要作用[①]

我国正处在经济关系和劳动关系都发生着深刻变化的历史时期，新的利益格局使国家、企业、个人之间的矛盾表现出新的特点。工会是职工权益的代表者和维护者，这一角色已经被市场经济赋予了一种不可或缺的社会使命，这也是工会在市场经济条件下的生命力所在。

当前，企业劳动关系呈现多元化、复杂化趋势，劳资双方的利益冲突在不断扩大，导致企业的劳动关系平衡被打破。在用工环境变化的前提下，工会组织所具有的职权已经不仅仅是一种权力，更是在构建企业和谐劳动关系中一种不可推卸的责任。习近平在 2015 年庆祝"五一"国际劳动节暨表彰全国劳动模范和先进工作者大会上明确指出，工会"要坚决履行维护职工合法权益的基本职责，把竭诚为职工群众服务作为工会一切工作的出发点和落脚点"[②]。企业的工会组织是我党在企业与广大职工群众之间建立良好沟通的桥梁。在构建和谐劳动关系的进程中，工会组织责任重大。在构建和谐劳动关系的过程中，工会组织有巨大的优势，可以发挥重要作用。

一是要充分发挥工会依法维权的作用。维护广大职工群众的权益是工会组织的基本职责。工会组织本身就是劳动关系双方矛盾的产物，工会充分发挥其维权的职责对职工群体来说具有非常深刻的意义。这就要求工会组织不仅要全面维护职工群体的经济利益，同时还要全面维护职工群体的政治民主权利。

二是要发挥工会民主管理作用。民主管理是企业工会组织具体参与企业管理职能的基本表现，是有效化解劳动关系矛盾的手段，也是广大职工群众表达需求的基本渠道。在民主管理框架下，劳动关系主体双方能通过协商来解决实际的劳资纠纷。通过工会，广大的职工群众实现了对企业管理的民主决策、民主管理以

---

① 王瑞峰：《工会在构建国有企业和谐劳动关系中的作用研究》.《中国工运》，2019 年，第 7 期。

②《"平语"近人——习近平的"劳动观"》. http://www.xinhuanet.com/politics/2017-05/01/c_1120892090.htm，2017-05-01.

及民主监督[1]。

第四节　职工代表大会与职工大会

上文提到，工会通过职工代表大会或其他形式，代表和组织职工参加本单位的民主管理和民主监督。工会是职工代表大会的工作机构，负责职工代表大会的日常工作，检查、督促职工代表大会决议的执行。由此可见，职工代表大会是我国企业实行民主管理的基本形式，是职工行使民主管理的权力机构。坚持和完善职工代表大会制度，有利于企业的改革、建设和发展；有利于加强企业管理，建立现代企业制度；有利于维护职工的合法权益，构建和谐的劳动关系，促进和谐社会建设。

一、职工代表大会制度的产生和发展

职工代表大会制度在我国的发展经历了一个曲折的过程。

1. 职工代表大会制度的前身[2]

1949 年 9 月，中国人民政治协商会议第一届全体会议通过了《中国人民政治协商会议共同纲领》，提出在国家经营的企业中，应实行工人参加生产管理的制度，即建立在厂长领导之下的工厂管理委员会；私人经营的企业，应由工会代表工人职员与资方订立集体合同。我国于 1950 年 6 月颁布的第一部《工会法》规定："工会有代表受雇工人、职员群众参加生产管理及与行政方面缔结集体合同之权。"1956 年，党的八大提出了两制，即在工业企业中实行党委领导下的厂长分工负责制和职工代表大会制，更加明确地指出要在企业职工代表会议制度的基础上建立职工代表大会制度。1957 年，中共中央发布了《关于研究有关工人阶级的几个重要问题的通知》，要求在全国企业中正式建立职工代表大会制度（在较小企业中为全体职工大会），并明确规定了职工代表大会的四项基本职权，包括听取和审查厂长报告和企业各项计划，讨论和审查企业奖金和福利基金的使用方案，必要时建议上级管理机关撤换企业行政领导，对上级管理机关的规定有不同意见的时候，可以向上级管理机关提出建议等内容。从此，职工代表大会不再仅仅是一个临时性机构，在发展中成为具有一定权力，并在一定范围内能够发挥制约作用的监督机构。

---

[1] 王瑞峰：《工会在构建国有企业和谐劳动关系中的作用研究》.《中国工运》，2019 年，第 7 期。

[2] 赵蕴文，褚奕：《完善企业职工代表大会制度的探析》.《法制与社会》，2008 年，第 20 期。

2. 恢复和起步阶段①

1978 年 10 月，中国工会第九次全国代表大会召开，在开幕式上，邓小平代表国务院致辞提出：各企业必须发扬民主，企业的重大问题要经过职工代表大会或职工大会讨论；各企业的工会，将成为职工代表大会和职工大会的工作机构。特别是十一届三中全会以后，党和国家开始恢复民主建设。1981 年 7 月发布的《国营工业企业职工代表大会暂行条例》，对职工代表大会的性质、宗旨、职权、组织原则以及职工代表大会与工会之间的关系等问题做出了规定，有力地推动了职工代表大会制度的恢复和发展。1982 年《中华人民共和国宪法》（以下简称《宪法》）明确规定，国营企业通过职工代表大会等形式实行民主管理。1986 年出台的《全民所有制工业企业职工代表大会条例》指出，企业在实行厂长负责制的同时，必须建立和健全职工代表大会（或职工大会，下同）制度和其他民主管理制度，保障与发挥工会组织和职工代表在审议企业重大决策、监督行政领导、维护职工合法权益等方面的权力和作用。该条例明确了职工代表大会是企业实行民主管理的基本形式，是职工实行民主管理权利的机构，规定企业工会是职工代表大会的工作机构。这有利于有效处理国家、企业、职工三者之间的利益关系②。1988 年《全民所有制工业企业法》出台，首次将职工代表大会制度纳入国家的法律规范中，以法律形式明确规定了职工代表大会的性质、工会与职工代表大会的关系等。

3. 扩大和创新阶段

1992 年党的十四大后，我国职工代表大会制度建设进入了扩大创新阶段。1993 年颁布的《公司法》（先后在 1999 年、2004 年、2005 年、2013 年、2018 年和 2023 年修订过）要求："国有独资公司和两个以上的国有企业或者其他两个以上的国有投资主体投资设立的有限责任公司，依照宪法和有关法律的规定，通过职工代表大会和其他形式，实行民主管理。""公司研究决定有关职工工资、福利、安全生产以及劳动保护、劳动保险等涉及职工切身利益的问题，应当事先听取公司工会和职工的意见，并邀请工会或者职工代表列席有关会议。""公司研究决定生产经营的重大问题、制定重要的规章制度时，应当听取公司工会和职工的意见和建议。"而且，《公司法》对职工代表大会与公司法人治理机构的有效衔接也做了规定："两个以上的国有企业或者其他两个以上的国有投资主体投资设立的有限责任公司，其董事会成员中应当有公司职工代表。""国有独资公司设立董事会，依照本法第四十六条、第六十六条规定行使职权。董事会每届任期为三年。公司董事会成员为三人至九人，由国家授权投资的机构或者国家授权的部门按照董事

① 王久高：《改革开放以来我国职工代表大会制度民主建设的历史考察》.《中共石家庄市委党校学报》，2009 年，第 2 期。

② 中共中央文献研究室：《十二大以来重要文献选编（下）》. 北京：人民出版社，1988 年，第 1152 页。

会的任期委派或者更换。董事会成员中应当有公司职工代表。董事会中的职工代表由公司职工民主选举产生。"其他有限责任公司或股份有限公司董事会成员中可以有公司职工代表;"股份有限公司设监事会,其成员不得少于三人。监事会应在其组成人员中推选一名召集人。监事会由股东代表和适当比例的公司职工代表组成,具体比例由公司章程规定。监事会中的职工代表由公司职工民主选举产生。"随着现代企业制度的建立,职工代表大会的职权设置、运行机制和管理模式等都得到了创新和调整。"新三会"(股东会、董事会、监事会)与"老三会"(党委会、工会、职代会)各司其职,将民主管理与建立现代企业制度、完善法人治理结构结合起来。1997年党的十五大提出"坚持和完善以职工代表大会为基本形式的企事业民主管理制度,组织职工参与改革和管理、维护职工合法权益"①。

随后,2001年修正的《工会法》明确提出,"国有企业职工代表大会是企业实行民主管理的基本形式,是职工行使民主管理权力的机构,依照法律规定行使职权";集体企业应当支持和组织职工参加民主管理和民主监督,维护职工选举和罢免管理人员、决定经营管理的重大问题的权力,并组织职工采取与企业相适应的形式,参与企业民主管理。集体合同草案应当提交职工代表大会或者全体职工讨论通过,确定职工代表大会制度成为工会依法履行维护职工合法权益的主要机制之一。职工代表大会制度就这样产生、发展和逐步完善起来了。

4. 深入发展和完善阶段

2002年,党的十六大提出坚持和完善职工代表大会和其他形式的企事业民主管理制度,保障职工的合法权益。2004年,中华全国总工会下发《关于进一步加强非公有制企业职工民主管理工作的通知》,明确提出各级工会组织积极探索在非公有制企业中实行以职工代表大会为基本形式的多种职工民主管理的有效途径。2006年,中华全国总工会下发《关于进一步推行职工董事、职工监事制度的意见》,就职工董事、职工监事人选的条件和人数比例、产生程序、职责、任期、补选、罢免以及职工董事、职工监事与公司工会、职工代表大会的关系等做出了详细的规定。2007年,《劳动合同法》明确了规定,用人单位在制定、修改或者决定有关劳动报酬、工作时间、休息休假、劳动安全卫生、保险福利、职工培训、劳动纪律以及劳动定额管理等直接涉及劳动者切身利益的规章制度或者重大事项时,应当经职工代表大会或者全体职工讨论,提出方案和意见,与工会或者职工代表平等协商确定。2007年,国有资产监督管理委员会下发的《关于建立和完善中央企业职工代表大会制度的指导意见》对实行职工代表大会制度必须坚持的基本原则、职权、权利和义务,以及运作的基本程序和主要工作制度、与公司治理结构的关系、职工代表大会的组织领导等方面做了系统、完整而详细的规定。这

---

① 中共中央文献研究室:《十五大以来重要文献选编(上)》.北京:人民出版社,2000年,第32页。

个意见是总结改革开放以来我国职工代表大会制度建设的最新结晶①。

随着我国非公有制企业的发展，如何保障非公有制企业职工的权益和实现他们民主管理权利也成为重要的议题。2022年新版《工会法》对非公有制企业的管理也做了相应的规定，要求企业工会依照法律规定组织职工采取与企业相适应的形式，参与企业民主管理。许多非公有制企业也在积极探索建立职工代表大会或职工大会制度，非公有制企业职工（代表）大会一般参照公有制企业职工代表大会的职权，结合非公有制企业实际情况，主要行使知情权、建议权、协商权、监督权、评议权等。许多地方开始筹备职工代表大会的立法工作。例如，2002年《北京市企业民主管理及职工代表大会（暂行）办法》明确提出建立职工代表大会制度，并将之作为非公有制企业民主管理的基本形式。2018年，正式施行《上海市职工代表大会条例》。河北、福建、天津等地也相继出台了类似的规定。

二、职工代表大会的性质和职权

我国企业目前可大致分为国有企业、集体企业和非公有制企业三大类。在这三类企业中，职工代表大会的性质和职权有不同之处。

1. 国有企业中职工代表大会的性质、职权及工作机构

（1）性质。《工会法》第三十六条规定："国有企业职工代表大会是企业实行民主管理的基本形式，是职工行使民主管理权力的机构，依照法律规定行使职权。"

（2）职权。根据《公司法》《全民所有制工业企业职工代表大会条例》《中国工会章程》等的规定，国有企业职工代表大会主要有以下职权：

一是审议建议权。听取和审议行政领导有关本单位发展规划和生产经营重大决策方案的报告，包括企业的经营方针、长远计划和年度计划、重大技术改造和技术引进计划以及有关企业重组、改制的方案等，提出意见和建议。

二是审查同意或否决权。审查同意或否决企业的工资调整方案、奖金分配方案、安全生产和劳动保护措施的方案及有关重要规章制度，以及集体合同等。

三是审议决定权。审议决定企业公益金的分配方案。住房分配方案及其他有关职工生活福利的重大事项。

四是评议监督权。评议监督单位行政领导干部，向有关方面提出任免和奖惩的建议。监督企业执行劳动法律法规和劳动规章制度情况，听取企业经营班子成员、职工董事、职工监事报告履行职责和廉洁自律的情况，进行民主评议。

五是选举权。选举和更换企业董事会、监事会中的职工代表。也可根据政府主管部门的指示，选举单位行政领导，上报政府主管部门批准。

---

① 王久高：《改革开放以来我国职工代表大会制度民主建设的历史考察》.《中共石家庄市委党校学报》，2009年，第2期。

（3）工作机构。《工会法》第三十六条规定：国有企业的工会委员会是职工代表大会的工作机构，负责职工代表大会的日常工作，检查、督促职工代表大会决议的执行。

工会作为职工代表大会的工作机构，其具体职责有：①组织职工选举职工代表；②提出职工代表大会中心议题的建议，主持大会的筹备和组织工作；③主持召开职工代表团（组）长、专门小组负责人联席会议；④大会闭会后宣传大会精神，发动职工落实大会决议；⑤接受和处理职工代表大会提出的申诉和建议；⑥组织对职工代表的培训；等等。

2. 集体企业职工（代表）大会的性质、职权及工作机构

集体企业是指企业的财产（生产资料）归企业职工集体所有，以按劳分配为主，实行共同劳动的企业。它是我国公有制企业的重要组成部分，职工是企业的主人[①]。

（1）性质。集体企业的职工（代表）大会是集体企业的权力机构，而国有企业的职工代表大会只是职工行使民主管理权力的机构，因此集体企业的职工（代表）大会的权力更大。职工对本企业的经营管理和重大决策享有充分的自主权和决策权。

（2）职权。《城镇集体所有制企业条例》规定，集体企业职工（代表）大会的职权是："（一）制定、修改集体企业章程；（二）按照国家规定选举、罢免、聘用、解聘厂长（经理）、副厂长（副经理）；（三）审议厂长（经理）提交的各项议案，决定企业经营管理的重大问题；（四）审议并决定企业职工工资形式、工资调整方案、奖金和分红方案、职工住宅分配方案和其他有关职工生活福利的重大事项；（五）审议并决定企业的职工奖惩办法和其他重要规章制度；（六）法律、法规和企业章程规定的其他职权。"由此可见，集体企业的职工比国有企业职工在企业中拥有更多的民主权利。

（3）工作机构。集体企业职工（代表）大会的工作机构由大会决定，而不是法定的工会，但工会应当力争承担这项工作。《工会法》第三十七条规定："集体企业的工会委员会，应当支持和组织职工参加民主管理和民主监督，维护职工选举和罢免管理人员、决定经营管理的重大问题的权力。"

3. 非公有制企业职工代表大会的性质及职权

参照《上海市职工代表大会条例》《四川省职工代表大会条例》等，笔者对非公有制企业职工代表大会有关描述如下。

（1）性质。非公有制企业是指外商投资企业、港澳台企业、私营企业（这些

---

① 赵永炜：《职工代表大会制度是中国特色公司治理的必然选择》，《天津市工会管理干部学院学报》，2008年，第2期。

企业是我国国民经济的重要组成部分），在这些企业中工作的员工仍然依法享有对企业事务进行民主参与和民主管理的权利。因此非公有制企业也可以而且应当建立职工代表大会制度。

（2）职权。当前非公有制企业职工代表大会可结合企业实际，行使下列几项职权：①知情参与权。主要是对涉及职工根本利益的重大事项具有知情权、参与权和建议权。②审议通过权。审议通过集体合同草案。③审议否决权。讨论审议企业重要规章制度（如职工奖惩办法、岗位责任制、休息休假、职工培训、安全生产、劳动保护等），对违法内容进行否决；讨论审议职工生活福利和职工普遍关心的重要问题，对违法违规的内容进行纠正。④选举评议权。对职工代表、职工董事、职工监事有选举权和罢免权。⑤依法监督权。对企业按时为职工缴纳养老、医疗、工伤、失业保险和住房公积金等情况以及对经营者执行国家法律法规情况有监督权。

三、职工代表大会的会议制度

职工代表大会有一整套完整的会议制度，具体包括以下内容。

（1）换届会议制度。职工代表大会每届任期两年，到期后由工会委员会组织按时换届。

（2）例会制度。职工代表大会至少每半年召开一次，一年召开两次。

（3）临时性会议制度。遇到重大事项需要尽快解决时，可临时召开职工代表大会进行处理。

（4）联席会议制度。职工代表大会闭会期间，为解决某些需要职工代表大会讨论决定的重要问题，可以召集职工代表团（组）长和专门小组（委员会）负责人参加的联席会议进行处理。

（5）职工代表大会工作机构的会议制度。基层工会委员会是职工代表大会的工作机构，一般每季度召开一次，必要时可以随时召开。

四、职工代表大会和职工大会的区别

职工代表大会与职工大会的性质、职权一样，所不同之处体现在以下几个方面。

（1）职工大会制度，由于需要全体成员都参加会议，因此没有产生代表的内容和要求。

（2）企业达到一定的职工规模，就需要建立职工代表大会，只是各个地方的规定不一样。综合各省的规定，一般规定100人以上，应该建立职工代表大会制度，而100人以下应建立职工大会制度。

思考题

1. 简述员工参与管理的基本内涵与主要形式。
2. 简述我国企业民主管理的特点。
3. 简要分析工会在劳动关系中的作用。
4. 简要分析职工代表大会的作用。
5. 试比较职工代表大会在国有企业、集体企业和非公有制企业中有何不同。

第五章　政府在劳动关系管理中的作用

在现代社会，政府的行为已经渗透到经济、社会和政治生活的各个方面。在劳动关系中，政府作为第三方也发挥着重要而特殊的作用，主要体现在三个方面：①制定和修改劳动关系管理的基本制度。政府起草并由立法机构通过的各项法律，反映了政府对于公平与公正、权力与职权以及个人主义与集体主义等的主观价值判断，这为劳动关系的最终形成构建了基本框架。②直接或间接地控制公共部门和国有及国有控股企业。政府不仅控制这些部门和企业的劳动就业人数，而且公共部门及国有企业的劳动关系成为民营企业劳动关系的"样本"，因为它代表政府的偏好。③针对经济问题和社会问题采取的方针政策为管理方和工会之间的集体谈判创造了宏观环境[①]。

第一节　西方国家政府在劳动关系中所扮演的角色

政府为劳动关系运作建立了宏观的经济和社会框架，但不同政府的财政、货币和社会政策所产生的具体结果有着很大差别。所有政府，虽然政治意识形态和政策可能不一样，但其主要目标都包括物价稳定、充分就业、经济增长、国际收支平衡等。在不同的时期，目标的侧重点可能不同，有时可能强调充分就业，有时可能强调出口，有时强调产业民主，有时可能强调经济收益的分配，等等。

一、政府的角色

英国罗恩·比恩教授在《比较产业关系：一个国际视野的概述》一书中指出，政府主要扮演五种角色：①政府扮演第三方管理者角色，为劳资双方提供互动架

---

① 程延园：《劳动关系》. 2 版. 北京：中国人民大学出版社，2007 年，第 139 页。

构与一般性规范；②政府扮演法律制定者的角色，通过立法规定工资、工时、安全和卫生的最低标准；③如果出现劳动争议，政府提供调解和仲裁服务；④政府作为公共部门的雇主；⑤政府还是收入调节者。林大钧先生认为，政府是促进劳资合作的催化剂或鞭策者，是劳动争议的调解人、仲裁者或受害方的支持者，是劳动法律的制定者和执行者，在劳动关系中扮演一个不可或缺的角色[①]。

根据有关文献，政府在劳动关系管理中的角色可以归纳为"5P"：保护者（protector）、促进者（promoter）、调停者（peace-maker）、规划者（planner）和公共部门的雇佣者（public sector employer）[②]。

1. 劳工基本权利的保护者

政府的第一个角色是保护者或管制者。政府首先保护个别劳工的基本权利，涵盖劳动合同、劳动标准、劳工保险、劳工福利、劳工教育、劳动安全卫生及劳动监察等事务。政府制定的政策与法律不仅反映了对劳资双方施加的压力，而且反映了公共舆论以及劳资力量对比的变化。政府颁布的劳动保护的相关法律以及该法律保护的程度，直接反映了政府维护劳动力市场的社会正义，并反映了政府对劳动关系的基本理念。例如，通过最低工资、加班津贴、禁止使用童工等条款来保证每个雇员得到与其劳动相适应的报酬，保证雇员获得维持生活水平以上的工资，消除极端贫困。同时，政府还要监察劳动标准以及劳动安全卫生的执行，劳动监察是政府作为保护者或管制者衍生出的重要任务。

2. 集体谈判与劳工参与的促进者

政府的第二个角色是促进者，积极促进劳动关系双方自行谈判与对话，使他们在政府制定的基本规则和基本劳动标准的基础上达成适合的劳动条件，政府不宜进行过多干预。此外，入股分红也是促进工业民主与劳工参与的重要手段，政府应该以促进者的角色促其实现。

3. 劳动争议的调停者

政府的第三个角色是劳动争议的调停者，有时也是调解者或仲裁者。劳动争议是工业社会的自然现象，因此政府必须建立一套迅速而有效的劳动争议处理制度。为了维护良好的劳动关系，政府作为中立的第三方提供调停和仲裁服务。通常，企业方认为政府干预会影响企业的经营自主权，削弱企业竞争力；而工会则希望政府作为公平的第三方积极干预劳动关系。理想的政府应该作为中立的仲裁者，为劳动关系营造一个公平的外部环境，使劳资双方通过协商或谈判来解决冲

---

① Bean R：Comparative Industrial Relations:An Introduction to Cross-national Perspectives. 2nd. London: Routledge, 1994: 102-103.

② 左祥琦：《劳动关系管理》. 北京：中国发展出版社，2007 年，第 95 页。

突，使产业冲突尽可能降到最低。

4. 就业保障与人力资源的规划者

政府的第四个角色是规划者，为全体劳动者建立一套就业保障体系。这个体系包括三大支柱：职业培训、就业服务和失业保险。同时，在当今面对日趋激烈的国际竞争，政府必须在人力资源规划方面进行整体设计，做到人尽其才。政府的角色在于保持劳动关系稳定，促进劳资合作，实现经济繁荣。

5. 公共部门的雇佣者

政府的第五个角色是公共部门的雇佣者。公共部门的雇员包括政府与地方公务人员以及国有企业的雇员，其规模和人数在各国不尽相同，但都占相当比重。政府作为公共部门的雇主，应该提供合法、合理的劳动条件。

政府扮演的上述五种角色中，作为保护者和规划者，政府应该积极而主动地完成任务；作为促进者和调停者，政府应该采取中立和不多干预的态度；作为雇佣者，政府必须成为民营企业家的表率，合法化和民主化是其基本要求。

二、政府管理劳动关系的权力基础

政府管理劳动关系的权力基础是建立在"代表地位"的基础上的。政府的地位需要从三个关于它们所代表利益的不同假设出发进行考虑：①国家的利益；②群体的利益；③资本所有者的利益[①]。

1. 政府代表国家利益

如果政府代表国家利益，那么它会宣称，它在雇主和雇员的利益冲突中保持中立。当雇员与雇主的利益或者是更广泛的公众利益受到某一强势集团的威胁时，政府会为他们提供保护和支持。不论国家利益是如何定义的，政府在劳动关系管理方面的行动必须能证明它们是公正地代表了国家的利益。

2. 政府代表群体利益

政府所代表的群体利益可以通过政府的选举合法化。这种群体利益可以集中体现在一个政党为赢得竞选所作的努力上，同时该政党竞选时所宣扬的政治思想也会成为日后该党立法和制定政策的基础。

3. 代表资本所有者利益

代表资本所有者的利益或雇主利益，对于一个执政党来说是理所当然的，无

---

① 菲利普·李维斯，阿德里安·桑希尔，马克·桑得斯：《雇员关系：解析雇佣关系》. 高嘉勇，曹金华，邓小涛，等译. 大连：东北财经大学出版社，2005 年，第 140 页。

论一个政党具有怎样的政治思想，它都要考虑经济的稳定性以及雇主对政府的信心。如果没有企业的支撑，一个政府就很难维持其权力和国家的稳定。随着经济的全球化，一些跨国公司可以通过将全部或部分的生产线转移到其他国家，来减小或者是完全消除政府干预对劳动关系的影响。政府为了留住企业，就可能向雇主一方的利益倾斜，从而确保经济的稳定性。

短期来看，政府常常因为所面临的特殊经济状况而可能偏向于代表这三种利益之一；但从长期来看，政府必须兼顾国家、职工群体和企业三者间的关系，对任何一方利益的长期倾斜，都会造成对其他二者利益的伤害，从而最终破坏整个社会的稳定和安宁。

三、政府的劳动关系管理模式[①]

分析政府的劳动关系管理模式有两条主线：第一条，从国家政治思想来分析政府对劳动关系的影响，一般认为主要有自由主义和工团主义两种方式，也就是从自由主义到工团主义连续变化的两个极端；第二条，从工会力量的相对强弱变化及其原因来分析。一开始员工只是从属地位，因为工会的力量非常弱小，后来随着越来越多的员工加入或组织工会，他们的谈判地位开始提高，政府和工会之间的社会合作关系开始建立。

从政府的政治理念和工会的权力及地位这两个角度出发，将劳动关系管理划分为市场个人主义、自由集体主义、谈判社团主义、国家社团主义与中央集权主义五种模式。

1. 市场个人主义

市场个人主义模式的特征是自由放任的指导思想。在这种劳动关系模式下，员工一般不参加工会组织，他们受市场竞争机制约束。政府制定的政策与法律旨在保护雇主的管理权利，而不是保护员工免遭管理者的剥削或过度监管。由于政府不保护工会组织，因此工会较弱小，劳动关系实际上由管理方决定，政府在劳动关系中的管理作用十分有限。

2. 自由集体主义

自由集体主义模式的特征是广义的自由放任思想，是当代资本主义国家对劳动关系管理的较为普遍的模式。在这种模式下，工会较为强大，政府的作用主要是为工会与管理方就基本的雇佣条款和条件进行谈判时，提供一个法律框架来进行干预。政府逐渐适应由工会所代表的强大经济力量和组织力量，其中最重要的

---

① 菲利普·李维斯，阿德里安·桑希尔，马克·桑得斯：《雇员关系：解析雇佣关系》. 高嘉勇，曹金华，邓小涛，等译. 大连：东北财经大学出版社，2005年，第141-143页。

是承认员工建立工会的权利，但工会只能通过集体方式与管理方谈判工作条件，而管理方仍然拥有对其他非劳动关系问题的决策权。这样，政府通过立法，既赋予员工和工会权利，同时又限制集体权利的行使，从而维持劳动关系中工会与管理方之间的平衡。因此，政府实际上扮演着中立的仲裁者的角色，综合考虑劳动关系中不同群体的利益，在双方提出的各种可能的政策方案中选择最为合理的方案。美、英等国是这种模式的典型代表。

3. 谈判社团主义

谈判社团主义又称社会社团主义，建立在社会合作和通过交涉或谈判来维持不同利益集团之间的和谐观点的基础之上。这种模式的特征是社团主义治理思想以及独立、强大的工会组织。在谈判社团主义模式中，劳动关系可以分为两个层次：在企业层面，是工会与管理方之间的社会伙伴关系；在国家层面，则是管理方、工会、政府之间的三方合作关系。在这种模式下，政府就一些雇佣政策以及其他宏观的社会经济问题向工会和管理方咨询，并邀请工会和管理方代表参与政府决策，包括制定就业政策与法律以及其他经济和社会发展战略。例如，通过调整社会政策和财政政策来影响劳动关系，当然政府也希望管理方与工会在政策实施过程中紧密配合，包括维系稳定的劳动关系。这种模式主要被那些长期由社会民主党执政的国家，如德国、瑞典、荷兰等欧洲大陆国家采用。

4. 国家社团主义

国家社团主义模式的特征是社团主义治理思想以及工会在政治上隶属于某政党。在这种模式下，劳动关系受政治制度约束，而不是通过市场的自发经济秩序来调整。工会支持政府的经济发展战略，工会与政府密切合作。实行这种模式的国家，其政治体制或是一党制，或是由一个主要政党统治，而且工会都隶属于执政党。历史上，实行该模式的主要是苏联与东欧社会主义国家。第二次世界大战结束后，许多东南亚新兴工业化国家也采取国家社团主义劳动关系模式。以新加坡为例，其从1959年独立至今一直由人民行动党执政，工会和政府密切合作，促进经济的快速发展。在这些国家，政府通过政治体系而不是自由市场的力量来控制劳动关系的各个方面。

5. 中央集权主义

中央集权主义模式的特征是社团主义治理思想以及在劳动关系方面实行相对弱小的工会作用，这种模式以法国共和制为代表。在这种模式下，政府通过立法的形式规定雇员的就业条件，改变雇主与雇员之间权力不平衡的状况。由于政府已经为包括工会会员与非工会会员在内的所有雇员立法，因而工会在劳动关系方面的作用相对减弱，它们主要通过发动政治运动来影响政府立法。

四、政府的劳动关系管理实践①

政府在劳动关系方面制定并实施的方针、政策和战略在很大程度上直接或间接地受经济因素的影响。政府的劳动关系管理实践主要体现在劳动力市场政策、社会正义、控制产业冲突三个方面。

1. 劳动力市场政策

政府在劳动力市场政策方面的职能是通过调整工资水平、就业水平和就业结构来提高生产率、降低成本，从而增强本国的国际竞争力。但近几十年来，一方面工资水平不断上升，另一方面由于女性劳动参与度提高，就业结构从制造业向服务业转变，技术革命对熟练技工的需要等因素导致失业率普遍上升。对此，各国的政策导向决定了其劳动力市场的战略重点存在差异，即是优先考虑工资分配还是就业问题。

（1）失业政策。失业政策可以分为两种：以只提供失业津贴为主的消极失业政策，以及提供资金为失业者提供培训或创造新工作岗位的积极失业政策。进入20世纪80年代，由于失业率普遍上升，消极的失业政策增加了雇主和雇员双方的负担，从而影响到劳动成本，降低了企业竞争力，最终导致企业进一步裁员而使失业者更多。采取积极的失业政策是各国根本性的处理方案，但各国做法各不相同。以英、美为主的政策信奉自由主义理论，通过降低津贴和提高领取条件促进失业者接受临时兼职或低收入的工作；而以法、德为主的政府信奉社团主义，主张企业培训在职员工，以适应经济与技术革命，而青年与失业者由国家统一培训。

（2）收入政策。政府除了依托财政和货币政策对收入分配进行宏观调控外，还可以通过直接管制集体谈判来确定工资水平，如通过限制工资增长来控制劳动力成本和物价水平。

2. 社会正义

政府通过劳动保护立法来反对就业歧视、倡导公平报酬、加强安全卫生等，以维护劳动力市场的社会正义，具体包括以下几个方面。

（1）最低工资立法，这些立法最能体现社会正义，通过最低工资率、加班津贴和禁止使用童工等保证每个员工得到相对合理的报酬，以维持正常生活需要。

（2）控制社会倾销，指严格监控跨国公司利用各国劳动力市场的差别将本国就业机会转移到国外以获得更大的利润。各国劳动力成本差别主要表现为：雇员工资；间接劳动成本，如工时、节假日、小额福利和安全卫生条件等；社会附加成本，如社保交费、冗员解雇成本；雇佣儿童、囚犯；等等。随着全球化的进一

① 左祥琦：《劳动关系管理》. 北京：中国发展出版社，2007年，第99-100页。

步发展，各国对社会倾销现象达成共识，通过国际合作共同维护劳动权利，协调社会附加成本，共同促进就业。

3. 控制产业冲突

政府一方面在确定合法产业行动的边界范围和合法产业行动的程序规定的基础上保护员工的罢工权，另一方面，对电力、天然气、水、医疗、教育、交通等涉及公共利益的部门的工会罢工权予以严格的限制，通过强制仲裁解决冲突或要求工会在罢工期间必须提供最基本的服务。多数政府认为，由于产业冲突会对社会造成破坏，因此政府作为中立的第三方应该为维护良好的劳动关系提供调解和仲裁，以避免产业冲突的发生。

第二节　我国政府在劳动关系转型中的作用

在我国，政府的劳动行政管理在劳动关系调整中的具体作用是巨大的。中国政府的首要职能是维持和发展市场经济，并健全完善符合社会主义市场经济的各项制度，而其中健全完善符合社会主义市场经济的劳动制度是政府劳动行政的主要作用。

2008年3月，第十一届全国人民代表大会第一次会议在人民大会堂举行第四次全体会议，听取了国务委员兼国务院秘书长华建敏关于国务院机构改革方案的说明，其中就包括将人事部与劳动和社会保障部合并，这是有利于发挥政府在劳动关系管理过程中的作用的重要举措。

一、人事部与劳动和社会保障部的合并

人力资源是国家竞争力的决定性因素。为更好地发挥我国人力资源的优势，进一步解放和发展生产力，必须统筹机关企事业单位人员管理，整合人才市场与劳动力市场，建立统一规范的人力资源市场，促进人力资源合理流动和有效配置，统筹就业和社会保障政策，建立健全从就业到养老的服务和保障体系。为此，我国组建人力资源和社会保障部，将人事部、劳动和社会保障部的职责整合划入该部。同时，组建国家公务员局，由人力资源和社会保障部管理。国家外国专家局由人力资源和社会保障部管理。不再保留人事部、劳动和社会保障部[①]。

人力资源和社会保障部的主要职责是，统筹拟订人力资源管理和社会保障政

---

① 《关于国务院机构改革方案的说明》. http://www.npc.gov.cn/zgrdw/npc/xinwen/syxw/2008-03/12/content_1413911.htm, 2008-03-12.

策，健全公共就业服务体系，完善劳动收入分配制度，组织实施劳动监察，等等。组建新部具有以下优势①。

1. 整合资源

组建人力资源和社会保障部，对于整合人力资源管理，在全国范围内建立统一的人力资源流动市场，以及整合从就业到社会保障的体系非常有利。劳动力是第一生产力，一个完善的人力资源和社会保障部，必须统筹考虑我国劳动力的宏观结构与层次比例，考虑提高劳动力在全球化中的竞争力问题，考虑各类劳动力的培养和就业问题，考虑创造就业机会、提高就业的问题，考虑劳动者的社会保障问题。

2. 统一规划与管理

在我国计划经济时代，劳动力被人为地割裂为两个部分。一部分是政府部门和事业单位的正式职工，以及国有企业的管理人员和技术人员，统称"干部"，归人事部门管理，即"人事管理"；另一部分是企事业单位的工人，归劳动部门管理，即"劳动管理"。这种分割管理方式往往事无巨细，编制、级别、工资、各种福利保障都有全国统一的标准，造成用人制度僵化，官本位现象严重。尤其对企业而言，同一单位的人却要采用两种不同的管理系统，归属两个不同的政府部门管理。改革方案将这两个分割的管理系统合二为一，对企业的所有人员实现了统一规划、统一管理，促进了统一的劳动力市场的形成。

3. 建立统一的人力资源市场

要实现建立统一劳动力市场的目标，两个部门的合并不应该是简单的职能相加，而应该根据新的目标，重新划分内部机构与职能。从宏观上制定我国的人力资源发展战略，考虑在国际竞争条件下，提高劳动力的竞争力，促进市场就业机会的增加，提供必要的社会保障。只有以统筹规划、规范全国劳动力市场的各个主要环节为目标，才可能使新建立的人力资源和社会保障部发挥应有的作用。

二、我国政府在劳动力市场政策制定中的作用

我国的立法多采取的是政策—行政规章—法律的渐进模型：首先，根据国家政策限定一些地域或部门进行试点；其次，为了把试点成果向全国推行而制定行政规章，如果在全国范围内取得成功的话再进行立法，并在实施过程中制定配套

---

① 张咸：《人事部与劳动保障部合并意义深远》.《21世纪经济报道》，2008 年 3 月 25 日。

的规章制度；最后，通过这种反复形成一个部门的法律体系[①]。

1. 劳动政策方面

我国有许多劳动政策，首先是由地方试点，某些地方关于最低工资规定、社会保险、农村劳动与社会保障政策、劳动合同、集体合同等管理的政策，一开始根据地方经济发展的不同，有着很强的地方特色，后来逐渐形成有关的政策。

2. 劳动行政规定

我国在劳动力市场方面，主要是要拟定促进就业的基本政策和措施，规划劳动力市场的发展，制定职业介绍、职业培训机构的管理办法。劳动标准方面，要起草劳动法律法规，制定行政规章，制定关于劳动条件与劳动保护的基本标准并组织实施和监督检查。劳动关系调整方面，要制定劳动关系调整的基本规则，制定劳动合同、集体合同制度的实施规范，制定劳动争议处理制度和劳动仲裁的规范、规则等。

3. 劳动立法

1978 年党的十一届三中全会以后，我国法治工作进入新的历史时期，劳动立法得到很快的发展。在促进就业、劳动报酬、职工民主管理、劳动保护、职业培训、社会保险福利、劳动争议处理、劳动监察等方面，中共中央、国务院颁布了多项法规。

1995 年 1 月 1 日实施了《劳动法》，该法有利于保护劳动者的合法权益，调整劳动关系，建立和维护适应社会主义市场经济的劳动制度，促进经济发展和社会进步。《劳动法》的实施，确立了我国社会主义市场经济条件下劳动力市场及劳动关系调整的基本法律原则。

2008 年 1 月 1 日实施了《劳动合同法》，该法有利于我国完善劳动合同制度，明确劳动合同双方当事人的权利和义务，保护劳动者的合法权益，构建和发展和谐的劳动关系。《劳动合同法》在实施过程中不断完善，2013 年 7 月 1 日又进行了完善，针对劳务派遣和经营劳务派遣的组织进行了明确的规定，有利于调节我国用人单位和劳动者之间的劳动法律关系，并能够有效保护劳动关系双方的合法权益。2008 年 1 月 1 日还实施了《就业促进法》，该法促使我国经济发展与扩大就业相协调，对社会稳定和谐起到了积极的作用。

2008 年 5 月 1 日实施了《中华人民共和国劳动争议调解仲裁法》（以下简称《劳动争议调解仲裁法》），有利于公正及时解决劳动争议，保护当事人合法权益，促进劳动关系和谐稳定。《劳动争议调解仲裁法》的出台，也使劳动关系双方维护自身合法权益的意识大大提升，通过法律调节和仲裁对劳动争议的妥善解决起到

---

① 常凯：《劳动关系学》. 北京：中国劳动社会保障出版社，2005 年，第 224-234 页。

了重要的作用。

2011 年 7 月 1 日实施了《中华人民共和国社会保险法》（以下简称《社会保险法》），该法明确规定了我国通过建立社会保险基金，使劳动者在暂时或永久丧失劳动能力以及失业时获得物质帮助和补偿。此外，该法还规定了基本养老保险、基本医疗保险、工伤保险、失业保险、生育保险等问题，并就社会保险费征缴、社会保险基金、社会保险经办、社会保险监督、法律责任等问题进行了规范，有利于保障劳动者合法权益、构建和谐的劳动关系。

三、我国政府在促进就业方面所发挥的作用

随着国企改革的不断推进和市场经济的逐步发展，我国出现了下岗工人、新增劳动力和农村剩余劳动力三股就业压力。作为就业指导者的政府，为形成完善的劳动力市场，应为全体劳动者建立一套包括职业培训、就业服务和失业保险在内的就业保障体系。不断完善市场就业机制，促进城乡统筹就业，建立城乡统一、平等竞争的劳动力市场，逐步消除就业歧视，彻底清除农村劳动力进城和跨地区就业的限制，改善农民工进城就业环境。加强劳动力市场建设，规范劳动者求职、用人单位招聘和职业中介行为。建立覆盖各类失业人员的失业登记制度，加强对登记失业的高校毕业生的服务和管理，完善用人单位招聘人员录用备案制度和就业登记制度。加强对各类职业中介行为的监管，维护劳动力市场秩序。2008 年我国实施《就业促进法》后，这些方面得到了加强。

1. 职业培训

在劳动力市场上，企业为了降低人力资本投资风险，往往回避对劳动者的职业培训。为了弥补市场固有的缺陷，政府作为社会公共机构，以实现社会福利最大化为目标，承担起对劳动者，尤其是社会弱势群体，如下岗职工、农村剩余劳动力等的培训职责。

政府职业培训是政府职能的延伸，培训的基本途径主要是两种：一种是政府组织的职业培训。政府可以直接组织暂时性、单一性的培训，也可以成立具有职业培训专职功能的职业培训中心等机构，这种机构具有相对独立的运作机制，政府主要承担资金投入、调控的职责。另一种是政府主导的依托企业、民办机构而进行的职业培训。这种培训途径将具体的培训工作委托给企业、民办机构，并承担全部或部分的资金投入。从实践看，这种培训有效利用了市场资源，在专业性强、工作复杂、难度大的培训项目中发挥了积极的作用。

我国应该大力发展职业教育和培训，以快速提高劳动者的素质。

（1）加快培养经济社会发展需要的技能劳动者。充分发挥现有教育培训资源的作用，依托大型骨干企业和职业院校、高级技工学校、技师学院等重点职业教

育培训机构，建立一批示范性、国家级高技能人才培训基地和区域性公共实训基地，加快高技能人才的培养，推进现代职业培训制度模式的建立。

（2）进一步完善职业资格证书制度，形成技能劳动者的评价、选拔、使用和激励机制。完善社会化职业技能鉴定、企业技能劳动者评价、职业院校资格认证和专项职业技能考核工作体系，发挥职业资格证书在劳动者就业和技能成才过程中的导向作用。

（3）加强职业教育和培训技术支持与服务体系建设。完善国家职业分类和职业标准体系建设，建立新职业定期发布制度。

2. 就业服务

政府提供的就业服务主要有以下几个方面。

1）就业信息指导。建立覆盖城乡劳动者的就业管理服务组织体系，建立健全县、乡公共服务网络，强化政府促进就业的公共服务组织体系，建立健全县、乡公共就业服务网络，强化政府促进就业的公共服务职能，完善公共就业服务制度。以城市为中心逐步实施公共就业服务统筹管理，完善服务手段，开发服务项目，拓展服务功能，为城乡各类劳动者提供有效服务。

近年来由于就业压力的不断增大，我国许多政府部门采取积极的就业政策，建立了比较完善的就业公共信息服务平台，对促进我国劳动力市场城乡统筹起到了一定的积极作用。但是，由于我国是劳动力绝对过剩的国家，就业压力长期存在，并不因为经济的好转就会彻底消失。因此，政府必须把着力点放在建立城乡统一的供需信息交流系统与制度上，从而依靠信息机制的传导功能来延伸市场覆盖半径，以冲破劳动力市场行政分割与城乡分离的种种制度性樊篱，着力健全全国统一的信息工作程序、制度，以及传输、交流系统，使之迅速形成部门分工协作、城乡纵横相连的劳动力供需信息网络。

2）劳动力市场价格指导。劳动力市场价格指导是政府提供就业服务的一个重要组成部分，其主要内容是劳动保障行政部门按照国家统一规范和制度要求，定期对各类企业中的不同职业（工种）的工资水平进行调查、分析、汇总、加工，形成各类职业（工种）的工资价位，向社会发布，用以指导企业合理确定职工工资水平和工资关系，调节劳动力市场价格[①]。

目前，我国要进一步调节企业工资收入分配，规范工资分配秩序。继续推进企业工资决定机制的转变，着力建立工资集体协商制度。健全最低工资制度，根据经济发展水平逐步提高最低工资标准。进一步完善工资指导线、劳动力市场工资指导价位和人工成本信息指导等宏观指导制度。完善国有企业工资收入分配规

103

---

① 《关于建立劳动力市场工资指导价位制度的通知》. http://www.mohrss.gov.cn/xxgk2020/fdzdgknr/zcfg/gfxwj/ldgx/201407/t20140717_136249.html?eqid=d5650ab80004ea0f0000000664532422，1999-10-25.

则和监管机制，加强对高收入国有独资及国有控股企业工资分配的调控。完善企业工资支付制度，建立健全工资支付监控制度和工资支付保障制度。

3）失业预警。1995 年，我国政府提出要建立失业预警监测系统。该系统是指为了对社会失业水平实行控制，对各种影响失业的因素进行综合分析预测，对预测结果进行反馈，采取各种预防措施，最终使失业控制目标得以实现的机制。

从 1995 年到现在，我国每年都公布年末全国就业人数、年末城镇就业人数、年末城镇登记失业人数，以及城镇登记失业率等指标。2004 年 4 月 26 日，中国政府发布《中国的就业状况和政策》白皮书，这是中国政府发表的第一部专门阐述中国就业问题的白皮书，全面准确地介绍了目前中国的就业状况和中国政府制定的政策以及采取的措施，体现了中国政府对就业问题的高度重视，展示了我国所实施的一整套行之有效的政策措施，宣传了中国政府关于就业问题的立场和方针政策[①]。

政府建立失业监测预警系统，包括定期分析不充分就业率，长期失业者比例，失业者的基本生活和社会保障状况，失业者对失业的经济、心理承受能力及相关的社会经济指标，确定失业预警线，发布失业预警信息，等等。

4）创造公平的就业环境。2008 年出台的《就业促进法》中有专章介绍"公平就业"。该法第三章规定，"各级人民政府创造公平就业的环境，消除就业歧视，制定政策并采取措施对就业困难人员给予扶持和援助"。此外，该法针对保障妇女、残疾人、少数民族等人员的就业做出了明确规定。其中，该法明确规定，"用人单位招用人员，不得以是传染病病原携带者为由拒绝录用。但是，经医学鉴定传染病病原携带者在治愈前或者排除传染嫌疑前，不得从事法律、行政法规和国务院卫生行政部门规定禁止从事的易使传染病扩散的工作"。

3. 就业保障

政府在劳动关系管理中的主要责任之一是促进就业和增进社会保障，具体体现在以下几个方面。

（1）建立国有企业下岗职工基本生活保障和再就业制度。根据《国务院关于在全国建立城市居民最低生活保障制度的通知》的要求，目前各地区已逐步建立了城市居民最低生活保障制度。1998 年，为了防止把国有企业改革中释放出来的大量富余人员集中推向社会，引发不安定因素，我国实施了国有企业下岗职工基本生活保障和再就业制度，通过国有企业再就业服务中心为下岗职工提供基本生活费并缴纳社会保险费。这是一项减员增效与保障基本生活、促进再就业相结合的政策，很多经验应为今后制定劳动关系政策吸收、采纳。2003 年以来，我国实现了下岗职工与社会失业保障制度的并轨，"国有企业下岗职工"成为一个历史性

---

① 国务院新闻办公室：《中国的就业状况和政策》白皮书，2004 年 4 月 26 日发布。

的名词。

（2）建立有利于农村剩余劳动力转移的相关就业及社会保障制度。为改变我国农民工进城务工存在的社会保险缺失的情况，我国《劳动法》第七十条明确规定："国家发展社会保险事业，建立社会保险制度，设立社会保险基金，使劳动者在年老、患病、工伤、失业、生育等情况下获得帮助和补偿。"《社会保险费征缴暂行条例》和《国务院关于解决农民工问题的若干意见》针对农民工的劳动就业特点，按照低费率、广覆盖、可转移和能衔接的要求，制定农民工参加基本养老保险办法，为有效处理农民工的社会保险做出了明确的规定。

（3）建立有利于促进大学生就业的相关就业及社会保障制度。近年来，随着毕业人数的增加，大学生面临的就业压力逐年加大。2009年，国务院办公厅下发《关于加强普通高等学校毕业生就业工作的通知》，提出"各地区、各有关部门要把高校毕业生就业摆在当前就业工作的首位"，制定了鼓励和引导高校毕业生到城乡基层就业等七个方面的重要措施。

（4）完善失业保险制度，健全有利于促进就业的社会保障机制。一方面，为保障失业人员的基本生活，又避免使失业人员产生对失业保险金的依赖心理，我国失业保险金的发放标准与最低工资标准和城市居民最低生活保障标准挂钩。另一方面，将失业保险金的发放标准与最低工资标准和城市居民最低生活保障标准挂钩，可以使失业保险金标准随着最低工资标准和城市居民最低生活保障标准的调整而调整，这也是保证失业人员享受社会进步和经济发展成果的重要措施。同时，考虑到各地社会经济发展水平存在较大差异，《失业保险条例》将具体发放标准授权省（自治区、直辖市）人民政府，根据当地的实际情况自行确定。

4. 劳动条件的管理

在劳动关系中，劳资双方当事人进行交涉的核心是劳动条件。劳动条件，是指为完成劳动生产过程所需要的各种条件的总称，既包含劳动安全卫生、必要的物质和技术条件等基本劳动条件，也包括工资、工时等核心劳动条件和休息休假、职业培训、社会保险与福利、劳动纪律等其他劳动条件。

劳动条件的形成依据内部机制与外部规范，其中内部机制包括劳动合同、企业规章制度、集体协商、职工参与，外部规范则主要是劳动法与劳动政策。

（1）确定劳动条件标准。政府在劳动条件形成中的作用首先是确定劳动条件标准。劳动标准按其法律效力不同可分为强制性标准和指导性标准。前者是必须执行的标准，后者是供选择执行的标准。强制性标准也称劳动基准，是指劳动条件的最低标准。最低标准是指法律对劳动条件设立的最低界限，如最低工资等。违反最低标准即为违法，要接受法律的制裁。指导性劳动标准，是政府根据自己的政策目的，在最低标准基础上制定的，或通过行政指导促进劳资双方形成的劳动条件的行情，如工资指导线等。与劳动基准可以通过法律强制实施不同，指导性劳动标准的形成不能强制，只能依靠政府的行政力量来推动。

（2）培育并健全劳动条件形成机制。劳动标准是劳资双方确定劳动条件的依据，但具体的劳动条件是在劳资当事人之间依靠其内部机制形成的。所以政府要培育并健全包括劳动合同、企业规章制度、集体协商在内的劳动条件形成机制。

第一，通过劳动合同明确劳动条件。2008年实施的《劳动合同法》中明确要求"用人单位自用工之日起即与劳动者建立劳动关系。用人单位应当建立职工名册备查"，并且劳动条件是劳动合同的必备条款之一，也就是说，签订劳动合同，必须明确劳动条件。

第二，通过集体协商和集体合同规范劳动条件。维持和提高劳动条件最主要的是对集体协商的参与。按照国际劳工组织1981年163号建议书的要求，政府部门应对参加集体协商、集体谈判的劳资双方组织予以承认，并在谈判过程中提供必要的资料。事实上，我国已经充分意识到集体协商在劳动条件形成，尤其是在提高劳动条件中的作用。为能在中国形成集体协商制度，我国首先于1994年明确规定集体协商是签订集体合同的必要手段，后来又数次制定政策推动工资集体协商机制的建立。

为改变中国集体协商形式化倾向，政府承认具有实效的集体合同，如职工代表签订的集体合同、劳动者利用民事代理人签订的集体合同以及一些行业合同和区域合同等。还协助劳资双方开展有针对性的培训，培养一批集体协商的专门人才。另外，定期发布物价水平、最低工资标准、劳动生产率变化，尤其是定期发布行业盈利水平等信息，或促使企业公开营利信息等，使集体协商建立在理智和客观的基础上。

5. 集体合同的监督

《集体合同规定》对劳动条件作了详细的规定，对集体合同的监督，主要体现在监督集体协商的过程。

对集体协商的监督，则分为事先监督、过程监督和结果监督。事先监督主要是对集体协商双方的合法性进行监督。过程监督主要是适时介入谈判过程，排除障碍。当双方发生争议时，政府部门可以主动介入，以免出现罢工怠工或关厂闭厂。结果监督是对订立的集体合同进行审查，主要是检查集体合同基本条款是否齐备，其条款是否符合国家法律、法规，合同订立程序是否合法，确认和处理无效集体合同，查处违法集体合同，等等。

继续推进劳动保障监察制度建设和工作机制创新，进一步加大检查执法力度，全面建立对用人单位劳动保障守法的监督制度，建立较为完善的依法行政和执法监督工作制度。建立和完善劳动保障的政务公开制度，依法推进各级劳动保障行政部门和经办机构规范服务行为，依法处理劳动保障事务。规范行政审批和行政许可行为，建立对被许可人的监督检查制度。建立行政复议制度，建立行政过错责任追究制度。

6. 提供就业援助

除了以上有关职能外，2008 年出台的《就业促进法》还规定了就业援助的相关内容。该法规定，"各级人民政府建立健全就业援助制度，采取税费减免、贷款贴息、社会保险补贴、岗位补贴等办法，通过公益性岗位安置等途径，对就业困难人员实行优先扶持和重点帮助"。

四、管辖本行政区域内发生的劳动争议

政府作为公共利益的维护者，通过监督、干预等手段促进劳动关系的协调发展。政府要支持本国劳动关系处理中的调解和仲裁程序。政府要维持劳动关系的和谐，鼓励劳资双方尽可能利用调解和仲裁程序解决劳资纠纷，避免采取过激行动。

《劳动争议调解仲裁法》于 2008 年 5 月 1 日开始施行，该法是社会主义市场经济条件下调整劳动关系的一部重要法律，对劳动争议处理制度做了进一步完善，有利于强化调解机制、完善仲裁、加强司法救济，及时妥善处理劳动争议，尽最大可能将劳动争议案件解决在基层，维护当事人的合法权益。该法的实施对发展和谐稳定的劳动关系、促进经济社会的发展具有重大意义。

五、我国政府在三方机制中的作用[①]

在我国，劳动关系三方协调机制不平衡，主要表现为用人单位和劳动者之间地位不平衡。三方机制的有效运行，需要政府的介入，使用人单位与劳动者之间的关系更趋平衡，使劳动关系的协调走上和谐道路[②]。

1. 制定法律，保护劳动者权益

改革开放以来，我国的劳动法律法规从初步形成走向不断完善，但是按照市场经济发展的规律和要求，我国的劳动法律体系仍然不完整，对比市场经济国家政府对劳动关系的立法，我国制定相互配套的法律法规显得较为迫切，可在继续完善对个人合法权利的立法保护基础上，注重加强对集体劳动关系方面的立法，避免通过劳动关系的个人化倾向来保护劳动者的权益。

2. 建立机构，监督劳动法律法规的实施

在工会作用发挥不到位的情况下，借助行政力量的干预来加强劳动保护监

---

① 谢文波，李金龙，谢玉华：《发达国家劳动关系三方协调机制中政府角色比较及启示》.《广东社会科学》，2009 年，第 3 期。

② 常凯：《论政府在劳动法律关系中的主体地位和作用》.《中国劳动》，2004 年，第 12 期。

察对于维护劳动权益非常重要。劳动监察着重于加大对非公有领域及中小企业劳动用工的监察力度，具体包括以下几个方面：对各种劳动基准法实施的监督，如最低标准执行情况、标准工时情况、就业年龄合法性情况等；对职业安全健康的监督；对集体协议，如工资集体谈判协议及集体合同履行状况的监督；等等。同时，对非法用工和违反《劳动法》《劳动合同法》的企业，应给予更加有效的处理。

3. 宏观调控、促进劳资集体谈判

一个成功的集体谈判系统包括程序性的组成部分和实质性的组成部分。程序性的组成部分，即工人和雇主有参与决定就业条款和条件的机会。实质性的组织部分，即集体谈判的结果应该促进生产力的发展。因此，为了使我国集体谈判体制达成程序性和实质性的最佳组合，最终促进我国的经济发展，我国政府可提倡劳资双方自由谈判，同时以法律来对集体谈判进行适当干预。具体来讲，可以在完善集体谈判的相关立法的同时，注重培育劳资谈判的两大主体，并积极建设协商平台。

4. 中立仲裁，调解劳动争议

劳动争议的自愿调解是各国通行的做法，为了快速处理案件，可在自愿调解的基础上执行强制调解程序，从而将劳动争议化解于基层，减少劳动争议处理的成本。

总之，和谐社会建设新目标的确立，为劳动关系的协调带来新的契机，但是要真正建立市场化的劳动关系三方协调机制，需要进一步加强劳动者的力量，资本组织需要进一步规范，政府有序干预，推动行业工会建立，推动集体谈判，等等。只有劳动者组织起来，建立一个劳动者利益表达机制和利益均衡机制，劳动关系的三方协调机制才能真正运行，和谐劳动关系才能真正形成。

第三节　新时期劳动关系管理面临的新任务[①]

在我们社会主义国家，一切劳动，无论是体力劳动还是脑力劳动，都值得尊重和鼓励；一切创造，无论是个人创造还是集体创造，也都值得尊重和鼓励。全社会都要贯彻尊重劳动、尊重知识、尊重人才、尊重创造的重大方针，全社会都要以辛勤劳动为荣、以好逸恶劳为耻，任何时候任何人都不能看不起普通劳动者，都不能贪图不劳而获的生活。

---

① 引自《习近平在庆祝"五一"国际劳动节暨表彰全国劳动模范和先进工作者大会上的讲话》.《人民日报》，2015 年 4 月 29 日。（本节标题为笔者所加）

一、始终坚持人民主体地位

我们要始终坚持人民主体地位,充分调动工人阶级和广大劳动群众的积极性、主动性、创造性。人民是历史的创造者,是推动我国经济社会发展的基本力量和基本依靠。推进"四个全面"战略布局,必须充分调动广大人民群众的积极性、主动性、创造性。

我们一定要发展社会主义民主,切实保障和不断发展工人阶级和广大劳动群众的民主权利。要坚持党的领导、人民当家作主、依法治国有机统一,坚持工人阶级的国家领导阶级地位,加快推进社会主义民主政治制度化、规范化、程序化,坚持和完善人民代表大会制度,推进协商民主广泛多层制度化发展,促进人民依法、有序、广泛参与管理国家事务和社会事务、管理经济和文化事业。要推进基层民主建设,健全以职工代表大会为基本形式的企事业单位民主管理制度,更加有效地落实职工群众的知情权、参与权、表达权、监督权。要尊重人民首创精神,甘当人民群众小学生,把蕴藏于工人阶级和广大劳动群众中的无穷创造活力焕发出来,把工人阶级和广大劳动群众智慧和力量凝聚到推动各项事业上来。

二、始终实现好、维护好、发展好最广大人民根本利益

党和国家要实施积极的就业政策,创造更多就业岗位,改善就业环境,提高就业质量,不断增加劳动者特别是一线劳动者劳动报酬。要建立健全党和政府主导的维护群众权益机制,抓住劳动就业、技能培训、收入分配、社会保障、安全卫生等问题,关注一线职工、农民工、困难职工等群体,完善制度,排除阻碍劳动者参与发展、分享发展成果的障碍,努力让劳动者实现体面劳动、全面发展。要面对面、心贴心、实打实做好群众工作,把人民群众安危冷暖放在心上,雪中送炭,纾难解困,扎扎实实解决好群众最关心最直接最现实的利益问题、最困难最忧虑最急迫的实际问题。

劳动关系是最基本的社会关系之一。要最大限度增加和谐因素、最大限度减少不和谐因素,构建和发展和谐劳动关系,促进社会和谐。要依法保障职工基本权益,健全劳动关系协调机制,及时正确处理劳动关系矛盾纠纷。我国工人阶级和广大劳动群众要发扬识大体、顾大局的光荣传统,正确认识和对待改革发展过程中利益关系和利益格局的调整,正确处理个人利益和集体利益、局部利益和全局利益、眼前利益和长远利益的关系,树立法治观念,增强法律意识,自觉维护社会和谐稳定。

三、始终高度重视提高劳动者素质

劳动者素质对一个国家、一个民族发展至关重要。劳动者的知识和才能积累

越多，创造能力就越大。提高包括广大劳动者在内的全民族文明素质，是民族发展的长远大计。面对日趋激烈的国际竞争，一个国家发展能否抢占先机、赢得主动，越来越取决于国民素质特别是广大劳动者素质。要实施职工素质建设工程，推动建设宏大的知识型、技术型、创新型劳动者大军。

我们一定要深入实施科教兴国战略、人才强国战略、创新驱动发展战略，把提高职工队伍整体素质作为一项战略任务抓紧抓好，帮助职工学习新知识、掌握新技能、增长新本领，拓展广大职工和劳动者成长成才空间，引导广大职工和劳动者树立终身学习理念，不断提高思想道德素质和科学文化素质。要深入开展中国特色社会主义理想信念教育，培育和践行社会主义核心价值观，弘扬中华优秀传统文化，开展以职业道德为重点的"四德"教育，深化"中国梦·劳动美"教育实践活动，不断引导广大群众增强中国特色社会主义道路自信、理论自信、制度自信。要创新思想政治工作方式方法，加强人文关怀和心理疏导，打造健康文明、昂扬向上的职工文化，丰富职工精神文化生活，不断满足广大职工群众精神文化需求。

四、始终坚持发挥工会在劳动关系管理中的积极作用

工会是党联系职工群众的桥梁和纽带，工会工作是党的群团工作、群众工作的重要组成部分，是党治国理政的一项经常性、基础性工作。新形势下，工会工作只能加强，不能削弱；只能改进提高，不能停滞不前。希望各级工会组织和广大工会干部坚定不移走中国特色社会主义工会发展道路，坚守工会工作的主战场，狠抓工会工作的中心任务，模范履行工会组织的政治责任，更好发挥工会组织作用。要坚持自觉接受党的领导的优良传统，牢牢把握正确政治方向，牢牢把握我国工人运动的时代主题，带领亿万职工群众坚定不移跟党走。要坚决履行维护职工合法权益的基本职责，把竭诚为职工群众服务作为工会一切工作的出发点和落脚点，帮助职工群众通过正常途径依法表达利益诉求，把党和政府的关怀送到广大劳动群众心坎上，不断赢得职工群众的信赖和支持。要坚持把群众路线作为工会工作的生命线和根本工作路线，把工作重心放在最广大普通职工身上，着力强化服务意识、提高维权能力，改进工作作风，破除衙门作风，坚决克服机关化、脱离职工群众现象，让职工群众真正感受到工会是"职工之家"，工会干部是最可信赖的"娘家人"。要自觉运用改革精神谋划推进工会工作，创新组织体制、运行机制、活动方式、工作方法，推动工会工作再上新台阶。要发挥民间外交优势，增进我国工人阶级同各国工人阶级的友谊，发展同各国工会组织、国际和区域工会组织的关系，为维护世界和平、促进共同发展作出新的更大贡献。各级党委要加强和改善对工会的领导，注重发挥工会组织的作用，健全组织制度、完善工作机制，加大对工会工作的支持保障力度，及时研究解决工会工作中的重大问题，

热情关心、严格要求、重视培养工会干部，为工会工作创造更加有利的条件。

思考题

1. 简述政府在协调劳动关系中所扮演的几种角色。
2. 我国政府在促进就业方面有哪些作用？
3. 我国政府在建立劳动关系的三方协调机制中有什么作用？

阅读材料　中共中央　国务院关于构建和谐劳动关系的意见

下　篇
劳动关系管理实务

第六章　劳动关系管理实务概述

第一节　劳动法律关系

正如上篇所述，劳动关系有广义与狭义之分。广义地讲，企业的劳动关系是指企业、经营管理者、员工与员工组织（工会、职工代表大会等）之间在企业的生产经营活动中形成的各种权、责、利关系。狭义地讲，企业的劳动关系是指企业作为用人单位与职工及其组织之间依据劳动法律法规形成的劳动法律关系。本书主要基于狭义的劳动关系，即劳动法律关系（如无特别说明，本书所称劳动关系即为劳动法律关系）展开讨论。

一、劳动关系的构成要素①

依据劳动法律法规形成和调整的劳动关系，主要由三个要素构成，即劳动关系的主体、客体和内容。

1. 劳动关系的主体

劳动关系的主体，即劳动法律关系的参与者，主要包括劳动者、劳动者的组织（工会、职工代表大会）和用人单位。劳动者包括所有具有劳动权利能力和劳动行为能力的受雇于用人单位的人，用人单位包括企业、事业单位、国家机关、社会团体及个体经营单位等，本书主要集中在企业劳动关系的分析和讨论上。

2. 劳动关系的客体

劳动关系的客体是指劳动法律关系主体双方的劳动权利和劳动义务共同指向的事物，如劳动时间、劳动报酬、安全卫生、劳动纪律、福利保险、教育培训、劳动环境等。同时，在市场经济条件下，随着企业管理理念的变化和劳动者主体

---

① 陈维政，程文文，吴继红：《人力资源管理》. 5 版. 北京：高等教育出版社，2020 年，第 283 页。

意识的进一步增强，劳动关系客体的内涵和外延也将不断发生新的变化。

3. 劳动关系的内容

劳动关系的内容是指劳动法律关系主体双方依法享有的权利和承担的义务。我国《劳动法》规定，劳动者依法享有的主要权利有：平等就业和选择职业的权利、取得劳动报酬的权利、休息休假的权利、获得劳动安全卫生保护的权利、接受职业技能培训的权利、享受社会保险和福利的权利、提请劳动争议处理的权利等。劳动者承担的主要义务有：完成劳动任务，提高职业技能，执行劳动安全卫生规程，遵守劳动纪律和职业道德等。

用人单位的主要权利有：依法录用和辞退职工；依法建立和完善规章制度；依法自主确定本单位的工资分配方式和工资水平等。其主要义务有：保障职工享有劳动权利和履行劳动义务；签订并履行劳动合同和集体合同；建立职业培训制度，加强对职工的职业培训；健全劳动安全卫生制度，做好劳动保护；依法参加社会保险，缴纳社会保险费等。

二、劳动关系的特征

1. 劳动关系主体双方具有平等性和隶属性

劳动关系主体一方是劳动者，另一方是用人单位。劳动者与用人单位是平等的主体，双方是否建立劳动关系以及建立劳动关系的条件由其按照平等自愿、协商一致的原则依法确立。劳动关系同时还具有隶属性特征。劳动者一旦与用人单位形成劳动关系，就必须接受用人单位的管理，成为被管理者。也就是说，用人单位与劳动者之间形成了管理与被管理的隶属关系。劳动关系同时具有的平等性和隶属性特征，与民事法律关系主体间单纯具有的平等性特征不同，也与行政法律关系主体间单纯具有的隶属性特征相区别。

2. 劳动关系具有以国家意志为主导、以当事人意志为主体的属性

劳动关系是按照劳动法律规范和劳动合同约定形成的，既体现了国家意志，又体现了双方当事人的共同意志。劳动关系具有较强的国家干预性质，当事人双方的意志虽为劳动关系体现的主体意志，但它必须符合国家意志并以国家意志为指导，国家意志居于主导地位，起统帅作用。

3. 劳动关系具有在社会劳动过程中形成和实现的特征

劳动关系的基础是劳动者提供的劳动和用人单位提供的劳动条件相结合，只有这样才能依据劳动法律规范形成双方的权利义务关系。

三、事实劳动关系

《劳动合同法》第十条规定："建立劳动关系，应当订立书面劳动合同。"在法律中，"应当"表示的是一种义务，具有"必须"的含义。可见，劳动合同是劳动关系建立的基础。

但是在现实生活中，仍然存在着用人单位招用劳动者但未签订书面劳动合同的情况。用人单位和劳动者没有签订劳动合同，但存在事实上的权利与义务关系，视为双方存在事实劳动关系，同样受《劳动法》及相关劳动法规制约。

根据《劳动和社会保障部关于确立劳动关系有关事项的通知》，用人单位招用劳动者未订立书面劳动合同，但同时具有下列情形的，劳动关系成立："（一）用人单位和劳动者符合法律、法规规定的主体资格；（二）用人单位依法制定的各项劳动规章制度适用于劳动者，劳动者受用人单位的劳动管理，从事用人单位安排的有报酬的劳动；（三）劳动者提供的劳动是用人单位业务的组成部分。"

以上三条标准是原则性的标准，在是否存在事实劳动关系的劳动争议实践中，通常需要有具体的凭证或证据。根据《劳动和社会保障部关于确立劳动关系有关事项的通知》，用人单位未与劳动者签订劳动合同，认定双方存在劳动关系时可参照以下凭证："（一）工资支付凭证或记录（职工工资发放花名册）、缴纳各项社会保险费的记录；（二）用人单位向劳动者发放的'工作证'、'服务证'等能够证明身份的证件；（三）劳动者填写的用人单位招工招聘'登记表'、'报名表'等招用记录；（四）考勤记录；（五）其他劳动者的证言等。其中，（一）、（三）、（四）项的有关凭证由用人单位负举证责任。"

劳动者与用人单位就是否存在劳动关系引发争议的，可以向有关辖区的劳动争议仲裁委员会申请仲裁。

案例讨论

黄女士入职一家公司担任经理助理，该公司未与其签订劳动合同。黄女士入职刚满四个月，公司以内部领导变动为由与其解除劳动关系。黄女士认为其合法权益遭到侵害，向仲裁委员会申请劳动仲裁，仲裁委驳回了黄女士的申请，后黄女士起诉至当地的区人民法院，要求公司支付其在职期间未签劳动合同的二倍工资差额及相应赔偿。

庭审中，公司辩称，公司与黄女士之间不存在劳动关系。其公司与员工均订立书面劳动合同，且公司也没有经理助理的岗位。

黄女士为证明自己的主张，向法院出具了银行交易明细表、原公司同事常先生的证人证言及常先生的银行对账单等证据予以佐证，银行交易明细显示公司存在按月向黄女士支付款项的事实。公司对上述证据的真实性不予认可，但认可常先生曾是其公司员工。

法院经审理认为，公司虽不认可黄女士提交的证据，但未提交相关证据对抗，且对法院查询的银行交易明细的真实性不持异议。该交易明细的结果显示，公司曾向黄女士发放过工资，且发放时间及金额与黄女士当庭陈述基本一致，因此法院认定黄女士与公司存在事实劳动关系。因公司未与黄女士签订书面劳动合同，黄女士要求公司支付未签订劳动合同二倍工资的诉讼请求并无不当。因黄女士与公司均无法举证双方劳动关系解除的原因，考虑到双方劳动关系已经解除的事实，法院视为双方协商一致解除。据此，法院判决公司支付黄女士未签订劳动合同二倍工资差额 9228.48 元及解除劳动关系经济补偿 3076.16 元。

（资料来源：事实劳动关系遭否认 诉请二倍工资获支持. http://www.chinacourt.org/article/detail/2014/12/id/1507069.shtml，2014-12-15，有改动）

【分析】

事实劳动关系本来就是一种劳动关系，但是由于它没有书面合同，所以劳动关系中的很多权利义务无法确定，导致劳动者的权益无法得到有效保障。《劳动合同法》对用人单位建立劳动关系却不签订劳动合同的行为规定了惩罚性条款，详见该法第十四条第三款和第八十二条。

在具体的劳动争议实践中，依据基本的举证规则，劳动关系是否存在需要由劳动者来承担举证责任。但是鉴于劳动者相对于用人单位的隶属地位，取证较为困难，劳动法规在某种程度上减轻了劳动者的举证责任。只要劳动者提供了工资单、工作服、工作证等能间接证明存在劳动关系的证据，劳动仲裁或法院一般都会对劳动关系存在的主张予以支持。

四、劳动关系与劳务关系

在现实生活中，有两种极易混淆的关系：劳动关系和劳务关系。

劳动关系是用人单位雇佣劳动者为其成员，劳动者在用人单位的管理下，提供由用人单位支付报酬的劳动而产生的权利和义务关系。劳务关系是劳动者与用工者根据口头或书面约定，由劳动者向用工者提供一次性的或者是特定的劳动服务，用工者依约向劳动者支付劳务报酬的一种有偿服务的法律关系。劳务关系是由两个或两个以上的平等主体，通过劳务合同建立的一种民事权利义务关系。

劳动关系与劳务关系之间的共同之处是关系中一方提供的都是劳动行为，但其本质区别在于：提供劳动的一方是不是单位的成员，是不是以单位职工的身份参加劳动，并遵守单位的内部劳动规则。具体而言，劳动关系和劳务关系的主要区别包括以下几个方面[①]。

（1）主体不同。劳动关系的主体是确定的，劳动关系的一方必须是用人单位，即企业、个体经济组织、民办非企业单位、国家机关、事业单位和社会团体等法人组织或非法人组织，及其依法设立的分支机构，另一方是劳动者个人。而劳务关系的主体是不确定的，劳务关系的双方可能都是个人，或者都是单位，也可能一方是单位，一方是个人。劳动关系和劳务关系的混淆主要出现在一方是单位、另一方是个人的情况下。

（2）主体之间的关系不同。劳动关系双方当事人之间的关系一般较为稳定，劳动关系中的劳动者与用人单位有隶属关系，接受用人单位的管理，遵守用人单位的规章制度，从事用人单位分配的工作。而劳务关系当事人之间的关系则往往具有临时性、短期性、一次性等特点，且劳务关系双方是一种平等的民事主体之间的关系，劳动者只是按合同约定提供劳务，用工者也只是按合同约定支付报酬，双方不存在隶属关系，没有管理与被管理、支配与被支配的权利和义务关系。这是劳动关系和劳务关系之间的本质差别。

（3）签订的合同不同。建立劳动关系应当签订劳动合同，而劳务关系则签订劳务合同。劳动合同必须包含《劳动合同法》所规定的必备条款，劳务合同则不必要。当然，实践中存在大量建立了关系但不签订合同，或者错签合同的行为，这使得劳动关系和劳务关系容易发生混淆。

（4）适用的法律不同。劳动关系产生的纠纷是用人单位与劳动者之间的纠纷，受劳动法制约。劳务关系中产生的纠纷是平等主体的双方在履行合同中所产生的纠纷，由民法调整解决。

（5）待遇不同。劳动关系中的劳动者除获得工资报酬外，还有享受社会保险、福利待遇和参与单位相关民主管理等权利，且用人单位承担其职工的社会保险义务是法律的确定性规范。而劳务关系中的劳务提供者，一般只能获得劳动报酬，没有保险、福利等待遇，更不用说有权参与单位的相关管理了[②]。

（6）报酬的支付形式不同。劳动关系支付报酬一般以工资的形式按月支付，而劳务关系一般是一次性即时结清或者按阶段、按批次支付。

由此可以看出，虽然同样是劳动者提供劳动，但劳动关系和劳务关系之间却存在本质区别。正是因为劳动关系和劳务关系存在区别，所以不同关系下，企业所承担的义务和责任不同。在劳动关系中，用人单位必须为劳动者缴纳社会保险、提供劳动条件和劳动保护、支付的工资不得低于最低工资标准等。这些必须履行的法定义务，不得协商变更；而在劳务关系中，雇主一般没有上述法定义务。因此，有些企业借劳务关系之名与劳动者签订劳务合同，试图规避

---

① 谢怡：《劳动关系管理实操细节》. 广州：广东经济出版社，2007 年，第 10-11 页。

② 忻芙蓉：《论劳动关系与劳务关系》.《法制与社会》，2009 年，第 2 期。

法定义务。

案例讨论

卿某在一家保洁公司做小时工，由于活不多，想再找一份兼职，正好碰到一家食品店招工，她去应聘。当食品店经理得知她还有份工作时，便与她签订了《兼职员工劳务协议》，约定每小时 18 元，每天工作 4 小时。卿某工作一段时间后才得知，当地实行的非全日制职工最低工资标准每小时最低 25 元，她认为自己的工资太低，便提起劳动仲裁，要求食品店补足差额。食品店经理则以双方签订的是劳务协议为由进行抗辩，认为对报酬的约定是双方自愿，适用民法调整，不能用劳动法的标准来衡量。劳动仲裁裁决食品店补足卿某的劳动报酬。

（资料来源：肖胜方．劳动合同法下的人力资源管理流程再造．增订 4 版．北京：中国法制出版社，2016，有改动）

【分析】

《劳动合同法》已将非全日制用工纳入调整范围。非全日制用工属于非标准劳动关系，尽管与八小时工作制的标准劳动关系在劳动报酬标准、工作时间等方面有较大的区别，但劳动者与用人单位之间仍然构成劳动关系，适用于劳动法。本案中，食品店想通过签订劳务协议的形式来规避法律，但劳动关系的判断不是仅仅以协议的名称来确定，而是看双方的权利和义务关系。

当然，企业完全可以在法律允许的范围内合理使用劳务关系，以降低用工成本。企业在以下三种情况下可与劳动者签订劳务合同：

（1）将某项工程发包，或者将某项临时性或一次性工作交付某人，双方订立劳务合同。

（2）返聘已经依法享受养老保险待遇或领取退休金的人员，可与其订立劳务合同[①]。

（3）对于一些临时性、辅助性或者替代性的工作岗位，也可从劳务派遣公司聘请工作人员，与其订立劳务派遣合同。有关劳务派遣的内容详见本书第十三章第一节。

需要注意的是，用人单位如雇用其他企业的停薪留职人员、未达到法定退休年龄的内退人员、下岗待岗人员以及企业经营性停产放长假人员，视为与其建立劳动关系，不能按劳务关系处理[②]。

[①]《最高人民法院关于审理劳动争议案件适用法律问题的解释（一）》第三十二条第一款规定："用人单位与其招用的已经依法享受养老保险待遇或者领取退休金的人员发生用工争议而提起诉讼的，人民法院应当按劳务关系处理。"

[②]《最高人民法院关于审理劳动争议案件适用法律问题的解释（一）》第三十二条第二款规定："企业停薪留职人员、未达到法定退休年龄的内退人员、下岗待岗人员以及企业经营性停产放长假人员，因与新的用人单位发生用工争议而提起诉讼的，人民法院应当按劳动关系处理。"

五、标准劳动关系与非标准劳动关系

标准劳动关系是最常见的劳动关系，其特点表现为用人单位与劳动者之间为单一的劳动关系，实行全日制劳动，劳动者接受一个雇主的指挥。标准劳动关系完全符合劳动关系的构成要件并适用全部的劳动基准，立法上有着较完整的法律规范调整双方的权利义务关系。标准劳动关系典型地表现为劳动合同关系，是我国劳动法的立法重点。有学者认为，《劳动合同法》在标准劳动关系上集中体现了"追求劳动关系凝固化、标准化、书面化、行政化的立法趋势"[1]。例如，对标准劳动关系的主体资格有着严格的界定；规定建立劳动关系应当订立书面劳动合同，并对未订立书面劳动合同而存在事实劳动关系的行为加大了处罚力度；中长期和无固定期限劳动合同主流化；等等。可见，标准劳动关系着眼于保持稳定的劳动关系。

与此同时，随着市场经济的不断发展，世界进入弹性劳动与经济不稳定、工作不稳定时代，多种灵活用工方式应运而生，如非全日制用工、劳务派遣用工等，这些用工形式具有显著的不同于传统的标准劳动关系的特征，因此被称为"非标准劳动关系"，也被称为"非典型劳动关系""非正规劳动关系""弹性劳动关系""灵活劳动关系"等，是指在劳动时间、劳动报酬、工作场所、保险福利等方面不同于传统固定用工形式和就业形式的特殊类型的劳动关系[2]。《劳动合同法》注意到了非标准劳动关系的问题，开始对非标准劳动关系的部分类型进行规范，对劳务派遣和非全日制用工等问题进行专门规定。企业有必要加强对非标准劳动关系使用技巧的研究[3]。本书下篇的讨论将主要围绕标准劳动关系展开，同时也会对非全日制用工和劳务派遣这两种非标准劳动关系在第十四章里稍作分析。

需要注意的是，随着互联网平台经济的快速发展，平台劳动者在互联网平台上呈现出复杂多样的劳动形态，既有雇佣劳动、合作协议，也有劳务派遣、劳务外包/转包/分包/承包/众包等，还有兼职零工、员工租赁和共享员工等，而且新的劳动方式还在源源不断地产生。但由于这些新型用工方式大多被我国现行的劳动法律体系排斥在劳动关系之外，这些新就业形态下的劳动者缺乏有效的法律保护，亟待从理论上探讨和界定这些新型用工方式，进而从立法上去规

---

① 董保华，杨杰：《劳动合同法的软着陆——人力资源管理的影响与应对》. 北京：中国法制出版社，2007年，第31页。

② 董保华，杨杰：《劳动合同法的软着陆——人力资源管理的影响与应对》. 北京：中国法制出版社，2007年，第93页。

③ 董保华，杨杰：《劳动合同法的软着陆——人力资源管理的影响与应对》. 北京：中国法制出版社，2007年，第94页。

制它们^①。

第二节　我国的劳动立法

　　企业劳动关系管理的重要依据是我国现行的劳动法律法规，所以，要进行劳动关系管理首先要充分熟悉我国的劳动法律法规，只有这样才能合理规避法律风险、保障自身的合法权益，在符合法律规范的前提下进行劳动关系管理。

一、劳动法的性质和立法宗旨

　　作为调整劳动关系的法律规范，劳动法不同于强调隶属性的行政法或公法，也不同于强调平等的民法或私法。如前所述，劳动关系主体双方兼有平等性和隶属性的特征，因此，劳动法既不属于公法也不属于私法的范畴，而属于法的第三领域，即社会法的范畴。社会法是国家为保障社会福利和国民经济正常发展，通过加强对社会生活干预而产生的一种立法。公法一般以国家利益为本位；私法以个人利益为本位；社会法则以社会利益为本位，兼有公法和私法的性质。劳动法的这种性质决定了劳动立法的宗旨应以社会利益为本位，旨在达成劳动关系双方的利益平衡，以维护社会正义。

　　《劳动法》第一条即开宗明义地申明："为了保护劳动者的合法权益，调整劳动关系，建立和维护适应社会主义市场经济的劳动制度，促进经济发展和社会进步，根据宪法，制定本法。"这是对《劳动法》立法宗旨的规定。

　　可见，我国劳动立法的宗旨可以归纳为两个基本原则，即保护劳动者原则和协调劳动关系原则。

1. 保护劳动者原则

　　毫无疑问，"保护劳动者的合法权益"是劳动立法的首要目的。因为劳动法是以劳动者与劳动力使用者之间的不平等性为基础的一种制度设计，其目的在于对劳动者的弱者地位予以补救，从而达成新的平衡关系，维护劳动者的正当权益^②。劳动者相对于用人单位来讲属于弱者，这取决于劳动关系的双重性，即劳动关系兼有平等关系和隶属关系的特征。因此，劳动法在立法宗旨上对劳动者给予保护，这不妨碍劳动法内容上的平等性，只有根据不同的情势地位对劳动者和用人单位的权利义务作适当的增删损益，才能真正地保证双方在法律上

---

　　① 陈维政，陈玉玲，董甜甜，等：《基于文献分析的〈劳动合同法〉立法思路争论的研究》，《南大商学评论》，2017年，第4期。

　　② 董保华：《劳动关系调整的法律机制》，上海：上海交通大学出版社，2000年，第78页。

的平等。

2. 协调劳动关系原则

保护劳动者是劳动法的基本使命和宗旨，但这并不意味着法律对劳动者的保护是绝对的。一方面，法律保护的是劳动者的"合法权益"，非法的利益并不受法律保护。另一方面，法律也不排除对用人单位合法权益的保护。对劳动者的保护不能损害用人单位的合法权益，因为用人单位的利益受损同样不利于劳动关系的和谐稳定。

因此，劳动法一方面要正视资强劳弱的普遍现实，从总体上对劳动者进行保护，以维护社会正义；另一方面也要看到劳动关系的复杂性，要努力建立适当的机制，根据劳动关系的实际状况对劳动关系进行协调，努力维持劳动关系双方利益的基本平衡，促进双方的合作共赢[1]。劳动法实践也证明，在劳动争议案件的仲裁和诉讼中，裁决结果并不必然对用人单位不利，法律同样维护用人单位的合法权益。

二、劳动法体系结构[2]

劳动法包括了调整劳动关系及与劳动关系联系密切的某些关系的各种法律规范，这些法律规范共同构成了劳动法的内容。劳动法体系即一国的全部劳动法律规范按照一定标准分类组合所形成的、具有一定纵向结构和横向结构的有机整体。

（一）职能结构模式

按照职能结构模式，我国劳动法应该按照以下体系建立，见图6-1。

劳动标准法，又称劳动基准法，主要由以实现劳动关系中劳动者权益（或称劳动条件）基准化（即制定和实施劳动基准）为基本职能的各项劳动法律制度所构成。劳动关系法，主要由以实现劳动关系运行协调化为基本职能的各项劳动法律制度所构成。劳动保障法主要由实现劳动保障社会化为基本职能的各项劳动法律制度所构成。劳动行政法，主要由劳动行政与劳动监督等法律制度构成。所以，这种框架可称为劳动法体系的职能结构模式。

上述劳动法体系构成了劳动法律部门中不可缺少的相互间有内在联系的法律规范的统一整体，也是基于理论的角度阐述我国应该建立的劳动法体系。到目前为止，我国已基本形成完整系统的劳动法律体系，以《劳动法》为统帅，所颁布的劳动法律、法规、规章等已涵盖了劳动关系的各个方面。

---

① 姜颖：《劳动法学》. 北京：中国劳动社会保障出版社，2007年，第15页。

② 常凯：《劳动关系学》. 北京：中国劳动社会保障出版社，2009年，第252-254页。

```
                                              工资法
                                 劳动标准法      工作时间和休假法
                                              职业安全与卫生法
                                              特殊群体的劳动保护法

                                              劳动合同法
                                 劳动关系法      集体合同法
                                              工会和用人单位组织法
                                              劳动争议处理法
          劳动法律体系
                                              促进就业法
                                 劳动保障法      职业培训法
                                              社会保险法

                                 劳动行政法      劳动行政法
                                              劳动监督检查法
```

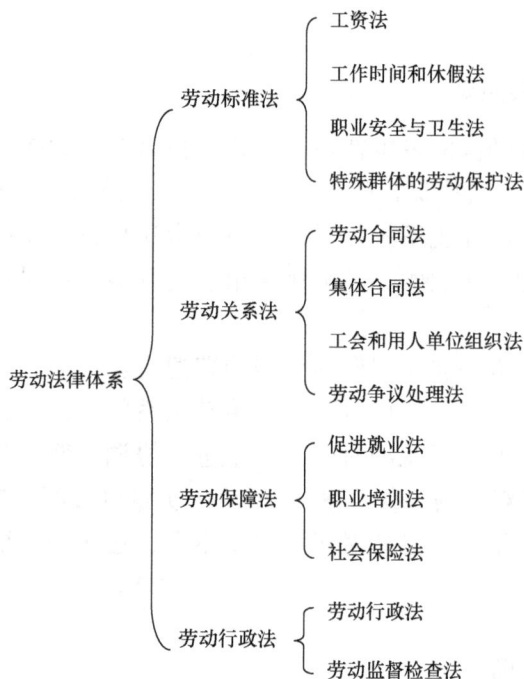

图 6-1　劳动法体系结构

（二）劳动过程结构模式

劳动法对劳动关系的调整和规范，从劳动关系缔结和结束的过程来看，是对劳动关系形成和结束过程进行法律干预，即对劳动者进入劳动市场、劳动者在用人单位的劳动过程，以及劳动者退出社会劳动过程的各个环节进行调节，各种劳动法律规范都分别以其中的特定环节作为规范的对象。

基于这种认识，劳动法体系的结构可设计为：①劳动关系建立前的法律调整，如劳动培训制度、职业准入制度、职业介绍制度、促进就业制度；②劳动关系运行中的法律制度，如劳动合同法、集体合同法、劳动标准立法等；③劳动关系结束后的法律调整，如养老保险和失业保险等社会福利方面的立法。

（三）劳动关系法律规范的结构层次

根据劳动法律对劳动关系运行过程中劳动关系的调整所起作用的重点不同，我们可以将劳动法分成四个结构层次。

1. 劳动基准规范

劳动基准是法定的最低劳动标准，是一个社会的安全线，低于此标准用工就是社会不能承受的，会构成对劳动者的过度役使，危害社会安全和社会稳定。法定标准是强制性标准，低于最低标准就是违法。

我国采取的是综合立法和单行立法共存的模式，有关的劳动标准立法存在于综合的《劳动法》和单行的法规之中，内容涉及工作时间、休息休假、工资、禁止使用童工、女职工和未成年工特殊保护、劳动定额、职业安全卫生、社会保险等方面的劳动标准体系。

2. 劳动合同规范

为了改变劳动者和用人单位签订合同时的弱势地位和履行合同时的从属地位，各国立法都对劳动合同签订和履行进行立法干预，使得劳动合同逐渐从民事合同中独立出来，形成一套新的不同于民事雇佣的立法规范。

1986 年，国务院发布的《国营企业实行劳动合同制度暂行规定》（已失效）标志着我国劳动合同制度的开始；1994 年，《劳动法》就劳动合同设专章规定，劳动部紧接着发布了一系列有关劳动合同的配套规章，同时很多地方也制定了地方性的劳动合同规范，这标志着劳动合同制度在我国的全面实行；2007 年，《劳动合同法》的发布标志着我国的劳动合同立法逐步走向完善。

3. 集体合同规范

劳动者通过工会进行集体协商，能够促使劳动者在谈判力量上和用人单位或其团体达成平衡，以集体协商的手段提高劳动条件和劳动待遇。因此，集体合同法对劳动关系的调整实质上是平衡劳资双方的谈判力量，在此基础上鼓励劳资双方能够通过集体协商签订集体合同，找到利益上的平衡点，以此促使劳动关系和谐及社会稳定和经济发展。

1994 年，《劳动法》第一次以法典的形式规定了集体合同制度；之后，劳动部制定了《集体合同规定》（已失效）；1996 年，劳动部、中华全国总工会、国家经济贸易委员会和中国企业家协会共同发布了《关于逐步实行集体协商和集体合同制度的通知》；2000 年，劳动和社会保障部发布了《工资集体协商试行办法》；经过 2001 年、2009 年、2021 年三次修改后的《工会法》进一步对集体协商与集体合同作了规定；2003 年，劳动和社会保障部通过了新的《集体合同规定》，标志着我国的集体合同制度建设正在进一步深入。

4. 劳动争议处理规范

用人单位和劳动者之间如因劳动关系产生纠纷，需要有法定的解决纠纷的渠道，为此，对劳动关系进行规范的同时，需要建立劳动争议纠纷解决机制，以便在劳动关系不和谐时，能有渠道进行疏通，以免激化矛盾，危害社会安全和稳定。

我国于 20 世纪 50 年代初期曾建立劳动争议处理制度。1950 年，我国劳动部发布过《关于劳动争议解决程序的规定》（已失效），采用协商、调解、仲裁和人民法院审理等程序处理劳动争议；1956～1986 年改用来信来访制度处理劳动争议；1987 年，国务院发布《国营企业劳动争议处理暂行规定》（已失效），恢复了在国有企业中的劳动争议处理制度；1993 年，国务院发布了《企业劳动争议处理条例》（已失效），劳动争议处理制度扩大到各种性质的企业之中；2007 年，全国人大常委会通过了《劳动争议调解仲裁法》，2011 年人力资源和社会保障部印发了《企业劳动争议协商调解规定》，确立了市场经济条件下的劳动争议处理的框架。

三、我国劳动法的渊源[①]

法律渊源一般指法律因来源不同而形成的不同的法律形式。法律渊源包含着法律的"位阶"问题，其基本原则是："在不同的位阶上，上位阶的法律效力高于下位阶的法律效力；在同一法律位阶中，后法优于前法。"[②]

我国劳动法的法律渊源，依据不同的立法机构制定的法律文件，构成不同法律效力的表现形式。

1. 宪法中的有关规定

宪法作为国家的根本法，在法律渊源中占有最高法律地位和效力。《宪法》第四十二条规定了公民有劳动的权利和义务；第四十三条规定了劳动者有休息的权利；第四十四条规定了退休制度；第四十五条规定了社会保险制度及对特殊困难群体的保护；第五十三条规定了公民遵守劳动纪律的义务等。宪法中对劳动法的有关规定，是制定其他法律规范的依据，其他劳动法律规范不能与宪法相抵触。

2. 法律

包括所有由全国人大及其常委会制定的与劳动关系有关的法律，如《劳动法》《劳动合同法》《就业促进法》《劳动争议调解仲裁法》《工会法》等。

3. 行政法规

包括所有由国务院制定的与劳动关系有关的行政法规，如《中华人民共和国劳动合同法实施条例》《女职工劳动保护特别规定》《禁止使用童工规定》《失业保险条例》《工伤保险条例》《劳动保障监察条例》等。

4. 部门规章

包括所有由国务院所属各部委制定的与劳动关系有关的规定。人力资源和社会保障部（原劳动部、原劳动和社会保障部）单独或与其他部门联合制定了大量

① 贾俊玲：《劳动法与社会保障法学》. 北京：中国劳动社会保障出版社，2005 年，第 32-34 页。
② 赵震江，付子堂：《现代法理学》. 北京：北京大学出版社，1999 年，第 426 页。

的劳动规章，如《集体合同规定》《企业年金办法》《违反〈劳动法〉有关劳动合同规定的赔偿办法》《最低工资规定》等。

5. 其他法律规范中有关劳动问题的规定

其他一些法律规范，如经济法中的企业法、公司法、税法等也包含了与劳动相关的内容，如《国家税务总局关于个人因解除劳动合同取得经济补偿金征收个人所得税问题的通知》。

6. 地方性法规和地方政府规章

《劳动法》赋予了各省、自治区、直辖市的地方人大及其常委会，以及地方人民政府制定劳动合同实施办法的权力，各地制定了大量的内容广泛的地方性法规，如《北京市劳动合同规定》《上海市劳动合同条例》等。

7. 法律解释

包括有关劳动问题的立法解释和司法解释，如 2020 年发布的《最高人民法院关于审理劳动争议案件适用法律问题的解释（一）》，对处理劳动争议起到了重要的作用。

8. 国际法律文件

经中国批准的与劳动关系有关的国际公约和协议，主要包括：①联合国的国际公约，如《消除对妇女一切形式歧视公约》；②国际劳工公约，如《同工同酬公约》；③国际双边协议，目前我国已与 30 多个国家对口部门签署了近 50 份双边合作协议，与 10 个国家签署了双边社保协定[①]。

9. 国际惯例

在涉外劳动问题上，在互惠原则基础上，也需要在劳动就业、职业安全、劳动力跨国流动等方面参照一些国际惯例。

此外，香港、澳门特别行政区依据各自的基本法均有独立的立法权，可以保留原有法律和制定新的劳工法律。这种立法表现形式是我国实行"一国两制"所独有的。

四、我国劳动立法存在的问题

我国的劳动立法近年来取得了令人瞩目的发展和成就，但还存在很多问题亟待完善。这些问题主要包括以下几点。

[①] 《我国已同 10 个国家签署双边社保协定》. https://www.gov.cn/xinwen/2018-01/24/content_5260234. htm, 2018-01-24.

127

1）劳动法律体系不够健全，具体包括以下几个方面。

第一，在我国劳动法律体系中以法律的形式立法较少，行政法规较多，较多的是部门规章，立法层次较低，法律效力不高。有时出现劳动法律中对相关问题没有明确规定，法院只能依据行政法规、部门规章和最高人民法院的司法解释来解决劳动争议的现象，这就造成了同一个劳动争议在不同的处理程序中，相关的法律依据不同，处理的结果不同等问题。

第二，部门立法和地方立法并存，缺乏强有力的协调和制约机制，导致上级法与下级法之间、行政法规与地方性法规之间、部门规章与地方性规章之间可能存在冲突。比如，我国各地制定了大量的内容广泛的地方性法规和地方政府规章，由于各地政治、经济、科技和文化的发展不平衡，各地方立法也存在很大的区别，当劳动者在不同地区间流动或跨地区工作时，相关的矛盾就会凸显出来。

第三，虽然我国颁布了一系列劳动法律法规，但是一些重要的调整劳动关系急需的法律还没有出台，如"集体合同法""工资法"等。由于缺乏法律的统一规范，这些领域出现的一些问题便无法可依；或者有些问题只能依据政策加以调整，有些领域虽然有法律规定，但法律规定得太过原则化，缺乏可操作性，或者立法的层次不高，有些法律还出现对同一问题规定得不一致，导致实际操作困难的情况。

2）劳动立法所覆盖的劳动者范围比较窄。这使得部分劳动者的合法权益得不到劳动法的司法保护，突出表现在劳动制度与人事制度不能相互衔接，发生的人事争议不能与劳动争议处理适用同样的法律程序和尺度[①]。

3）我国目前的劳动法偏重对劳动者的权利立法而忽视对用人单位的权利立法。例如，《劳动合同法》赋予了劳动者几乎是无条件的劳动合同单方解除权，对于由此给用人单位带来的利益损失应如何赔偿的问题则规定得过于笼统而缺乏实际操作性。

第三节　企业劳动关系管理实务

一、现代企业的劳动关系管理

劳动关系是最基本也是最重要的社会关系，构建和谐社会必须高度关注构建企业和谐的劳动关系，和谐的劳动关系对于企业的可持续发展也有着重要的意义。我国的劳动立法正在逐步完善中，对劳动关系的规范走向法治化，劳动者的维权

---

① 吴宏洛：《转型期的和谐劳动关系》. 北京：社会科学文献出版社，2007年，第311-312页。

意识前所未有地增强，随之而来的是劳动争议数量逐年增长。在这样的形势下，企业的管理者和人力资源工作者必须适应时代的要求，充分了解现行劳动法律法规政策，从法律的角度重新审视企业的劳动关系管理实务，实现合法用工、灵活用工与和谐用工的管理目标。

1）增强劳动关系管理的法治观念。劳动合同制度，要求企业的管理必须纳入法治化的轨道。合同就意味着双方所建立的劳动关系不仅是一种企业内部雇佣与被雇佣、管理与被管理的关系，从法律角度上看，也是两个民事主体之间建立的契约关系。这就要求企业一方面要以劳动合同和集体合同来约束与规范双方的行为，以避免企业作为管理方出现随意解雇员工、降低员工待遇、延长工作时间等非法现象；另一方面，在处理劳动关系冲突、劳动争议的解决和管理上更多地使用法律的手段。

2）促使人力资源管理的规范化和精细化。我国越来越完善的劳动立法对现代企业的人力资源管理提出了更新、更高的要求，促使企业人力资源管理从粗放型管理转向精细化管理，提高人力资源管理水平。比如，我国劳动法要求在订立劳动合同的同时用人单位要依法履行告知义务，建立员工名册登记制度、合同交付制度，要求人力资源管理从招聘、培训、薪酬福利到绩效考核做到合法、规范、有据可查。这些法律规定，会促使用人单位提高甄选员工的水平、规范管理的程度。这就要求人力资源工作者充分了解法律、尊重法律，并顺应法律，及时调整人力资源战略，在法律约束下合理规划企业的用工成本，促进企业与员工的共同发展，构建和谐的劳动关系，加快企业与世界接轨的前进步伐。

二、企业劳动关系管理实务的基本内容

本书下篇主要从用人单位尤其是企业的角度，以我国现阶段劳动法律法规为准绳，探讨在现行法律规范下如何进行企业的劳动关系管理。

在章节安排上，我们参照我国的劳动立法体系，结合企业实务操作中的重点难点和关注点，构建企业劳动关系管理实务的基本内容，具体如下。

1. 劳动合同管理

劳动合同是企业与劳动者建立劳动关系的合法途径，是企业进行劳动关系管理和人力资源管理的重要手段与工具，也是处理劳动争议的重要依据。因此，在企业的劳动关系管理中，无不把劳动合同管理放在首要的位置。在劳动立法体系中，劳动合同制度作为现代劳动法律制度的基石，是建立和维护劳动关系协调机制的一项基础性法规。我国法律对劳动合同的订立、履行、变更、解除和终止都有着较为严格的规定。本书第八章将围绕劳动合同从订立到解除、终止整个过程中的主要法律问题、企业实践中的重点难点展开论述。

2. 企业用工管理

企业用工管理主要是指企业从员工招聘、录用后的试用期管理到员工的培训管理、保守商业秘密和竞业限制管理等。严格来说，企业在招聘阶段尚未与劳动者建立劳动关系，不属于劳动法调整的范围。但是，由于它是建立劳动关系的前置和必经阶段，因此与劳动关系管理有着密不可分的关系，《劳动法》《就业促进法》等劳动法规对用人单位在招聘过程中的权利义务都作出了一些重要规定。因此，本书也将之纳入企业劳动关系管理，在第九章中进行分析和讨论。试用期、员工培训与服务期、商业秘密与竞业限制，则是企业用工过程中充分利用法律赋予的权利维护自身合法权益的重要手段，也是企业与劳动者建立劳动关系过程中较为常见的协商条款。因此，作为劳动关系的管理者或人力资源的管理者，有必要深入了解以便灵活运用。

3. 劳动标准管理

劳动标准或劳动基准规范是劳动法律法规中的一个重要部分，主要包括工作时间、休息休假、工资、劳动条件和劳动保护等方面的劳动标准体系。对于企业来说，这些内容构成了企业劳动关系管理的基本内容和企业规章制度的主要部分。本书第十章将围绕工作时间与休息休假、劳动报酬、劳动安全与劳动保护的主要法律规定展开。同时，企业规章制度是制定劳动标准的重要工具，是企业用工自主权和管理权的集中体现，在《劳动合同法》实施后，企业规章制度完备与否显得尤为重要。因此，本书在第十章也会就企业规章制度的重要性、有效性、内容设计和程序制定等展开论述。

4. 社会保险

社会保险制度不仅是关系到用人单位和劳动者双方权利义务的关系问题，还是一个社会范围内关系到劳动人民的基本生活和社会稳定的大事情。我国的社会保险制度和相关立法正日益完善，反映到实践中，企业承担了为劳动者缴纳各项国家强制性社会保险的义务，包括养老保险、医疗保险、工伤保险、失业保险和生育保险。本书第十一章将逐一介绍我国现阶段"五险制度"的主要内容以及企业方面的实务问题。

5. 集体协商与集体合同

集体协商和集体合同制度所涉及的是企业的集体劳动关系，它通过劳动者团体与企业方就劳动条件和劳动标准进行谈判协商、签订劳动合同的方式，调整劳动者团体与企业方的相互关系，是劳动关系调整机制中的重要环节。在我国，集体协商和集体合同制度是作为企业劳动关系管理的基本制度存在的。虽然就目前来看，其立法与实践均存在很多不足，但这一制度必将成为企业劳动关系管理的重要环节和内容，是企业创建和谐劳动关系的重要制度。本书第十二章主要就我国集体协商与集体合同制度的基本内容、发展现状、存在的问题和未来趋势进行介绍和讨论。

6. 劳动争议处理

劳动争议是企业劳动关系管理中无法回避的问题，劳动争议制度也是我国劳动立法中的重要组成部分。当企业与劳动者之间发生劳动争议时，企业应如何着手处理，我国在处理劳动争议的机构、程序等方面具体有哪些规定，对企业的劳动关系管理者来说都是必须了解和掌握的基本内容。本书第十三章专门就我国劳动争议的受案范围、处理原则、处理程序、举证责任、各阶段的处理机构和步骤等进行介绍。

7. 非标准劳动关系

与标准劳动关系相对应，"非标准劳动关系"逐渐成为当代劳动关系新的发展趋势，也是企业用工形式多样化带来的新的劳动关系管理问题。我国劳动立法已开始注意并重视对这一领域劳动关系的规范。本书第十四章专门就我国现行劳动法规对非标准劳动关系领域中的两种典型形式——非全日制用工和劳务派遣的主要规定与企业操作实践加以阐述。

思考题

1. 简述劳动关系（劳动法律关系）的构成要素和特征。
2. 简要叙述在法律实践中认定事实劳动关系的依据和凭证。
3. 简述劳动关系和劳务关系的主要区别。
4. 简述标准劳动关系与非标准劳动关系的区别。
5. 分析我国劳动法的立法宗旨。
6. 简单介绍我国劳动法的体系结构和法律渊源。
7. 阐述我国现行劳动立法存在的问题。
8. 分析企业劳动关系的发展特征与趋势及其对企业劳动关系管理的影响。

案例讨论一

代驾司机的劳动关系认定

案例1：沈先生与某汽车服务公司签订《e代驾驾驶员合作协议》，约定由公司向沈先生提供代驾服务信息，沈先生负责提供代驾服务并获取服务收益，公司按沈先生每次收取服务费的 20% 收取相应的信息费。一年后，公司与沈先生解除合作协议，沈先生向当地劳动人事争议仲裁委员会提起仲裁，要求确认与该公司之间存在劳动关系，并补缴社会保险，支付相应的工资和经济补偿金。劳动人事争议仲裁委员会认为，沈先生与该公司之间不构成劳动关系，裁决驳回沈先生的仲裁申请。沈先生向法院起诉，要求确定他与该公司之间存在劳动关系，并支付工资和经济补偿金、补缴社会保险等。一审和二审法院经审理认为，沈先生与公司之间不存在劳动关系，判决驳回他的诉讼请求。

案例 2：小宋在某汽车代驾服务公司从事代驾工作，公司按月发放工资。工作一段时间后，小宋以公司未签订书面劳动合同、未缴纳社会保险为由主张解除劳动关系，并要求公司支付经济补偿金和补缴社会保险。小宋申请仲裁后并向法院起诉，法院经审理后认为，小宋提供的代驾服务业务中的工号与其本人工号相同，且他代驾次数多、时间连续、内容翔实，还有部分客户留下的代驾服务留存联，据此法院认定小宋与汽车代驾服务公司之间存在劳动关系，应当支付经济补偿金及补缴社会保险。

（资料来源：何普.代驾服务中劳动关系判定.中国社会保障，2015（11）：52-53，有改动）

讨论题：

1. 从我国法律上如何判定是否存在事实劳动关系？
2. 结合我国法律法规，分析在案例 1 和案例 2 中，同样是为第三方提供代驾服务，为何法院会作出不同的认定？

▓▓▓ 案例讨论二

居委会与雇工之间能否形成劳动关系？

朱某大学毕业后，于 2020 年 1 月初被某社区居委会临时雇用，并从事新冠疫情防控工作。双方口头约定：朱某只在居委会工作忙时随叫随到，属于不定期雇佣，每月工资 3500 元。

这样断断续续工作到 8 月底，朱某提出要订立书面劳动合同。居委会认为自己不是劳动法上的用人单位，双方仅是临时性雇佣关系，不能订立劳动合同。

2020 年 9 月初，朱某再次受居委会指派，连续 20 天到小区挨家挨户进行人口普查统计。这期间，朱某被一流浪狗咬伤。朱某要求居委会为其申报工伤，居委会再次以双方之间是临时雇佣关系为由予以拒绝。

（资料来源：杨学友. 看《民法典》区分劳动、劳务关系：居委会与雇工之间可以形成劳动关系. 劳动午报，2021-01-04，有改动）

讨论题：

1. 本案中，社区居委会认为自己不是劳动法上的用人单位，这一观点是否正确？
2. 你认为小杜和居委会之间是否构成劳动关系？请给出判定依据。

案例讨论三

互联网平台与其从业者之间法律关系的认定

【案情】

余某在一家公司"饿了么"配送站从事全职配送员工作，双方未签订书面劳动合同，公司也未为余某办理社保，余某每月从案外第三方领取工资。2018年3月5日，双方因社保问题发生纠纷，公司停止余某使用蜂鸟配送APP账户。同年4月2日，余某向当地劳动争议仲裁委员会申请仲裁，该仲裁委员会裁决公司向余某支付未签订书面劳动合同双倍工资的另一半工资，并为其补缴工作期间的社保。余某对仲裁裁决不服，起诉请求确认劳动关系。

【裁判】

当地人民法院审理后认为，根据当事人陈述、工资发放和相关人员的微信聊天内容等证据综合分析，可确认余某与公司之间存在事实劳动关系。遂判决，公司应向余某支付双倍工资差额，给付赔偿金，并为余某补缴社保。

宣判后，余某和公司均不服一审判决，提起上诉。中级人民法院审理后认为，余某的工作虽通过蜂鸟配送APP进行，配送站系其工作成果的归属者和具体管理的实施者，而配送站不是法律上的适格用人单位，其负责的所谓城市代理行为隶属于公司。故公司与余某之间存在事实劳动关系。遂判决，驳回上诉，维持原判。

【评析】

本案争议焦点在于余某与公司之间是事实劳动关系还是雇佣劳务关系。

（1）互联网平台用工法律关系之辨。互联网平台与其从业者之间的法律关系的定性是一个实务难题，劳动关系与劳务关系之争聚讼盈庭，莫衷一是。劳动关系属于社会法范畴，《劳动合同法》对劳动者给予了较为周全的保护，如用人单位未签订书面劳动合同，应支付双倍工资；用人单位违法解除劳动合同，应支付经济赔偿；用人单位应为劳动者缴纳社会保险；等等。而劳务关系仅为普通民事合同关系，法律保护上远不及劳动关系。故如何认定互联网平台用工的性质，差别很大。若认定为劳动关系，会提高互联网平台经济成本，进而影响平台发展；若否认存在劳动关系，则平台从业者的权益可能难以得到有效的保障。

（2）互联网平台形态的多样性。从平台内部关系而言，互联网平台包括设立、掌控、运营平台的企业，承包平台内项目模块或从事区域代理合作的平台要素企业，在平台内从事具体商品服务交易的经营者；从平台就业者的角度而言，既有与平台保持固定关系的劳动者，也有不固定为某个平台提供劳动的骑手；等等。互联网平台从类型上可分为纯调度型平台和组织掌控型平台。前者如淘宝网等，其仅提供了交易的信息，交易活动由经营者和消费者自行完成，其性质类似于中介或市场。后者则是通过算法掌握定价权的网络生产企业，它设计确定定价标准，通过接受消费者交易要约，响应经营者的交易承诺，并匹配提供劳务的从业者，最终完成交易。因此，基于互联网平台的多样性，对其与从业者之间法律关系的性质不能一概而论。

（3）劳动关系、劳务关系与"弱从属性用工关系"的三分法。从属性是劳动关系的根本属性，分为经济上的从属性和行为上的从属性。传统上，两种从属性是重合的，但互联网平台的发展使两种从属性发生了分离，也即互联网平台与劳动者之间可能仅存在经济上或行为上的从属性，这是一种介于劳动关系和劳务关系之间的第三种关系，可以称为"弱从属性用工关系"。

据此，可归纳出一个裁判思路：首先，确定互联网平台的类型。纯调度型平台与从业者不存在建立劳动关系的余地。其次，对于组织掌控型平台，则应考察从业者与该平台中的哪一方主体——平台设立企业、平台要素企业、经营者——存在法律关系，再进一步考察该法律关系的性质是否为劳动关系。最后，如确定不存在劳动关系，应考察平台从业者对互联网平台有无弱从属性，若有，则从业者与平台设立企业之间系弱从属性用工关系；若无，则双方是劳务关系。对劳动关系，适用劳动法规制；对劳务关系，适用合同法规制；对弱从属性用工关系，则应考虑互联网发展的现状和平台从业者保护的需要，参照安全保障义务，仅考虑工伤等基本保障，而不考虑未签劳动合同双倍工资、经济补偿和经济赔偿等保障。

本案中，案涉平台"饿了么"是组织掌控型平台，公司是从事区域代理合作的平台要素企业，余某与公司存在管理上的从属性，而其工资虽为案外人发放，但公司对其与该案外人之间的权利义务拒绝举证，法院据此推定余某与公司之间亦存在经济上的从属性，因而确认双方之间存在劳动关系。

（资料来源：李骏，睢晓鹏.互联网平台与其从业者之间法律关系的认定.人民法院报，2021-09-30，有改动）

讨论题：

1. 根据上述资料，分析互联网平台与其从业者之间的法律关系性质的认定依据。

2. 互联网平台用工模式下是否应当认定劳动关系，在理论界和司法实践中均存在很大争议，这也给互联网平台企业的用工管理带来了诸多风险，请你对互联网平台企业的用工管理提出建议。

第七章 劳动合同管理

劳动合同制度，作为现代劳动法律制度的基石，是市场经济条件下确认和形成劳动关系的基本制度，是建立和维护劳动关系协调机制的一项基础性法规。目前，我国已形成了以《劳动法》和《劳动合同法》为核心的较为完善的劳动合同规范。本章主要介绍劳动合同的特征、主体资格，劳动合同在订立、履行、变更、解除、终止过程中涉及的主要法律规范，并为企业的劳动合同管理提供建议。

第一节 劳动合同概述

一、劳动合同的概念和特征

《劳动法》规定："劳动合同是劳动者与用人单位确立劳动关系、明确双方权利和义务的协议。建立劳动关系应当订立劳动合同。""劳动合同依法订立即具有法律约束力，当事人必须履行劳动合同规定的义务。"

劳动合同与一般民事合同不同，它具有以下几个特征①。

1. 劳动合同主体具有特定性

我国《劳动法》明确规定劳动合同的主体一方是劳动者，另一方是用人单位。劳动者是指依法具有劳动权利能力和劳动行为能力的自然人，包括在我国境内与用人单位确立劳动关系的本国公民、外国人和无国籍人。用人单位主要是指企业、个体经济组织和民办非企业单位，同时也包括与劳动者通过签订劳动合同或其他方式确立劳动关系的国家机关、事业单位和社会团体。

---

① 左祥琦：《学好用好〈劳动合同法〉》。北京：北京大学出版社，2007年，第11-16页。

2. 国家干预下的当事人意思自治

劳动合同是在国家干预下的当事人意思自治。尽管用人单位和劳动者之间约定的是他们双方之间的事，也不可以随便约定合同内容。例如，用人单位在与劳动者约定工资条款的时候，就不可以把工资约定在当地政府规定的最低工资标准以下，这就是国家干预的体现。因此，劳动合同中的当事人意思自治是限定在一定范围内的。

3. 劳动合同同时具有平等性和隶属性

劳动合同的平等性表现为：用人单位和劳动者都是劳动力市场的主体，双方都要遵循平等自愿、协商一致的原则订立劳动合同，缔结劳动关系。任何一方在单方决定与对方解除劳动关系时，都要遵循一定的法律规定。

劳动合同的隶属性表现为：劳动者与用人单位签订劳动合同而形成劳动关系后，就有义务在工作场所接受用人单位的管理和监督，按照用人单位所规定的纪律或要求付出劳动。用人单位有权利也有义务组织和管理本单位劳动者的劳动，并在法律允许的范围内有权对本单位的劳动者进行奖励和处罚，这就具有了隶属性。

二、劳动合同的主体资格

我国《劳动法》明确规定劳动合同的主体一方是劳动者，另一方是用人单位。只有符合主体资格的用人单位和劳动者才能建立合法的劳动关系，订立劳动合同，并受劳动法调整。下面笔者将对用人单位和劳动者的主体资格分别进行阐述。

（一）用人单位主体资格

作为劳动合同的一方主体，用人单位必须合法成立，在注册登记部门办理注册登记手续。在我国有以下几类用人单位[①]。

（1）企业。企业是指从事产品生产、流通或服务性活动的实行独立经济核算的经济单位，包括各种类型的企业。企业的设立登记机关为各级市场监督管理部门。

（2）个体经济组织。个体经济组织是指雇工在七人以下的个体工商户。个体工商户的设立登记机关为各基层市场监督管理部门。

（3）民办非企业单位。民办非企业单位是企事业单位、社会团体和其他社会力量以及公民个人利用非国有资产举办的，从事非营利性社会服务活动的社会组织。民办非企业单位的设立登记机关为各级行政部门下属的民间组织管理部门。

[①] 汤云周，黄新发：《劳动合同条款设计及违法成本计算》.北京：中国法制出版社，2008年，第25-27页。

（4）国家机关。根据宪法的规定，我国国家机关根据其职能不同可分为权力机关、行政机关、军事机关、审判机关和检察机关。而根据国家机关的等级又可分为中央国家机关和地方国家机关。但不是所有的国家机关都拥有用工权，拥有组织机构代码证的国家机关才拥有用人单位主体资格。

（5）事业单位。事业单位是指国家为了社会公益目的，由国家机关举办或者其他组织利用国家资产举办的，从事教育、科技、文化、卫生等活动的社会服务组织。事业单位应当经县级以上各级人民政府及其有关主管部门批准成立，具有法人条件。

（6）社会团体。社会团体是指中国公民自愿组成，为实现会员共同意愿，按照其章程开展活动的非营利性社会组织。社会团体的设立登记机关为各级民政部门下属的民间组织管理部门。

（7）其他组织。《劳动合同法》在规定其适用范围时，最后使用了"等组织"的表述，即除前述六类用人单位以外的具有用人单位主体资格的其他组织。这一规定扩大了用人单位的范围。在实践中，其他组织包括会计师事务所、税务师事务所、资产评估事务所、破产清算事务所、律师事务所和司法鉴定事务所等。这些组织的设立登记机关分别为其主管机关，如各省财政厅、司法厅。

此外，《劳动合同法实施条例》将一些单位的分支机构列入用人单位的范围。《劳动合同法实施条例》第四条规定："劳动合同法规定的用人单位设立的分支机构，依法取得营业执照或者登记证书的，可以作为用人单位与劳动者订立劳动合同；未依法取得营业执照或者登记证书的，受用人单位委托可以与劳动者订立劳动合同。"上述规定解决了现实生活中普遍存在的用人单位分支机构与劳动者签订劳动合同的法律效力问题。

需要说明的是，企业、个体经济组织和民办非企业单位与其所招用的劳动者之间形成劳动关系的，依照《劳动法》《劳动合同法》执行；而国家机关、事业单位和社会团体中，公务员和参照公务员进行管理的人员适用于或参照《公务员法》执行，除此以外的工勤人员等依照《劳动法》《劳动合同法》执行。

除了法定的用人单位以外，在现实生活中，还存在一些用工主体，如个人用工、非法用工单位等。

个人用工主要指一些个人和家庭因生活需要而临时或长期雇用其他个人，如保姆、家教、保洁工、看护等。这些个人用工均不形成劳动关系，而是劳务关系。

非法用工单位主要包括两种类型：无营业执照或者未经依法登记、备案的单位；被依法吊销营业执照或者撤销登记、备案的单位。不具备合法经营资格的用人单位招用劳动者从事生产经营活动是一种违法行为，需要承担以下法律责任。

（1）对非法用工单位的违法行为依法追究法律责任。《劳动保障监察条例》规定："对无营业执照或者已被依法吊销营业执照，有劳动用工行为的，由劳动保障行政部门依照本条例实施劳动保障监察，并及时通报工商行政管理部门予以查处取缔。"

（2）对于劳动者已经付出劳动的，要依据《劳动合同法》第九十三条①及相关法律法规的规定给予劳动报酬、经济补偿、赔偿金；如果给劳动者造成损害的，应当承担赔偿责任。这些给付或赔偿责任由非法用工单位或其实际出资人承担。

（3）非法用工单位的劳动者发生工伤的，则非法用工单位或其出资人应当按照《工伤保险条例》第六十六条②和《非法用工单位伤亡人员一次性赔偿办法》进行一次性的工伤赔偿，赔偿标准不得低于工伤保险待遇。

此外，针对实践中大量存在的、个人承包经营者侵害劳动者权益却没有足够能力对劳动者进行赔偿，或者个人承包经营者逃避承担赔偿责任、劳动者很难得到赔偿的现象，《劳动合同法》第九十四条规定：个人承包经营违反本法规定招用劳动者，给劳动者造成损害的，发包的组织与个人承包经营者承担连带赔偿责任。

案例分析

某地一外墙改造施工时发生一起高处坠落事故。

王先生以包工包料的方式与事发所在地村委会签订了《外墙改造施工合同》，工期为1个月。牛某等4人（均系王先生老乡）于案发前数日才开始负责该工程的施工，未与王先生订立书面劳动合同。牛某在一酒店五楼位置搞外墙粉刷油漆时，由于安全防护措施不到位（未设置安全网、未系安全带等），不幸摔落造成死亡。

长期以来，王先生一直在从事外墙改造施工，但未注册工商营业执照，以个人名义承揽工程。王先生承包工程后，从社会上招用一些会搞外墙粉刷的施工人员，双方口头约定由施工人员承包并负责具体施工事宜。

遇难者家属要求王先生按《工伤保险条例》的相关规定进行赔偿，理由是：牛某等4人都是王先生叫来的，都是替王先生打工的，虽未与王先生订立书面劳动合同，但已形成事实上的劳动关系。牛某是在工作时因工作原因死亡，属于工伤。做工的只知道做事，并不知道王先生没有办理工商营业执照，即使未办理，其王先生非法承包墙体改造工程施工，也属于非法用工。

王先生及律师顾问称无赔偿责任，理由是：双方已口头约定工程施工承包事宜，事故责任在承包方牛某等4人，与发包方无关。就算牛某是王先生叫来做工

---

① 《劳动合同法》第九十三条："对不具备合法经营资格的用人单位的违法犯罪行为，依法追究法律责任；劳动者已经付出劳动的，该单位或其出资人应当依照本法有关规定向劳动者支付劳动报酬、经济补偿、赔偿金；给劳动者造成损害的，应当承担赔偿责任。"

② 《工伤保险条例》（2010年修订版）第六十六条："无营业执照或者未经依法登记、备案的单位以及被依法吊销营业执照或者撤销登记、备案的单位的职工受到事故伤害或者患职业病的，由该单位向伤残职工或者死亡职工的近亲属给予一次性赔偿，赔偿标准不得低于本条例规定的工伤保险待遇……"

的，王先生是雇主，本案不适用《工伤保险条例》的相关规定，而应适用《最高人民法院关于审理人身损害赔偿案件适用法律若干问题的解释》相应的法律规定。再说，由于牛某在工作过程中违规操作，存在重大过失，应当承担相应的责任。

（资料来源：谈一起非法用工引发的赔偿争议.http://www.360doc.com/content/13/0423/14/12093650_280352168.shtml，2013-02-04，有改动）

【分析】

《建设工程安全生产管理条例》第二十条规定，施工单位从事建设工程的新建、扩建、改建和拆除等活动，应当具备国家规定的注册资本、专业技术人员、技术装备和安全生产等条件，依法取得相应等级的资质证书，并在其资质等级许可的范围内承揽工程。根据工商法规的有关规定，从事生产、经销或者服务等经营活动的单位和个人，依法向工商行政管理部门申请登记注册，领取营业执照后，方可从事经营活动。本案中，王先生未注册工商营业执照，以个人名义无资质承揽工程后，从社会上招用施工人员，属非法用工。

王先生及律师顾问称：双方已口头约定工程施工承包事宜，事故责任在承包方牛某等4人，与发包方王先生无关。但是，《合同法》（建设工程合同）第二百七十二条规定，禁止承包人将工程分包给不具备相应资质条件的单位。禁止分包单位将其承包的工程再分包。建设工程主体结构的施工必须由承包人自行完成。《关于确立劳动关系有关事项的通知》规定："建筑施工、矿山企业等用人单位将工程（业务）或经营权发包给不具备用工主体资格的组织或自然人，对该组织或自然人招用的劳动者，由具备用工主体资格的发包方承担用工主体责任。"本案中，由于牛某等4人也是不具备用工主体资格的自然人，王先生与牛某等4人之间，对于承包事宜，不管是口头约定还是书面签订，由于违反了法律禁止性规定，转包合同无效，用工主体仍是王先生。

依据《工伤保险条例》第六十六条的规定，无营业执照或者未经依法登记、备案的单位以及被依法吊销营业执照或者撤销登记、备案的单位的职工受到事故伤害或者患职业病的，由该单位向伤残职工或者死亡职工的近亲属给予一次性赔偿，赔偿标准不得低于本条例规定的工伤保险待遇。具体办法由国务院社会保险行政部门规定。前款规定的伤残职工或者死亡职工的近亲属就赔偿数额与单位发生争议的，按照处理劳动争议的有关规定处理。《非法用工单位伤亡人员一次性赔偿办法》第六条规定，受到事故伤害或者患职业病造成死亡的，按照上一年度全国城镇居民人均可支配收入的20倍支付一次性赔偿金，并按照上一年度全国城镇居民人均可支配收入的10倍一次性支付丧葬补助等其他赔偿金。因此，本案赔偿标准按《非法用工单位伤亡人员一次性赔偿办法》之规定执行，且不低于《工伤保险条例》规定的工伤保险待遇。

（二）劳动者主体资格

用人单位在与劳动者签订劳动合同时，应首先确认该劳动者是否具备订立劳动合同的主体资格。判断劳动者是否具备主体资格一般包括两个标准。

1. 年龄标准

劳动者的年龄标准分为就业年龄和退休年龄。我国《劳动法》规定 16 周岁为劳动者的就业年龄，文艺、体育和特种工艺单位，确需招用未满 16 周岁的文艺工作者、运动员和艺徒时，须报劳动行政部门批准。用人单位招用人员时，必须核查被招用人员的身份证，对不满 16 周岁的未成年人，一律不得录用，否则就违反了《禁止使用童工规定》，会受到行政处罚。退休年龄是劳动者退出工作岗位休养的年龄，目前我国法定的企业职工退休年龄[①]是：男性年满 60 周岁，女工人年满 50 周岁，女干部年满 55 周岁。从事井下、高空、高温、特别繁重体力劳动或其他有害身体健康工作的，退休年龄为男性年满 55 周岁，女性年满 45 周岁；因病或非因工致残，由医院证明并经劳动鉴定委员会确认完全丧失劳动能力的，退休年龄为男性年满 50 周岁，女性年满 45 周岁。用人单位招用达到退休年龄的劳动者，两者之间不是劳动关系，也不签订劳动合同，而是形成劳务关系[②]。

2. 身份标准

某些特定身份的劳动者虽然有劳动能力，也符合就业年龄，但由于其身份所具有的特殊性，其不能成为劳动合同主体，主要包括两类：其一，公务员和比照公务员制度的事业组织与社会团体的工作人员、现役军人；其二，在校学生[③]。此外，外籍人员在华就业必须经过劳动部门审批，未经审批的外籍人员在华就业则作为非法就业处理，与单位之间不形成劳动关系。

另外，录用与其他用人单位尚有劳动关系的劳动者也存在一定的法律风险。如果劳动者与其他用人单位尚有劳动关系，用人单位一旦录用了该劳动者并给其他用人单位造成损失的，则用人单位需要与该劳动者对其他用人单位的损失承担连带赔偿责任。其中，用人单位自身需要承担的赔偿责任不得低于其他用人单位损失的 70%。同样的道理，用人单位也不得录用与其他用人单位签有竞业限制协议并处于

141

[①] 目前中国的法定退休年龄依据的是《国务院关于工人退休、退职的暂行办法》所规定的退休年龄。现人力资源和社会保障部正在制定渐进式延迟退休年龄方案。

[②] 退休年龄一直被视为劳动者主体资格上限，但由于基本养老保险改革和现实情况复杂，部分劳动者到达退休年龄但因缴费年限不足 15 年而无法领取退休金。《社会保险法》第十六条和《实施〈中华人民共和国社会保险法〉若干规定》第二条规定，对于超过法定退休年龄但又因缴费年限不够 15 年的，应延长缴费年限。延长缴费年限期间因办不了退休手续，其间双方仍然存在劳动关系。鉴于此，司法实践中逐渐将享受基本养老保险待遇即是否开始领取养老金作为终结劳动者主体资格的第二种标准。对于用人单位招用达到退休年龄劳动者的法律事实，各地的定性和处理方式存在差异，部分地区将之定义为特殊劳动关系或非标准劳动关系。

[③] 对于在校学生是否为适格的劳动关系主体，学术界和司法界尚存在争议。《关于贯彻执行〈中华人民共和国劳动法〉若干问题的意见》第十二条规定，在校生利用业余时间勤工助学，不视为就业，未建立劳动关系，可以不签订劳动合同。

该竞业限制期间的劳动者，否则也有与该劳动者连带承担赔偿责任的风险。

案例分析

王浩与某化肥公司签订了 5 年的劳动合同。化肥公司因计划引进外国先进生产设备，决定派王浩出国培训，经协商后双方就原劳动合同进行了变更并规定：合同有效期为 8 年，王浩无正当理由提前解除劳动合同时，应赔偿公司支付的全部出国培训费用及因此造成的其他一切损失。

半年后王浩培训结束回到公司工作。因为王浩培训期间勤奋好学，努力掌握了新设备和新技术，很快被任命为项目经理，主管新设备的引进工作。经过王浩与外方技术人员的共同努力，新设备顺利安装调试完毕，开始进入试产。就在这一关键时候，王浩却将一份辞职报告留在公司办公桌上，第二天就不再到公司上班了。经公司四处打听，才得知王浩已就任某外资企业的副总经理。公司多次与王浩联系，但王浩拒绝回公司。

公司无奈，向当地劳动争议仲裁委员会提请仲裁，要求王浩及其所在外企支付出国培训费用 10 万元以及因他离职给公司造成的 100 万元损失。王浩只答应支付培训费用，拒绝赔偿损失。仲裁委员会裁定：王浩及其所在外企向化肥公司支付 10 万培训费及 30 万损失赔偿费，双方解除劳动合同。化肥公司对仲裁裁决不服，并向人民法院提起诉讼。

法院经审理查明：王浩与化肥公司签订的劳动合同为有效合同；化肥公司为王浩支付了 10 万元出国培训费，他的突然离职致使化肥公司新引进的设备停产两个半月，造成损失 85 万元；王浩所在外企在明知其尚未与化肥公司解除劳动合同，仍聘用他，应承担连带赔偿责任。判决如下：①解除王浩和化肥公司的劳动合同关系；②王浩赔偿化肥公司支付的出国培训费用 10 万元及损失 5 万元，共计 15 万元；③王浩所在外企赔偿化肥公司损失 80 万元；④诉讼费由王浩及其所在外企承担。

（资料来源：招用未解除劳动合同的职工是违法行为. 劳动保障世界，2006（4）：37，有改动）

【分析】

用人单位在招用人员时，一定要严格遵守程序规定，核实被招用人员的身份证明和其他可证明其劳动者主体资格的证件资料，严把"进人关"，预防和杜绝招用无劳动者主体资格的人员，给企业带来损失。对于跳槽人员，应查验其终止、解除劳动合同证明以及其他能证明该人员与任何用人单位不存在劳动关系的凭证，方可与其签订劳动合同。

第二节　劳动合同的订立

　　劳动合同的订立包括书面和口头两种形式。《劳动合同法》规定，除了非全日制用工可以订立口头劳动合同外，其他用工模式下都应当订立书面的劳动合同。那么，如果不签订书面劳动合同，用人单位会面临什么样的法律风险？书面的劳动合同应当包括哪些内容？劳动合同的期限该如何确定？用人单位又该如何签订合法有效的劳动合同？这就是本节要讨论的内容。

一、不签订劳动合同的法律风险[①]

　　《劳动合同法》第十条规定："建立劳动关系，应当订立书面劳动合同。已建立劳动关系，未同时订立书面劳动合同的，应当自用工之日起一个月内订立书面劳动合同。"用人单位应订立而不订立劳动合同的法律风险和违法成本包括以下几点。

　　（1）不订立劳动合同，用人单位面临按月付双薪，甚至与劳动者订立无固定期限劳动合同的惩罚。根据《劳动合同法》第十四条第三款、第八十二条和《劳动合同法实施条例》第六条、第七条：①用人单位自用工之日起超过一个月不满一年未与劳动者订立书面劳动合同的，应当向劳动者每月支付二倍的工资，并与劳动者补订书面劳动合同，两倍工资的起算时间为用工之日起满一个月的次日，截止时间为补订书面劳动合同的前一日。②用人单位自用工之日起满一年不与劳动者订立书面劳动合同的，自用工之日起满一个月的次日至满一年的前一日向劳动者每月支付二倍的工资，并视为自用工之日起满一年的当日已经与劳动者订立无固定期限劳动合同，应当立即与劳动者补订书面劳动合同。③用人单位违反规定不与劳动者订立无固定期限劳动合同的，自应当订立无固定期限劳动合同之日起向劳动者每月支付二倍的工资[②]。

　　（2）不订立劳动合同，劳动者可以随时解除劳动关系，且不承担任何违约责任或者赔偿。如果双方签订了劳动合同，劳动者要解除劳动合同，一般要提前 30

---

　　① 商家泉，戴磊：《公司劳动人事管理》. 北京：法律出版社，2007 年，第 15 页。

　　② 此规定见《劳动合同法》第八十二条第二款，即"用人单位违反本法规定不与劳动者订立无固定期限劳动合同的，自应当订立无固定期限劳动合同之日起向劳动者每月支付二倍的工资。"但此款规定存在含义不清之处，仅规定了用人单位向劳动者每月支付二倍工资的起始日，却没有规定二倍工资支付的截止日。《劳动合同法实施条例》第六条和第七条对此也没有做明确规定，全国人大常委会法制工作委员会编写的《中华人民共和国劳动合同法释义》同样对此没有做出清晰解释。笔者认为《劳动合同法》第八十二条第二款应该明确用人单位向劳动者每月支付二倍工资的截止日应为用人单位与劳动者补订书面无固定期限劳动合同的前一日。

日书面通知用人单位，否则就是违法解除劳动合同，造成单位损失的，应当依法承担赔偿责任。另外，劳动合同约定了服务期和违约金的，用人单位也可以依法要求员工承担违约责任。但是，如果没有签订劳动合同，劳动者不但可以随时解除劳动关系，而且不需要承担任何违约责任和赔偿责任。

（3）没有订立劳动合同，口头约定的试用期不成立。我国《劳动法》规定，劳动合同可以约定试用期，试用期的工资通常较转正后的工资低，且法律赋予了用人单位解除不符合录用条件的试用期员工，且无须支付经济补偿的权利。但是，如果没有签订劳动合同，则不存在试用期的，用人单位须补足试用期与转正后待遇的工资差额，也不能以不符合录用条件为由解除劳动合同，劳动者如不能胜任工作，用人单位必须提供培训机会或者调整工作岗位，之后仍不能胜任工作的方可解除劳动合同，并需支付经济补偿。

（4）不签订劳动合同并不能免除用人单位为劳动者缴纳各项社会保险费的义务。按照法律规定，用人单位只要与劳动者构成了事实劳动关系，就受劳动法调整，劳动者享有劳动法规定的各项权利，用人单位也负有劳动法规定的各项义务。其中，依法缴纳各项社会保险费就是用人单位不能免除的强制性法定义务。

（5）不签订劳动合同不利于单位保护商业秘密。商业秘密的构成要件之一，是用人单位必须对商业秘密采取一定的保密措施。而在劳动合同中约定保密条款或者签订专门的保密协议，是对商业秘密采取保密措施的表现形式之一。如果没有签订保密条款或者保密协议，明确保密的范围和法律责任，用人单位就难以证明哪些属于商业秘密，是否已对其主张的商业秘密采取了保密措施，从而有可能不被认定为商业秘密，这对企业的发展是非常不利的。

（6）用人单位可能面临劳动行政部门的行政处罚。用人单位不签订劳动合同，劳动者可以向劳动监察部门投诉，一经查实，劳动行政部门可以责令用人单位改正，并可以给予罚款的处罚。比如，上海市规定可以按每人500～1000元给予用人单位罚款处罚。

因此，劳动合同对用人单位来说不是签不签的问题，而是如何签的问题。需要指出的是，现实生活中也不乏存在用人单位提出订立劳动合同而劳动者拒绝签订的情况。对于这种情形，建议用人单位应及时终止与该类劳动者的劳动关系。《劳动合同法实施条例》第五条专门对此作了补充规定："自用工之日起一个月内，经用人单位书面通知后，劳动者不与用人单位订立书面劳动合同的，用人单位应当书面通知劳动者终止劳动关系，无需向劳动者支付经济补偿，但是应当依法向劳动者支付其实际工作时间的劳动报酬。"

案例分析

章猛 2013 年 5 月到某机修公司工作，该公司多次要求他签订劳动合同，他均拒绝，并写下"本人自愿不与公司签订劳动合同，由此产生的后果均由本人承担"的声明。公司见章猛是熟练工，又写下了这样的声明，感觉未签订劳动合同的责任不在企业，就再未要求他签订劳动合同。2013 年末，章猛与部门主管发生矛盾，离开了公司。2014 年 2 月，他向劳动仲裁委员会提出仲裁申请，要求该机修公司支付其未签订劳动合同的双倍工资差额。

（资料来源：邓超．劳动者"自愿"不签劳动合同，用人单位难以此免除责任．http://www.lm.gov.cn/c/2015-02-03/32550.shtml，2015-02-03，有改动）

【分析】

很多用人单位都认为，如果劳动者自己不愿意与单位签订劳动合同，就是劳动者放弃了这项权利，若因此出现纠纷，单位也不应承担不利后果。事实上，并非如此。根据《劳动合同法实施条例》，"自用工之日起一个月内，经用人单位书面通知后，劳动者不与用人单位订立书面劳动合同的，用人单位应当书面通知劳动者终止劳动关系，无需向劳动者支付经济补偿"，这就表示，签订劳动合同是法律的强制性规定，即便劳动者声明自己放弃，也不能免除用人单位的责任。如果自用工之日起一个月内用人单位书面通知劳动者签订劳动合同，劳动者不签订的，用人单位应书面通知劳动者终止劳动关系。那么，在上述案例中，虽然章猛曾写过放弃与该公司签订劳动合同的声明，但是该声明因违法而无效，该公司应当从2013 年 5 月起支付张某未签订劳动合同的双倍工资差额。

145

二、劳动合同的内容

根据《劳动合同法》第十七条，劳动合同的具体内容包括必备条款和约定条款两大类。

1. 必备条款

必备条款也称法定条款，是法律规定的劳动合同必须具备的内容，包括：用人单位的名称、住所和法定代表人或者主要负责人；劳动者的姓名、住址和居民身份证或者其他有效身份证件号码；劳动合同期限；工作内容和工作地点；工作时间和休息休假；劳动报酬；社会保险；劳动保护、劳动条件和职业危害防护；法律、法规规定应当纳入劳动合同的其他事项。

《劳动合同法》第八十一条规定："用人单位提供的劳动合同文本未载明本法规定的劳动合同必备条款或者用人单位未将劳动合同文本交付劳动者的，由劳动行政部门责令改正；给劳动者造成损害的，应当承担赔偿责任。"

2. 约定条款

约定条款又称协商条款，由当事人根据具体情况自愿选择是否在合同中约定，通常包括试用期条款、培训服务期条款、保守商业秘密及竞业限制条款、补充保险条款、福利待遇条款等。

3. 劳动报酬和劳动条件约定不明时的处理

劳动报酬和劳动条件作为劳动合同的内容应当是具体、明确且完备的。如果由于某些主客观原因，缺少这些必备条款或者这些条款约定不明，那么将导致劳动合同难以履行。针对此种情况，《劳动合同法》第十八条规定："劳动合同对劳动报酬和劳动条件等标准约定不明确，引发争议的，用人单位与劳动者可以重新协商；协商不成的，适用集体合同规定；没有集体合同或者集体合同未规定劳动报酬的，实行同工同酬；没有集体合同或者集体合同未规定劳动条件等标准的，适用国家有关规定。"

案例分析

某公司新设立了研发部，招聘了一位研发部经理。由于公司以前没有这个岗位，公司薪资制度没有关于研发部经理薪资的规定。人事经理在代表公司与该研发部经理订立劳动合同时，并没有特别约定薪资一项，只是口头上说明根据工作绩效具体确定，但双方最后还是签署了一份为期3年的劳动合同。此后，其薪资按照研发部每月业务对公司的具体效益给付。6个月后，公司对该研发部经理的表现不满意，想解除与他的劳动合同。在征求他的意见时，研发部经理表示不愿与公司协商解除合同，希望继续工作直至劳动合同期满。公司总经理向人事经理征询意见，人事经理突然想到双方劳动合同中没有约定薪资，而薪资属于劳动合同法定必备条款。没有法定条款的劳动合同无效，所以双方存在的是事实劳动关系。公司终止事实劳动关系只需要提前30天通知即可，无须找出其他的理由。

（资料来源：王桦宇. 劳动合同法实务操作与案例精解.7版. 北京：中国法制出版社，2017：64-65，有改动）

【分析】

《劳动合同法》规定了劳动合同应当具备的条款，尤其是工作岗位和薪资待遇条款不仅是必备条款，而且是极为重要的条款。但是，缺少必备条款的劳动合同是否就无效呢？法律没有明确规定缺乏必备条款就是无效劳动合同，所以公司人事经理的主张是没有法律依据的。劳动合同成立并有效的依据是劳动合同双方当事人意思表示一致，且没有违背法律、法规的规定，劳动合同若干条款的欠缺并不影响劳动合同的有效性。

本案例中，劳动合同中对薪资事项没有约定，可以视为约定不明，并不影响劳动合同的效力。至于薪资事项约定不明的处理，通常是按照双方再行协商的办法执行；若协商不成，适用集体合同规定；没有集体合同或者集体合同未规定劳动报酬的，实行同工同酬。本案例中，研发部经理薪资的公平处理应当按照前 6 个月的薪资水平来合理推定。

实践中，企业在订立劳动合同时，应当注意法定必备条款的齐整完备。特别是薪资待遇、工作地点、工作岗位等条款尤其应当细致推敲后确定，不能认为约定不明留有余地，以后发生争议时企业的斡旋空间更大。而实际上，法定必备条款没有约定，不仅不利于企业在以后争议发生时更为主动，反而会导致企业在劳动争议处理中承担更多的责任。

三、劳动合同的期限

根据《劳动合同法》第十二条，劳动合同分为固定期限劳动合同、无固定期限劳动合同和以完成一定工作任务为期限的劳动合同。

1. 固定期限劳动合同

固定期限劳动合同是指用人单位与劳动者约定合同终止时间的劳动合同，即双方当事人在合同中明确约定劳动合同的有效起止日期，当合同约定的期限届满，劳动合同即告终止。

【范例】

本合同为固定期限劳动合同，合同期从＿＿＿年＿＿＿月＿＿＿日起至＿＿＿年＿＿＿月＿＿＿日止。

对固定期限劳动合同期限的约定可长可短，长期的如 8 年、10 年，短期的如 2 年、1 年甚至几个月。根据双方当事人的需要和各自的实际情况，可协商确定不同种类的固定期限劳动合同。

2. 无固定期限劳动合同

无固定期限劳动合同是指用人单位与劳动者约定无确定终止时间的劳动合同，即没有明确规定合同的有效期限，劳动关系可以在劳动者的法定劳动年龄范围内和企业的存在期限内存在，只有符合法定的解除或终止条件时，劳动关系才终止[①]。

【范例】

本合同为无固定期限劳动合同，合同期从＿＿＿年＿＿＿月＿＿＿日起至法定解除或终止条件出现时止。

《劳动合同法》规定了在以下五种情形下，用人单位须与劳动者订立或视为订立无固定期限劳动合同：

（1）双方协商一致，可订立无固定期限劳动合同。

---

① 王全兴：《劳动法学》．北京：中国法制出版社，2001 年，第 167 页。

（2）劳动者在用人单位连续工作满十年及以上，劳动者提出或者同意续订、订立劳动合同的，除劳动者提出订立固定期限劳动合同外，应当订立无固定期限劳动合同。

（3）用人单位初次实行劳动合同制度或者国有企业改制重新订立劳动合同时，劳动者在用人单位连续工作满十年且距法定退休年龄不足十年的，劳动者提出或者同意续订、订立劳动合同的，除劳动者提出订立固定期限劳动合同外，应当订立无固定期限劳动合同。

（4）连续订立二次固定期限劳动合同，且劳动者没有《劳动合同法》第三十九条和第四十条第一项、第二项规定的情形，续订劳动合同的，劳动者提出或者同意续订、订立劳动合同的，除劳动者提出订立固定期限劳动合同外，应当订立无固定期限劳动合同。

（5）用人单位自用工之日起满一年不与劳动者订立书面劳动合同的，视为用人单位与劳动者已订立无固定期限劳动合同。

可以看出，与《劳动法》中的无固定期限劳动合同对比，《劳动合同法》扩大了无固定期限劳动合同订立的范围。依据用人单位能否主动选择无固定期限劳动合同的程度来判断，《劳动合同法》除了确认在双方协商一致情况下可以订立无固定期限劳动合同外，还规定了法定条件下将过去主动型的无固定期限劳动合同转化为被动型的无固定期限劳动合同，即当应该订立无固定期限劳动合同情形出现时，最终的决定权一般为劳动者而不是用人单位①。

无固定期限劳动合同的立法本意是促进劳资关系的稳定性长期化。但是如果企业缺乏完善的规章制度约束员工，也没有有效的激励机制引导员工，大量签订无固定期限劳动合同就会使企业的管理处于被动状态，容易造成人浮于事的局面。因此，如果企业要将订立无固定期限劳动合同的主动权掌握在自己的手里，就应注意以下几点：

（1）企业必须自用工之日起一年内与劳动者订立书面劳动合同，避免陷入直接视为用人单位与劳动者已订立无固定期限劳动合同的被动局面。

（2）合理安排固定期限劳动合同的期限，在安排期限时，关键是避免或延缓"劳动者连续工作满十年"和"连续订立二次固定期限劳动合同"条件的达成。

（3）重视对员工的考察和考核，并注意保留相关证据。如用人单位与劳动者已经连续两次订立固定期限劳动合同，但劳动者有《劳动合同法》第三十九条和第四十条第一项、第二项规定的情形的，用人单位应当对劳动者的这些情形作书面规定，防止劳动者提出"用人单位未依法与其签订无固定期限劳动合同，要求签订并履行无固定期限劳动合同"，使用人单位陷于被动。

最后，需要明确的是，无固定期限劳动合同并非终身合同，同样适用于协

---

① 汤云周，黄新发：《劳动合同条款设计及违法成本计算》. 北京：中国法制出版社，2008 年，第 39 页。

商解除和法定解除的各类情形。详细规定请参阅本章第四节"劳动合同的解除
与终止"。

案例分析

　　汪成于 2009 年 2 月 1 日入职广州某公司，与公司签订了两次固定期限劳动
合同，其中，最后一份劳动合同期限为 2010 年 2 月 1 日至 2013 年 1 月 31 日。
2013 年 1 月 28 日，公司通知汪成：因双方的劳动合同将到期，公司不准备与他
续签劳动合同，请他于 2013 年 1 月 31 日办理离职交接手续。汪成当日即书面通
知公司：因双方订立了两次固定期限劳动合同，其符合签订无固定期限劳动合同
的条件，要求公司与其签订无固定期限劳动合同。公司不同意汪成的请求，双方
于 2013 年 1 月 31 日办理了劳动合同终止手续。2013 年 3 月 5 日，汪成向广州市
劳动人事仲裁委员会申请劳动仲裁，要求公司支付违法终止劳动关系的赔偿金。
仲裁委审理后认定公司违法终止劳动合同，裁决公司支付汪成 8 个月工资的违法
终止劳动合同赔偿金。

　　（资料来源：冼武杰．连续两次订立固定期限劳动合同后终止的后果?.
http://www.hrloo.com/rz/13157764.html，2014-06-28，有改动）

【分析】

　　本案的焦点问题是：连续签订两次固定期限劳动合同后，员工要求签定无固
定期限劳动合同，这种情况下，单位能否终止劳动关系？

　　《劳动合同法》第十四条第二款规定："有下列情形之一，劳动者提出或者同
意续订、订立劳动合同的，除劳动者提出订立固定期限劳动合同外，应当订立无
固定期限劳动合同：（一）劳动者在该用人单位连续工作满十年的；（二）用人单
位初次实行劳动合同制度或者国有企业改制重新订立劳动合同时，劳动者在该用
人单位连续工作满十年且距法定退休年龄不足十年的；（三）连续订立二次固定期
限劳动合同，且劳动者没有本法第三十九条和第四十条第一项、第二项规定的情
形，续订劳动合同的。"

　　关于对该条第三项的理解，司法实践中有两种观点：

　　第一种观点认为，劳动合同法规定无固定期限合同，本意是要鼓励劳资双方
建立长期、稳定的劳动关系。用人单位与劳动者连续订立二次固定期限劳动合同
后，只要劳动者没有《劳动合同法》第三十九条和第四十条第一项、第二项规定
的情形，那么当劳动者提出订立无固定期限劳动合同时，用人单位必须无条件地
与劳动者订立无固定期限劳动合同，这种情况下，用人单位没有终止的主动权。

　　全国人大常委会法制工作委员会编写的《中华人民共和国劳动合同法释义》，
以及北京、浙江、四川、广东等地的司法实践采取的就是这种观点，如《广东省
高级人民法院、广东省劳动人事争议仲裁委员会关于审理劳动人事争议案件若干

149

问题的座谈会纪要》(2012年):"19. 用人单位与劳动者已连续订立二次固定期限劳动合同,第二次固定期限劳动合同期满后,且劳动者没有《劳动合同法》第三十九条和第四十条第一项、第二项规定的情形,劳动者提出续订劳动合同并要求订立无固定期限劳动合同的,用人单位应当与劳动者订立无固定期限劳动合同"。第二种观点认为,在劳动者提出订立无固定期限劳动合同之前需具备三个条件:①连续订立二次固定期限劳动合同;②劳动者没有《劳动合同法》第三十九条和第四十条第一项、第二项规定的情形;③续订劳动合同的。《劳动合同法》第十四条第二款中第一项、第二项均无"续订劳动合同的"这个条件,满足连续工作年限只要提出就必须签订无固定期限劳动合同,第三项中增加了"续订劳动合同的"这个条件,根据法条前后文意思,应当是指前面两次固定期限劳动合同到期后,双方决定续订劳动合同的,只要劳动者提出要求,就应当签订无固定期限劳动合同。如果用人单位不愿意续订劳动合同的,则因为缺乏双方共同的"续订劳动合同的"意思表示,即使劳动者提出要求,也因不符合该条规定的条件,无须签订无固定期限劳动合同,劳动合同到期终止。按照这种观点,连续订立两次固定期限劳动合同后,用人单位即拥有终止的主动权。

上海地区的司法实践中采取的是第二种观点,如根据《上海高院关于适用〈劳动合同法〉若干问题的意见》,用人单位与劳动者连续订立几次固定期限劳动合同以后,续订合同应当订立无固定期限合同。《劳动合同法》第十四条第二款第三项的规定,应当是指劳动者已经与用人单位连续订立二次固定期限劳动合同后,与劳动者第三次续订合同时,劳动者提出签订无固定期限劳动合同的情形。

本案发生在广州,现行司法实践采取的是第一种观点,故这种情况下,公司没有终止的主动权,公司必须与汪成签订无固定期限劳动合同,不得终止劳动合同。案件中,公司以合同到期为由终止了劳动合同,构成违法终止,应当支付赔偿金。但假如本案发生在上海,结果会截然相反,汪成的请求将不会得到支持。

同一法律在不同地方竟然有不同的理解和执行,这对劳动者和用人单位来说都是不公平的。令人遗憾的是,2008年9月18日由国务院颁布并施行的《中华人民共和国劳动合同法实施条例》对《劳动合同法》第十四条第二款中的第一项和第二项都有补充说明,但对含义模糊的第三项却没有加以澄清。

这表明,一方面我国法律法规尚有需完善的地方,另一方面也要求我国的劳动关系管理实务工作者,既要仔细研读国家层面的法律法规,也要关注所在地区的地方性法规和法律解释。

3. 以完成一定工作任务为期限的劳动合同

以完成一定工作任务为期限的劳动合同,是指用人单位与劳动者约定以某项工作的完成为合同期限的劳动合同。

【范例】

本合同为完成一定工作任务为期限的劳动合同，合同期从某年某月某日起至某年某月某日止。

用人单位使用以完成一定工作任务为期限的劳动合同时，需要注意的是，如何界定"完成一定工作任务"的时间，如果劳动合同中约定不明就会发生很难与劳动者终止劳动合同的情形。所以，在劳动合同中明确约定完成一定工作任务的时间，是最核心的要求。例如，在建筑施工行业使用以完成一定工作任务为期限的劳动合同，就可以以完成某一项建设工程项目承包为期限；在培训行业使用该种劳动合同时可以以完成某期培训或完成某个培训项目为期限；在技术研发业可以以完成某项技术开发为期限订立劳动合同；等等[1]。

一般而言，在以下几种情况下，用人单位与劳动者在协商一致的前提下可签订以完成一定工作任务为期限的劳动合同：①以完成单项工作任务为期限的劳动合同；②以项目承包方式完成承包任务的劳动合同；③因季节原因临时用工的劳动合同；④按订单生产的企业根据订单临时用工的劳动合同；等等。

以完成一定工作任务为期限的劳动合同与固定期限劳动合同比较，有三大区别[2]：

（1）试用期约定不同。劳动者被用人单位录用后，双方可以约定最长不超过6个月的试用期，但根据《劳动合同法》第十九条的规定，以完成一定工作任务为期限的劳动合同或者劳动合同期限不满三个月的，不得约定试用期。

（2）劳动合同终止的条件不同。固定期限劳动合同是以双方约定的日期为劳动合同终止的时间，即只要劳动合同中约定的日期到来，而双方又未能达成续签的，则固定期限劳动合同终止；以完成一定工作任务为期限的劳动合同则是以双方约定的某项工作结束为劳动合同终止的条件。

（3）连续签订后的法律后果不同。连续二次签订固定期限劳动合同后，如果劳动者没有《劳动合同法》第三十九条和第四十条第一项、第二项规定的情形，用人单位与劳动者第三次签订劳动合同的，除非劳动者本人不同意，用人单位应与劳动者订立无固定期限劳动合同。而以完成一定工作任务为期限的劳动合同，哪怕是双方订有多个以完成一定工作任务为期限的劳动合同，用人单位也无须与劳动者订立无固定期限劳动合同。当然，劳动者在用人单位已经签订并履行多个以完成一定工作任务为期限的劳动合同，致使劳动者在用人单位连续工作满10年及以上的，劳动者提出或同意续订、订立劳动合同的，用人单位依法也需要与劳动者订立无固定期限劳动合同。

151

---

① 汤云周，黄新发：《劳动合同条款设计及违法成本计算》. 北京：中国法制出版社，2008年，第44页。

② 汤云周，黄新发：《劳动合同条款设计及违法成本计算》. 北京：中国法制出版社，2008年，第43页。

四、无效劳动合同

1. 无效劳动合同的认定

无效的劳动合同是指由当事人签订成立而国家不承认其法律效力的劳动合同。无效的合同可分为部分无效合同和全部无效合同。部分无效合同是指有些合同条款虽然违反法律规定，但并不影响其他条款效力的合同。

一般而言，涉及合同基本关系和主体资质导致合同无效的，应属于合同的全部无效；其他问题上的无效约定则通常只导致相应条款或部分的无效。

根据《劳动合同法》第二十六条，下列劳动合同无效或者部分无效：

（1）以欺诈、胁迫的手段或者乘人之危，使对方在违背真实意思的情况下订立或者变更劳动合同的。其中，"欺诈"是指一方当事人故意告知对方当事人虚假的情况，或者故意隐瞒真实的情况，诱使对方当事人作出错误意思表示，并基于这种错误的认识而签订了劳动合同。"胁迫"是指以给公民及其亲友的生命健康、荣誉、名誉、财产等造成损害为要挟，迫使对方作出违背真实意思表示的行为，并签订了劳动合同。"乘人之危"是指行为人利用他人的危难处境或紧迫需要，为牟取不正当利益，迫使对方违背自己的真实意愿而订立合同。

（2）用人单位为免除自己的法定责任、排除劳动者权利的。

（3）违反法律、行政法规强制性规定的。

劳动合同是否有效，由劳动争议仲裁机构或者人民法院确认，其他任何部门或者个人都无权认定无效劳动合同。

案例分析

2015 年 4 月 8 日，小戴入职某公司，双方通过电子邮件签订一份聘用意向书，约定试用期为三个月，主要工作为教学和培训，月工资为税前 6000 元。试用期满后，公司未与小戴另签订书面劳动合同。2015 年 12 月 8 日，公司以小戴不适合相关岗位为由，解除了与小戴的劳动关系。

小戴向劳动人事争议仲裁委员会提请仲裁，要求公司支付未签劳动合同双倍工资差额、代通知金等作为经济补偿。仲裁委员会支持了小戴的全部请求。公司不服诉至当地的区人民法院。

公司诉称：小戴在简历中注明其为某大学硕士，便聘用了他。入职后，公司要求其出具学历证明，但其一直推脱。公司通过信函向该大学询问，该校回复并无此人，公司于是解除了与小戴的劳动关系。公司认为小戴学历造假，其通过欺诈手段与公司签订劳动合同，理应无效，请求法院不支持小戴的诉讼请求。

小戴答辩称：他已经告知公司其系非全日制在职研究生，从未存在隐瞒真实学历的情况，况且入职时，公司也从未向他提出全日制研究生的学历要求。综上，请求法院驳回公司的全部诉讼请求。

法院审理认为：双方通过电子邮件签订的聘用意向书，对小戴的工作内容及工资标准等均作出了明确约定，具备劳动合同的特征，应视为双方签订的劳动合同。公司主张该劳动合同系在小戴捏造全日制硕士的学历，通过欺诈手段使公司在违背真实意思的情况下签订的，故该劳动合同应属无效。对此，法院认为，公司作为用人单位，对于劳动者入职所需的学历要求由其自主决定，其对此应当负有审核义务，但公司并未提供证据证明其对小戴之学历有过特别要求，亦未提供证据证明其曾要求小戴提供相关学历材料，且双方劳动关系存续期间的权利义务关系状态稳定，这足以证明小戴符合公司的用工标准。现公司在双方发生劳动争议的情况下，以小戴捏造学历为由主张双方签订的劳动合同无效，并无事实依据，故对公司的该项主张，法院不予采信。此案最终仍以公司败诉而告终。

（资料来源：以劳动者提供虚假学历为由要求确认劳动合同无效未获法院支持. http://www. 360doc.com/content/15/0707/12/26428391_483308903.shtml，2015-07-07，有改动）

【分析】

此案例中公司败诉的原因可归纳为两点：

（1）公司未将学历要求明确纳入其入职条件中，在审核过程中亦未留下要求对方提供相关学历材料的证据。

（2）公司以小戴不适合相关岗位为由提出解除劳动关系，在庭审的时候又主张"学历造假"，可见在入职管理、解除劳动合同管理等环节均存在较大漏洞。

为防止上述案例事故的发生，用人单位应加强入职流程管理，明确具体的招聘条件，招聘阶段严格审查信息的真实性；在劳动合同履行过程中如发现欺诈行为，应及时书面通知劳动者解除劳动合同，并明确解除理由。司法实践中不乏"劳动者提供虚假信息并不必然导致劳动合同无效"的案例，从注重员工诚信品质的角度，对用人单位无疑是不利的，用人单位可将劳动者提供个人信息的真实性作为录用条件之一。

2. 无效劳动合同的法律后果

对于劳动合同被确认无效或者部分无效的，其法律后果是：

第一，根据《劳动合同法》第二十八条，劳动合同被确认无效，劳动者已付出劳动的，用人单位应当向劳动者支付劳动报酬。劳动报酬的数额，参照本单位相同或者相近岗位劳动者的劳动报酬确定。

第二，根据《劳动合同法》第八十六条，劳动合同依照本法第二十六条规定被确认无效，给对方造成损害的，有过错的一方应当承担赔偿责任。

（1）用人单位有过错的。由于用人单位的原因订立无效的劳动合同，或订立部分无效劳动合同，对劳动者造成损害的，应按《违反〈劳动法〉有关劳动合同规定的赔偿办法》的相关规定赔偿劳动者损失：①造成劳动者工资收入损失的，按劳动者本人应得工资收入支付给劳动者，并加付应得工资收入25%的赔偿费用；②造成劳动者劳动保护待遇损失的，应按国家规定补足劳动者的劳动保护津贴和用品；③造成劳动者工伤、医疗待遇损失的，除按国家规定为劳动者提供工伤、医疗待遇外，还应支付劳动者相当于医疗费用25%的赔偿费用；④造成女职工和未成年工身体健康损害的，除按国家规定提供治疗期间的医疗待遇外，还应支付相当于其医疗费用25%的赔偿费用；⑤劳动合同约定的其他赔偿费用。

另外，根据《劳动合同法》第三十八条规定，因用人单位"以欺诈、胁迫的手段或者乘人之危，使对方在违背真实意思的情况下订立或者变更劳动合同的"致使劳动合同无效时，劳动者有权解除劳动合同，并且用人单位需要支付经济补偿金。

（2）劳动者有过错的。对于因劳动者的过错而导致劳动合同无效，给用人单位造成损失的，劳动者应当按照《民法典》所确立的实际损失原则，承担赔偿责任，赔偿因其过错而对用人单位的生产、经营和工作造成的直接经济损失。

（3）双方都有过错的，各自承担相应的责任。

（4）双方恶意串通订立的，若损害他人和公共利益的，要追缴责任人已经取得的利益，返还第三人和国家。

第三节　劳动合同的履行和变更

劳动合同的履行，是指劳动合同双方当事人按照劳动合同的约定，履行各自的义务，享有各自的权利。劳动合同的变更，是指劳动合同依法订立后，在合同尚未履行或者尚未履行完毕之前，经用人单位和劳动者双方当事人协商同意，对劳动合同内容作部分修改、补充或者删减的法律行为。劳动合同是否得到依法履行，劳动合同的变更是否以平等自愿、协商一致为前提，直接关系到劳动合同双方当事人的权益能否得到保护，关系到能否维护正常稳定的劳动关系。

一、劳动合同的履行

1. 劳动合同履行的一般原则

（1）全面履行原则。《劳动合同法》第二十九条规定："用人单位与劳动者应当按照劳动合同的约定，全面履行各自的义务。"也就是说，劳动合同双方当事人必须按照合同约定的时间、期限、地点，用约定的方式，按质、按量全部履行自己应承担的义务。

（2）合法原则。劳动合同双方在履行义务的过程中，既要强调全面履行原则，又要兼顾履行的合法性，不能因为要完全、实际地履行合同义务，即绝对地按原合同的规定履行，而违反劳动法强制性的规定。

2. 特殊情形下劳动合同的履行

《劳动合同法》还规定了在用人单位发生某些特殊变化后劳动合同如何履行的事项。

（1）用人单位变更名称、法定代表人、主要负责人或者投资人等事项，不影响劳动合同的履行。有些企业、公司或者事业单位等用人单位因更改了名称或者更换法定代表人、主要负责人而拒绝履行劳动合同，还有的用人单位借口投资主体发生了变化而拒绝履行劳动合同，这些都是法律所不允许的。

（2）用人单位发生合并或者分立等情况，原劳动合同继续有效，劳动合同由承继其权利义务的用人单位继续履行。在用人单位合并的情况下，原用人单位在合并后均不再存在。为了保护原用人单位劳动者的合法权益，合并后的法人或者其他组织作为一个新的用人单位承继了原用人单位所有的权利和义务，原劳动合同继续有效，由合并后的新的用人单位继续履行该劳动合同。在用人单位分立的情况下，《劳动合同法》规定原劳动合同继续有效，防止用人单位以分立后原用人单位不存在或者劳动者权利义务已经转移到新的用人单位为由损害劳动者的合法权益，且规定用人单位分立后，劳动合同由承继其权利义务的用人单位继续履行。

二、劳动合同的变更

劳动合同的变更是在原合同的基础上对原劳动合同内容作部分修改、补充或者删减，而不是签订新的劳动合同。原劳动合同未变更的部分仍然有效，变更后的内容就取代了原合同的相关内容，新达成的变更协议条款与原合同中其他条款具有同等法律效力，对双方当事人都有约束力。

变更劳动合同应当采用书面形式，任何口头形式达成的变更协议都是无效的。书面协议应指明对哪些条款作出变更，并说明变更后劳动合同的生效日期，经双方当事人签字盖章生效。

根据法律法规规定，合法的劳动合同变更包括以下几种情形。

（1）协商一致变更。根据《劳动合同法》第三十五条，用人单位与劳动者协商一致，可以变更劳动合同约定的内容。也就是说，对于劳动合同约定的内容，只要是经双方当事人协商一致而达成的，都可以经协商一致予以变更。

（2）客观情况发生重大变化下的协商变更。根据《劳动法》第二十六条和《劳动合同法》第四十条，劳动合同订立时所依据的客观情况发生重大变化，致使劳动合同无法履行，经用人单位与劳动者协商，未能就变更劳动合同内容达成协议的，用人单位在提前 30 日以书面形式通知劳动者本人或者额外支付劳动者一个月工资后，可以解除劳动合同。由此可以确定，劳动合同订立时所依据的客观情况发生重大变化，是劳动合同变更的一个重要事由。"劳动合同订立时所依据的客观情况发生重大变化"，主要包括以下几项内容。①订立劳动合同所依据的法律、法规已经修改或者废止。劳动合同的签订和履行必须以不得违反法律、法规的规定为前提。如果合同签订时所依据的法律、法规发生修改或者废止，合同如果不变更，就可能出现与法律、法规不相符甚至是违反法律、法规的情况，导致合同因违法而无效。因此，根据法律、法规的变化而变更劳动合同的相关内容是必要而且是必须的。②用人单位方面的原因。用人单位的生产经营不是一成不变的，可能根据市场变化调整自己的经营策略和产品结构，这就不可避免地发生转产、调整生产任务或经营项目情况。在这种情况下，有些工种、岗位因此而撤销，或者为其他新的工种、岗位所替代，原劳动合同就可能因签订条件的改变而发生变更。③劳动者方面的原因。如劳动者的身体健康状况发生变化、劳动能力部分丧失等，造成原劳动合同不能履行。④客观方面的原因。如由于不可抗力的发生，原来合同的履行成为不可能或者失去意义。又如由于物价大幅度上升等客观经济情况变化，劳动合同的履行会花费太大代价而失去经济上的价值。这时应当允许当事人对劳动合同有关内容进行变更。

当出现劳动合同订立所依据的客观情况发生重大变化，致使劳动合同无法履行时，首先允许用人单位与劳动者协商变更劳动合同，但如果就变更的内容无法达成一致，此时如果依照第一种情形维持原劳动合同的话显然是不合理的，因此，法律在这种情形下赋予了用人单位解除劳动合同的权利，但用人单位需要向劳动者支付经济补偿。

（3）法定条件下用人单位可变更劳动合同的情形[①]。根据《劳动法》第二十六条、第六十一条、第六十三条以及《劳动合同法》第四十条，用人单位可依法变更劳动合同，调整劳动者的工作岗位，总结为以下几点：①劳动者患病或者非因公负伤，医疗期满后不能从事原工作的，用人单位可以另行安排工作。②劳动者不能胜任工作的，用人单位可以调整其工作岗位。③女职工在怀孕期间，从事国家规定的第三级体力劳动强度的劳动或者孕期禁忌从事的劳动的，用人单位必须为其暂时安排其他禁忌以外的工作。④女职工在哺乳未满一周岁的婴儿期间，从事国家规定的第三级体力劳动强度的劳动或者哺乳期禁忌从事的劳动的，用人单位必须为其暂时安排其他禁忌以外的工作。

---

① 廖正江：《用人单位适用劳动合同制度疑难问题解读》．北京：中国法制出版社，2007 年，第 242-243 页。

需要注意的是，在实践中很多企业认为，企业作为管理方有权根据企业的经营情况、员工的工作表现等调整其工作岗位、职位等级和工资待遇，这属于企业的用工自主权。但是，此类调整行为可能构成对劳动合同的变更，如未遵循劳动合同变更的原则和程序，企业单方的调整很可能是一种无效行为。

那么，是否企业就没有权利对员工的工作岗位、职位等级和薪酬水平进行单方调整呢？当然不是，只要企业能对其调岗调薪行为举证说明其充分合理性，司法裁判机关就会承认和保护企业的用工自主权。

案例分析

某制造企业业务经理李华已连续半年未完成业绩指标，公司人事部门对李华所做的绩效评估结论为不符合岗位要求、不能胜任现有工作岗位。李华认可公司的结论，并在绩效评估表上签字确认。之后，公司决定将其岗位调整为业务主管，同时其基本工资从 8000 元降低为 6000 元。李华收到调岗通知后，拒绝在调岗通知书上签字。李华认为虽然因其未能胜任工作，公司有权调整其岗位，但未经其本人同意公司不得调整其工资。

（资料来源：潘辉. HR 劳动关系经典管理案例. 北京：中国法制出版社，2019：100-101，有改动）

【分析】

在法定情形下，企业基于法律授权可以对员工单方调岗，但是能否薪随岗降，即企业在调岗的同时可否降低员工的工资？法律对此并无明确规定。实践中存在截然相反的两种争议：

一是"薪不随岗降"。工资条款系劳动合同的必备条款，只有经双方协商一致，企业方可降低工资，否则，企业即属于违反劳动合同法的相关规定。而且，虽然企业因员工不能胜任工作等可以调整员工的岗位，但是这并不意味着企业同时有权单方降低员工的工资，毕竟劳动合同法并未授权企业可在调岗的同时降低员工工资。

二是"薪可随岗降"。员工不能胜任工作的，企业有权单方调整员工岗位已无异议，但是伴随员工的岗位发生变化，其岗位职责、工作内容甚至劳动强度等均发生变化，在此前提下，如企业不能降薪，则与《劳动法》第四十六条关于同工同酬的法律规定和按劳分配原则相悖。从企业用工管理权角度来看，岗位管理亦包含了相应的薪酬管理，岗位变动必然导致工资标准等的变动。既然立法已明确授权企业在法定情形下可以单方调整员工的岗位，则可以认为企业的单方调岗权同时亦包含了薪酬调整权。否则，立法授权企业在法定情形下单方调岗并无任何意义。

在司法裁判实践中，企业需要为调岗降薪行为充分举证其合法合理性。

第一，企业调岗必须合理合法。如企业调岗不合法或不合理的，则"薪随岗降"缺乏合法基础或前提，势必导致企业单方降薪的不合法或不合理。

第二，需明确调岗后新岗位的工资标准。这要求企业的薪酬体系须完善，每个岗位所对应的工资标准应当明确。否则，企业单方调整员工的岗位时，员工的工资标准需调整至什么标准则无章可循，进而导致只能按协商降薪的方式对员工的工资标准进行调整，企业就比较被动了。

第三，企业不得恶意降薪。企业基于单方调岗而调整员工工资标准时，应当遵循合理原则和同工同酬原则——前者要求企业的降薪幅度不能过大，如降幅50%以上，后者有权要求员工被调整后的工资标准应当与公司相同岗位（或类似岗位）或相同级别（或类似级别）的其他员工基本处于同一水平或不应有明显差距。否则，一旦企业的降薪行为被认定为恶意降薪，则企业的薪随岗降措施必然是失败的。

第四节　劳动合同的解除与终止

本节主要讨论用人单位和劳动者在什么情况下可以解除劳动合同或终止劳动合同？在哪些情况下用人单位应向劳动者支付经济补偿？解除或终止劳动合同后，用人单位和劳动者应承担什么义务？违法解除劳动合同有何法律后果？等等。需要说明的是，只要符合法定情形，劳动合同当事人可以根据规定的程序解除或终止任何类型的劳动合同，包括固定期限劳动合同、无固定期限劳动合同和以完成一定工作任务为期限的劳动合同。

一、劳动合同的解除

解除劳动合同是提前终止劳动合同的行为，法律规定劳动合同的当事人有权经过平等协商或者依法单方解除劳动合同，这是契约自由原则的一种体现，有利于维护和保障用人单位的用工自主权和劳动者的择业自主权，督促合同双方全面、正确地履行合同义务等。

依据解除方式的不同，劳动合同的解除可以分为两类：协商解除和单方解除。协商解除是指因主客观情况的变化，劳动合同双方当事人经协商一致解除劳动合同。单方解除是指劳动合同当事人一方依照法律、法规规定的事由行使解除权而解除劳动合同；劳动合同的单方解除又可分为劳动者单方解除和用人单位单方解除[1]。以下依次介绍协商解除、劳动者单方解除和用人单位单方解除。

1. 双方协商解除劳动合同

《劳动合同法》第三十六条规定："用人单位与劳动者协商一致，可以解除劳动合同。"

根据意思自治和合同自由原则，劳动合同的双方当事人享有协商解除劳动合同的自由。劳动合同的协商解除必须符合三个条件：①双方自愿；②平等协商；③不得损害对方和第三方的利益[2]。

应当注意的是，根据解除动议提出者的不同，协商解除又可分为用人单位向劳动者提出解除与劳动者向用人单位提出解除，两者的法律后果是不一样的。如果是由用人单位向劳动者提出解除动议并与劳动者协商一致解除劳动合同的，用人单位应当向劳动者支付经济补偿；反之，如果解除动议是由劳动者主动提出，之后协商解除的，用人单位则不必支付经济补偿。

2. 劳动者单方解除劳动合同

为充分保障劳动者的自由择业权以实现劳动力的优化配置，尤其是考虑到保护劳动者这一相对弱势群体的合法权益，劳动法赋予了劳动者较宽松的单方解除权。根据劳动者在解除劳动合同时的条件与程序的不同，可分为劳动者提前通知解除、劳动者随时通知解除和劳动者无需通知解除三种类型。

（1）劳动者提前通知解除《劳动合同法》第三十七条规定："劳动者提前三十日以书面形式通知用人单位，可以解除劳动合同。劳动者在试用期内提前三日通知用人单位，可以解除劳动合同。"根据本条规定，劳动者有权根据自己的单方意志解除劳动合同，除规定的程序外，对劳动者行使辞职权不附加任何条件，也无需征得用人单位的同意。

虽然法律赋予了劳动者几乎是无条件的辞职权，但是，劳动者需履行提前告知的义务，包括配合用人单位完成工作交接。同时，对劳动者违反劳动合同约定的，如培训服务期的约定、保守商业秘密和竞业限制约定等，劳动者应承担违约责任。因此，用人单位既要充分尊重法律所赋予劳动者的辞职权，也要通过完善劳动合同和单位规章制度充分维护用人单位的合法权益。

（2）劳动者随时通知解除《劳动合同法》第三十八条第一款规定："用人单位有下列情形之一的，劳动者可以解除劳动合同：（一）未按照劳动合同约定提供劳动保护或者劳动条件的；（二）未及时足额支付劳动报酬的；（三）未依法为劳动

---

[1] 本书编写组：《〈中华人民共和国劳动法〉条文释义与案例精解》. 北京：中国民主法制出版社，2007年，第159页。

[2] 本书编写组：《〈中华人民共和国劳动法〉条文释义与案例精解》. 北京：中国民主法制出版社，2007年，第160页。

者缴纳社会保险费的；（四）用人单位的规章制度违反法律、法规的规定，损害劳动者权益的；（五）因本法第二十六条第一款规定的情形致使劳动合同无效的；[①]（六）法律、行政法规规定劳动者可以解除劳动合同的其他情形。"[②]用人单位出现以上六种情形之一的，根据《劳动合同法》和《违反〈劳动法〉有关劳动合同规定的赔偿办法》的规定，除了劳动者可以随时解除劳动合同外，用人单位还需承担以下责任和损失：①向劳动者支付经济补偿；②对劳动者造成损失的应补偿其损失；③用人单位与劳动者约定了服务期，但劳动者依照《劳动合同法》第三十八条规定解除劳动合同的，不属于违反服务期的约定，用人单位不得要求劳动者支付违约金。因此，用人单位应注意避免出现上述情况。

（3）劳动者无需通知解除《劳动合同法》第三十八条第二款规定："用人单位以暴力、威胁或者非法限制人身自由的手段强迫劳动者劳动的，或者用人单位违章指挥、强令冒险作业危及劳动者人身安全的，劳动者可以立即解除劳动合同，不需事先告知用人单位。"此款的规定表明，当用人单位存在严重违法行为时，劳动者可立即解除劳动合同而无需事先告知用人单位。而且，劳动者还有权依据相关法律追究用人单位的法律责任。如果用人单位的上述行为引发重大伤亡事故时，用人单位和有关责任人还将被依法追究行政责任和刑事责任等。因此，用人单位应杜绝出现上述情况。

3. 用人单位单方解除劳动合同

劳动法在赋予劳动者单方解除权的同时，也赋予用人单位某些情形下的单方解除权，以保障用人单位的用工自主权，谋求劳资双方利益平衡。但为了防止用人单位滥用解除权，我国在立法上严格限定了用人单位解除劳动合同的条件；而且，还赋予了工会对用人单位单方解除劳动合同的监督权[③]。根据解除权使用条件的不同，用人单位解除权可以分为过失性辞退、无过失性辞退和经济性裁员三种。同时，法律还规定了用人单位不得解除劳动合同的情形。

（1）过失性辞退。《劳动合同法》第三十九条规定："劳动者有下列情形之一的，用人单位可以解除劳动合同：（一）在试用期间被证明不符合录用条件的；（二）严重违反用人单位的规章制度的；（三）严重失职，营私舞弊，给用人单位

---

① 《劳动合同法》第二十六条第一款规定是："下列劳动合同无效或者部分无效：（一）以欺诈、胁迫的手段或者乘人之危，使对方在违背真实意思的情况下订立或者变更劳动合同的；（二）用人单位免除自己的法定责任、排除劳动者权利的；（三）违反法律、行政法规强制性规定的。"

② 本项是一条开放性规定，以避免遗漏现行法律、法规规定的其他情况，并采用此种方法以使该法和其他法律以及以后颁行的新法相衔接。

③ 《劳动合同法》第四十三条规定："用人单位单方解除劳动合同，应当事先将理由通知工会。用人单位违反法律、行政法规规定或者劳动合同约定的，工会有权要求用人单位纠正。用人单位应当研究工会的意见，并将处理结果书面通知工会。"

造成重大损害的;(四)劳动者同时与其他用人单位建立劳动关系,对完成本单位的工作任务造成严重影响,或者经用人单位提出,拒不改正的;(五)因本法第二十六条第一款第一项规定的情形致使劳动合同无效的;①(六)被依法追究刑事责任的。"此条是关于因劳动者的过错用人单位单方解除劳动合同的规定。在出现上述六种情形之一时,用人单位即可以随时通知劳动者解除劳动合同,并不必支付经济补偿。但用人单位在行使过失性辞退权时,应注意所依据的情形必须符合法定情形所规定的要求,如操作不当,将可能因理由不充分或依据不成立被认为是违法解除劳动合同。

案例分析

魏某(乙方)是某酒店(甲方)的财务部工资员,负责核算酒店员工的工资。双方劳动合同的第七条规定:"乙方有下列情况之一的,甲方可以随时通知乙方解除本劳动合同、辞退乙方,而不需支付给乙方任何经济补偿:⋯⋯乙方不履行本劳动合同,严重违反劳动纪律和甲方依法制定之规定制度的;规章制度细则详见《员工手册》。"

3月23日,魏某在未按照《员工手册》的相关规定履行请假手续的情形下,迟到及早退各达1小时。当月29日,酒店人力资源部总监与魏某谈话,对其上述迟到、早退及私自将工资制作程序告知部门秘书的行为进行批评指正,魏某在记载上述谈话内容的谈话记录上签字。同日,酒店以上述违纪行为违反了《员工手册》的相关规定为由,对魏某作出最后警告的处分。4月28日上午,魏某在未请假的情况下未到岗工作,当月30日,酒店财务部召开内部会议,对魏某的旷工行为进行批评,魏某参加了该会议。5月10日,魏某所在部门经理安排其核算酒店一名外聘员工的所得税,双方均认可该核算需要耗时一个小时,但魏某予以拒绝。当日,酒店对魏某作出解雇的处理决定。

魏某以酒店的除名决定不当为由向劳动争议仲裁委员会提出申诉,要求撤销解除劳动关系的决定,并要求酒店向其支付5月10日至6月9日的生活费。该委经审理,裁决驳回魏某的申诉请求。故魏某诉至法院,请求判令酒店承认错误、赔礼道歉、支付5月10日至7月10日的生活费、解除劳动合同的经济补偿及律师费。

法院审理认为,酒店与魏某签订的劳动合同系双方当事人的真实意思表示,其内容不违反法律的强制性规定,对双方均有法律约束力。魏某在3月29日的谈话记录上签字确认其于3月23日迟到、早退及私自将工资制作程序告知部门秘

---

① 《劳动合同法》第二十六条第一款第一项的规定是:"下列劳动合同无效或者部分无效:(一)以欺诈、胁迫的手段或者乘人之危,使对方在违背真实意思的情况下订立或者变更劳动合同的⋯⋯"

书的行为，酒店依据《员工手册》的规定对其处以最后警告的处分并无不当。根据庭审查明的事实，魏某的主管经理于 5 月 10 日安排其从事的工作并未明显超出其工作范围。在魏某拒绝上述安排的情况下，酒店对其处以解雇处分的决定符合《员工手册》的相关规定，亦无不当。故法院对魏某要求酒店向其支付解除劳动合同经济补偿的请求不予支持。鉴于酒店与魏某的劳动关系已于 5 月 10 日解除，魏某要求酒店支付 5 月 10 日至 7 月 10 日生活费的诉讼请求缺乏事实和法律依据，法院对此不予支持。魏某要求酒店承认错误、赔礼道歉及支付律师费的诉讼请求于法无据，法院对此亦不予支持。

（资料来源：张家麟. 劳动争议 75 案. 北京：中国法制出版社，2008：167-169，有改动）

【分析】

劳动关系兼有平等性和隶属性。劳动关系建立后，劳动者作为用人单位的职工必须服从用人单位的支配或指挥，必须遵守用人单位的各项规章制度，此时双方形成了管理与被管理、领导与被领导的隶属关系。因此，法律赋予用人单位在劳动者严重违反劳动纪律的情况下与之解除劳动关系的权利。

在本案中，该酒店有比较严密的管理制度和完善的处理程序，有员工违纪后与之进行谈话、教育，并让员工签字确认违纪行为，严格按照规章制度给予相应处分，因此大大降低了其在诉讼中的证明成本及举证责任风险，最终其主张也得到了法院的采信。在能够证明劳动者确实存在严重违反劳动纪律或者用人单位规章制度的情况下，用人单位单方解除劳动合同的决定即为合法有效的民事行为，且因劳动者存在重大过错，故用人单位无须向劳动者支付解除劳动合同的经济补偿。

实践中存在相当一部分企业因缺乏严谨细致的管理，导致企业明明有理却因为举证不力而败诉的情况。因此，企业若要有效运用单方解除权，首先要完善管理制度，建立健全规章制度；其次要做好日常管理和取证工作。

（2）无过失性辞退。《劳动合同法》第四十条规定："有下列情形之一的，用人单位提前三十日以书面形式通知劳动者本人或者额外支付劳动者一个月工资后，可以解除劳动合同：（一）劳动者患病或者非因工负伤，在规定的医疗期满后不能从事原工作，也不能从事由用人单位另行安排的工作的；（二）劳动者不能胜任工作，经过培训或者调整工作岗位，仍不能胜任工作的；（三）劳动合同订立时所依据的客观情况发生重大变化，致使劳动合同无法履行，经用人单位与劳动者协商，未能就变更劳动合同内容达成协议的。"此条款是关于用人单位可以行使无过失性辞退权的三种情形，即由于劳动者的某些原因或客观情况变化而赋予用人单位单方解除权。但解除的方式和用人单位应承担的责任与过失性辞退有所差别，具体体现在：第一，用人单位须提前 30 日以书面形式通知劳动者本人或者额外支付劳动者一个月工资（按照该劳动者上一个月的工资标准确定）后，方可解除劳动合同；第二，在无过失性辞退的情况下，用人单位需向劳动者支付经济补偿。

用人单位在行使无过失性辞退权时，同样需要注意所适用的情形应符合法定要求，否则将承担违法解除劳动合同的法律后果。

案例分析

小汪与某公司签订了无固定期限劳动合同，合同约定若连续 2 年考评均处于末位时，公司可以解除劳动合同。该公司关于实施"末位淘汰制"的文件规定，公司每季度对员工进行考评，对连续两年年末考评处于最末位的 5 名职工予以解除劳动合同。由于在过去两年的年度综合考评中小汪均处于最末 5 位，公司决定解除与小汪的劳动合同，并通知了他。小汪不服，与公司交涉未果，遂向当地劳动争议仲裁委员会提起劳动仲裁，请求撤消公司的解除劳动合同决定。

劳动争议仲裁委员会经审理后以劳动合同中关于"末位淘汰"的约定违反法律，裁决支持小汪的请求。该公司不服，以劳动合同的订立为合同双方当事人真实的意思表示为理由，起诉至当地人民法院，法院最后驳回了公司的诉讼请求。

（资料来源：鲁翠. 末位淘汰制度 PK 中国劳动法. http://lawyers.66law.cn/s240 283731603f_i766420.aspx，2020-06-18，有改动）

163

【分析】

此案是一起由末位淘汰而引起的典型案例。在实践中，不少企业运用末位淘汰的方式保留优秀员工，而将排名末位的员工予以淘汰。那么排名末位与不能胜任工作是否是同一回事，末位淘汰的合法性如何？

首先，排名末位不等同于不能胜任工作。不能胜任工作，通常是指不能按要求完成劳动合同中约定的任务或者同工种、同岗位人员的工作量。末位淘汰则是指将工作业绩排在末位的员工淘汰掉，而在绩效考核中，必定有排名末位的员工，排名末位与能否胜任工作不可划一，更不能简单等同。因此，在此案中，小汪只是排名靠后，但这一简单的排名并不能说明小汪不能胜任工作。

其次，即使小汪真的不能胜任工作，用人单位对不能胜任工作的小汪还需履行对其进行职业培训或调整工作岗位的义务，之后小汪仍不能胜任工作的，用人单位即可提前 30 天通知解除劳动合同。

此案中，公司与小汪虽然在劳动合同中约定"若连续 2 年考评均处于末位时，公司可以解除劳动合同"，但由于此项约定与《劳动合同法》第四十条第二项相抵触，为无效条款。因此，公司不能以"末位淘汰"为理由解除与王某的劳动合同。

末位淘汰制这一绩效管理方式，在提高员工的危机意识、竞争意识，从而最大限度地挖掘员工潜力、达到个人绩效最大化方面有着积极意义。但盲目追求末位淘汰也会对员工造成过大的压力，引发员工之间的不良竞争。不恰当地使用末位淘汰制更会给企业带来紧张的劳动关系和不必要的官司纠纷。因此，企业应仔细研读相关的法律规定，在符合法律规定的前提下合理运用末位淘汰制。

（3）经济性裁员。《劳动合同法》第四十一条规定："有下列情形之一，需要裁减人员二十人以上或者裁减不足二十人但占企业职工总数百分之十以上的，用人单位提前三十日向工会或者全体职工说明情况，听取工会或者职工的意见后，裁减人员方案经向劳动行政部门报告，可以裁减人员：（一）依照企业破产法规定进行重整的；（二）生产经营发生严重困难的；（三）企业转产、重大技术革新或者经营方式调整，经变更劳动合同后，仍需裁减人员的；（四）其他因劳动合同订立时所依据的客观经济情况发生重大变化，致使劳动合同无法履行的。裁减人员时，应当优先留用下列人员：（一）与本单位订立较长期限的固定期限劳动合同的；（二）与本单位订立无固定期限劳动合同的；（三）家庭无其他就业人员，有需要扶养的老人或者未成年人的。用人单位依照本条第一款规定裁减人员，在六个月内重新招用人员的，应当通知被裁减的人员，并在同等条件下优先招用被裁减的人员。"

经济性裁员是指企业因经营不善等经济性原因，解雇多个劳动者的情形。市场经济的变化或企业自身经营的问题经常导致用人单位需要裁减职工，允许用人单位裁减职工是保护企业市场竞争力、充分发挥企业人事自主权的一种现实需要。但是企业裁减人员会涉及众多劳动者的利益，并进而可能影响到社会的稳定，因此《劳动法》《劳动合同法》及相关劳动法规对用人单位裁减人员作了一定的限制，并规定了裁减人员的优先留用以及优先招用等制度。而且，用人单位依据经济性裁员规定解除劳动合同的，应当向劳动者支付经济补偿。

案例分析

阳阳应聘某网络公司，成为该公司的技术工程师并签订了为期3年的劳动合同。第二年上半年，每况愈下的公司经营发生严重困难。因此，公司决定采取裁员措施。不久，公司制定并颁布了《公司裁员规定》，要求各部门主管对本部门员工进行业务考核，以考核结果为参考按原有员工数的40%上报裁员名单。《公司裁员规定》称："在公司经营状况发生严重困难时，公司可以裁减人员，但应提前30日通知被裁员工，并按照有关法律规定发给相应的经济补偿。"

7月初该规定正式出台后，各部门均裁掉了40%的员工，阳阳便是其中一员。人资部负责人找阳阳谈话，解释裁员是迫于公司的经济状况，属于经济性裁员。他告知阳阳30天后双方解除劳动关系，公司会按有关法律规定发放相应的经济补偿。阳阳心有不甘。他记得做人资的朋友说过，人资部其实很怕裁员，因为不但员工情绪大，而且申请裁员的程序很复杂，须报告相关部门，不能说裁就裁。就此，阳阳向劳动争议仲裁委员会提出仲裁申请。仲裁委员会经审查认为，阳阳公司的裁员虽符合法律规定的经济性裁员的条件，但公司的裁员程序却不合法。该行为属于任意裁员，因此阳阳所在公司应当撤销其裁员决定，继续履行与阳阳的劳动合同。

（资料来源：经济性裁员程序须合法. http://china.findlaw.cn/laodongfa/jieguoitui/54450.html，2019-05-04，有改动）

【分析】

这起劳动争议并不复杂，关键就在裁员程序的合法性。阳阳所在公司裁员本身并没有问题，问题就出在没有按法定程序裁员。

根据《劳动合同法》第四十一条关于企业经济性裁减人员规定，"需要裁减人员二十人以上或者裁减不足二十人但占企业职工总数百分之十以上的，用人单位提前三十日向工会或者全体职工说明情况，听取工会或者职工的意见后，裁减人员方案经向劳动行政部门报告，可以裁减人员"。

本案中，阳阳所在公司直接制定并发布了《公司裁员规定》，公司既没有提前向员工说明情况，也没有就裁员方案征求工会意见，更没有向当地劳动行政部门报告。这种不按照法律规定程序进行的裁员是无效的。所以，劳动争议仲裁委员会裁决公司撤销其对杨某的裁员决定。

165

二、劳动合同的终止

劳动合同终止是指劳动合同的法律效力依法被结束，即劳动关系由于一定法律事实的出现而终结，劳动者与用人单位之间原有的权利义务不再存在。

《劳动合同法》第四十四条规定："有下列情形之一的，劳动合同终止：（一）劳动合同期满的；（二）劳动者开始依法享受基本养老保险待遇的；（三）劳动者死亡，或者被人民法院宣告死亡或者宣告失踪的；（四）用人单位被依法宣告破产的；（五）用人单位被吊销营业执照、责令关闭、撤销或者用人单位决定提前解散的；（六）法律、行政法规规定的其他情形。"

以上所列的劳动合同终止的六种法定情形，可以归纳为两类：一是劳动合同期满终止；二是劳动合同一方当事人丧失法定资格终止。

1. 劳动合同期满终止

这主要适用于固定期限劳动合同和以完成一定工作任务为期限的劳动合同。劳动合同期满，除依法续订劳动合同的和依法应延期的以外，劳动合同自然终止，双方权利义务结束。用人单位应注意以下四点：

（1）劳动合同的终止时间，以劳动合同期限最后一日的二十四时为准。因此，用人单位要与劳动合同期满的劳动者终止劳动关系的，应在此时间内办理终止手续。

（2）劳动合同期满后，用人单位未与劳动者办理终止手续，劳动者继续在用人单位工作的，两者间形成事实劳动关系。根据《劳动部关于实行劳动合同制度若干问题的通知》第十四条："有固定期限的劳动合同期满后，因用人单位方面的原因未办理终止或续订手续而形成事实劳动关系的，视为续订劳动合同。用人单位应及时与劳动者协商合同期限，办理续订手续。由此给劳动者造成损失的，该用人单位应当依法承担赔偿责任。"因此，为了避免形成事实劳动关系以及随之带来的法律后果，用人单位应加强对即将到期的劳动合同的管理，提前将续订或终止劳动合同的意向以书面形式通知劳动者。劳动部《关于加强劳动合同管理完善劳动合同制度的通知》第五条规定："劳动合同期满前应当提前一个月向职工提出终止或续订劳动合同的书面意向，并及时办理有关手续。"

（3）对于劳动合同期满终止的情形，用人单位需区分不再续订的理由并保留书面证据。根据《劳动合同法》第四十六条关于支付经济补偿的规定，"除用人单位维持或者提高劳动合同约定条件续订劳动合同，劳动者不同意续订的情形外，依照本法第四十四条第一项规定终止固定期限劳动合同的"，用人单位应当向劳动者支付经济补偿。因此，用人单位需将劳动合同不再续订的理由明确下来，最好能以"续订劳动合同意向书"的形式征求劳动者的意见并要求其签字确认。

此外，以完成一定工作任务为期限的劳动合同因任务完成而终止的，用人单位应当支付经济补偿。

（4）用人单位与劳动者不得约定其他的劳动合同终止条件。根据《劳动合同法实施条例》第十三条："用人单位与劳动者不得在劳动合同法第四十四条规定的劳动合同终止情形之外约定其他的劳动合同终止条件。"也就是说，劳动合同的终止条件仅限于法律规定的六种法定情形，除此之外，用人单位与劳动者不得约定其他的终止条件，否则，约定的终止条件为无效条款。

2. 劳动合同一方当事人丧失法定资格终止

《劳动合同法》第四十四条关于劳动合同终止的第二、第三种情形，均属于劳动者这一方当事人的法定资格消失，丧失了和用人单位再订立或者履行劳动合同的主体资格；而第四、第五种情形则属于用人单位这一方当事人的法定资格消失，同样不具备与劳动者再订立或者履行劳动合同的主体资格。因此，由于一方丧失了法定资格从而导致劳动合同归于终结。

根据《劳动合同法》第四十六条，因用人单位被依法宣告破产而导致劳动合同终止的，以及因用人单位被吊销营业执照、责令关闭、撤销或者用人单位决定提前解散而导致合同终止的，用人单位应当向劳动者支付经济补偿。

三、用人单位不得解除和逾期终止劳动合同的情形

《劳动合同法》第四十二条规定："劳动者有下列情形之一的，用人单位不得依照本法第四十条、第四十一条的规定解除劳动合同：（一）从事接触职业病危害作业的劳动者未进行离岗前职业健康检查，或者疑似职业病病人在诊断或者医学观察期间的；（二）在本单位患职业病或者因工负伤并被确认丧失或者部分丧失劳动能力的；（三）患病或者非因工负伤，在规定的医疗期内的；（四）女职工在孕期、产期、哺乳期的；（五）在本单位连续工作满十五年，且距法定退休年龄不足五年的；（六）法律、行政法规规定的其他情形。"

同时，《劳动合同法》第四十五条规定："劳动合同期满，有本法第四十二条规定情形之一的，劳动合同应当续延至相应的情形消失时终止。但是，本法第四十二条第二项规定丧失或者部分丧失劳动能力劳动者的劳动合同的终止，按照国家有关工伤保险的规定执行。"

为了对一些处于特殊阶段或者作出特殊贡献的劳动者予以特殊保护，《劳动合同法》规定，在上述六种法定情形下，禁止用人单位根据《劳动合同法》第四十条（无过失性辞退）、第四十一条（经济性裁员）的规定单方解除劳动合同；并且劳动合同到期的，如果出现上述除第二种情形外的其他五种情形之一，也应逾期终止，即必须将劳动合同延续至相应情形消失时才能终止。

对上述两条规定的理解需注意以下三个方面：①本条禁止的是用人单位单方解除劳动合同，并不禁止劳动者与用人单位协商一致解除劳动合同；②不得解除的六种情形仅对《劳动合同法》第四十条、第四十一条产生效力，不适用于《劳动合同法》第三十九条，即如果劳动者出现了《劳动合同法》第三十九条（过失性辞退）所列举的六种情形之一时，即使劳动者具备了此条规定的要求，用人单位仍可以单方解除劳动合同。③对于在本单位患职业病或者因工负伤并被确认丧失或者部分丧失劳动能力劳动者的劳动合同的终止，按照国家有关工伤保险的规定执行。详细规定请参考本书第十一章第四节有关工伤保险的内容。

案例分析

小梁是某大学机械制造与工艺系的高才生，毕业后与某机械制造公司签订了劳动合同。工作后一直很努力，多次参与自动化生产线专机设计，受到广泛好评。小梁结婚后不久，因妊娠反应强烈，上班迟到的现象时有发生，在上班时间有时也精力不集中，特别是在专机设计时，还出现了技术错误。公司认为，小梁享受的是高薪，现不能胜任其工作，于是当即炒了小梁。此时，小梁已怀孕7个月，她不服，申请了仲裁。

（资料来源：王林清.劳动法典型案例评析.北京：中国民主法制出版社，

2008：266-269，有改动）

【分析】

案例中的情形在生活中是经常碰到的，公司能否解除小梁的劳动合同呢？

根据《劳动合同法》第四十二条，女职工在孕期、产期、哺乳期的，用人单位不得以《劳动合同法》第四十条（无过失性辞退）和第四十一条（经济性裁员）的理由解除劳动合同。这是对特殊员工的特殊保护。《劳动法》《妇女权益保障法》中都有类似的规定。但为了维护用人单位的合法权益，法律并不排除用人单位对出现《劳动合同法》第三十九条（过失性辞退）所列举的六种情形的劳动者单方解除劳动合同，且无需提前通知，也无需支付经济补偿。

此案例中，公司以不能胜任工作为由炒了小梁，其引用的法律依据应是《劳动合同法》第四十条第二项，即"劳动者不能胜任工作，经过培训或者调整工作岗位，仍不能胜任工作的"，用人单位可提前三十日通知解除劳动合同。但这是公司对该条款的误解，一方面，公司并未正确执行该条款，更为重要的是，当劳动者出现《劳动合同法》第四十二条规定的情形时（包括女职工怀孕），用人单位不得依照第四十条的规定解除劳动合同。因此，仲裁委员会最终裁定公司撤销解除小梁劳动合同的决定。

当然，如果员工在怀孕期间出现《劳动合同法》第三十九条的情形，如严重违反用人单位的规章制度，严重失职、营私舞弊、给用人单位造成重大损害等，用人单位还是可以根据法定程序解除与劳动者的劳动合同。

四、经济补偿

经济补偿是劳动合同制度中的一项重要内容，它是指在劳动者无过失的情况下，用人单位与劳动者解除或终止劳动合同时，依照法律规定支付给劳动者的相关补偿费用。

（一）需要支付经济补偿的情形

根据《劳动合同法》和《劳动合同法实施条例》，劳动合同解除和终止及经济补偿支付情况见表7-1。

表7-1 劳动合同解除和终止及经济补偿支付情况一览表

解除和终止		情形	经济补偿
协商解除	单位提出		√
	员工提出		×

解除和终止		情形	经济补偿
劳动者单方解除	提前通知解除（提前30天书面通知；试用期内提前3天通知）		×
	随时通知解除	单位未按照合同约定提供劳动保护或者劳动条件	√
		单位未及时足额支付劳动报酬	√
		单位未依法为劳动者缴纳社会保险费	√
		单位规章违反法律、法规，损害劳动者权益	√
		用人单位以欺诈、胁迫的手段或者乘人之危订立劳动合同的	√
		法律法规规定的其他情形	√
	无需通知解除	单位以暴力、威胁或者非法限制人身自由的手段强迫劳动者劳动	√
		单位违章指挥、强令冒险作业危及劳动者人身安全	√
用人单位单方解除	过失性辞退（随时通知解除）	劳动者在试用期间被证明不符合录用条件	×
		劳动者严重违反用人单位的规章制度	×
		严重失职，营私舞弊，给单位造成重大损害	×
		劳动者同时与其他用人单位建立劳动关系，对完成本单位的工作造成严重影响，或经单位提出，拒不改正	×
		劳动者以欺诈、胁迫手段或者乘人之危订立劳动合同	×
		劳动者被依法追究刑事责任	×
	无过失性辞退（提前30天通知或支付一个月工资）	劳动者患病或非因工负伤，医疗期满后不能从事原工作，也不能从事另行安排的工作	√
		不能胜任工作，经培训或调岗后仍无法胜任的	√
		合同订立时的客观情况发生重大变化，致使合同无法履行，经单位与劳动者协商，未能就变更合同达成协议	√
	经济性裁员（履行法定程序）	破产；经营困难；转产、重大技术革新或者经营方式调整；客观情况发生重大变化	√
劳动合同终止	劳动合同期满的；	用人单位不同意续订的	√
		用人单位降低劳动条件续订劳动合同，劳动者不同意续订的	√
		用人单位维持或者提高劳动条件续订劳动合同，劳动者不同意续订的	×
	劳动者开始享受基本养老保险待遇的		×
	劳动者死亡或被法院宣告死亡或失踪的		×
	单位被依法宣告破产		√
	单位被吊销营业执照、责令关闭、撤销或者决定提前解散的		√
	法律、行政法规规定的其他情形		√

注：√表示用人单位需支付经济补偿；×表示用人单位不需支付经济补偿。

资料来源：本表由毛晓燕自行设计。

169

需要说明的是,《劳动合同法实施条例》第十二条指出,地方各级人民政府及县级以上地方人民政府有关部门为安置就业困难人员提供的给予岗位补贴和社会保险补贴的公益性岗位,其劳动合同不适用劳动合同法有关无固定期限劳动合同的规定以及支付经济补偿的规定,也就是说,对于上述公益性岗位,即使是在以上七种情形下解除或终止劳动合同的,用人单位也不用支付经济补偿。

此外,根据《劳动合同法实施条例》第五条和第六条,用工一个月内,劳动者不愿意与用人单位签订劳动合同,用人单位可以终止劳动关系,且无需支付经济补偿;用工超过一个月不满一年,没有签订劳动合同,且劳动者不与用人单位订立劳动合同的,用人单位可以终止劳动关系,但需要支付经济补偿。

(二)经济补偿的计算方式

《劳动合同法》第四十七条和《劳动合同法实施条例》第十条、第十四条、第二十七条对经济补偿的计算方式做了明确规定,具体如下:

经济补偿按劳动者在本单位工作的年限,每满一年支付一个月工资的标准向劳动者支付,即经济补偿额=劳动者在本单位的工作年限×月工资。

对于劳动者在本单位的工作年限,满一年的算一年;六个月以上不满一年的,按一年计算;不满六个月的,按半年计算。

计算经济补偿时使用的月工资是指劳动者在劳动合同解除或者终止前十二个月的平均工资,按照劳动者应得工资计算,包括计时工资或者计件工资以及奖金、津贴和补贴等货币性收入。劳动者工作不满十二个月的,按照实际工作的月数计算平均工资。劳动者月工资高于用人单位所在地区上年度职工月平均工资三倍的,月工资水平按该地区上年度职工月平均工资三倍的数额计算;劳动者在劳动合同解除或者终止前十二个月的平均工资低于用人单位所在地区最低工资标准的,按照当地最低工资标准计算。

此外,《劳动合同法》对高薪劳动者的经济补偿作了封顶规定,即对月工资水平(劳动合同解除或者终止前十二个月的平均工资)高于用人单位所在地区上年度职工月平均工资三倍的劳动者,经济补偿标准按职工月平均工资三倍的数额支付,支付年限最高不超过十二年。而对其他劳动者则无"三倍"和"十二年"的封顶规定。

需要注意的是,对于劳动合同跨越 2008 年 1 月 1 日的,经济补偿须分段计算。《劳动合同法》第九十七条规定,本法施行之日(2008 年 1 月 1 日)存续的劳动合同在本法施行后解除或者终止,依照本法第四十六条规定应当支付经济补偿的,经济补偿年限自本法施行之日起计算;本法施行前按照当时有关规定,用人单位应当向劳动者支付经济补偿的,按照当时有关规定执行。

案例分析

张某 2005 年 1 月 1 日进入单位，2022 年 6 月 30 日因医疗期满后不能从事原工作，也不能从事另行安排的工作而被依法解除劳动合同，张某劳动合同解除前 12 个月平均工资为 35 000 元，2021 年上海市职工平均工资的三倍为 34 188 元。请帮张某计算因被解除劳动合同而获得的经济补偿金额。

（资料来源：本案例由毛晓燕编写）

【分析】

此案例的关键在于新旧法交接导致经济补偿的计算应当分段进行。

张某在《劳动合同法》施行前的经济补偿年限按照以前规定不受"经济补偿总额不超过劳动者十二个月的工资收入"的限制[①]，因此张某在 2005 年 1 月 1 日至 2007 年 12 月 31 日经济补偿的基数为 35 000 元，支付 3 个月经济补偿。

2008 年 1 月 1 日之后，根据《劳动合同法》第四十七条第二款规定："劳动者月工资高于用人单位所在直辖市、设区的市级人民政府公布的本地区上年度职工月平均工资三倍的，向其支付经济补偿的标准按职工月平均工资三倍的数额支付，向其支付经济补偿的年限最高不超过十二年。"案例中张某劳动合同解除前 12 个月平均工资为 35 000 元，超出所在地区上年度职工月平均工资三倍 34188 元，适用于"双封顶"规定，因此，2008 年 1 月 1 日至 2022 年 6 月 30 日经济补偿的基数为 34 188 元，支付 12 个月经济补偿。

也就是说，张某的经济补偿=（35 000×3）+（34 188×12）=515 256 元。此外，对于劳动者取得的一次性经济补偿需按一定标准缴纳个人所得税，由用人单位代扣代缴。根据财政部税务总局《关于个人所得税法修改后有关优惠政策衔接问题的通知》，"个人与用人单位解除劳动关系取得一次性补偿收入（包括用人单位发放的经济补偿金、生活补助费和其他补助费），在当地上年职工平均工资 3 倍数额以内的部分，免征个人所得税；超过 3 倍数额的部分，不并入当年综合所得，单独适用综合所得税率表，计算纳税。"

在实际工作中，经济补偿的分段计算不仅涉及新旧法的不同规定，还要依据不同地区的地方性规定执行，使用时需注意。

（三）经济补偿的支付

《劳动合同法》第五十条第二款规定，"用人单位依照本法有关规定应当向劳动者支付经济补偿的，在办结工作交接时支付"。此外，按照《劳动合同法》第

[①] 详见原劳动部发布的《违反和解除劳动合同的经济补偿办法》第六条，目前该部门规章已被废止。

八十五条的规定，用人单位解除或者终止劳动合同后，未按规定给予劳动者经济补偿的，未按照劳动合同的约定或者国家规定及时足额支付劳动者劳动报酬的，责令用人单位按应付金额百分之五十以上百分之一百以下的标准向劳动者加付赔偿金。

五、违法解除或终止劳动合同的法律后果

在现实中，不乏存在违法解除或终止劳动合同的行为。为避免用人单位滥用劳动合同解除权，法律对用人单位解除和终止劳动合同的行为限制得较多，对用人单位违法解除或终止劳动合同的赔偿责任条款也更多。但对于用人单位来说，一方面既要尽量避免出现违法解除或终止劳动合同的行为，并规避相应的法律风险；另一方面，也要明确劳动者违法解除或终止劳动合同应承担的法律责任，尽量维护自身的权益。

（一）用人单位违法解除或终止劳动合同的法律后果

《劳动合同法》第四十八条明确规定："用人单位违反本法规定解除或者终止劳动合同，劳动者要求继续履行劳动合同的，用人单位应当继续履行；劳动者不要求继续履行劳动合同或者劳动合同已经不能继续履行的，用人单位应当依照本法第八十七条规定支付赔偿金。"可见，对于用人单位违法解除或者终止劳动合同的，直接的法律后果是：

（1）解除或终止劳动合同的行为无效，继续履行劳动合同。只要劳动者要求继续履行劳动合同，用人单位就应当继续履行。

（2）劳动合同解除或终止，但需支付赔偿金。如果劳动者不要求继续履行劳动合同或者劳动合同已经不能继续履行的，劳动合同可以解除或终止，但是用人单位应当支付赔偿金。根据《劳动合同法》第八十七条，赔偿金的支付标准是"本法第四十七条规定的经济补偿标准的二倍"。同时，支付了赔偿金的，不再支付经济补偿。

（3）赔偿劳动者损失。根据《违反〈劳动法〉有关劳动合同规定的赔偿办法》第二条和第三条的规定，用人单位违反规定或劳动合同的约定解除劳动合同，对劳动者造成损害的，还应赔偿劳动者下列损失：①造成劳动者工资收入损失的，按劳动者本人应得工资收入支付给劳动者，并加付应得工资收入25%的赔偿费用；②造成劳动者劳动保护待遇损失的，应按国家规定补足劳动者的劳动保护津贴和用品；③造成劳动者工伤、医疗待遇损失的，除按国家规定为劳动者提供工伤、医疗待遇外，还应支付劳动者相当于医疗费用25%的赔偿费用；④造成女职工和未成年工身体健康损害的，除按国家规定提供治疗期间的医疗待遇外，还应支付相当于其医疗费用25%的赔偿费用；⑤劳动合同约定的其他赔偿

费用。

（二）劳动者违法解除或终止劳动合同的法律后果①

正如前述，《劳动合同法》赋予了劳动者较为宽松的解除劳动合同的权利。而且，根据《劳动合同法》第二十五条，用人单位可以主张违约金的情形不包含劳动者提前解除劳动合同，即用人单位不得以劳动者提前解除劳动合同为由向劳动者主张违约金。但是，这并不意味着劳动者可以随意解除劳动合同而不承担任何赔偿责任。

根据《违反〈劳动法〉有关劳动合同规定的赔偿办法》第四条，"劳动者违反规定或劳动合同的约定解除劳动合同，对用人单位造成损失的，劳动者应赔偿用人单位下列损失：（一）用人单位招收录用其所支付的费用；（二）用人单位为其支付的培训费用，双方另有约定的按约定办理；（三）对生产、经营和工作造成的直接经济损失；（四）劳动合同约定的其他赔偿费用"。用人单位应尽可能地将劳动者辞职给用人单位造成损失的证据固定下来，以便在追究劳动者责任时有理有据。

案例分析

龙先生是某公司研发部主管，与公司签订了期限为五年的劳动合同，并约定龙先生离职时须依公司规定办理工作交接。2014年2月5日，龙先生提出辞职，即日起自行离职，不来公司上班。公司要求龙先生办理工作交接，并拒绝在龙先生办理完工作交接之前为其办理解除劳动合同的档案和社会保险关系转移手续。2014年3月2日，龙先生提起劳动争议仲裁，要求公司为其办理退工手续，并赔偿其经济损失。

（资料来源：吴晓明. 民事审判指导与参考（总第49辑）. 北京：人民法院出版社，2012：266，有改动）

【分析】

根据《劳动合同法》第三十七条规定："劳动者提前三十日以书面形式通知用人单位，可以解除劳动合同。"同时，《劳动部关于实行劳动合同制度若干问题的通知》第十八条明确规定：职工解除劳动合同，应当严格按照《劳动法》的规定，提前三十日以书面形式向用人单位提出。职工自动离职属于违法解除劳动合同，应当按照《违反〈劳动法〉有关劳动合同规定的赔偿办法》承担赔偿责任。所以，龙先生在提出辞职后自行离职的行为属于违法解除劳动合同的行为。

---

① 汤云周，黄新发：《劳动合同条款设计及违法成本计算》. 北京：中国法制出版社，2008年，第143-145页。

另外,《劳动合同法》第五十条规定:"用人单位应当在解除或者终止劳动合同时出具解除或者终止劳动合同的证明,并在十五日内为劳动者办理档案和社会保险关系转移手续。劳动者应当按照双方约定,办理工作交接。用人单位依照本法有关规定应当向劳动者支付经济补偿的,在办结工作交接时支付。"可见,用人单位为劳动者办理档案和社会保险关系转移手续的条件,是劳动关系的解除或终止,换言之,用人单位的这一义务,是其与劳动者劳动关系解除或终止后履行的附随义务,用人单位不得为与其解除或终止劳动合同的劳动者转移人事档案和社会保险关系设定任何附加条件。虽然根据《劳动合同法》第五十条第二款,劳动者在解除或终止劳动关系时,应当按照双方约定,办理工作交接。但用人单位办理档案和社会保险关系转移,并不要求以劳动者办理工作交接为前提条件。如果用人单位没有按照法律规定及时为劳动者办理档案和社会保险关系转移手续,如给劳动者造成实际损失的,劳动者可以要求用人单位予以赔偿。当然,如果劳动者确实存在未按照劳动合同约定与用人单位办理工作交接手续给用人单位造成实际损失的,用人单位也可以另行向劳动者主张赔偿。

从此案例来看,龙先生不履行提前告知义务的离职行为属于违法解除劳动合同的行为。公司可要求龙先生根据法律规定履行提前告知义务,以及根据合同约定完成工作交接,并可按照《违反〈劳动法〉有关劳动合同规定的赔偿办法》要求龙先生承担赔偿责任。同时,公司也应根据法律规定为龙先生办理退工手续。

思考题

1. 与民事合同相比,简述劳动合同所具有的法律特征。
2. 简述判断劳动者是否具备主体资格的主要标准。
3. 简述用人单位不签订劳动合同的法律风险。
4. 请以简要的方式撰写一份完备有效的劳动合同。
5. 简述用人单位进行劳动合同变更的合法程序。
6. 请简要叙述用人单位须与劳动者订立无固定期限劳动合同的情形。
7. 简述劳动合同解除和终止的法定情形及用人单位须支付经济补偿的情形。
8. 简述劳动者和用人单位解除或终止劳动合同后的法律义务。

案例讨论一

不服从工作安排是否构成严重违纪

施洋在某科技有限公司担任冲压组长,一天在部门开会过程中,他明确拒绝部门负责人李某的工作安排。他指出"如果将原有的8人调整为6人，无法完成任务"，且声明"谁能做，谁去做，自己不会去做"。

　　为了不影响生产，公司暂停了施洋的组长职务，由其他人暂代组长职务，安排他从事开机床的工作，但是没有降低他的工资。此后，施洋上班时间虽打卡进入公司，但他或闲坐在办公室内，或在公司内到处闲逛，消极怠工，拒不从事公司安排的开机床的工作。

　　由于施洋消极怠工，拒不从事工作，公司分别于2014年7月14日，同月15日、17日、18日分别对施洋给予大过处分，累计四次大过；且于2014年7月17日下午相关管理人员找施洋谈话，要求他服从工作安排，从事劳动，施洋明确拒绝公司管理人员的要求，此次谈话公司作了现场录音。

　　鉴于2014年7月4日起至7月31日，施洋拒不到工作岗位上班，消极怠工，且屡教不改，公司于2014年7月31日以违反规章制度为由解除劳动合同。

　　此后，施洋以公司非法解除劳动合同为由，要求公司支付非法解除劳动合同的赔偿金。

　　（资料来源：黄连禧. 不服从工作安排是否构成严重违纪. 劳动法库，2016-02-11，有改动）

175

讨论题：

　　1. 公司暂停施洋组长职务是否合法？
　　2. 公司解除劳动合同是否合法？

案例讨论二

用人单位应如何行使调岗权？

　　曹忠在某公司任职已有8年，担任公司品一部烤漆课B班班长。双方在劳动合同中约定曹忠的工作岗位为"员工"，并约定该公司有权根据工作需要和绩效考核随时调整其工作岗位。

　　某日，公司通知曹忠自次日起到成一课A组A3班支援工作，工资待遇不变。曹忠不同意到新岗位工作，消极怠工。第三日和第四日，公司分别以"不服从主管工作安排，上班怠工，擅离职守做与工作无关的事"及"上班怠工，擅离职守"为由给予曹忠记大过两次的处分。第五日，公司以曹忠记满两次大过，根据公司规章制度，将其开除处理。后曹忠申请仲裁，请求裁决公司未与员工协商一致单方变更劳动合同的行为无效，并要求公司支付其解除劳动合同的经济补偿。

　　（资料来源：庄齐明. 用人单位如何行使调岗权. 中国卫生人才，2015（12）：

34-37，有改动）

讨论题：

1. 案例中，公司在劳动合同中约定曹忠的工作岗位为"员工"，该约定是否有效？

2. 公司在劳动合同中约定该公司有权根据工作需要和绩效考核随时调整其工作岗位，该约定是否有效？

3. 公司通知曹忠自次日起到成一课A组A3班支援工作，该行为是否构成对劳动合同的变更？

4. 案例中，公司对曹忠的调岗行为是否有效？曹忠要求公司支付其解除劳动合同的经济补偿的主张是否应得到支持？

5. 根据该案例总结企业行使调岗权时应注意哪些方面的问题。

▓案例讨论三

经济补偿的计算

【案例1】

员工小王2006年4月1日到公司任职，2015年8月1日公司因故与其协商提前解除劳动合同。小王解除合同前12个月平均工资为5000元。

【案例2】

员工小张2006年4月1日到公司任职，2015年3月31日劳动合同期满后，公司不再与小张续签合同。小张合同终止前12个月平均工资为5000元。

讨论题：

1. 案例1中的公司应支付小王多少经济补偿？请阐明计算过程和法律依据。

2. 案例2中的公司应支付小张多少经济补偿？请阐明计算过程和法律依据。

3. 总结归纳2008年前后法律法规中有关经济补偿计算问题的不同之处。

4. 整理你所在地区有关经济补偿计算的具体规定。

第八章　企业用工管理

本章就企业用工管理中的几个常见和重要的问题进行讨论，包括员工招聘管理、试用期管理、员工培训与服务期管理、商业秘密与竞业限制管理。

第一节　员工招聘管理

一、招聘过程中的歧视行为

我国法律把平等就业作为劳动者应享有的基本权利和劳动就业工作的基本原则，反对就业歧视，保障劳动者的合法权利。同时，我国法律也赋予了用人单位自主用人、择优录取的权利。因此，如何在法律允许的范围内合理甄选人才、规避歧视风险，是企业在招聘过程中首先需要注意的。

1. 就业歧视的界定

关于歧视，《现代汉语词典》（第 7 版）的解释是："不平等地看待"。《新帕尔格雷夫经济学大辞典》的解释是，"在某个市场上，当个人所面临的贸易条件是由个人的特征来决定，而这些个人特征看来并非与交易直接有关时，我们可称这种情形为歧视"[1]。由此可见，招聘中的就业歧视是指企业在招聘过程中以跟工作无关的情况为理由，将部分应聘者排除在就业竞争机制以外的行为[2]。

目前我国的反歧视立法相对滞后，在如何认定歧视、对歧视行为如何进行诉

---

[1] Durlauf S N, Bume L E. The New Palgrave Dictionary of Economics. London: The MacMillan Press, 1987: 856.

[2] 郑晓明：《人力资源管理导论》. 2 版. 北京：机械工业出版社，2005 年，第 182 页。

讼、对歧视行为予以何种处罚等问题上缺乏可操作性的规定[①]，尤其在就业歧视范围的认定上有很大的局限性。目前，被明文纳入国家就业歧视禁止范围的有以下几种：

（1）性别歧视。这在我国《宪法》《劳动法》《妇女权益法》《女职工劳动保护规定》《劳动力市场管理规定》《就业促进法》中都给予了明文禁止。如《就业促进法》第二十七条规定："国家保障妇女享有与男子平等的劳动权利。用人单位招用人员，除国家规定的不适合妇女的工种或者岗位外，不得以性别为由拒绝录用妇女或者提高对妇女的录用标准。"

（2）民族、种族、宗教信仰歧视。如《劳动法》第十二条规定："劳动者就业，不因民族、种族、性别、宗教信仰不同而受歧视。"《就业促进法》第二十八条规定："各民族劳动者享有平等的劳动权利。用人单位招用人员，应当依法对少数民族劳动者给予适当照顾。"

（3）残疾歧视。《就业促进法》第二十九条规定："国家保障残疾人的劳动权利。各级人民政府应当对残疾人就业统筹规划，为残疾人创造就业条件。用人单位招用人员，不得歧视残疾人。"《残疾人保障法》第三十八条规定："在职工的招用、转正、晋级、职称评定、劳动报酬、生活福利、休息休假、社会保险等方面，不得歧视残疾人。"

（4）对传染病病原携带者的歧视。《就业促进法》第三十条规定："用人单位招用人员，不得以是传染病病原携带者为由拒绝录用。但是，经医学鉴定传染病病原携带者在治愈前或者排除传染嫌疑前，不得从事法律、行政法规和国务院卫生行政部门规定禁止从事的易使传染病扩散的工作。"

（5）对农村劳动者的歧视。《就业促进法》第三十一条规定："农村劳动者进城就业享有与城镇劳动者平等的劳动权利，不得对农村劳动者进城就业设置歧视性限制。"

由此可见，目前被国家法规明确禁止的就业歧视范围是有一定局限性的，尚不完善，还有诸多就业歧视行为并没有规定在法律之中，如年龄、户籍、出生地、婚姻状况、生育状况、相貌、身体特征等。因此，企业在招聘实践中常常以法律并未禁止为由将部分应聘者排除在就业竞争机制以外，下面就是一个典型的例子。

案例分析

某银行在成都刊登招录工作人员广告，规定招录对象为"男性身高 1.68 米以上，女性身高 1.55 米以上"。大学毕业生蒋某，身高未到规定的高度，虽符合其规

[①] 董保华，杨杰：《劳动合同法的软着陆——人力资源管理的影响与应对》. 北京：中国法制出版社，2007年，第 175 页。

定的其他报名条件，却无法成为招录对象。于是他依据《宪法》第三十三条中关于中华人民共和国公民在法律面前人人平等的规定，将该银行告上法庭，请求法院判令被告该广告中含有身高歧视的行为违法，责令被告停止发布该违法广告，公开更正并取消报名资格的身高歧视性限制。

（资料来源：闵捷，蔡宇. 身高 1.68 米就不能到银行工作吗？. 中国青年报，2002-01-19.）

【分析】

由于身高与银行职员的工作本身无关，上述的招聘广告是典型的歧视行为，但蒋某却只能引用《宪法》提起诉讼，他的律师认为是出于无奈，因为一般法律中对于这种歧视行为没有相关规定。虽然成都市武侯区人民法院受理了该案，但由于《宪法》第三十三条只是原则性的规定，因此胜诉的可能性微乎其微。事实上，法庭也并未支持蒋某的诉讼请求。

2. 避免就业歧视的实务对策

虽然有很多歧视现象目前还不在法律限制范围内，但用人单位也应注意到，人们的平等观念和维权意识在不断增强，社会关于反就业歧视的呼声也越来越高，并且在司法实践中，已出现越来越多的反就业歧视劳动者维权成功的判例。可以预见，法律禁止的就业歧视范围会不断扩大，反歧视立法也会不断完善。

案例分析

应届毕业生高静在赶集网上看到东方职业技能培训学校在招聘文案人员，她认为自己的学历以及实习经验符合学校的要求，便在网上提交了简历。等待多天后没有得到任何回复，高静又浏览了赶集网相关的页面，才发现招聘页面上写着"限男性"的要求。高静表示不解，多次向对方咨询，并到学校当面了解，对方坚持只要男性，表示这个岗位不适合女生。高静在 7 月向法院提起了诉讼。11 月 12 日，这起"就业性别歧视案"在当地区人民法院宣判，法官认为"被告不对原告是否符合其招聘条件进行审查，而直接以原告为女性、其需招录男性为由拒绝原告应聘，其行为侵犯了原告平等就业的权利，对原告实施了就业歧视"。

（资料来源：周竟. 浙江就业性别歧视第一案女大学生胜诉. 北京青年报，2014-11-14，有改动）

【分析】

《就业促进法》《妇女权益保障法》等都明文规定，女性享有与男性平等的就业权，然而在现实中，女性就业遭歧视仍较为常见。这起"就业性别歧视案"为反就业歧视起到了示范作用。

而且，企业向外界发布的招工条件在一定程度上也是企业对外形象的展示。对于企业来说，招聘中的一些歧视行为不但显示出其招聘过程中公平性的缺失，而且也可能损失可用人才。更重要的是，这些招聘中的"偏见"一旦上升到"歧视"的诉讼层面，必然会对自身的形象造成一定程度的损害，影响企业的社会认可度。禁止就业歧视不仅是对劳动者的尊重，更是人才市场发展的必需。没有机会平等、地位平等、规则平等的市场环境，就不可能有人力资源的充分流动，也就不可能有人的潜能的充分发挥。当企业不再拘泥于眼前的经济利益，采取更加开明、宽容的用人态度时，收获的将是比经济效益更大的社会效益[①]。

具体到实践中，用人单位在设计招工条件时应注意以下三个方面[②]：

（1）用人单位应当了解法律所禁止的歧视种类，不得将其列入招工条件。目前我国法律规定的歧视范围包括不得有民族、种族、性别、宗教信仰歧视，不得有传染病歧视和残疾歧视，以及不得对农村劳动者进城就业设置歧视性限制。因此，用人单位在招工条件中一般不得对以上项目作出限制性规定。只有在法律明文允许的情况下，用人单位才可以对特殊岗位的招工条件作出以上限制。如对于矿山井下、重体力劳动等某些不宜女职工从事的岗位和工作，用人单位可以按照《女职工劳动保护特别规定》拒绝招用女性求职者。

（2）用人单位应当了解国际社会对歧视的看法，避免在招工条件中出现此类歧视。我国的反歧视立法尚在完善之中，尚有很多就业歧视行为并没有规定在法律之中，但在国际上已经被公认为是一种歧视。用人单位在设计招工条件时不应仅仅局限于国内立法的规定，而应该同时借鉴国际公约对歧视的基本认定。

（3）用人单位制订的招工条件应当符合社会公众心理。由于法律对反歧视只是作了原则性的规定，对歧视现象也只是作了不完全列举，用人单位在预防歧视时要分析社会公众心理，不要构成针对某一群体的特殊限制，以避免引起社会舆论指责。用人单位对求职者应当进行公正合理的评估，根据岗位实际需求筛选求职者。在拒绝求职者时，不应使用可能被认为构成歧视的理由。

案例分析

某单位拟招聘若干员工，便在某网站发出招聘广告。其中招聘广告载明：招聘财务人员 2 名，女性、已婚已育、30 岁以上、需本地户口人士或提供本地户口人士作担保，5 年以上财务经验。

---

① 商家泉，载磊：《公司劳动人事管理》. 北京：法律出版社，2007 年，第 11-12 页。

② 董保华，杨杰：《劳动合同法的软着陆——人力资源管理的影响与应对》. 北京：中国法制出版社，2007年，第 190-192 页。

（资料来源：案例由毛晓燕编写。）

【分析】

案例中的招聘广告涉嫌就业歧视的有：性别、年龄、婚育、户籍。虽然我国现行法律对年龄、户籍方面的歧视没有明文规定，但这样的招工条件很可能会违反《就业促进法》第二十六条的相关规定，即"用人单位招用人员、职业中介机构从事职业中介活动，应当向劳动者提供平等的就业机会和公平的就业条件，不得实施就业歧视"。

3. 正确区分就业歧视与合理甄选[①]

招聘中的就业歧视是指企业在招聘过程中以跟工作无关的情况为理由，将部分应聘者排除在就业竞争机会之外，这是不公平、不合理的。但是，应该将就业歧视与合理甄选相区别开来。

招聘中的合理甄选是指企业通过考察应聘者对工作本身的胜任程度，如对受教育程度、相关工作经历、工作所需的知识和技能、个性特征等方面的考察，通过优胜劣汰选拔和录用员工，这是公平合理的。

招聘中的就业歧视与合理甄选的实质性区别在于：就业歧视是以与工作无关的理由剥夺部分应聘者的竞争机会，而合理甄选则是在应聘者享有平等竞争机会的前提下，考察应聘者与工作相关的能力和特征来进行优胜劣汰。

根据上述界定，很多企业在招聘过程中以户口、出生地、婚姻状况、年龄、身高、相貌等为应聘条件都属于就业歧视，而非合理甄选。而对学历和经验的要求则不是歧视，因为学历与经验和工作绩效直接相关，由于知识和技能难以准确判断，所以用人单位只能通过对学历和经验的考察判断求职者是否具备工作所需的知识和技能。

就业歧视与合理甄选的混淆常常使企业毫无顾忌地歧视求职者，而求职者非但不知如何保障自己的权利，反而有的通过违法手段迎合用人单位的要求，使自己身陷囹圄，有苦难言。例如，北京某商场规定导购人员必须具备"35 岁以下、北京市城镇户口"的条件，就属于典型的就业歧视，因为年龄和户口与导购工作本身没有任何关系，而 35 岁以上或无北京城镇户口的在职者和应聘者却被剥夺了留任或竞聘该工作岗位的机会。令人痛惜的是，部分在职和应聘人员迫于就业压力，向制假人员购买了北京市居民身份证、户口簿等证件，使之符合商场要求的户口和年龄条件，被控涉嫌伪造证件，其中已有 24 人被以伪造身份证件罪分别判处 6～10 个月不等的有期徒刑或者拘役[②]。

---

① 节选自：吴继红，陈维政：《是就业歧视还是合理甄选？》.《中国劳动》，2004 年，第 2 期。

② 王阳：《北京一商场二十四名导购买假证被判刑》.《京华时报》，2002 年 10 月 19 日。

181

这 24 名导购人员被判刑很值得探讨，因为商场歧视性录用规定在先，由于就业形势严峻，劳动者不得不购买假证件来谋求生存空间。因此，应该受到法律制裁和舆论谴责的是商场，而不是劳动者。对于就业弱势群体来说，正是企业对他们的就业歧视，才使他们出于无奈，铤而走险。

要彻底解决招聘中的就业歧视问题，只能完善我国劳动方面的法律法规。如能借鉴其他国家较为成熟的相关法律法规，必将推进我国劳动法律法规的发展。不少国家对就业歧视有较为全面的限制，如加拿大在《人权法》第一部分第四条明确禁止在就业过程中以下列理由歧视应聘者：种族、民族、出生地、肤色、出身、国籍、信仰、性别、性倾向、年龄、犯罪记录、婚姻状况、家庭和残疾。

二、招聘过程中用人单位的权利和义务

1. 用人单位的告知义务和知情权

《劳动合同法》明确规定了用人单位在招工过程中的告知义务和知情权，即"用人单位招用劳动者时，应当如实告知劳动者工作内容、工作条件、工作地点、职业危害、安全生产状况、劳动报酬，以及劳动者要求了解的其他情况；用人单位有权了解劳动者与劳动合同直接相关的基本情况，劳动者应当如实说明。"它具体包括以下内容。

1）告知义务

用人单位在履行告知义务时，应注意主动告知和如实告知。

（1）告知内容的范围是与缔结劳动合同有关的信息，如劳动者的工作内容、工作条件、工作地点、职业危害、安全生产状况、劳动报酬，以及劳动者要求了解的其他情况，但是用人单位的商业秘密不属于告知范围。需要注意的是，即使劳动者不提出要求也得主动告知，同时，还应积极采取书面形式保存告知行为的证据。

（2）用人单位对其提供的信息，负有保证信息真实性的义务，否则很可能构成欺诈。根据《劳动合同法》第二十六条，隐瞒真实情况，诱使对方作出错误的判断而签订劳动合同，可以认定为欺诈，因欺诈手段使对方在违背真实意思的情况下而订立的劳动合同可认定为无效劳动合同。对劳动者知情权的轻视，还可能给用人单位带来很大的法律风险，甚至需要承担严重的法律责任。例如《职业病防治法》规定，订立或者变更劳动合同时，未告知劳动者职业病危害真实情况的，要对用人单位处以 5 万～10 万元的罚款。

2）知情权

用人单位有权了解劳动者与劳动合同直接相关的基本情况，劳动者应当如实说明。用人单位在行使知情权时应注意下列问题：

（1）用人单位行使知情权的范围，是与缔结劳动合同有关的信息。一般来说，

用人单位可以了解劳动者的健康状况、学历、以前的工作经历、专业知识和工作技能等与从事具体工作有关的情况。求职者的个人隐私，则不属于知情权的范围。

（2）《劳动合同法》只规定了用人单位有权了解，而劳动者并没有主动告知的义务，如果用人单位没有主动向劳动者了解的情况下，劳动者不必主动向用人单位说明[①]。因此，用人单位应在订立劳动合同前对劳动者的关键信息予以充分了解。

（3）劳动者有如实说明的义务。如果劳动者没有如实说明或者提供的信息有虚假情况，劳动者可能构成欺诈，用人单位有权解除劳动合同，但前提是该信息应与劳动合同直接相关。

案例分析

小王参加某企业面试，面试完毕后，企业的 HR 递给小王两张表格，并要求她在其中一张表格上签字，并填写另一张表格的内容，被要求签字的表格是"情况告知书"，告知书中的内容包括：企业的基本情况，劳动者的工作内容、工作条件、劳动报酬等。被要求填写的表格是"求职登记表"，小王发现除了年龄、学历、教育经历、工作经历等常规内容外，登记表还要求填写"有无男（女）友、男（女）友所在地"等内容。小王拒绝填写该登记表，认为企业这种行为是侵犯个人隐私权的。企业的 HR 则告诉小王：企业已经履行了对劳动者的告知义务，劳动者也得按企业的要求履行告知义务，不愿意填就不能录用。

（资料来源：案例由毛晓燕编写）

【分析】

案例中，该企业采用"情况告知书"和"员工求职登记表"的形式履行告知义务和行使知情权，这一点是值得肯定的。因为根据《劳动合同法》，用人单位履行告知义务是无条件的，即无论劳动者是否提出知悉要求，用人单位都应当主动将有关情况向劳动者如实说明；而劳动者的告知义务是附条件的，即只有在用人单位要求了解的前提下，劳动者才有如实说明的义务。该企业采用书面确认的方式可以很好地规范招聘程序并保留证据。

但是，法律对用人单位告知内容的规定是比较广泛的，基本上涵盖了劳动关系的全部内容，而劳动者的告知义务相对少很多，只限于与劳动合同直接相关的基本情况，实践中一般包括劳动者的健康状况、知识技能、学历、职业资格、工作经历以及部分与工作有关的劳动者个人情况，如家庭住址、主要家庭成员构成等。用人单位不得任意扩大对劳动者知情权的范围，更不能借口知情权侵害劳动

---

① 董保华，杨杰：《劳动合同法的软着陆——人力资源管理的影响与应对》. 北京：中国法制出版社，2007年，第184页。

者的个人隐私。

2. 禁止设定担保和收取抵押金

《劳动合同法》第九条规定："用人单位招用劳动者，不得扣押劳动者的居民身份证和其他证件，不得要求劳动者提供担保或者以其他名义向劳动者收取财物。"《关于贯彻执行〈中华人民共和国劳动法〉若干问题的意见》第二十四条规定："用人单位在与劳动者订立劳动合同时，不得以任何形式向劳动者收取定金、保证金（物）或抵押金（物）。"

对于违反相关规定向劳动者收取财物或扣押证件者，《劳动合同法》第八十四条规定："用人单位违反本法规定，扣押劳动者居民身份证等证件的，由劳动行政部门责令限期退还劳动者本人，并依照有关法律规定给予处罚。用人单位违反本法规定，以担保或者其他名义向劳动者收取财物的，由劳动行政部门责令限期退还劳动者本人，并以每人五百元以上二千元以下的标准处以罚款；给劳动者造成损害的，应当承担赔偿责任。"

为避免用工风险，用人单位在招聘员工的过程中应注意以下几点[①]。

（1）招聘阶段进行背景调查。用人单位在经过简历筛选和面试后，对中意人选不必急于录用，应根据其简历和面试时的介绍对其进行调查。用人单位可以从五种渠道进行调查：①从公安部门、街道办事处、居民委员会等机构查询求职者身份；②从教育部门、学校查询求职者的学历信息；③通过求职者以前的工作单位了解求职者的工作表现、离职原因；④通过医疗机构进行职前体检，以了解求职者的身体健康状况；⑤对于关键岗位，必要时可以委托专业调查机构予以调查。

（2）入职时进行个人基本信息登记。用人单位在新员工入职时应要求登记个人基本信息，信息内容可以包括企业想了解的各个方面，当然这些信息应当与工作有关，不涉及个人隐私。信息登记表上应当同时注明信息登记虚假、遗漏的后果。基本信息登记应当要求员工本人亲自填写，一旦日后发生纠纷，可以作为证据使用。

（3）注重单位诚信建设。《劳动合同法》规定用人单位在招聘期间有主动告知义务，故用人单位在招聘过程中应设计告知程序，将法律规定用人单位应主动告知的内容告知劳动者。用人单位一般没有故意欺诈的意图，但往往由于没有主动告知或没有保留告知证据而被认为欺诈。为此用人单位有必要设计专门的文件，列明关于单位和招聘岗位的基本情况，要求劳动者在阅读后签字确认，以此证明

---

① 董保华，杨杰：《劳动合同法的软着陆——人力资源管理的影响与应对》，北京：中国法制出版社，2007年，第194-196页。

用人单位履行了告知义务。

（4）停止使用担保和缴纳押金等违法手段，设计替代机制保护自身权益。用人单位之所以要求员工提供担保人或缴纳押金，是为了避免减少单位财产损失或限制员工提前离职，但此类手段是违法的，用人单位可设计替代机制来保护自身的权益：①可按照法律规定建立留人机制来减少员工提前离职。如《劳动合同法》第二十二条允许用人单位通过为劳动者提供培训来协议约定服务期和违约金，这是法律所允许的留人机制，用人单位应当予以研究和应用。②用人单位应当完善风险管理机制，减少由于员工不良行为给单位造成的损失。尤其对于关键重要岗位的招聘，应当更加谨慎，对求职者进行充分的测试评估和背景调查，既要考察求职者的个人能力，更要注重求职者的道德品质。同时，对风险性较大的岗位加强业务管理，避免在缺乏监督的情况下出现单个员工对业务的"独包独揽"。此外，用人单位还可以考虑建立损失补偿机制以减少单位的损失。例如，许多保险公司都设有雇员忠诚险，用人单位如果投保后，在保单期限内由于其雇员的欺骗或不忠实行为而遭受直接经济损失的，由保险公司负责赔偿。

第二节　试用期管理

一、试用期的含义与性质

试用期是用人单位和劳动者建立劳动关系后为相互了解、选择而约定的特定期限的考察期。试用期是用人单位与新员工进行双向考察和熟悉的时间缓冲区，用人单位要考察新员工是否能够适合岗位的要求，新员工也考察自己是否乐意在该单位工作。

试用期是劳动合同的约定条款，当事人可以约定试用期，也可以不约定试用期。需要注意的是，用人单位与劳动者不能在不签订劳动合同的情况下约定试用期。《劳动合同法》第十九条第四款规定："试用期包含在劳动合同期限内。劳动合同仅约定试用期的，试用期不成立，该期限为劳动合同期限。"

有部分用人单位在招聘劳动者时，为了防止招聘出现失误，与试用期劳动者先口头约定试用期而不签订劳动合同，或仅签订独立的试用期协议，双方约定待试用合格后再签订正式的劳动合同。用人单位上述做法是违反法律规定的，在发生劳动争议时往往会对用人单位不利。用人单位应通过加强试用期管理来筛选合适的人才，而不是通过违法的方式来减轻管理负担。

案例分析

小李入职某科技公司，该公司未与小李签订劳动合同，但小李入职时填写的《新员工入职登记表》上注明：除特殊约定外，新入职员工试用期为三个月。在入职培训后，小李还收到了公司发放的《员工手册》，其中有一条类似的规定：除特殊约定外，凡是新入职的员工，试用期均为三个月。小李工作未满三个月，就被公司以试用期不合格为由解雇了，小李不服，提起劳动仲裁。

（资料来源：案例由毛晓燕编写）

【分析】

根据法律规定，试用期包括在劳动合同期限内。该科技公司虽在《新员工入职登记表》及《员工手册》中规定试用期，但并未与小李签订劳动合同，因此，该试用期不存在，视为劳动合同期，科技公司将小李解雇应当支付经济补偿金。

同时，科技公司还面临下述法律风险：首先，在《新员工入职登记表》或《员工手册》中载明的试用期无效，视为无试用期，科技公司就不能按试用期的工资标准发放小李的工资，须补足差额部分；其次，不签订书面劳动合同超过一个月不满一年的，应当向劳动者每月支付二倍的工资；超过一年仍不与劳动者订立书面劳动合同的，视为用人单位与劳动者已订立无固定期限劳动合同。

二、试用期的约定

《劳动法》第二十一条规定："试用期最长不得超过六个月。"《劳动合同法》在此基础上进行了细化规定，对试用期的期限、次数等作了细致而严格的限制性规定。

1. 试用期的期限根据劳动合同期限的长短确定

《劳动合同法》第十九条第一款规定："劳动合同期限三个月以上不满一年的，试用期不得超过一个月；劳动合同期限一年以上不满三年的，试用期不得超过二个月；三年以上固定期限和无固定期限的劳动合同，试用期不得超过六个月。"[①]同时，为遏制用人单位短期用工现象，根据《劳动合同法》第十九条第三款、第七十条，以完成一定工作任务为期限的劳动合同、合同期限不满3个月的劳动合同、非全日制劳动合同，不得约定试用期。

---

① 法律中的"以上"和"以外"均包括本数，而"以下"和"以内"均不包括本数。以试用期为例，如劳动合同期限为三年，则可约定的试用期上限为六个月；如劳动合同期限为二年零三百六十四天（不到三年），试用期上限为两个月。

工作中，企业应根据每位新员工的条件、职位或岗位的不同，灵活调整试用期。例如，有些企业规定试用期期限不能长于法律规定的上限，同时赋予部门经理对试用期内优秀员工有提前转正的建议权。企业采纳部门经理的建议后，可使这位新员工提前结束试用期。这样做有两个好处：①试用期显得灵活，体现了不同新员工之间应有的差别；②部门经理对试用期限的调整有建议权，会使部门经理与新员工的关系更加融洽[①]。

2. 同一用人单位与同一劳动者只能约定一次试用期

《劳动合同法》第十九条第二款对此作了明确规定，同一用人单位与同一劳动者只能约定一次试用期。需要注意的是，同一用人单位与同一劳动者，无论他们之间的合同期限长短，也无论他们之间建立过多少次劳动关系，包括劳动关系是否连续，或劳动关系是否发生中断以及中断几次，都不影响他们之间的试用期次数，即其试用期仅能约定一次。

此外，《劳动合同法》第八十三条规定："用人单位违反本法规定与劳动者约定试用期的，由劳动行政部门责令改正；违法约定的试用期已经履行的，由用人单位以劳动者试用期满月工资为标准，按已经履行的超过法定试用期的期间向劳动者支付赔偿金。"

案例分析

仁勇入职某公司，双方于当日签订劳动合同，合同期限自当日至 2018 年 12 月 31 日，其中试用期 2 个月。仁勇的月工资标准 5 万元，公司于每月 13 日前支付上个自然月的工资。仁勇试用期工资标准与转正后工资标准相同。

2014 年 3 月 1 日，双方签订《试用期延长协议》，该协议载明：仁勇试用期将于 2014 年 3 月 4 日结束，经公司管理层调查考核，综合考核结果与实际表现，未能达到公司要求，因此根据《劳动合同法》第十九条相关规定，延长试用期 2 个月，直至 2014 年 5 月 4 日止，以作深入考核，原劳动合同除第 1 条第 1 项外，其他条款不变。

后双方发生争议解除劳动关系，仁勇向法院提起诉讼，要求公司向其支付 2014 年 3 月 4 日至 2014 年 5 月 4 日违法约定试用期的赔偿金 10 万元。

法院认为，科技公司在与仁勇约定 2 个月试用期后再次约定试用期并延长试用期的行为违反了《劳动合同法》第十九条的规定，构成违法约定试用期。该公司应以仁勇试用期满月工资为标准，按照已经履行的超过法定试用期的期间，向仁勇支付赔偿金。最终判决该公司向仁勇支付违法约定试用期的赔偿金 8 万余元。

---

① 左祥琦. 学好用好《劳动合同法》. 北京：北京大学出版社，2007：58.

（资料来源：刘佳洁. 小心！公司延长 2 个月试用期，赔了员工 8 万！. http://www. lawbang.com/index.php/topics-list-baikeview-id-247212.shtml，2017-02-28，有改动）

【分析】

在企业实践中，由于法律意识的淡漠或对法律规定的不求甚解，试用期侵犯劳动者权益的现象较为普遍，其中尤为明显的是用人单位违法约定试用期的情形较为突出。最常见的试用期劳动者权益受到侵害的情形包括约定的试用期超过法定期限、多次与劳动者约定试用期、以劳动者不符合录用条件为由协商延长试用期、试用期工资低于法定标准等。那么用人单位违法约定试用期应当承担何种法律后果呢？《劳动合同法》第八十三条对此作出了明确规定。

根据该条规定，用人单位向劳动者支付赔偿金的前提条件有二：一是用人单位违法约定了试用期；二是已经履行超过法定试用期的期间。该条适用范围包括约定试用期超出法定的期限标准以及不应当约定试用期而约定等情形。也就是说，用人单位约定试用期超过法定期限、多次约定试用期、不应约定而约定试用期等情形下，用人单位需要以试用期满月工资报酬为标准向劳动者支付赔偿金。

188

三、试用期工资

根据《劳动合同法实施条例》第十五条的规定，"劳动者在试用期的工资不得低于本单位相同岗位最低档工资的 80% 或者不得低于劳动合同约定工资的 80%，并不得低于用人单位所在地的最低工资标准"。

需要注意的是，试用期间用人单位还须依法为劳动者参加社会保险并及时缴纳社会保险费，否则，劳动者可以单方解除劳动合同并向用人单位主张经济补偿金。

四、试用期解除劳动合同

《劳动合同法》第三十七条规定，劳动者在试用期内解除劳动合同需提前三日通知用人单位。

劳动法还赋予了用人单位对试用期间被证明不符合录用条件的劳动者随时解除劳动合同的权利，即劳动者在试用期间被证明不符合录用条件的，用人单位可以随时解除劳动合同，且用人单位不必支付经济补偿金。需要注意的是，适用此项规定必须同时满足以下四个条件：

（1）试用期约定必须合法。这是前提条件，用人单位与劳动者约定的试用期必须符合《劳动合同法》的规定。试用期的确定应当以劳动合同的约定为准；若劳动合同约定的试用期超出法定最长时间，则以法定最长时间为准；若试用期满后用人单位未为劳动者办理转正手续，则不能认为还处在试用期间，用人单位也不能以劳动者不符合录用条件为由解除劳动合同。

（2）有明确的录用条件并告知劳动者。许多用人单位在进行人才招聘前，往往不做细致的准备工作，或嫌麻烦没有制定一些完整的、具有操作性的录用条件，导致后来对新招员工不满意，想在试用期内与其解除劳动合同时，却没有依据。因此，用人单位必须制定明确有效的录用条件。首先，录用条件必须合法合理；其次，录用条件应明确，具有可操作性，便于考核。此外，录用条件应告知劳动者使其知晓，否则劳动者可以以不了解该规定否定用人单位的解除理由。

（3）对于劳动者在试用期间不符合录用条件的，用人单位必须提供有效证明。法律需要拿证据说话，何为"不符合录用条件"，用人单位必须提供有效的证明材料，这意味着用人单位应该做好新进员工试用期的考核管理工作。试用期考核的方式是多种多样的，因各单位而异。不管采用的是何种方式，也不管最终的考核成绩是一个简单的分数，是一个复杂的综合考核结果，还是上级或指导人的评语，用人单位都应对试用期的劳动者进行客观的考核，并保留相应文件。

（4）解除劳动合同的决定必须在试用期内作出并送达劳动者本人。用人单位在试用期解除劳动合同的，应当向劳动者说明理由。其实，无论是否在试用期内解除劳动关系，用人单位都有将解除文书送达劳动者的义务。同时，这一义务在试用期内尤其需要注意——必须是在法定时限内，即在试用期结束当天的正常下班时间之前送达劳动者。一旦超过试用期，则用人单位不能以试用期内不符合录用条件为由解除劳动合同。

以上四个要件环环相扣，缺一不可。

案例分析

何先生应聘至某公司担任技术工。双方签订的劳动合同约定合同期限为两年，其中试用期两个月（自2016年5月15日起至2016年7月14日止）。试用期的最后一天，人事主管与生产主管对何先生进行考核，发现其产品合格率不达标。于是，公司决定以何先生试用期不符合录用条件为由，解除与他的劳动合同。同时，公司将决定与何先生解除劳动合同的事由通知了公司工会，工会予以准许。同年7月16日，公司将"解除劳动合同通知书"交给何先生，其中载明：由于何先生试用期内考核不合格，不符合录用条件，所以决定即日起解除双方劳动合同。

其后，何先生对解除劳动合同的决定不服，向劳动争议仲裁委员会申请劳动仲裁，要求撤销解除劳动合同决定，恢复劳动合同关系。庭审中，何先生诉称，试用期间公司从未对他的工作提出意见，且2016年7月16日试用期已经履行完毕，公司不能再以试用期不符合录用条件为由解除劳动合同。公司辩称，2016年7月14日试用期最后一天，何先生未能通过工作考核。根据《劳动合同法》第三十九条，在试用期间被证明不符合录用条件的，用人单位可以解除劳动合同。由于公司在试用期间对何先生考核，并证明何先生不符合录用条件，所以解除劳动合同符合法律规定。同时，公司提供"考核结论单"，上面载明了对何先生从事工作的考核指标，且有生产主管和人事主管签字。但何先生对该"考核结论单"不认可，称从来没有见过，是公司事后补做的。最后劳动争议仲裁委员会支持了何先生的主张，理由为公司未能提供充分有效证据证明何先生试用期不符合录用条件，且公司在试用期后，即 2016 年 7 月 16 日与何先生解除劳动合同，已超过试用期，公司不能再以试用期不符合录用条件为由解除劳动合同。

（资料来源：试用期解除劳动合同的理由. http://max.book118.com/html/2019/0508/7024112114002024.shtm，2019-05-09，有改动）

【分析】

本案中，该公司败诉正是由于其在试用期管理中存在两个漏洞：一是没有在试用期内将解除劳动合同的通知送达劳动者；二是缺乏有效证据证明劳动者不符合录用条件。

以试用期不符合录用条件为由解除劳动合同，用人单位一定要在试用期内对劳动者进行考核，并在试用期内作出解除合同决定。本案中，公司仅提供了一份"考核结论单"，且上面仅有公司相关主管人员的签字，而没有何先生的签字，不足以证明这份"考核结论单"是当时对何先生试用期工作的评价，而不是用人单位事后补做的。在这种情况下，用人单位须继续与劳动者履行劳动合同。

第三节　员工培训与服务期管理

一、职业培训

职业培训，是指以提高劳动者直接从事各种职业所需要的专业技术、业务知识和操作技能为目的的一种培训制度。

《劳动法》第六十八条对用人单位的职业培训进行了相应规定："用人单位应当建立职业培训制度，按照国家规定提取和使用职业培训经费，根据本单位实际，有计划地对劳动者进行职业培训。从事技术工种的劳动者，上岗前必须经过培训。"对该条款的理解，概括而言包括三大方面。

1. 劳动者有职业培训权

职业培训权是劳动者的基本权利之一，是指劳动者获得职业技能训练和教育的权利。劳动者的职业培训权包括就业前和就业后两个方面的内容。对于就业后的职业培训权，其主要包括：

（1）在职工培训中，劳动者有权获得规定的学习时间。对于按规定必须安排一定工作时间从事学习的，用人单位应当安排。

（2）在职业培训中，按规定由用人单位负担的费用，用人单位应当支付。

（3）从事特种作业的劳动者，有权要求进行专门培训。

（4）劳动者有获得职业培训证书或资格证书的权利。

2. 用人单位有依法提供职业培训的义务

具体体现为，用人单位应当建立职业培训制度，按照国家规定提取和使用培训费。根据《关于企业职工教育经费提取与使用管理的意见》，一般企业按照职工工资总额的 1.5%足额提取教育培训经费，从业人员技术要求高、培训任务重、经济效益较好的企业，可按 2.5%提取，列入成本开支；职工教育培训经费的 60%以上应用于企业一线职工的教育和培训。企业应将职工教育培训经费的提取与使用情况列为厂务公开的内容，向职工代表大会或职工大会报告，定期或不定期进行公开，接受职工代表的质询和全体职工的监督。

3. 职业培训的种类

职业培训一般可以分为两类：第一类是用人单位按照国家规定提取的教育培训经费进行的职业培训；第二类是用人单位在国家规定提取的教育培训经费以外提供专项培训费用，对劳动者进行的专业技术培训。这两者的区别在于：

（1）第一类职业培训是国家规定的，必须进行的职业培训，其必须列入用人单位的中长期规划和年度计划。但是，这一类职业培训一般是对劳动者的基本劳动技能进行的培训，主要是指入职培训、上岗培训，以及国家规定的对职工特别是一线职工的教育和培训，其培训的目标是让职工能够从事用人单位相关的基本的劳动。我国《职业教育法》第五十八条规定，企业应当承担对本单位的职工和准备录用的人员进行职业教育的费用。

第二类职业培训属于专业技术培训，该类培训并非法律附加用人单位的强制义务，而是用人单位根据自身的情形进行的培训，是用人单位对劳动者在劳动技能方面提出的超出一般劳动者的更高的要求，其培训的目的是提高劳动者的专业技术，更好地从事其工作，为用人单位服务。

（2）第一类培训作为法定的培训，用人单位不能同劳动者签订协议来约定服务期并约定违约金，即使劳动者辞职，用人单位也无权向劳动者追索这些费用。而第二类培训作为用人单位为劳动者提供专项培训费用，对其进行的专业技术培训，按照我国《劳动合同法》，用人单位可以与该劳动者订立协议，约定服务期；劳动者违反服务期约定的，应当按照约定向用人单位支付违约金。

二、培训协议与服务期

《劳动合同法》第二十二条规定:"用人单位为劳动者提供专项培训费用,对其进行专业技术培训的,可以与该劳动者订立协议,约定服务期。"

1. 设定培训服务期的原则

服务期是由于劳动者接受用人单位给予的特殊待遇,双方通过协商约定的劳动者为用人单位必须服务的期限。培训发生于劳动合同履行过程中,用人单位决定为某个特定的员工提供专业技术培训时,可以单独与其签订培训协议,也可以对劳动合同进行变更,增加培训服务期条款。

在判断用人单位可否与员工约定培训服务期时,必须遵循三项原则:①要确定企业的确为劳动者提供过培训或将要提供培训;②用人单位所提供的培训费用必须是专项费用,这种专项费用是指实际专项用于劳动者培训,且能够被专项计算的费用;③培训的性质必须是专业技术培训,包括专业知识培训和职业技能培训。实践中用人单位为新招聘员工提供的上岗前培训、劳动安全培训、因企业经营策略变化而进行的转岗培训等都属于必要的职业培训,是用人单位应尽的义务,不属于专项技术培训。

2. 服务期的年限

对于服务期的年限约定,相关法规并未作出具体规定,因此服务期的长短可以由双方当事人协商确定。但是,用人单位在与劳动者协商确定服务期年限时要注意体现公平合理的原则;同时,按照《劳动合同法》,用人单位与劳动者约定的服务期较长的,用人单位应当按照工资调整机制提高劳动者在服务期间的劳动报酬。

需要注意的是,服务期可能短于劳动合同期限,也可能长于劳动合同期。对于后者,《劳动合同法实施条例》第十七条对此作了明确规定,即"劳动合同期满,但是用人单位与劳动者依照劳动合同法第二十二条的规定约定的服务期尚未到期的,劳动合同应当续延至服务期满;双方另有约定的,从其约定"。

3. 违反服务期约定的违约金

用人单位在与劳动者约定服务期时,可同时约定违反服务期约定的违约金。《劳动合同法》第二十二条第二款规定:"劳动者违反服务期约定的,应当按照约定向用人单位支付违约金。"

(1)违约金的最高限额。《劳动合同法》明确规定,违约金的数额不得超过用人单位提供的培训费用。根据《劳动合同法实施条例》第十六条,这里所说的培训费用,包括用人单位为了对劳动者进行专业技术培训而支付的有凭证的培训费用、培训期间的差旅费用以及因培训产生的用于该劳动者的其他直接费用。

（2）违约金的支付方法。《劳动合同法》做出了原则性的规定，即用人单位要求劳动者支付的违约金不得超过服务期尚未履行部分所应分摊的培训费用。

（3）违约金的支付情形。《劳动合同法实施条例》第二十六条对用人单位不得要求劳动者支付违约金的情形，以及劳动者应向用人单位支付违约金的情形进行了规定。

第一，用人单位不得要求劳动者支付违约金的情形：用人单位与劳动者约定了服务期，劳动者依照《劳动合同法》第三十八条的规定解除劳动合同的，不属于违反服务期的约定，用人单位不得要求劳动者支付违约金。即在用人单位存在严重过错的前提下，劳动者立即解除劳动合同的，劳动者无须支付服务期违约金。

第二，劳动者应向用人单位支付违约金的情形：用人单位依据《劳动合同法》第三十九条的规定与劳动者解除约定服务期的劳动合同的，劳动者应当按照劳动合同的约定向用人单位支付违约金，即如果是由劳动者的过失导致劳动合同解除，而劳动合同或培训协议中又有服务期的约定的，则劳动者必须根据约定支付违约金。

在实践中，用人单位进行培训服务期管理时，应注意以下两点：

（1）用人单位为员工提供培训时，要注意各种专项培训费用凭证的收集、留存，以避免出现不能向员工主张相应违约金的情况。用人单位在为劳动者报支专项培训费用时，需要注意：第一，列支渠道应当是职工教育经费；第二，可以报支的培训费用应当包括培训机构开具的专用发票填支的培训费、因参加培训而发生的交通费和食宿费。

（2）员工在服务期内提前解除劳动合同，且违约责任在劳动者一方的，用人单位可要求员工支付违约金，但数额不得超过用人单位提供的培训费用。如果劳动者是履行了一部分服务期后离开的，用人单位要求劳动者支付的违约金不得超过服务期尚未履行部分所应分摊的培训费用。

第四节　商业秘密与竞业限制管理

在知识经济时代，知识就是力量，技术就是财富的观念深入人心。商业秘密是企业参与市场竞争的秘密武器，伴随着巨大的经济利益。劳动者作为用人单位的内部成员，最有可能接触到企业的商业秘密，因此，如何让自己的员工保守企业的商业秘密，并在其离职后也能较好地保护企业的商业秘密不被他人侵犯或利用，无疑是用人单位面临的一个重要问题。我国到目前为止还没有制订专门的商业秘密保护法，有关商业秘密保护的法律散见于《民法典》《反不正当竞争法》《公司法》《刑法》以及相关的劳动法规中。在此，主要介绍劳动法规尤其是《劳动合同法》，如何从合同约定的角度对企业的商业秘密进行保护，包括保守商业秘密和竞业限制两个方面。

一、保守商业秘密

《劳动合同法》第二十三条第一款规定："用人单位与劳动者可以在劳动合同中约定保守用人单位的商业秘密和与知识产权相关的保密事项。"

1. 商业秘密的认定

商业秘密，是指不为公众所知悉、能为权利人带来经济利益、具有实用性并经权利人采取保密措施的技术信息和经营信息。由此可知，商业秘密包括两大类：一是技术秘密，指从生产实践或技艺中得到的具有实用性的知识，如技术方案、作业蓝图、产品配方等；二是经营秘密，指一切与企业经营活动有关的具有秘密性质的经营管理方法和与其相关的信息和情报，如产销策略、财务资料、客户名单等[①]。

商业秘密必须具备下列条件才能认定为商业秘密：一是不为公众知悉，即该信息具有秘密性，该信息不能从公开渠道直接获取且处于秘密状态。二是能为用人单位带来经济效益，即具有财产价值。三是具有新颖性，不能是同行业中现成的普通的信息。四是具有实用性，即商业秘密能在工业或商业活动中使用，并能产生积极的效果，实现其经济上的价值。五是用人单位采取合理的保密措施。对具有上述五种特征的信息，企业应事先采取一定的保密措施，才能被法律认定为商业秘密，否则无法起到保护的作用。

2. 侵犯用人单位商业秘密的行为

根据《反不正当竞争法》和国家工商行政管理局《关于禁止侵犯商业秘密行为的若干规定》，劳动者侵犯用人单位商业秘密的行为主要有以下几种表现形式：

（1）以盗窃、利诱、胁迫或者其他不正当手段获取用人单位商业秘密；

（2）披露、使用或者允许他人使用以前项手段获取的用人单位的商业秘密；

（3）违反约定或者违反用人单位有关保守商业秘密的要求，披露、使用或者允许他人使用其所掌握的商业秘密；

（4）明知或者应知前列三种违规行为，而获取、使用或者披露用人单位商业秘密。

---

① 本书编写组：《〈中华人民共和国劳动合同法〉条文释义与案例精解》. 北京：中国民主法制出版社，2007年，第96页。

3. 保护商业秘密的方式[①]

用人单位保护商业秘密有两种方式：一种是在自己的管理权限内采取保密措施，如使用保密设备和保密技术、制订保密制度、划分保密区域等；另一种是用人单位和劳动者双方约定保密方式，如双方签订保密协议等。

（1）保密制度。保密制度是用人单位单方面的法律行为，是一种防范劳动者侵权的手段，是企业管理自主权的体现。在保密制度设计上，制度内容应尽可能细化。用人单位应当建立企业档案资料及重要会议与会人资格的内部管理制度，确定商业秘密保护管理机构和专职、兼职的管理人员，秘密资料的交接、使用方法，明确商业秘密的存放、使用、转移等环节的管理制度，同时明确泄露秘密的处罚办法。需要注意的是，保密制度作为用人单位规章制度的一部分，应当遵循制定规章制度的法定程序，否则可能导致保密制度无效。

（2）保密协议。保密协议是用人单位和劳动者的双方行为，是通过合同约定劳动者保密义务的手段，违反保密协议需要承担违约责任。保密协议是签约双方平等一致意思表示的结果，具有权利、义务、责任清晰明确且双方认可的优点，是最无可争议的保密措施。所以，用人单位应当充分利用保密协议保护自己的利益。

保密协议可以分为两种类型：一种为仅约定劳动者的保密义务，在签约对象上应当为涉密人员，通常包括高级研究开发人员、技术人员、经营管理人员、一般技术支持人员和关键岗位的技术工人、市场计划和销售人员、财会人员、秘书人员、保安人员等；另一种为在约定保密义务的同时还约定了竞业限制义务。由于竞业限制对员工择业有一定影响，而且用人单位需要付出一定成本，不宜普遍使用，签订对象应是重要涉密岗位。

保密协议的一项重要内容是违约责任的约定，违约责任的形式包括违约金和损失赔偿两种。根据《劳动合同法》，保密协议只能就竞业限制约定违约金，而一般的保密协议在违约责任上应当主要为约定赔偿计算方法。

4. 劳动者违反保密义务所承担的法律责任

保密义务是指劳动者在与用人单位建立劳动关系时，对其接触或者可能接触到的用人单位的商业秘密负有保密义务。需要指出的是，无论是否在劳动合同期限内，员工保守企业的商业秘密是其法定义务，即这种保密义务没有明确期限，直到该商业秘密进入公开领域，劳动者才无需再保守此商业秘密[②]。如果员工泄露或以其他方式侵犯了企业的商业秘密，则需要视情节的轻重承担相应的法律责任。

---

① 本部分参考自：董保华，杨杰：《劳动合同法的软着陆——人力资源管理的影响与应对》.北京：中国法制出版社，2007年，第342-347页。

② 张家麟：《劳动争议75案》.北京：中国法制出版社，2008年，第231页。

（1）劳动者违反劳动合同或保密协议中约定的保密事项的，应当承担违约责任。违约责任的形式包括违约金和损失赔偿两种。《劳动合同法》第九十条规定，劳动者违反劳动合同中约定的保密义务或者竞业限制，给用人单位造成损失的，应当承担赔偿责任。《劳动合同法》第二十三条规定，劳动者违反竞业限制约定的，应当按照约定向用人单位支付违约金。

（2）劳动者违反法定的保密义务构成侵权的，应当承担侵权的民事责任。侵权赔偿责任适用《反不正当竞争法》第十七条第三款规定："因不正当竞争行为受到损害的经营者的赔偿数额，按照其因被侵权所受到的实际损失确定；实际损失难以计算的，按照侵权人因侵权所获得的利益确定。经营者恶意实施侵犯商业秘密行为，情节严重的，可以在按照上述方法确定数额的一倍以上五倍以下确定赔偿数额。赔偿数额还应当包括经营者为制止侵权行为所支付的合理开支。"

（3）侵犯商业秘密情节严重的，应当承担刑事责任。根据《刑法》第二百一十九条，"有下列侵犯商业秘密行为之一，给商业秘密的权利人造成重大损失的，处三年以下有期徒刑或者拘役，并处或者单处罚金；造成特别严重后果的，处三年以上七年以下有期徒刑，并处罚金：（一）以盗窃、贿赂、欺诈、胁迫、电子侵入或者其他不正当手段获取权利人的商业秘密的；（二）披露、使用或者允许他人使用以前项手段获取的权利人的商业秘密的；（三）违反保密义务或者违反权利人有关保守商业秘密的要求，披露、使用或者允许他人使用其所掌握的商业秘密的。"

此外，鉴于众多侵犯商业秘密的案件表现为其他单位恶意挖人或内部员工与其他单位互相勾结、侵害原用人单位的权益，《劳动合同法》第九十一条规定："用人单位招用与其他用人单位尚未解除或者终止劳动合同的劳动者，给其他用人单位造成损失的，应当承担连带赔偿责任。"原劳动部规定赔偿责任范围包括因获取商业秘密给原用人单位造成的经济损失，连带赔偿的份额不低于70%[①]。

在实践中，劳动者一般在劳动合同期内故意或过失泄露用人单位商业秘密的可能性较小；对于用人单位而言，关键问题是如何保证劳动者在解除或终止劳动关系后不泄露商业秘密。除了对劳动者进行必要的法治宣传以外，与劳动者签订竞业限制协议是强有力的保护措施之一。

---

① 劳动部《违反〈劳动法〉有关劳动合同规定的赔偿办法》第六条："用人单位招用尚未解除劳动合同的劳动者，对原用人单位造成经济损失的，除该劳动者承担直接赔偿责任外，该用人单位应当承担连带赔偿责任。其连带赔偿的份额应不低于对原用人单位造成经济损失总额的百分之七十。向原用人单位赔偿下列损失：（一）对生产、经营和工作造成的直接经济损失；（二）因获取商业秘密给原用人单位造成的经济损失。赔偿本条第（二）项规定的损失，按《反不正当竞争法》第二十条的规定执行。"

二、竞业限制

竞业限制又称为竞业禁止，是指为避免用人单位的商业秘密被侵犯，劳动者依法定或约定，在劳动关系存续期间或劳动关系结束后的一定时期内，不得到生产同类产品或经营同类业务且具有竞争关系的其他用人单位兼职或任职，也不得自己生产与原单位有竞争关系的同类产品或经营同类业务。竞业限制的立法目的在于保护企业的商业秘密，限制不正当竞争。

《劳动合同法》第二十三条第二款规定："对负有保密义务的劳动者，用人单位可以在劳动合同或者保密协议中与劳动者约定竞业限制条款，并约定在解除或者终止劳动合同后，在竞业限制期限内按月给予劳动者经济补偿。劳动者违反竞业限制约定的，应当按照约定向用人单位支付违约金。"

需要指出的是，虽然竞业限制的目的之一是保护用人单位的商业秘密，但竞业限制和保守商业秘密在性质上并不相同。保守商业秘密所限制的行为是商业秘密的泄露和使用行为，而竞业限制所限制的是从事某种专业、业务，或经营某种产品或服务的行为。竞业限制一般通过合同的方式约定违约责任，而保守商业秘密义务则可以不必受合同条款的约束，无论合同中是否约定了保密条款，一旦劳动者的行为构成了对用人单位的商业秘密的侵犯，就可以追究劳动者的侵权责任。

一方面，用人单位与劳动者订立竞业限制条款，目的是保护其自身的商业秘密，限制劳动者从事与用人单位相竞争的业务。另一方面，竞业限制的实施客观上限制了劳动者的就业权，进而影响了劳动者生存权，因此，为了保护劳动者的合法权益，用人单位在与员工签订竞业限制协议的时候，绝不能毫无顾忌或随心所欲地设定条款，而应遵守相关的法律法规，主要应注意以下几个方面。

1. 竞业限制对象

《劳动合同法》第二十四条明确规定："竞业限制的人员限于用人单位的高级管理人员、高级技术人员和其他负有保密义务的人员……"因此，用人单位没有必要与公司的每一位员工都签订竞业限制协议。一方面，与并不知悉公司商业秘密的人员签订竞业限制协议显然没有多大意义；另一方面，用人单位需向每一位签订了竞业限制协议的员工支付经济补偿。所以，用人单位有选择性地与负有保密义务的人员签订竞业限制协议即可。

2. 竞业限制范围

《劳动合同法》规定竞业限制的范围、地域、期限由用人单位与劳动者约定，用人单位应当根据自身情况，详细约定离职员工不得进入与原用人单位竞争的合理领域。由于竞业限制了劳动者的劳动权利，原则上，竞业限制的范围应当以能够与用人单位形成实际竞争关系的区域和行业为限，而不应扩至其他领域。如果

197

企业任意扩大竞业限制的范围，不但可能被认定为无效，而且还可能涉嫌构成对劳动者择业自主权的侵犯。

3. 竞业限制期限

根据《劳动合同法》第二十四条第二款，竞业限制的最长期限为二年。在实践中，竞业限制的期限不一定都约定为二年，可根据该商业秘密在市场竞争中所具有的竞争优势持续的时间，和员工掌握该商业秘密的程度、技术水平的高低，在最长为二年的期限内约定具体的竞业限制期限。此外，在执行竞业限制期间，如果企业情况发生变化，不需要劳动者继续履行竞业限制义务的，用人单位可向法院请求解除竞业限制协议，但应额外支付劳动者三个月的竞业限制经济补偿①。

4. 竞业限制补偿

竞业限制协议或条款限制了员工的自主择业及在一定时间内获得劳动报酬的权利，根据权利义务对等原则，应给予员工一定的补偿费，这样才有利于劳动者在具备一定经济条件的基础上保护用人单位的商业秘密，实现双赢。对竞业限制的补偿标准国家法律未作统一规定②，也就是说，用人单位与劳动者可双方协商而定，当然，用人单位支付的竞业限制补偿金与员工的竞业限制义务不可显失公平。需要注意的是，《劳动合同法》对竞业限制补偿金的支付方式进行了限制，规定在解除或者终止劳动合同后，在竞业限制期限内按月支付。用人单位必须在竞业限制协议或条款中明确相应的经济补偿标准，并按照法律规定的方式进行支付。

在实践中，有些用人单位与劳动者签订竞业限制协议，却不向劳动者支付相应的补偿金，或者用人单位在竞业限制协议中约定日常向劳动者所支付的工资中已经包括了竞业限制的经济补偿，不再另行支付。针对上述情况，《最高人民法院关于审理劳动争议案件适用法律问题的解释（一）》第三十六条规定：如果劳动者履行了竞业限制义务，可要求用人单位按照劳动者在劳动合同解除或者终止前十二个月平均工资的30%按月支付经济补偿；月平均工资的30%低于劳动合同履行地最低工资标准的，按照劳动合同履行地最低工资标准支付。

---

① 《最高人民法院关于审理劳动争议案件适用法律问题的解释（一）》第三十九条规定："在竞业限制期限内，用人单位请求解除竞业限制协议的，人民法院应予支持。在解除竞业限制协议时，劳动者请求用人单位额外支付劳动者三个月的竞业限制经济补偿的，人民法院应予支持。"

② 有些地方法规对竞业限制的补偿标准做了规定，如《深圳经济特区企业技术秘密保护条例》第二十四条规定："竞业限制协议约定的补偿费，按月计算不得少于该员工离开企业前最后十二个月月平均工资的二分之一。约定补偿费少于上述标准或者没有约定补偿费的，补偿费按照该员工离开企业前最后十二个月月平均工资的二分之一计算。"又如《江苏省劳动合同条例》第二十八条规定："……月经济补偿额不得低于该劳动者离开用人单位前十二个月的月平均工资的三分之一。"

5. 违反竞业限制的责任

《劳动合同法》对劳动者违反竞业限制规定了两种违约责任。一种为违约金，用人单位和劳动者可以事先在竞业限制协议或劳动合同的竞业限制条款中，约定劳动者违反竞业限制时需要支付的违约金，所设置的违约金应与竞业限制期限及补偿金相对应，不能显失公平。另一种违约责任为赔偿责任，《劳动合同法》第九十条规定劳动者违反劳动合同中约定的保密义务或者竞业限制，给用人单位造成损失的，应当承担赔偿责任。追究赔偿责任是基于劳动者的违约行为造成了经济损失，如果劳动者违反竞业限制约定，但没有造成经济损失或用人单位无法证明造成多少经济损失的，则劳动者无须承担赔偿责任。

案例分析

李德入职某公司担任高级客户经理，每月工资 2 万元。工作 9 个月后，李德自公司离职，双方签订了一年期限的竞业限制协议，公司支付李德竞业限制补偿金 12 万元；双方还约定如李德违反协议，则应支付公司违约金 80 万元。

公司后来调查得知李德离职后到与该公司存在竞争关系的另一家公司工作，于是要求李德返还竞业限制补偿金 12 万元、支付违约金 80 万元，并继续履行竞业限制义务。法院判决支持了公司的诉讼请求。

（资料来源：林鹏. 双方签订了竞业协议支付违约金也得履约. http://lawyers.66law.cn/s2507e38590286_i1192436.aspx，2022-08-09，有改动）

【分析】

根据《最高人民法院关于审理劳动争议案件适用法律若干问题的解释（四）》（2012 年 12 月 31 日公布，自 2013 年 2 月 1 日起施行）第十条："劳动者违反竞业限制约定，向用人单位支付违约金后，用人单位要求劳动者按照约定继续履行竞业限制义务的，人民法院应予支持。"可见，劳动者在违反竞业限制约定后，即使承担了违约责任，也不能免除其继续履行竞业限制的义务。

思考题

1. 简要列举我国法律中关于就业歧视的禁止范围。

2. 简述用人单位在招聘过程中履行告知义务和行使知情权时应该注意的事项。

3. 简要分析录用通知书和高校毕业生就业协议的法律效力。

4. 简单阐述用人单位在试用期内解除劳动合同时应该注意的事项。

5. 阐述培训服务期与劳动合同期限的关系，当两者发生冲突时应如何处理？

6. 讨论竞业限制与保守商业秘密的相同点和不同点。

案例讨论一

技术人才入职时自担责任的保证是否有效？

某公司通过中介公司找到了一位技术人才曹某，他被该公司提出的优厚待遇所吸引，便向原单位提出了辞职。

一个月过后，在双方准备签署正式劳动合同时，公司要求曹某提供与原单位解除劳动合同的证明，但曹某表示由于自己突然辞职使得原单位非常不满，原单位要求其赔偿损失，否则拒绝出具解除合同证明。他说，根据《劳动合同法》的相关规定，劳动者只要提前30天通知单位即可解除合同而无须单位同意，现30天已过，双方劳动关系事实上已解除，公司不用为此担心。公司对曹某的解释半信半疑，但考虑到他确属公司所需人才，于是决定让曹某写一份保证书，说明他已与原单位已经解除了劳动合同，如不属实而被原单位追究法律责任的，概由曹某自负。有了此保证书后，公司同曹某签订了劳动合同。

但入职不到一个月，公司突然收到了曹某原单位发来的律师函，要求公司和曹某共同承担违法解除劳动合同而给原单位造成的培训费损失24万元。公司立即向曹某核实情况，他才说出了实情。当时曹某应聘进入原单位后即被派往美国进行了为期12个月的专项技术学习，原单位为他支付了培训费40万元，双方约定曹某为原单位服务6年，曹某如提前辞职应赔偿原单位的培训费损失。

（资料来源：王桦宇. 劳动合同法实务操作与案例精解. 北京：中国法制出版社，2017：43-44，有改动）

讨论题：

1. 本案中，曹某向公司提供保证书，承诺其对原单位自行承担责任，该担保声明是否有效？

2. 本案中的公司在招聘管理中存在哪些疏漏和风险？应如何改进？

案例讨论二

因严重违纪被辞退，应否支付服务期违约金？

孟先生于2019年10月15日进入某文化用品公司从事设计工作，双方签订期限三年的劳动合同。2019 年 12 月 3 日双方签订培训协议，约定公司将孟先生送到某大学进修文化用品设计，进修时间为 2019 年 12 月 5 日至 2020 年 3 月 31 日，进修费用由公司承担，进修学习结束后必须为公司服务满 3 年才能离职，主动提前辞职或因严重违反公司制度致使解除劳动合同的，孟先生须承担违约金。该次进修培训实际发生费用 28 500 元。

进修结束后孟先生回到公司上班，不久与公司负责人发生了矛盾。2021 年 5 月下旬起孟先生经常旷工，2021 年 6 月旷工 8 天，7 月旷工 10 天，8 月旷工 7 天，9 月旷工 9 天。

2021 年 10 月 15 日，公司依据公司规章制度，在征求公司工会意见后，以严重违反规章制度为由对孟先生作出了解除劳动合同的决定，并要求他支付违约金 22 000 元。当日公司向孟先生送达了上述决定。

因孟先生迟迟未向公司支付该违约金，2022 年 3 月 5 日公司提起仲裁，要求确认双方劳动合同已于 2021 年 10 月 15 日解除，并裁决孟先生支付违约金 22 000 元。

（资料来源：倪煜明. 职场法案｜因严重违纪被辞退，应否支付服务期违约金？. https://mp.weixin.qq.com/s?__biz=MzA3NzEwNTk5Mg==&mid=2652092031&idx=7&sn=f1dadfcbf6831e54307caa8d6a1d4abe&chksm=84b00858b3c7814e0034840015b700ee668b4932ce437348af3ad995b22eb8b2792bfa4d868c&scene=27，2022-10-10，有改动）

讨论题：

1. 本案中，孟先生在服务期内因违纪被辞退，是否需要承担违约责任？请阐明法律依据。

2. 案例中，公司要求孟先生支付违约金 22 000 元，请给出违约金的计算依据，公司计算的违约金金额是否正确？

▓▓▓ 案例讨论三

约定在职期间竞业限制是否有效？ ①

韦宏于 2012 年 7 月 5 日与某置业公司签订劳动合同，约定合同期限为 2012 年 7 月 5 日至 2013 年 8 月 4 日，韦宏任销售经理，月工资 12 500 元。劳动合同规定："乙方负有保密义务的，双方可以订立专项协议，约定竞业限制条款。"

2013 年 1 月 11 日，公司与韦宏签订保密协议，约定："乙方（即韦宏）同意，

———————————

① 改编自：贺新发：《约定在职期间竞业限制是否有效？》（中院优秀案例）.《劳动法库》，2016 年 2 月 4 日。

自己在受甲方（即置业公司）聘用期间，绝不直接或间接地从事同甲方业务具竞争性的业务，即绝不到与甲方生产或者经营同类产品、从事同类业务的有竞争关系的其他用人单位工作或者自己开业生产或者经营同类产品、从事同类业务，决不向甲方竞争对手提供咨询性、顾问性服务，绝不聘用甲方的任何其他职工为自己工作，也不唆使甲方的任何其他职工接受外面公司聘用。"另外，保密协议第四条规定，如果乙方违反上述义务，应相关法律法规的规定承担违约责任，构成犯罪的，甲方将向有关司法机关检举。给甲方造成损失的，乙方应当赔偿所有损失，包括直接损失、间接损失、甲方因追究乙方的违约行为而支付的合理费用、诉讼费、律师费以及期得利益等。

2013 年 5 月 13 日，韦宏与人合伙设立房地产经纪公司（以下简称经纪公司），注册资本 50 万元，其中韦宏出资 55%，法定代表人为韦宏。经纪公司经营范围为：房地产经纪与代理；商品房策划及销售代理；广告设计、代理、发布；等等。而置业公司经营范围为：房地产开发；商品房销售；自有房产租赁。

2013 年 8 月 4 日，劳动合同到期，被告韦宏从原告处离职。

2014 年 7 月 11 日，置业公司诉至当地的区人民法院，诉讼请求：①韦宏赔偿直接损失，即韦宏 2013 年 5 月 13 日至 2013 年 8 月 4 日期间在置业公司获得的工资收入 42 822.52 元；②韦宏和经纪公司共同赔偿因违反竞业限制造成的间接损失，按照经纪公司开业之日至 2013 年 8 月 4 日营业收入 20 万元赔偿原告 11 万元（20 万元×55%股份比例收益）。

（资料来源：贺新发. 约定在职期间竞业限制是否有效？（中院优秀案例）. 劳动法库，2016-02-04，有改动）

讨论题：

1. 韦宏与置业公司关于在劳动合同期间的约定，韦宏不得直接或者间接从事同置业公司有竞争性的业务是否属于《劳动合同法》关于竞业限制的约定？

2. 韦宏成立经纪公司的行为是否违反法律规定和双方之间的约定？韦宏是否承担责任？承担什么责任？

3. 经纪公司是否应对韦宏的行为承担连带责任？

第九章　劳动标准管理

劳动法律法规中的一个重要部分就是劳动基准规范。我国已形成以《劳动法》为核心，内容涉及工作时间、休息休假、工资、禁止使用童工、女职工和未成年工特殊劳动保护、劳动定额、职业安全卫生、社会保险等方面的劳动标准体系。本章主要介绍企业普遍涉及的工作时间与休息休假、劳动报酬、劳动安全与劳动保护、企业规章制度，社会保险部分将在第十二章专章介绍。

企业规章制度是企业用工自主权和管理权的集中体现，也是企业制定劳动标准的重要工具，是企业的内部法，合理设计企业规章制度将为企业的劳动关系管理赢得更多的空间和自主权。

第一节　工作时间与休息休假

一、工作时间制度

工作时间，又称法定工作时间，是指劳动者为履行劳动义务，在法定限度内应当从事劳动或工作的时间。其表现形式有工作小时、工作日和工作周三种。其中，工作日即在一昼夜内的工作时间，是工作时间的基本形式。工作时间的范围不仅包括作业时间，还包括准备工作时间、结束工作时间以及法定非劳动消耗时间（如劳动者因自然需要而中断的时间、因工艺需要而中断的时间、停工待活时间、女职工哺乳时间等）；不仅包括岗位上工作的时间，还包括依据法规或单位行政安排离岗从事其他活动的时间，如培训时间。

我国有四种基本工作时间制度，即标准工时制、计件工作制、综合计算工时工作制和不定时工作制，以下分别介绍。

（一）标准工时制

标准工时制度，也称为标准工作制度，是由立法确定的一昼夜中工作的时间长度，一周中工作日天数，并要求各用人单位和一般职工普遍实行的基本工时制度。标准工时制是工时制度的基础，是其他特殊工时制度的计算依据和参照标准。

《劳动法》（1995 年 1 月 1 日起施行）第三十六条规定："国家实行劳动者每日工作时间不超过八小时、平均每周工作时间不超过四十四小时的工时制度。"但根据 1995 年 2 月 17 日《国务院关于修改〈国务院关于职工工作时间的规定〉的决定》，自 1995 年 5 月 1 日起全国职工实行每日工作 8 小时、每周工作 40 小时。而根据 1995 年 8 月 4 日劳动部关于印发《关于贯彻执行〈中华人民共和国劳动法〉若干问题的意见》的通知第六十条对工作时间的规定："实行每天不超过 8 小时，每周不超过 44 小时或 40 小时标准工作时间制度的企业……"

由此可见，我国现行劳动法规对标准工作时间的规定并不一致，在实践中也存在众多争议。严格地讲，企业若根据《劳动法》规定每周工作五天半，每天工作 8 小时，虽然与国务院的规定不符，但并不违法，因为法的效力大于规。但在司法实践中，已普遍按照每周工作 40 小时的标准执行。为方便阐述，本书所指的标准工作时间均以《国务院关于职工工作时间的规定》第三条"职工每日工作八小时、每周工作四十小时"为准。

《国务院关于职工工作时间的规定》第七条规定："国家机关、事业单位实行统一的工作时间，星期六和星期日为周休息日。企业和不能实行前款规定的统一工作时间的事业单位，可以根据实际情况灵活安排周休息日。"同时，《劳动法》第三十八条规定，用人单位应当保证劳动者每周至少休息一日。即用人单位必须保证劳动者每周至少有一次 24 小时不间断的休息。

因此，根据我国现行法规，对标准工时制度的执行应注意以下两点：

（1）在标准工时制度下，日最长工时为 8 小时，周最长工时为 40 小时。

（2）标准工时制并不要求用人单位保证劳动者每周休息两天，但应保证劳动者每周至少有一次 24 小时不间断的休息。例如，用人单位可不实行"双休日"而安排劳动者每周工作六天，每天工作不超过 6 小时 40 分钟。

标准工时制是我国最基本的一种工时制度，此外，用人单位因工作性质或者生产特点的限制，不能实行标准工时制的，经劳动行政部门批准，可以实行其他工作和休息办法。

但是，对于一些在特殊条件下从事劳动和有特殊情况的岗位与劳动者，可以在每周工作 40 小时的基础上再适当缩短工作时间，执行缩短工时制。这是一种在特殊情况下劳动者的工作时间应少于标准工作时间的工时制度。目前，我国实行缩短工作时间的劳动主要有：①矿山、井下、高山、高温、低温、有毒有害，特别繁重或过度紧张劳动；②夜班工作；③哺乳期的女职工。

（二）计件工作制

计件工作制又称计件工时制，是一种以员工完成一定数量的合格产品或一定的作业量来确定工资报酬的工作形式。这是在我国制造企业中应用广泛的一种工作及报酬制度。根据《劳动法》第三十七条，对实行计件工作的劳动者，用人单位应当合理确定其劳动定额和计件报酬标准。

实行计件工作制应注意以下两点：

（1）合理确定劳动定额和计件报酬标准。劳动定额是指在一定的生产技术、组织条件下，采用科学的方法和计量形式，测算企业职工生产单位产品的劳动时间，并对生产或工作进程中劳动消耗量所规定的限额。企业的劳动定额一般都是由企业根据自身实际自主制定，并随着技术革新、设备改进等因素予以调整。需要注意的是，企业自主制定并不意味着企业可以滥用这一权利。《劳动合同法》第四条第二款规定："用人单位在制定、修改或者决定有关……劳动定额管理等直接涉及劳动者切身利益的规章制度或者重大事项时，应当经职工代表大会或者全体职工讨论，提出方案和意见，与工会或者职工代表平等协商确定。"也就是说，企业在制定劳动定额标准时应履行平等协商的程序。但是，对于协商不一致情况下的最终决定权是"公决"（即必须在协商一致的基础上共同确定）还是"单决"（即最终由用人单位行使决定权），国家层面的劳动法并未对此作出明确规定。在司法实践中，多数地区的法院指导意见均倾向于"单决权"。例如，深圳市中级人民法院《关于审理劳动争议案件的裁判指引》（2015 年 9 月 2 日公布）第七十三条明确提出：《劳动合同法》第四条第二款规定的"平等协商确定"主要是指程序上的要求，如果平等协商无法达成一致，最后决定权在用人单位。那么，怎么判断企业制定的劳动定额是否合理呢？国家层面也未对此作出明确的法律规定，我国部分地区已经进行了立法尝试。例如，《江苏省工资支付条例》（2004 年公布，2010年修订）第十一条规定："实行计件工资制的，用人单位确定、调整劳动定额或者计件报酬标准应当遵循科学合理的原则；确定、调整的劳动定额应当使本单位同岗位百分之九十以上劳动者在法定工作时间内能够完成。"《广东省工资支付条例》（2005 年公布，2016 年修订）第二十一条规定："实行计件工资的，用人单位应当科学合理确定劳动定额和计件单价，并予以公布。确定的劳动定额原则上应当使本单位同岗位百分之七十以上的劳动者在法定劳动时间内能够完成。"由于在劳动定额领域国家层面立法的欠缺，实践中存在部分用人单位利用劳动定额隐性侵权的事例，希望我国能早日完善这一领域的立法。

（2）实行计件工资的劳动者，在完成计件定额任务后，由用人单位安排延长工作时间的，应作为加班，并支付加班工资。《劳动合同法》第三十一条明确规定："用人单位应当严格执行劳动定额标准，不得强迫或者变相强迫劳动者加班。用人单位安排加班的，应当按照国家有关规定向劳动者支付加班费。"

案例分析

王欢在某公司担任打磨工一职。双方劳动合同约定，工资标准按照计件工资计算，根据不同产品的型号计件，单价各不相同。公司经常安排王欢加班，加班期间的单价与平时相同。

一年后，王欢因自身原因从该公司离职，后在有关部门组织的普法过程中听说，实行计件工资的员工，如果公司安排加班的，加班时间内的产品单价应按照平时 1.5 倍，休息日按 2 倍来进行计算。

王欢觉得在公司加班挺多的，但公司从来没支付过加班工资，便向某区劳动人事争议仲裁委员会申请仲裁，要求公司支付其一年里的加班工资 30 000 元。

争议焦点：计件工资的员工是否应当被支付加班工资？

王欢认为：计件工资和计时工资的员工一样，只要是公司安排进行加班的就应当按照法律规定给予加班费，其加班时的工资应当按照加班工资的标准进行支付。

公司认为：计件工作制的员工的工作量无法区分其哪些产量属于法定工作时间部分，哪些属于加班工作时间部分，因此公司在测算产品计件单价时已经考虑到了员工加班的因素，所以不同意再额外支付加班费。

仲裁委员会审理后认为：王欢在公司存在加班的事实，不论王欢是计件工作制的员工还是计时工作制的员工，均有获取相应加班工资的权利。由于小王的产量无法明确分清属于法定标准工作时间还是加班工作时间，故结合王欢实际的出勤时间，合理认定公司需支付王欢加班工资一万余元。

（资料来源：唐律. 计件制工资是否需要支付加班费. 劳动报，2015-02-07，有改动）

【分析】

此起案件是一起非常典型的加班工资争议案件。在实践中，很多企业都认为实行计件工资的员工，只要按照计件的总量和单价，相应发放工资就可以了，而且客观上也难以分清法定标准工作时间内与加班时间内的产量，故也无法测算其加班工资。

企业实行计件工资制的主要目的是鼓励员工提高工作效率，在纯计件的方式下确实会遇到加班工资难以准确计算的情况，但难以计算并不能免除单位支付加班费的义务。如果企业都是按照平时单价计算加班时间内的工资，就要承担加班费未足额支付的法律后果。因此，企业日常管理中，对计件工时制员工的每月工作量、工作成果等计算文件注意保存，有利于在日后的争议中保护企业的合法权益。

（三）综合计算工时工作制

综合计算工时工作制，是针对因工作性质特殊，需连续作业或受季节及自然条件限制的企业的部分职工，采用的以周、月、季、年等为周期综合计算工作时间的一种工时制度，但其平均日工作时间和平均周工作时间应与法定标准工作时间基本相同。用人单位实行综合计算工时工作制的，必须事先获得劳动行政主管部门的批准。

根据关于印发《〈国务院关于职工工作时间的规定〉问题解答》的通知和《关于企业实行不定时工作制和综合计算工时工作制的审批办法》，以下人员可实行综合计算工时工作制：①交通、铁路、邮电、水运、航空、渔业等行业中因工作性质特殊，需连续作业的职工。②地质、石油及资源勘探、建筑、制盐、制糖、旅游等受季节和自然条件限制的行业的部分职工。③亦工亦农或受能源、原材料供应等条件限制难以均衡生产的乡镇企业的职工。④对于那些在市场竞争中，由于外界因素的影响，生产任务不均衡的企业的部分职工。⑤其他适合实行综合计算工时工作制的职工。

实行综合计算工时工作制的关键是确定好计算的周期。计算工作时间的周期可以是周、月、季、年，但是应当注意的是，周期内的平均日工作时间应当与法定标准工作时间基本相同。

实行综合计算工时工作制的，无论劳动者平时工作时间数为多少，只要在一个综合工时计算周期内的总工作时间数不超过按标准工时制计算的应当工作的总时数即不视为加班。但周期内总工作时间数超过标准总时数的部分，视为加班；此外，即使在周期内但在法定节假日工作的，必须视为加班。

案例分析

郑某应聘至某食品公司制冰车间工作，工作两个月后，郑某认为公司超时加班，违反了劳动法相关规定，于是向当地劳动保障监察机构举报。劳动保障监察机构马上深入公司调查情况，调取公司考勤等证据后得知，该公司制冰车间每年在5～8月为生产旺季，工作时间为每天工作10小时，每周休息1天，另外8个月的淡季，制冰车间员工则每天工作5小时，有正常双休日。此外，该公司已经获得审批，实行了综合计算工时工作制。因此，该公司制冰车间的工时制度并未违法，劳动保障监察机构及时向郑某进行解释，对郑某的举报作出不予受理的决定。

（资料来源：综合计算工时是不同于标准工时的工时制度.https://wenku.baidu.com/view/197d12630b4c2e3f572763bd.html，2014-07-11，有改动）

【分析】

《关于企业实行不定时工作制和综合计算工时工作制的审批办法》第七条规

定："中央直属企业实行不定时工作制和综合计算工时工作制等其他工作和休息办法的,经国务院行业主管部门审核,报国务院劳动行政部门批准。地方企业实行不定时工作制和综合计算工时工作制等其他工作和休息办法的审批办法,由各省、自治区、直辖市人民政府劳动行政部门制定,报国务院劳动行政部门备案。"

根据以上规定,该公司的工时制度并未违法。因为该单位已经获得审批,实行了综合计算工时工作制,职工的工作时间应当以一年为单位综合计算。

(四)不定时工作制

不定时工作制是用人单位在特殊条件下实行的,针对因生产特点、工作性质特殊需要或职责范围的关系,需要连续上班或难以按时上下班,无法适用标准工作时间或需要机动作业的职工而采用的一种工作时间制度。用人单位实行不定时工作制的,必须事先获得劳动行政主管部门的批准。

根据关于印发《〈国务院关于职工工作时间的规定〉问题解答》的通知和《关于企业实行不定时工作制和综合计算工时工作制的审批办法》,以下人员可实行不定时工作制:①企业中的高级管理人员、外勤人员、部分值班人员和其他因工作无法按标准工作时间衡量的职工;②企业中的长途运输人员、出租汽车司机和铁路、港口、仓库部分装卸人员以及因工作性质特殊,需机动作业的职工;③其他因生产特定、工作特殊需要或职责范围的关系,适合实行不定时工作制的职工。企业可依据上述原则结合企业的实际情况,对部分岗位采用不定时工作制。

根据《工资支付暂行规定》第十三条,在不定时工作制下,不执行延长工作时间发放加班工资的规定。但不定时工作制下关于法定节假日加班费的规定需要遵循地方规定。例如。根据《上海市企业工资支付办法》的规定,经人力资源社会保障行政部门批准实行不定时工时制的劳动者,在法定休假节日由企业安排工作的,按照不低于劳动者本人日或小时工资标准的300%支付加班工资。

实践中,很多用人单位不分行业及岗位,都统一选择标准工时制,导致出现一部分员工在一段时期内加班情况突出,或出现不符合法律规定的情况,而部分员工在同一时期内工作远远不饱和,导致用人单位用工成本和管理成本大增。因此,为降低成本避免法律风险,用人单位可充分行使法律赋予的工时制度的选择权,区分岗位性质和工作性质,合理设计工时制度。

案例分析

谷文是某公司货运装卸组的工人。货运装卸工作一般由车辆、货运产品生产情况决定,具有不固定性,谷文等有时在上班时间无装卸任务,但有时下班后又因运输货物的车辆进厂需要立即装卸，所以谷文所在的班组有时要在下班后完成装卸任务，装卸货物的时间也不确定，货物多时用时多，货物少时用时少。但因公司每月给予谷文等一定的加班工资，谷文也没有意见。

后来，公司经当地劳动行政部门批准，对企业内部分工作岗位的职工实行了不定时工作制，谷文所在的货运装卸劳动也属于被批准的实行不定时工作制的岗位。此后，由于工作的需要，有时谷文需要超过8小时工作，但没有加班工资。谷文大为不满，向公司提出在8小时以外加班应该支付加班工资的要求。公司的答复是，谷文有时也存在一连几天工作不满8小时的情况，而且对谷文实行的是不定时工作制，于是拒绝了谷文的要求。

谷文不服，向当地劳动争议仲裁委员会提出了仲裁申请，他出示了自己保存的装卸记录，上面确有超过8小时的超时工作时间记录。谷文认为，自己8小时以外的工作有据可查，但公司未支付加班工资。合同里并没有规定对他实行不定时工作制，公司属于单方变更劳动合同，将其岗位认定为不定时工作制是无效的。所以，请求公司撤销对他的不定时工作制的认定，并支付拖欠的加班工资，加发所拖欠工资25%的经济补偿金。

劳动争议仲裁委员会经调查后认为，谷文从事装卸工作系经市劳动保障行政部门批准的不定时工作制的岗位，不存在加班的问题，遂裁决对谷文的请求不予支持。

（资料来源：左祥琦．用人单位劳动法操作实务．北京：法律出版社，2005：197-199，有改动）

【分析】

根据《关于企业实行不定时工作制和综合计算工时工作制的审批办法》第四条第二项规定，企业中的长途运输人员、出租汽车司机和铁路、港口、仓库的部分装卸人员以及因工作性质特殊，需机动作业的职工，可以实行不定时工作制。谷文在公司从事装卸工作，从岗位性质来看属于规定的可以实行不定时工作制职工的范围，且公司为其岗位申请了不定时工作制。

谷文认为，合同里没有约定实行不定时工作制，企业说了不算数。这种观点并不正确，光企业说实行不定时工作制是不算数，而只是单位与劳动者在合同里约定也不算数。根据法律规定，对何种岗位的职工实行不定时工作制，必须由用人单位报经劳动行政部门审批同意才能"算数"。本案中，仲裁委员会查明，公司对古某所在的装卸工岗位实行"不定时工时制度"确经有关部门审批同意。公司与谷文签订了劳动合同后，根据谷文的工作性质申请不定时工作制，是符合相关不定时工作制的法律规定的合法行为，并不属于擅自单方变更劳动合同的违法行为。

根据《工资支付暂行规定》第十三条，在不定时工作制下，不执行延长工作时间发放加班工资的规定。因此，谷文提出支付加班工资和经济补偿金的要求是没有法律依据的。

但是，我们也应看到，企业有可能利用不定时工作制的特点以及实行不定时工作制就不必支付加班费的规定而延长劳动者的工作时间，使其不定时工作制的工作时间大大超过标准工时制的工作时间，而且不用付加班费。例如，我国大多数出租汽车公司都实行的是一辆车由两个司机轮班开，这样每个出租汽车司机实际工作时间平均每日12小时，其工作时间和工作强度远远超过了标准工时制。也就是说，我国现行对不定时工作制有关不支付加班费的规定可能存在漏洞，应该明确不定时工作制的日平均工作时间或周平均工作时间应与标准工时制的日平均工作时间或周平均工作时间基本相同，若有超过，则用人单位应该支付加班工资。相比之下，我国对综合计算工时工作制就有此类明确规定。

企业应明确，不定时工作制不是无休息工作制，只是休息时间不像标准工作时间那样固定和有规律而已。企业应在保障职工身体健康的前提下，在充分听取员工意见的基础上，采取集中工作、集中休息、轮休调休、弹性工作时间等适当方式，确保员工在休息休假方面的诸项权利得到实现。在保障不定时工作制员工的休息权方面，我国立法仍有待更明确和更具操作性的规定。

二、延长工作时间

1. 延长工作时间的定义

延长工作时间是指在企业执行的工作时间制度基础上的加班工作。需要注意的是，不是所有的延长工作时间都需要支付加班工资。

《工资支付暂行规定》第十三条，用人单位在劳动者完成劳动定额或规定的工作任务后，根据实际需要安排劳动者在法定标准工作时间以外工作的，应支付劳动者加班工资；实行计件工资的劳动者，在完成计件定额任务后，由用人单位安排延长工作时间的，应按规定支付其加班工资。可见，用人单位支付加班工资的前提是用人单位安排加班，如果不是用人单位安排加班，而由劳动者自愿加班的，用人单位依据以上规定可以不支付加班工资。

很多企业为了提高员工的工作效率，也为了规范加班管理，都规定要先审查所要加班的工作内容是否在规定的工作时间内是无法完成的，确实无法完成的才准许加班，这种制度就是加班审批制度。在有加班审批制度的单位，一般未在规定时间内进行审批的加班，尽管员工实际"加班"了，但企业一般不予认可，当然也不予发放加班工资。

实践中，也存在用人单位通过制定不合理不科学的劳动定额标准，使得该单位大部分劳动者在八小时制的标准工作时间内不可能完成生产任务，而为了完成用人单位规定的工作任务，劳动者不得不在标准工作时间之外延长工作时间，从

而变相迫使劳动者不得不加班的情况。针对此种情形,《劳动合同法》第三十一条明确规定:"用人单位应当严格执行劳动定额标准,不得强迫或者变相强迫劳动者加班。用人单位安排加班的,应当按照国家有关规定向劳动者支付加班费。"变相强迫劳动者加班的,应当视为违反劳动法的规定延长劳动者的工作时间,劳动者可以要求用人单位补发其为了完成超过合理数量的劳动定额而加班工作的工资报酬。

案例分析

肖石在某外资公司任文员。劳动合同约定肖石每天 8 小时、每周 40 小时的法定标准工作时间。其间,肖石努力工作,任务未完成的,就在下班后自动加班完成。在工作过程中,肖石每天下班前都向上级领导汇报当日工作进展,同时在邮件中说明任务需要加班完成。

一年后,肖石对公司的工作安排难以接受,就在合同期限届满时表示不再续签,但要求公司支付其一年内的加班工资,并出示了一年内延长工作时间的考勤记录及每天工作汇报。公司对此不同意,认为公司实行的是计时工资制度,并另有规定的加班制度;公司并未安排肖石加班,其延长工作时间是个人自愿的行为,公司不能支付加班工资,对肖石的要求予以拒绝。双方发生了争议。

肖石认为:自己在履行合同期间经常超时工作,具体超时工作时间有据可查,并且每天的工作汇报邮件都可证明工作在下班后完成。按照《劳动法》的有关规定,超时工作应计发加班费,但单位从未支付过自己加班费。现在双方劳动合同已终止,公司应当结算支付一年内的加班工资。

肖石为完成工作任务自动延长工作时间,是否可以要求公司支付延时工作的加班工资?

(资料来源:胡加禄. 自愿加班能否索要加班工资. 河南工人日报,2015-01-14,有改动)

【分析】

此案中,公司虽然对肖石实行了计时工资制度,但肖石平时的延时加班不是由公司安排的,而是肖石自愿进行的;公司有明确的加班制度,肖石在延时加班时并未履行公司规定的加班审批手续。因此,肖石要求公司支付其自愿且未履行手续的延时加班工资缺乏依据。

当然,如果有证据证明公司的劳动定额或工作量安排缺乏科学合理性的,就可能构成"变相强迫劳动者加班"而仍需支付加班工资。

上述案例对用人单位有以下启示:①制定科学合理的劳动定额制度,合理安排工作量;②制定不违反法律规定的加班制度,规定适当的加班审批程序,对符合加班制度的加班情况应按法定标准支付加班工资。

2. 延长工作时间的条件

根据《劳动法》第四十一条、第四十二条，以及《劳动部关于贯彻〈国务院关于职工工作时间的规定〉的实施办法》第六条、第七条，延长工作时间分为一般情况和例外情况。

（1）在一般情况下，任何单位和个人不得擅自延长职工工作时间，确实由于生产经营需要必须延长工作时间的，应达到下列条件：①与工会和劳动者协商。与工会和劳动者协商是对于用人单位延长工时的强制性规定，未经工会和劳动者同意，用人单位不得擅自延长工时。对于企业违法强迫劳动者延长工时的，劳动者有权拒绝。因此发生的争议，可以提请劳动争议处理机构予以处理。工会和劳动者也可以向劳动行政部门举报，由劳动行政部门进行查处。②延长工作时间的长度限制。一般每日不得超过一小时；因特殊原因需要延长工作时间的，在保障劳动者身体健康的条件下延长工作时间每日不得超过三小时，但是每月不得超过36 小时。在综合计算工时工作制下，延长工作时间的小时数平均每月不得超过 36小时。

（2）法律也规定了例外情况，即有下列特殊情形和紧急任务之一的，延长工作时间不受上述条件的限制：①发生自然灾害、事故或者因其他原因，使人民的安全健康和国家资财遭到严重威胁，需要紧急处理的；②生产设备、交通运输线路、公共设施发生故障，影响生产和公众利益，必须及时抢修的；③必须利用法定节日或公休假日的停产期间进行设备检修、保养的；④为完成国防紧急任务，或者完成上级在国家计划外安排的其他紧急生产任务，以及商业、供销企业在旺季完成收购、运输、加工农副产品紧急任务的。

案例分析

某服装厂签订一批订货合同，为了尽快完成合同约定的任务，厂领导单方决定，全体职工平时每天加班 3 个小时，每周六全天加班。对此，该厂职工王某等十分不满，但还是坚持了半个多月，并多次向厂领导提出意见，但均被驳回。王某等一气之下，自行决定按照厂内原来的工作时间正常下班。为此，厂领导经几次批评王某等均无效后，便以违反厂规厂纪为由作出了对王某等予以辞退的决定。王某不服，诉至市劳动争议仲裁委员会。劳动争议仲裁委员会经审理，裁决厂方对王某等作出的辞退决定无效。

（资料来源：林因. 职工拒绝加班不能作为辞退理由. 就业与保障，2005（Z1）：48，有改动）

【分析】

此案中厂领导的决定存在三处错误：一是延长工作时间程序违法。厂领导既

没有同工会协商，也没有与劳动者协商，单方面作出决定，不符合法定程序。二是延长工作时间超出法律规定的限度。根据厂领导的要求，每日加班3小时，周六也要加班，仅以王某等坚持了半个多月的事实来看，已经超过了每月加班最高不得超过36小时的规定。三是错误地理解"厂规厂纪"。"厂规厂纪"是根据一定民主程序产生的具有一定稳定性的企业内部规章制度，该厂领导将自己的临时决定作为"厂规厂纪"，是不符合法律规定的。因此王某等拒不执行厂领导延长工作时间的决定，既没有违反厂规厂纪，也不能因此认为王某等违反劳动合同约定，更不能因此辞退王某等。

三、休息休假

劳动法赋予了劳动者休息休假的权利。休息休假，即劳动者带薪休息和休假。休息时间，是指劳动者依据法律规定在用人单位任职期间，不必从事生产经营活动而可以自由支配的时间。休假时间，是指法定的劳动者在职期间免于上班劳动并且有工资保障的休息时间，它是休息时间的重要组成部分。具体而言，休息休假包括：一个工作日内的休息、两个工作日之间的休息、周休息日、法定节假日、带薪年休假、探亲假、婚丧假、产假，此外还有病假、事假等。每一种休息时间都有其特定的含义和作用，相互不能代替、不能冲抵，法律有特殊规定的除外。

1. 一个工作日内的休息

这是指职工在一个工作日内享有的休息时间和用餐时间。《劳动法》对此未作规定，但作为劳动者一种休息的习惯已实行多年。

2. 两个工作日之间的休息。

这是指劳动者在每昼夜（24小时）内，除工作时间外，由劳动者自由支配的时间。该休息时间是劳动者恢复体力、维持劳动力再生产所必需的。

3. 周休息日

这是指劳动者在1周（7天）内，享有连续休息在1天（24小时）以上的休息时间。这是针对采用标准工时制的企业而言的，如果是采用综合计算工时工作制或不定时工作制的企业，应在保障职工身体健康并充分听取职工意见的基础上，采用集中工作、集中休息、轮休调休、弹性工作时间等适当方式，确保职工的休息休假权利。

4. 法定节假日

法定节假日是指根据国家、民族的传统习俗，国家统一规定用于开展纪念、庆祝活动的休息时间。根据国务院《全国年节及纪念日放假办法》（2013 年 12 月 11 日第三次修订），法定节假日包括以下三类。

（1）全体公民放假的节日①元旦，放假 1 天（1 月 1 日）；②春节，放假 3 天（阴历正月初一、初二、初三）；③清明节，放假 1 天（阴历清明当日）；④劳动节，放假 1 天（5 月 1 日）；⑤端午节，放假 1 天（阴历端午当日）；⑥中秋节，放假 1 天（阴历中秋当日）；⑦国庆节，放假 3 天（10 月 1 日、2 日、3 日）。

（2）部分公民放假的节日及纪念日①妇女节（3 月 8 日），妇女放假半天；②青年节（5 月 4 日），14 周岁以上的青年放假半天；③儿童节（6 月 1 日），不满 14 周岁的少年儿童放假 1 天；④中国人民解放军建军纪念日（8 月 1 日），现役军人放假半天。

（3）少数民族习惯的节日：由各少数民族聚居地区的地方人民政府，按照各该民族习惯，规定放假日期。

全体公民放假的假日，如果适逢星期六、星期日，应当在工作日补假。部分公民放假的假日，如果适逢星期六、星期日，则不补假。

5. 带薪年休假

带薪年休假是国家规定的，赋予连续工作一年以上的劳动者每年享有一次连续的带薪休息时间。《职工带薪年休假条例》（2007 年 12 月 14 日国务院令第 514 号）对此作了明确规定。另外，《企业职工带薪年休假实施办法》（2008 年 9 月 18 日人力资源和社会保障部令第 1 号）对带薪年休假作了细化规定。

根据规定，职工只要在一个单位或者多个单位连续工作 12 个月以上，都有权享受带薪年休假。职工在年休假期间享受与正常工作期间相同的工资待遇。

（1）带薪年休假的计算：职工累计工作已满 1 年不满 10 年的，年休假 5 天；已满 10 年不满 20 年的，年休假 10 天；已满 20 年的，年休假 15 天。国家法定休假日、休息日不计入年休假的假期，职工依法享受的探亲假、婚丧假、产假等国家规定的假期以及因工伤停工留薪期间不计入年休假假期。

职工新进用人单位且符合规定可以享受带薪年休假的，当年度年休假天数，按照其在本单位剩余日历天数折算确定，折算后不足 1 整天的部分不享受年休假。折算方法为：（当年度在本单位剩余日历天数÷365 天）×职工本人全年应当享受的年休假天数。

（2）不享受带薪年休假的情况。职工有下列情形之一的，不享受当年的年休假：①职工依法享受寒暑假，其休假天数多于年休假天数的；②职工请事假累计 20 天以上且单位按照规定不扣工资的；③累计工作满 1 年不满 10 年的职工，请病假累计 2 个月以上的；累计工作满 10 年不满 20 年的职工，请病假累计 3 个月以上的；累计工作满 20 年以上的职工，请病假累计 4 个月以上的。

（3）带薪年休假的具体安排：单位根据生产、工作的具体情况，并考虑职工本人意愿，统筹安排职工年休假。年休假在一个年度内可以集中安排，也可以分段安排，一般不跨年度安排。单位因生产、工作特点确有必要跨年度安排职工年休假的，可以跨一个年度安排。

（4）未享受带薪年休假的补偿措施：单位确因工作需要不能安排职工休年休假的，经职工本人同意，可以不安排职工休年休假。对职工应休未休的年休假天数，单位应当按照该职工日工资收入的300%支付年休假工资报酬，其中包含用人单位支付职工正常工作期间的工资收入，即按该职工日工资收入的200%另支付应休未休年休假工资报酬。需要注意的是，根据《企业职工带薪年休假实施办法》第十条用人单位安排职工休年休假，但是职工因本人原因且书面提出不休年休假的，用人单位可以只支付其正常工作期间的工资收入。

（5）违法不安排带薪年休假的法律后果：单位不安排职工休年休假又不按规定给予年休假工资报酬的，由县级以上地方人民政府人事部门或者劳动保障部门依据职权责令限期改正；对逾期不改正的，除责令该单位支付年休假工资报酬外，单位还应当按照年休假工资报酬的数额向职工加付赔偿金。

案例分析

老王与小李于2022年9月1日入职到A企业工作。其中，老王曾经在B企业连续工作5年后直接跳槽到A企业工作，小李是首次参加工作。接近年底，老王与小李同时向A企业申请年休假，A企业人力资源部回复，因老王与小李都是今年新入职职工，未在本企业连续工作满12个月，因此不享受带薪年休假。

（资料来源：案例由毛晓燕编写）

【分析】

首先，本案中的老王和小李是否真如A企业人力资源部回复的不能享受带薪年休假？《职工带薪年休假条例》第二条规定："机关、团体、企业、事业单位、民办非企业单位、有雇工的个体工商户等单位的职工连续工作1年以上的，享受带薪年休假"。此处的"连续工作"并不局限于同一用人单位。《企业职工带薪年休假实施办法》第四条即作了详细说明："年休假天数根据职工累计工作时间确定。职工在同一或者不同用人单位工作期间，以及依照法律、行政法规或者国务院规定视同工作期间，应当计为累计工作时间。"因此，本案中的小李因首次参加工作，连续工作不足1年，确实不能享受带薪年休假；而老王的连续工作时间应包括在B企业工作的5年，符合"职工连续工作满12个月以上的，享受带薪年休假"的规定，虽然老王在A企业的工作时间不足1年，但连续工作时间满12个月以上，应依法享受带薪年休假。

其次，老王的年休假天数应如何计算？《企业职工带薪年休假实施办法》第五条："职工新进用人单位且符合本办法第三条规定的，当年度年休假天数，按照在本单位剩余日历天数折算确定，折算后不足 1 整天的部分不享受年休假。"折算方法为：（当年度在本单位剩余日历天数÷365天）×职工本人全年应当享受的年休假天数。此案中，老王应享受的带薪年休假天数= [（365－244）÷366]×5≈1.65 天，折算后不足 1 整天的部分不享受年休假，即老王在 A 企业可享受 1 天的年休假。

6. 探亲假

探亲假是国有企业、事业、国家机关和人民团体等用人单位连续工龄满一年的职工，探望与自己分居两地的配偶和父母而享有的一种假期。至于非国有性质的企业职工是否享有探亲假法律没有明文规定，用人单位可根据实际情况自行确定。根据《国务院关于职工探亲待遇的规定》和《国家劳动总局关于制定〈国务院关于职工探亲待遇的规定〉实施细则的若干问题的意见》，对探亲假有以下主要规定：

（1）探亲假的计算：职工探望配偶的，每年给予一方探亲假一次，假期为 30 天；未婚职工探望父母，原则上每年给假一次，假期为 20 天，如果因为工作需要，本单位当年不能给予假期，或者职工自愿两年探亲一次，可以两年给假一次，假期为 45 天；已婚职工探望父母的，每四年给假一次，假期为 20 天。另外，根据实际需要给予路程假。上述假期均包括公休假日和法定节假日在内。

（2）探亲假期间的待遇：职工在规定的探亲假期和路程假期内，按照本人的标准工资发给工资。职工探望配偶和未婚职工探望父母的往返路费，由所在单位负担。已婚职工探望父母的往返路费，在本人月标准工资30%以内的，由本人自理，超过部分由所在单位负担。

7. 婚丧假

婚丧假即劳动者本人结婚以及劳动者的直系家属死亡时依法享受的假期。根据《关于国营企业职工请婚丧假和路程假问题的通知》，职工本人结婚或职工的直系亲属（父母、配偶和子女）死亡时，可以根据具体情况，由本单位行政领导批准，酌情给予1～3 天的婚丧假。职工结婚时双方不在一地工作的，职工在外地的直系亲属死亡时需要职工本人去外地料理丧事的，都可以根据路程远近，另给予路程假。在批准的婚丧假和路程假期间，职工的工资照发，途中的车船费等，由职工自理。目前，国家还没有对非国有企业职工的婚丧假作出具体规定，只是各地有地方规定。

8. 产假

产假是指女职工因生育而享有的假期。根据《女职工劳动保护特别规定》，女职工生育享受 98 天产假，其中产前可以休假 15 天；难产的，应增加产假 15 天；

生育多胞胎的，每多生育 1 个婴儿，可增加产假 15 天。此外，女职工怀孕未满 4 个月流产的，享受 15 天假期。而且，根据《人口与计划生育法》(2021 年 8 月 20 日修订)第二十五条，"符合法律、法规规定生育子女的夫妻，可以获得延长生育假的奖励或者其他福利待遇。国家支持有条件的地方设立父母育儿假"。自从国家相继放开二孩和三孩政策以来，各地纷纷修订人口与计划生育条例，将产假的计算方式调整为"国家规定假期 98 天+生育奖励假"，具体应参照所在地的地方规定。

关于女职工产假期间的工资待遇，《女职工劳动保护特别规定》第八条规定："女职工产假期间的生育津贴，对已经参加生育保险的，按照用人单位上年度职工月平均工资的标准由生育保险基金支付；对未参加生育保险的，按照女职工产假前工资的标准由用人单位支付。女职工生育或者流产的医疗费用，按照生育保险规定的项目和标准，对已经参加生育保险的，由生育保险基金支付；对未参加生育保险的，由用人单位支付。"

此外，针对女职工怀孕期间及哺乳期间的特殊需要，很多地方性法规也赋予了女职工一些特殊假期，如保胎假、产前假、哺乳假等。各地方规定还给予女职工配偶相应的护理假或陪产假，以及给予夫妻双方的育儿假。

9. 病假

病假是指劳动者因病或非因公负伤需要停止工作进行医疗的时间。根据《企业职工患病或非因工负伤医疗期规定》和《关于贯彻〈企业职工患病或非因工负伤医疗期规定〉的通知》，企业职工因患病或非因工负伤，需要停止工作医疗时，根据本人实际参加工作年限和在本单位工作年限，给予 3～24 个月的医疗期。对某些患特殊疾病（如癌症、精神病、瘫痪等）的职工，在 24 个月内尚不能痊愈的，经企业和劳动主管部门批准，可以适当延长医疗期。医疗期是指企业职工因患病或非因工负伤停止工作治病休息不得解除劳动合同的时限。

医疗期应从病休的第一天开始累计计算，医疗期 3 个月的按 6 个月内累计病休时间计算；6 个月的按 12 个月内累计病休时间计算；9 个月的按 15 个月内累计病休时间计算；12 个月的按 18 个月内累计病休时间计算；18 个月的按 24 个月内累计病休时间计算；24 个月的按 30 个月内累计病休时间计算。例如，一位应享受 3 个月医疗期的职工，如果从 2022 年 3 月 5 日起第一次病休，那么，该职工的 3 个月医疗期应在 3 月 5 日至 9 月 5 日之间累计计算确定。其他依此类推。病休期间，公休、假日和法定节日包括在内。

至于职工在病假期间的工资待遇问题，根据《关于贯彻执行〈中华人民共和国劳动法〉若干问题的意见》第五十九条，职工患病或非因工负伤治疗期间，在规定的医疗期间内由企业按有关规定支付其病假工资或疾病救济费，病假工资或疾病救济费可以低于当地最低工资标准支付，但不能低于最低工资标准的 80%。

217

有地方规定的从其地方规定。具体的病假期间待遇,用人单位应在规章制度中详细规定。

10. 事假

事假是指劳动者因私人事务申请休假处理的时间。关于事假及职工在事假期间的工资待遇,法律没有明文规定,用人单位可通过规章制度加以确定。一般而言,用人单位对事假作控制性考核,且在事假期间,用人单位可以不支付劳动者工资。

基于上述假期的规定,用人单位应明确国家及地方的相关规定。而且,由于很多地区出台了高于国家标准的地方性的规定,用人单位应对所在地的各种假期规定作详细了解,并在单位规章制度中明确劳动者享受各类假期的具体待遇和程序。

第二节 劳 动 报 酬

劳动报酬有广义和狭义之分。广义的劳动报酬指劳动者为用人单位提供劳动而获得的各种报酬,包括货币工资、实物报酬和社会保险等。狭义的劳动报酬仅指货币工资。本节所使用的劳动报酬概念是指狭义的劳动报酬,即货币工资,以下简称工资。

一、工资的范畴

根据劳动法的工资概念,工资是指用人单位依据国家有关规定或劳动合同的约定,以货币形式直接支付给本单位劳动者的劳动报酬。国家统计局《关于工资总额组成的规定》(1990 年 1 月 1 日国家统计局令第 1 号)对工资的范畴作了明确界定。

(一)工资的组成部分

《关于工资总额组成的规定》第四条规定,工资总额由下列六个部分组成。

(1)计时工资。"计时工资是指按计时工资标准(包括地区生活费补贴)和工作时间支付给个人的劳动报酬。"计时工资包括"(一)对已做工作按计时工资标准支付的工资;(二)实行结构工资制的单位支付给职工的基础工资和职务(岗位)工资;(三)新参加工作职工的见习工资(学徒的生活费);(四)运动员体育津贴。"

(2)计件工资。计件工资是指对已做工作按计件单价支付的劳动报酬。计件工资包括:"(一)实行超额累进计件、直接无限计件、限额计件、超定额计件等工资制，按劳动部门或主管部门批准的定额和计件单价支付给个人的工资；（二）按工作任务包干方法支付给个人的工资；（三）按营业额提成或利润提成办法支付给个人的工资。"

（3）奖金。奖金是指支付给职工的超额劳动报酬和增收节支的劳动报酬。包括："（一）生产奖；（二）节约奖；（三）劳动竞赛奖；（四）机关、事业单位的奖励工资；（五）其他奖金。"

（4）津贴和补贴。津贴和补贴是指为了补偿职工特殊或额外的劳动消耗和因其他特殊原因支付给职工的津贴，以及为了保证职工工资水平不受物价影响支付给职工的物价补贴。"（一）津贴。包括：补偿职工特殊或额外劳动消耗的津贴，保健性津贴，技术性津贴，年功性津贴及其他津贴。（二）物价补贴。包括：为保证职工工资水平不受物价上涨或变动影响而支付的各种补贴。"

（5）加班加点工资。加班加点工资是指按规定支付的加班工资和加点工资。

（6）特殊情况下支付的工资。这些工资包括："（一）根据国家法律、法规和政策规定，因病、工伤、产假、计划生育假、婚丧假、事假、探亲假、定期休假、停工学习、执行国家或社会义务等原因按计时工资标准或计时工资标准的一定比例支付的工资；（二）附加工资、保留工资。"

（二）不列入工资的项目

《关于工资总额组成的规定》同时还明确指出了不属于工资范围的十四项，归纳成三大类：

（1）有关劳动保险和职工福利方面的各项费用。包括：职工死亡丧葬费及抚恤费、医疗卫生费或公费医疗费用、职工生活困难补助费、集体福利事业补贴、工会文教费、集体福利费、探亲路费、洗理费、冬季取暖补贴、上下班交通补贴等。但是，财政部于2009年11月12日下发《关于企业加强职工福利费财务管理的通知》规定，"企业为职工提供的交通、住房、通讯待遇，已经实行货币化改革的，按月按标准发放或支付的住房补贴、交通补贴或者车改补贴、通讯补贴，应当纳入职工工资总额，不再纳入职工福利费管理"。

（2）劳动保护的各项支出。包括：工作服、手套等劳保用品，解毒剂、清凉饮料，以及法律规定的特殊工种所享受的由劳动保护费开支的保健食品待遇。

（3）按规定未列入工资总额的各种劳动报酬及其他劳动收入。比如，根据国家规定颁发的发明创造奖、自然科学奖、科学技术进步奖和支付的合理化建议和技术改进奖、中华技能大奖等；出差伙食补助费、误餐补助、调动工作的旅费和安家费；对购买本企业股票和债券的职工所支付的股息（包括股金分红）和利息；稿费、讲课费、翻译费等。

上述关于工资范畴的规定对用人单位设计工资制度具有很重要的意义，因为社会保险费和职工个人所得税的缴纳，加班工资和其他经济补偿、赔偿的计算等，

219

其缴费基数或计算基数均为职工的工资收入。因此，用人单位可通过对工资结构和工资制度的有效设计，使得劳动报酬由两部分组成，即劳动报酬是计入工资总额部分和不计入工资总额部分。

二、工资的计算

工资，根据不同的形式，有不同的计算标准和方法。在此主要介绍计时工资、计件工资和加班工资的计算方法。

（一）计时工资

计时工资，是按计时工资标准和工作时间支付给个人的劳动报酬。因此，计算计时工资，关键是核定计时工资标准和具体的工作时间。

1. 计时工资标准的核算

根据《关于职工全年月平均工作时间和工资折算问题的通知》，月工资标准、日工资标准、小时工资标准三者之间的换算关系为：

日工资标准 = 月工资标准÷月计薪天数。

其中，月计薪天数 =（365 天 – 104 天）÷12 月 = 21.75 天[①]。

小时工资=月工资收入÷（月计薪天数×8 小时）。

2. 工作时间的核算

根据《关于职工全年月平均工作时间和工资折算问题的通知》，以标准工作时间制度为依据，对工作时间的折算如下：

年工作日：365 天–104 天（休息日）–11 天（法定节假日）= 250 天。

季工作日：250 天÷4 季 = 62.5 天/季。

月工作日：250 天÷12 月 = 20.83 天/月。

工作小时数的计算：以月、季、年的工作日乘以每日的 8 小时。

劳动者全勤，即提供正常劳动的，就按月工资标准计发工资；劳动者缺勤或加班加点，按日工资标准或小时工资标准乘以缺勤或加班加点的工作时间扣发或加发工资。即

应付计时工资 = 月工资标准 – 日工资标准×缺勤天数+小时工资标准×加班小时数×加班工资系数

在实行计时工资的条件下，职工完成法定工作时间和劳动定额后，按本人的

---

① 按照标准工作时间计算，即一天工作 8 小时，一周工作 5 天，每周有 2 天休息日，一年即有 104 个周休息日属于不工作也不计薪的天数；此外，国家规定的 11 天法定节假日属于带薪休假，故属于月计薪天数，不在此扣除。

工资等级和工资标准领取的工资数额，即为标准工资，它是计算工资的其他组成成分和计件工资的计件单价的基础或依据。

（二）计件工资

计件工资，是在一定技术条件下，根据职工完成的工作量，按计件单价支付的劳动报酬。

《劳动法》第三十七条规定，对实行计件工资的劳动者，用人单位应当根据标准工时制度合理确定其劳动定额和计件报酬标准。因此，计件工资可看成在合理确定劳动定额的基础上对计时工资的转化形式。

1. 计件工作量

职工完成的计件工作量一般以按产量工时记录的个人（或班组）完成的合格完工产品产量为依据。此外，生产中产生的废品，如果是材料缺陷（料废）原因造成的，则应纳入计件工作量，照付工资；如果是加工失误造成的，不纳入工作量。

$$计件工作量=合格品数量+料废品数量$$

2. 计件单价

计件单价指生产某一单位产品或完成某一单位工作的应得工资额，是计算计件工资的核心。

$$计件单价=单位时间的标准工资÷单位时间的劳动定额$$

或者

$$计件单价=单位产品的定额工时数×某等级工人的小时工资率$$

其中，小时工资率指某等级工人在生产某种产品时每小时的标准工资额。

综上所述，应付计件工资=（合格品数量+料废品数量）×计件单价。

如果工人（或小组）在1个月内加工多种不同产品，而且各种产品的计件单价不同时，则分别计算每种产品的计件工资后汇总即为应付该职工（小组）的计件工资额。

在企业实行小组集体计件工资时，应按上述方法先计算出小组应得的计件工资总额，然后在小组成员间进行分配。

（三）加班工资

加班工资的具体计算，是以月工资标准折算出日工资标准或小时工资标准，并按照以下标准计算具体的加班工资额度：

（1）安排劳动者在法定标准工作时间以外延长工作时间的，按照不低于劳动合同规定的劳动者本人小时工资标准的150%支付劳动者加班工资。

221

（2）安排劳动者在休息日工作，又不能安排补休的，按照不低于劳动合同规定的劳动者本人日工资标准或小时工资标准的200%支付劳动者加班工资。

（3）安排劳动者在法定节假日工作的，按照不低于劳动合同规定的劳动者本人日工资标准或小时工资标准的300%支付劳动者加班工资（不包含法定节假日当天本应获得的工资），且不能以安排补休为由不支付加班工资。

（4）实行计件工资的劳动者，在完成计件定额任务后，由用人单位安排延长工作时间的，分别按照不低于其本人法定工作时间计件单价的150%（工作日加班）、200%（休息日加班）、300%（节假日加班）支付其工资。

（5）经批准实行综合计算工时工作制的劳动者，其综合计算工作时间超过法定标准工作时间的部分，视为延长工作时间，并按劳动者本人日工资标准或小时工资标准的150%支付劳动者工资。法定节假日安排工作的，按不低于劳动者本人日工资标准或小时工资标准的300%支付加班工资。

（6）经批准实行不定时工作制的劳动者，一般不执行上述规定，即无需计发加班工资。但用人单位在国家法定节假日安排劳动者工作的，则应当按照不低于劳动者本人日工资标准或小时工资标准的300%支付加班工资。

（7）在部分公民放假的节日期间，对参加社会或单位组织庆祝活动和照常工作的职工，单位应支付工资报酬，但不支付加班工资。如果该节日恰逢星期六、星期日，单位安排职工加班工作，则应当支付休息日的加班工资。

案例分析

邹某系某市电子公司的员工，在职期间向公司提起了追索加班工资差额的劳动仲裁。邹某认为，其工资由基本工资（为该市最低工资标准）和职务津贴两项构成，但公司在计算加班工资时，仅以基本工资作为计算基数不合法，应当以工资总额作为计算加班工资的基数，故要求公司补足差额部分。公司认为，将基本工资作为加班工资的计算基数，不仅在双方的劳动合同中明确约定，也在公司规章制度中明确规定，双方也按照这一约定已经履行两年，邹某从未提出过异议，并且，每月的加班工资在发放前五日均需由本人确认无误后才发放的，而邹某也从无异议。另外，关于加班工资究竟以什么作为计算基数，法律并无明文规定，属双方可以约定的事项。因此，公司认为，公司以基本工资作为加班工资的计算基数并无不当，请求驳回邹某的申诉。

（资料来源：加班工资计算基数是否可以约定？http://www.pincai.com/article/582982.htm，2020-11-27，有改动）

【分析】

加班工资计算基数是指用于计算劳动者加班工资的工资标准。根据《劳动法》第四十四条规定："有下列情形之一的，用人单位应当按照下列标准支付高于劳动者正常工作时间工资的工资报酬……"该条法律的规定表明：加班工资计算基数应为"劳动者正常工作时间工资"。根据《关于贯彻执行〈中华人民共和国劳动法〉若干问题的意见》第五十五条，"劳动者正常工作时间工资"是指劳动合同规定的劳动者本人所在工作岗位（职位）相对应的工资。因此，加班工资的计算基数，原则上可以按照劳动合同规定的劳动者本人工资标准确定。

实践中，用人单位员工工资结构通常分很多细项，但计算加班费时仅以"基本工资"或"底薪"作为计算基数，这种情况相对较多，偶尔有用人单位以"基本工资"或"底薪"与其他工资项目之和作为计算基数的，但也并没有包括所有工资项目。如果用人单位与劳动者约定的加班费计算基数畸低于劳动者正常工作时间工资标准，该约定将因违反法律的强制性规定而归于无效。

用人单位最好能在劳动合同中约定劳动者本人所在岗位（职位）相对应的工资标准，并明确以此作为加班工资的计算基数，以免在计算加班工资时引起争议。用人单位与劳动者约定加班工资计算基数时，应当注意以下两点：①加班工资计算基数不得畸低于劳动者正常工作时间工资标准；②加班费计算基数不得低于最低工资标准。

三、工资的支付

（一）工资支付对象

用人单位应将工资支付给劳动者本人，劳动者本人因故不能领取时，可由其亲属或委托他人代领。

（二）工资支付形式

工资应当以法定货币支付，不得以实物及有价证券替代货币支付。

用人单位可委托银行代发工资。

用人单位必须书面记录支付劳动者工资的数额、时间、领取者的姓名以及签字，并保存两年以上备查。用人单位在支付工资时应向劳动者提供一份其个人的工资清单。

（三）工资支付时间

工资必须在用人单位与劳动者约定的日期支付，如遇节假日或休息日，则应提前在最近的工作日支付。工资至少每月支付一次，实行周、日、小时工资制的，可按周、日、小时支付工资。

对完成一次性临时劳动或某项工作的劳动者，用人单位应按有关协议或合同规定在其完成劳动任务后即支付工资。

劳动关系双方依法解除或终止劳动合同时，用人单位应在解除或终止劳动合同时一次付清劳动者工资。

（四）特殊情况下的工资支付

1. 依法参加社会活动期间的工资支付

劳动者在法定工作时间内依法参加社会活动期间，用人单位应视同其提供了正常劳动而支付工资，社会活动包括：依法行使选举权或被选举权；当选代表出席乡（镇）、区以上政府、党派、工会、青年团、妇女联合会等组织召开的会议；出任人民法院证明人；出席劳动模范、先进工作者大会；《工会法》规定的不脱产工会基层委员会委员因工会活动占用的生产或工作时间；其他依法参加的社会活动。

2. 依法享受假期间的工资支付

劳动者依法享受年休假、探亲假、婚假、丧假期间，用人单位应按劳动合同规定的标准支付劳动者工资。按劳动合同规定的标准，系指劳动合同规定的劳动者本人所在的岗位（职位）相对应的工资标准。

3. 非因劳动者原因停工期间的工资支付

非因劳动者原因造成单位停工、停产在一个工资支付周期内的，用人单位应按劳动合同规定的标准支付劳动者工资。超过一个工资支付周期的，若劳动者提供了正常劳动，则支付给劳动者的劳动报酬不得低于当地的最低工资标准；若劳动者没有提供正常劳动，应按国家有关规定办理。

4. 企业依法破产时的工资支付

用人单位依法破产时，劳动者有权获得其工资，在破产清偿中用人单位应按《企业破产法》规定的清偿顺序，首先支付欠付本单位劳动者的工资。

四、克扣工资和无故拖欠工资

《劳动法》第五十条规定："工资应当以货币形式按月支付给劳动者本人。不得克扣或者无故拖欠劳动者的工资。"

（一）克扣工资的界定

"克扣"系指用人单位无正当理由扣减劳动者应得工资。劳动者应得工资是指在劳动者已提供正常劳动的前提下，用人单位按劳动合同规定的标准应当支付给劳动者的全部劳动报酬。"克扣工资"不同于以下可以依法扣减工资的情形：

（1）用人单位依法代扣劳动者工资的。如代扣代缴的个人所得税；代扣代缴的应由劳动者个人负担的各项社会保险费用；法院判决、裁定中要求代扣的抚养费、赡养费。

（2）因劳动者本人原因给用人单位造成经济损失的，用人单位可按照劳动合同的约定要求其赔偿经济损失。经济损失的赔偿，可从劳动者本人的工资中扣除。但每月扣除的部分不得超过劳动者当月工资的20%，而且扣除后支付给劳动者的剩余工资部分不得低于当地月最低工资标准。

（3）企业工资总额与经济效益相联系，经济效益下浮时，工资必须下浮的情形，但支付给劳动者的工资不得低于当地的最低工资标准。

（4）因劳动者请病假、事假等相应减发工资等。

（5）依法签订的劳动合同中有明确规定可从劳动者工资中扣除的费用，如劳动者未能完成劳动定额，按比例扣发工资等。

（6）用人单位依法制定的规章制度中有明确规定可从劳动者工资中扣除的费用，如劳动者违反厂规厂纪，根据制度扣发的劳动者工资等。

（7）法律、法规规定可以从劳动者工资中扣除的其他费用。

（二）无故拖欠工资的界定

"无故拖欠"系指用人单位无正当理由超过规定付薪时间未支付劳动者工资。但属于以下情形的，不属于无故拖欠工资：

（1）用人单位遇到非人力所能抗拒的自然灾害、战争等原因，无法按时支付工资。

（2）用人单位确因生产经营困难、资金周转受到影响，在征得本单位工会同意后，可暂时延期支付劳动者工资，延期时间的最长限制可由各省、自治区、直辖市劳动行政部门根据各地情况确定。

（三）克扣工资和无故拖欠工资的法律后果

根据《劳动法》《劳动合同法》《工资支付暂行规定》《劳动保障监察条例》，用人单位克扣或者无故拖欠劳动者工资的，须承担以下法律后果。

1. 限期全额支付

用人单位克扣或者无故拖欠劳动者工资，包括未按照劳动合同的约定或者国家规定及时足额支付劳动者劳动报酬的、安排加班不支付加班费的、低于当地最低工资标准支付劳动者工资的，由劳动行政部门责令限期全额支付劳动者的工资报酬、加班费、劳动者工资低于当地最低工资标准的差额。

2. 支付经济补偿金

关于是否在全额支付克扣或无故拖欠的劳动报酬以外，还需另外支付经济补偿金，不同部门的规定并不一致。根据《劳动法》《关于贯彻执行〈中华人民共和国劳动法〉若干问题的意见》《工资支付暂行规定》，用人单位克扣或者无故拖欠劳动者工资的，除在规定的时间内全额支付劳动者工资报酬外，还须支付经济补偿金。但根据国务院印发的《劳动保障监察条例》和《劳动合同法》，对用人单位是否还必须支付经济补偿金事宜无明确规定。而对此有具体规定的《违反和解除劳动合同的经济补偿办法》已于 2017 年 11 月 24 日被人力资源和社会保障部宣布废止。

3. 加付赔偿金

不同部门发布的法规对用人单位克扣或者无故拖欠劳动者劳动报酬的处罚措施中一般都有赔偿金的规定，但对于在何种情况下用人单位需另外加付赔偿金，以及赔偿金的支付标准等方面的规定不一致。根据《劳动法》第九十一条和《工资支付暂行规定》第十八条，用人单位克扣或者无故拖欠劳动者工资的，由劳动行政部门责令支付劳动者的工资报酬、经济补偿，并可以责令支付赔偿金。但根据《劳动保障监察条例》和《劳动合同法》，只有在劳动行政部门责令限期支付后，用人单位逾期不支付的，责令用人单位按照应付金额 50%以上 100%以下的标准向劳动者加付赔偿金。

4. 劳动者可随时解除劳动合同

根据《劳动合同法》，用人单位未及时足额支付劳动报酬的，劳动者可以随时通知用人单位解除劳动合同，并应按劳动者在本单位的工作年限，每满一年支付一个月工资的标准向劳动者支付经济补偿。

案例分析

乔某在一家公司任机修工，双方因机器损坏，公司扣发乔某工资 1000 元而发生纠纷。在审理过程中公司称：乔某负责公司机修及电工工作，因不按照公司规定操作及保养机器，造成搅拌机减速箱缺少润滑油而烧坏三次。经公司召开会议讨论后，按照公司《岗位管理规定》规定，对乔某作出"乐捐" 1000 元的决定。乔某在进入公司时已经知道有关规定，公司也将该规定在公司公示，故公司对乔某作出"乐捐" 1000 元的决定是依法作出的。乔某则认为，公司克扣的工资款 1000元没有法律依据。

原审法院审理认为，劳动者如果违反劳动纪律或者因某些情况给用人单位造成损失的，用人单位可以依法扣减工资或依规定予以辞退，而不能采取罚款的形式。此案中，公司制定的所谓"乐捐"制度，实际上是变相罚款。因此，公司以"乐捐"名义对乔某罚款 1000 元不符合有关规定，应予退还。二审法院对此予以维持。

（资料来源：葛秀尚. 关于企业"乐捐"的合法性分析. https://lawyers.66law. cn/s2517f1e39101e_i1217287.aspx2022-09-26，有改动）

【分析】

企业通过规章制度规定了"乐捐"制度，一旦员工违反规章制度的某些管理规范，则需要"乐捐"一定数额的金钱。这种"乐捐"不是自愿性质的，员工一旦违反某些管理性规定，都由企业强制"乐捐"，"乐捐"款直接在工资中扣除。在这种情况下，"乐捐"并不能给罚款洗白，很可能构成违法克扣工资。此处要注意的是，罚款和依法扣减工资的性质是不一样的。罚款权的依据源于《企业职工奖惩条例》，但该条例已被废止，《工资支付暂行规定》及其补充规定赋予了企业依法扣减工资的权利。

企业在管理员工的过程中往往会贯彻奖勤罚懒的原则，给业绩突出、表现良好或给企业奉献较大的优秀员工给予特别的奖励，如升职、加薪等，而对没有完成任务、表现不好或给企业造成损失的，则给予相应的处理和责罚，如调岗、相应幅度地降低薪水，或者实行如上述案例中的"乐捐"制度，但是这些行为可能是违法的，那么企业应如何把握员工工资扣减法则呢[①]?

（1）加法与减法相结合的原则。可以将原有扣减工资的制度进行改进。例如，将每月5000元的基本工资，每迟到一次扣减50元，调整设置为4800元基本工资，还有200元的考勤奖金，每周全勤即发50元，每月全勤发200元。企业实际支付的薪资成本不变，但是效果却由负约束转变为正激励。

（2）相关记录证据保留原则。员工的劳动法意识日益增强，企业处理员工薪资等关系员工切身利益事项时，应谨慎操作。例如，对员工没有完成工作任务的薪资调整，要有业绩确认书等材料；对员工进行损失追偿处理，必须要有损害赔偿证据及员工过失关联性证明；对员工事假工资进行扣除，要先核实考勤证明；等等。

（3）损失计核适度处理原则。对于员工进行损失追偿处理时，应综合考虑过失员工过失程度、损失必然性以及员工负担能力等方面的因素，平衡考虑损失与赔偿之间的关联比例。员工作为企业招用的雇员，除特别故意外，一般不应对因工作行为导致的事故损失负全部责任，但是企业处理时也应当注意公平程度和合理性。既要适度地惩戒员工，同时也不要给员工过重负担。

（4）严格遵守法律法规原则。对员工进行奖惩特别是惩罚历来是劳动立法关注的事项。何时可以进行惩罚以及如何进行惩罚不仅是一个企业自主权的问题，而且也是一个法律性问题。企业的处理行为是否合法，一是要依据国家和地方法律法规的强制性规定，二是要掌握好合理性的程度。不同企业对管理秩序要求的严格程度不同，相关法律法规难以全面规定，但是企业必须要在法律法规许可的

227

---

① 王桦宇：《劳动合同法实务操作与案例精解》. 北京：中国法制出版社，2017年，第118-119页。

合理性要求下操作和执行。

五、最低工资制度

《劳动法》第四十八条明确指出："国家实行最低工资保障制度。最低工资的具体标准由省、自治区、直辖市人民政府规定，报国务院备案。用人单位支付劳动者的工资不得低于当地最低工资标准。"但劳动者由于本人原因造成在法定工作时间内或依法签订的劳动合同约定的工作时间内未提供正常劳动的，用人单位则可以以低于最低工资标准的数额向劳动者支付工资。

1. 最低工资标准

最低工资标准，是指劳动者在法定工作时间或依法签订的劳动合同约定的工作时间内提供了正常劳动的前提下，用人单位依法应支付的最低劳动报酬。正常劳动，是指劳动者按依法签订的劳动合同约定，在法定工作时间或劳动合同约定的工作时间内从事的劳动。劳动者依法享受带薪年休假、探亲假、婚丧假、生育（产）假、节育手术假等国家规定的假期间，以及法定工作时间内依法参加社会活动期间，视为提供了正常劳动。

在劳动者提供正常劳动的情况下，用人单位应支付给劳动者的工资在剔除下列各项以后，不得低于当地最低工资标准：①延长工作时间工资；②中班、夜班、高温、低温、井下、有毒有害等特殊工作环境、条件下的津贴；③法律、法规和国家规定的劳动者福利待遇等。实行计件工资或提成工资等工资形式的用人单位，在科学合理的劳动定额基础上，其支付劳动者的工资不得低于相应的最低工资标准。

最低工资标准一般采取月最低工资标准和小时最低工资标准的形式。月最低工资标准适用于全日制就业劳动者，小时最低工资标准适用于非全日制就业劳动者。

确定最低工资标准一般考虑城镇居民生活费用支出、职工个人缴纳社会保险费、住房公积金、职工平均工资、失业率、经济发展水平等因素。最低工资标准每两年至少调整一次。

2. 违反最低工资规定的责任

根据《最低工资规定》，用人单位应在最低工资标准发布后 10 日内将该标准向本单位全体劳动者公示。用人单位未履行公示义务的，由劳动保障行政部门责令其限期改正。

用人单位支付劳动者的工资不得低于当地最低工资标准。用人单位违反最低

工资给付规定的，由劳动保障行政部门责令其限期补发所欠劳动者工资，并可责令其按所欠工资的 1~5 倍支付劳动者赔偿金。

第三节　劳动安全与劳动保护

一、劳动安全卫生

劳动安全卫生，是指为了保护劳动者在劳动过程中的安全和健康而制定的各种法律规范的总称，主要包括劳动安全规程、劳动卫生规程、劳动卫生安全管理制度和用人单位与劳动者的权利和义务等。

1. 劳动安全规程

劳动安全规程指国家为了防止和消除在生产过程中的伤亡事故，保障劳动者生命安全和减轻繁重体力劳动，以及防止生产设备、工作环境遭到破坏而制定的法律规范。

除了《劳动法》关于劳动安全规程的原则规定外，《安全生产法》对安全生产进行了全面的规定。此外，针对不同的劳动设备和条件以及不同行业的生产特点，国家还规定了各行业的劳动安全规程，如《矿山安全法》《电力安全工作规程》《建筑施工安全技术规范》《起重机械安全规程》《剪切机械安全规程》《磨削机械安全规程》《工业企业煤气安全规程》《爆破安全规程》等。

2. 劳动卫生规程

劳动卫生规程指国家为了保护劳动者在生产、工作过程中的健康，防止和消除职业危害而制定的各种法律规范的总和，包括各种工业生产卫生、医疗预防、健康检查等技术和组织管理措施的规定。劳动卫生规程的主要内容有：①防止有毒、有害物质的危害；②防止粉尘的危害；③防止噪声和强光刺激；④防暑降温和防冻取暖；⑤通风和照明；⑥个人防护用品和生产辅助设施；⑦职业病防治。

这方面的主要法律法规有《职业病防治法》《尘肺病防治条例》《工业企业设计卫生标准》《工业企业厂界环境噪声排放标准》《工业企业照明设计标准》等。

3. 劳动卫生安全管理制度

劳动卫生安全管理制度指用人单位为了保护劳动者在劳动生产过程中的安全健康，在组织劳动和科学管理方面的各项规章制度。

用人单位应建立的劳动安全卫生管理制度主要包括：①安全生产责任制度；②安全技术措施计划管理制度；③安全生产教育制度；④安全生产检查制度；

229

⑤重大事故隐患管理制度；⑥安全卫生认证制度；⑦伤亡事故报告和处理制度；⑧个人劳动安全卫生防护用品管理制度；⑨劳动者健康检查制度。

《安全生产法》以法律的形式对安全生产过程中生产经营单位、从业人员的权利和义务，以及安全生产的监督管理、生产安全事故的应急救援与调查处理、法律责任等进行了系统的规定。此外，我国还制定了一系列配套法规政策，如《安全生产许可证条例》《安全评价机构管理规定》《安全生产培训管理办法》《安全生产违法行为行政处罚办法》等。

4. 用人单位与劳动者的权利和义务

劳动安全卫生制度，是我们国家以安全卫生为目的，通过立法建立的用人单位和劳动者在劳动过程中必须遵守的行为规范。

1）用人单位的权利和义务

在劳动法律关系中，用人单位对劳动者生命安全和身体健康卫生有保护义务。

首先，建立健全各项劳动安全卫生制度，防止劳动过程中的事故发生，减少职业性危害，是用人单位承担的义务之一。《劳动法》第五十二条规定："用人单位必须建立、健全劳动安全卫生制度，严格执行国家劳动安全卫生规程和标准，对劳动者进行劳动安全卫生教育，防止劳动过程中的事故，减少职业危害。"

其次，良好的劳动安全卫生设施条件，是防止事故、减少职业危害的基本要素。《劳动法》第五十三条、第五十四条规定，"劳动安全卫生设施必须符合国家规定的标准。新建、改建、扩建工程的劳动安全卫生设施必须与主体工程同时设计、同时施工、同时投入生产和使用"。"用人单位必须为劳动者提供符合国家规定的劳动安全卫生条件和必要的劳动防护用品"。

再次，对未成年劳动者和从事职业危害作业的劳动者要进行定期的健康检查，职工在规定的健康检查中耽误的时间算作工作时间，检查所需的费用，依法由用人单位负责。

最后，对劳动者进行安全技术培训，特别是从事特种作业的劳动者，必须经过专门培训并取得特种作业资格证书，只有这样才能具有从事相应的特种作业的能力。凡用人单位未履行培训责任而发生事故的，事故责任应由用人单位承担。

用人单位在履行法定劳动安全卫生制度的义务时，也同时享有相应的权利。

首先，有权依法制定内部劳动安全卫生规章，并要求劳动者必须遵守这些规章制度和操作规范。

其次，有权对企业内部的劳动安全卫生制度规章的执行实施监督检查，纠正违章操作行为。

最后，有权对违反劳动安全卫生规章制度，并造成事故的劳动者给予纪律处罚。如企业有权对玩忽职守、违反技术操作规程和安全规程，或违章指挥，造成事故，使企业财产遭受损失的职工给予行政处分或经济处罚。

2）劳动者的权利和义务

劳动者在劳动安全卫生法律制度中的权利，主要包括三个方面。

一是劳动者有获得各项保护条件和保护待遇的权利。劳动安全卫生法律制度的目的在于保护劳动者的生命安全和身体健康，以此为目的确定用人单位的各项义务，都直接在另一方面转化为劳动者的权利。例如，劳动者有获得符合劳动安全卫生条件的权利、有获得劳动保护用品的权利、有获得定期健康检查的权利等。

二是劳动者有拒绝权。在劳动安全卫生条件恶劣、隐患严重的情况下，劳动者有权拒绝从事该项工作或者有权撤离现场。如《劳动法》第五十六条规定，"劳动者对用人单位管理人员违章指挥、强令冒险作业，有权拒绝执行"。

三是劳动者有监督权。劳动者对企业及其领导不执行劳动安全卫生规定，不提供法律规定的安全卫生条件，以及违章指挥、强令冒险作业等行为，有权拒绝执行，提出批评、检举和控告。

《劳动法》给劳动者规定权利的同时，也规定了应该履行的义务。劳动者在劳动安全卫生法律制度方面的基本义务，就是严格遵守安全操作规程，执行企业内部规章制度和岗位责任制。同时，劳动者要不断提高熟练程度和专业技术水平，防止因主观因素导致事故的发生。

231

案例分析

某市应急管理局执法人员在对该市某机械公司进行执法检查时发现，公司熔化焊接与热切割特种作业人员黄某未经专门的安全作业培训并取得相应资格，就上岗作业；未按要求监督生产现场职工正确佩戴劳动防护用品（安全帽、护目镜等）。执法人员现场下达了《责令限期整改指令书》和《现场处理措施决定书》，并依法立案调查。依据《安全生产法》第九十七条第七项，结合《省安全生产行政处罚自由裁量基准》第97号第1档的规定，决定给予该公司罚款2万元的行政处罚。

（资料来源：特种作业领域安全生产执法典型案例. http://news.sohu.com/a/572882631_121123754，2022-07-30，有改动）

【分析】

《安全生产法》第三十条第一款规定，生产经营单位的特种作业人员必须按照国家有关规定经专门的安全作业培训，取得相应资格，方可上岗作业。依据《安全生产法》第九十七条第七项，特种作业人员未按照规定经专门的安全作业培训并取得相应资格，上岗作业的，由应急管理部门责令生产经营单位限期改正，处十万元以下的罚款；逾期未改正的，责令停产停业整顿，并处十万元以上二十万元以下的罚款，对其直接负责的主管人员和其他直接责任人员处二万元以上五万元以下的罚款。

特种作业人员持证上岗是法律法规的强制性要求，更是消除事故隐患、防范生产安全事故的重要举措。生产经营单位要严格落实安全生产主体责任，明确特种作业岗位的职责，加强对本单位特种作业人员的管理，建立健全特种作业人员培训、复审档案，做好申报、培训、考核、复审的组织工作和日常的检查工作；全面梳理外包单位特种作业人员持证情况，通过"特种作业操作证及安全生产知识和管理能力考核合格信息查询平台"或"国家安全生产考试"微信公众号等正规渠道查验持证人员证书真伪，对没有取得相应资格的人员，坚决杜绝上岗作业。同时要加大培训教育宣传力度，使特种作业人员掌握相关安全知识，自觉执行国家法律法规，自觉不违章违规作业，确保作业人员安全，确保企业安全稳定。

二、职业病的防治与处理

职业病的防治与处理是我国劳动安全卫生制度的重要内容。职业病，是指劳动者在职业活动中，因接触粉尘、放射性物质和其他有毒、有害物质等因素而引起的疾病。我国在职业病的防治、诊断与鉴定、职业病处理等方面制定了一系列法规、条例和办法。

1. 职业病范畴

根据 2013 年 12 月 23 日由国家卫生和计划生育委员会、人力资源和社会保障部、国家安全生产监督管理总局、中华全国总工会四部门联合印发的《职业病分类和目录》，我国将职业病分为 10 类 132 种：①职业性尘肺病及其他呼吸系统疾病，包括尘肺病（13 种）、其他呼吸系统疾病（6 种）；②职业性皮肤病（9 种）；③职业性眼病（3 种）；④职业性耳鼻喉口腔疾病（4 种）；⑤职业性化学中毒（60种）；⑥物理因素所致职业病（7 种）；⑦职业性放射性疾病（11 种）；⑧职业性传染病（5 种）；⑨职业性肿瘤（11 种）；⑩其他职业病（3 种）。

2. 用人单位的义务和责任

根据《职业病防治法》，用人单位应当建立、健全职业病防治责任制，加强对职业病防治的管理，提高职业病防治水平，对本单位产生的职业病危害承担责任。

（1）职业病的前期预防。用人单位应当依照法律、法规要求，严格遵守国家职业卫生标准，落实职业病预防措施，从源头上控制和消除职业病危害，主要包括：①产生职业病危害的用人单位的设立除应当符合法律、行政法规规定的设立条件外，其工作场所还应当符合国家职业卫生要求；②用人单位工作场所存在职业病目录所列职业病的危害因素的，应当及时、如实向所在地安全生产监督管理部门申报危害项目，接受监督；③新建、扩建、改建建设项目和技术改造、技引进项目可能产生职业病危害的，建设单位在可行性论证阶段应当进行职业病危害预评价，建设项目的职业病防护设施所需费用应当纳入建设项目工程预算，建设项目在竣工验收前，建设单位应当进行职业病危害控制效果评价。

（2）职业病防治管理措施。用人单位应当设置专门的机构、人员负责职业病防治工作；制订职业病防治计划和实施方案；建立、健全职业卫生管理制度和操作规程、职业卫生档案和劳动者健康监护档案、工作场所职业病危害因素监测及评价制度，以及职业病危害事故应急救援预案等。

（3）职业病防治资金。用人单位应当保障职业病防治所需的资金投入，不得挤占、挪用，并对因资金投入不足导致的后果承担责任。

（4）提供职业病防护设施和用品。用人单位必须采用有效的职业病防护设施，并为劳动者提供个人使用的职业病防护用品。

（5）职业病公告和警示。产生职业病危害的用人单位，应当在醒目位置设置公告栏，公布有关职业病防治的规章制度和检测结果等；对产生严重职业病危害的作业岗位，应当在其醒目位置，设置警示标识和中文警示说明。对可能发生急性职业损伤的有毒、有害工作场所，应当配置防护设备和报警装置。

（6）职业病日常监测。用人单位应当实施由专人负责的职业病危害因素日常监测，并确保监测系统处于正常运行状态。

（7）在劳动合同中告知职业病危害。用人单位与劳动者订立劳动合同时，应当将工作过程中可能产生的职业病危害及其后果、职业病防护措施和待遇等如实告知劳动者，并在劳动合同中写明，不得隐瞒或者欺骗。

（8）职业卫生培训。用人单位的主要负责人和职业卫生管理人员应当接受职业卫生培训，遵守职业病防治法律、法规，依法组织本单位的职业病防治工作；用人单位应当对劳动者进行上岗前的职业卫生培训和在岗期间的定期职业卫生培训，普及职业卫生知识，督促劳动者遵守职业病防治法律、法规、规章和操作规程，指导劳动者正确使用职业病防护设备和个人使用的职业病防护用品。

（9）职业健康检查。对从事接触职业病危害的作业的劳动者，用人单位应当按照国务院卫生行政部门的规定组织上岗前、在岗期间和离岗时的职业健康检查，并将检查结果如实告知劳动者。用人单位不得安排未经上岗前职业健康检查的劳动者从事接触职业病危害的作业；不得安排有职业禁忌的劳动者从事其所禁忌的作业；对在职业健康检查中发现有与所从事的职业相关的健康损害的劳动者，应当调离原工作岗位，并妥善安置；对未进行离岗前职业健康检查的劳动者不得解除或者终止与其订立的劳动合同。用人单位还应为劳动者建立和保存职业健康监护档案。

（10）发生职业病危害事故的处理。发生或者可能发生急性职业病危害事故时，用人单位应当立即采取应急救援和控制措施，并及时报告所在地卫生行政部门和有关部门。对遭受或者可能遭受急性职业病危害的劳动者，用人单位应当及时组

233

织救治、进行健康检查和医学观察，所需费用由用人单位承担。

对于未尽到法律规定的义务和责任的用人单位，由安全生产监督管理部门和卫生行政部门依据职责分工给予警告，责令限期改正；逾期不改正的，视情节轻重，处五十万元以下的罚款；情节严重的，责令停止产生职业病危害的作业，或者提请有关人民政府按照国务院规定的权限责令停建、关闭；给劳动者造成损害的，应当承担赔偿责任；对事故隐患不采取措施，致使发生重大事故，造成劳动者生命和财产损失的，对责任人员依法追究刑事责任。

案例分析

某市一家公司主要从事工艺包装盒、塑料制品、木制工艺品的制造和加工，其过程中使用的胶水黏合剂中存在苯、甲苯、二甲苯等职业病危害因素，但公司管理人员及工人均不了解所使用胶水的毒性，未向卫生行政部门申报产生职业危害的项目。

市疾控中心对该公司车间空气中职业危害因素进行了检测，发现该公司生产车间空气中苯、甲苯等物质的浓度不符合国家职业卫生标准。之后，该公司对全厂职工进行了一年两次在岗期间的职业健康检查，但是未安排接触职业病危害因素的职工进行上岗前体检，未建立职业卫生健康监护档案；未组织工人进行职业卫生知识培训；对于接触职业病危害因素的职工，该公司也未按规定为其配备符合职业病防护要求的个人防护用品，仅提供了普通的纱布口罩。

市卫生局接到市疾控中心"关于张某等人职业病诊断的报告"，该公司张某等 5 名职工被诊断为苯中毒，另有 4 名职工为观察对象，市卫生局组织调查组对该公司进行了调查处理。根据上述情况，卫生局认定该公司违反了《职业病防治法》的相关规定，对该公司作出了以下行政处罚：①责令七日内改正，给予警告；②责令停止产生职业病危害的作业；③罚款 10 万元。

（资料来源：常熟市某企业发生重大职业病危害案例. http://www.66law.cn/laws/39192.aspx，2022-12-06，有改动）

【分析】

本案中，该公司对职业病防治工作重视不够，先是未向卫生行政部门申报产生职业危害的项目。在常熟市疾控中心检测出该公司车间空气中存在职业危害因素以后，公司负责人对这一情况仍未予以足够重视，职业卫生管理组织、制度不完善，未按规定配备专职或兼职的专业人员；未采取有效措施确保车间内职业病危害因素浓度符合国家职业卫生标准；未按规定为生产工人配备有效的个人防护用品；在健康监护方面，该公司未按规定对工人进行职业卫生知识培训和职业健康检查，未建立职业卫生健康监护档案，虽然组织了职工进行在岗期间的职业健康检查，但新职工未进行上岗前体检，存在职业健康隐患。结果导致王某某等 5

名职工被诊断为苯中毒（另有 4 名职工为观察对象），并受到了有关部门较为严厉的行政处罚，而且必然要对受到职业病危害的职工承担赔偿责任。

企业应增强防患于未然的职业病防治意识，按照法律要求建立职业卫生管理制度，不能因小失大。毕竟，企业不仅是经济效益的创造者，也是社会责任的承担者，企业的效益不能建立在对劳动者的健康危害的基础上。

三、女职工和未成年工的劳动保护

1. 女职工的特殊劳动保护

为了减少和解决女职工在劳动中因生理特点造成的特殊困难，保护女职工健康，我国对女职工给予特殊劳动保护。国务院印发的《女职工劳动保护特别规定》对此进行了具体规定。

1）女职工的劳动禁忌范围

根据《女职工劳动保护特别规定》，女职工禁忌从事的劳动范围包括：①矿山井下作业；②体力劳动强度分级标准中规定的第四级体力劳动强度的作业；③每小时负重 6 次以上、每次负重超过 20 公斤的作业，或者间断负重、每次负重超过 25 公斤的作业。

2）女职工"四期"的特殊劳动保护

所谓"四期"，是指经期、孕期、产期和哺乳期，具体内容包括：①经期保护。不得安排女职工在经期从事《女职工劳动保护特别规定》附录中所列举的"女职工在经期禁忌从事的劳动范围"。②孕期保护。不得安排女职工在孕期从事《女职工劳动保护特别规定》附录中所列举的"女职工在孕期禁忌从事的劳动范围"；女职工在孕期不能适应原劳动的，用人单位应根据医疗机构的证明，予以减轻劳动量或者安排其他能够适应的劳动；对怀孕 7 个月以上的女职工，用人单位不得延长劳动时间或者安排夜班劳动，并应当在劳动时间内安排一定的休息时间；怀孕女职工在劳动时间内进行产前检查，所需时间计入劳动时间。③产期保护。女职工生育享受产假，产假期间享受生育津贴。④哺乳期保护。不得安排女职工在哺乳期从事《女职工劳动保护特别规定》附录中所列举的"女职工在哺乳期禁忌从事的劳动范围"；对哺乳未满 1 周岁婴儿的女职工，用人单位不得延长劳动时间或者安排夜班劳动；在每天的劳动时间内为哺乳期女职工安排哺乳时间。

此外，根据《女职工劳动保护特别规定》和《劳动合同法》，用人单位不得因女职工怀孕、生育、哺乳而降低其工资、予以辞退、与其解除劳动或者聘用合同，即使劳动合同期满，劳动合同也应当延续至相应情形消失时终止。

案例分析

某女士在一家外贸企业工作，由于表现出色，很快被提升为业务部主管，合同约定月收入 28 000 元。由于怀孕，她请了产假。孩子顺利生产，产假期满后，她回到原单位工作，发现自己原来的职位已被他人替代，而她被安排到后勤部门工作，月收入 8000 元。她同意哺乳期内到后勤部门工作，但要求单位按照原标准支付工资。而单位认为，既然她同意调整岗位，单位就可按新岗位相对应的工资标准支付其劳动报酬。

（资料来源：红海云. 新法规下女职工"三期"保护亮点解析. https://www.hr-soft.cn/info/202108047581.html，2021-08-04，有改动）

【分析】

根据《妇女权益保障法》（2022 年修订）第四十八条第一款的规定，用人单位不得因结婚、怀孕、产假、哺乳等情形，降低女职工的工资和福利待遇。《上海市妇女权益保障条》（2023 年 1 月 1 日施行）作了更为明确的规定："女职工在孕期或者哺乳期不适应原工作岗位的，可以与用人单位协商调整该期间的工作岗位或者改善相应的工作条件。女职工在孕期或者哺乳期可以与用人单位协商采用弹性工作时间或者居家办公等灵活的工作方式。女职工按照有关规定享受的产前假、哺乳假期间，其工资不得低于本人原工资的百分之八十，并不得低于本市最低工资标准；调整工资时，产前假、产假、哺乳假视作正常出勤。"

本案中，外贸公司与该女士在劳动合同中约定了 28 000 元的月工资，岗位为业务部主管，当其产假结束回到单位工作，双方协商可调整工作岗位，但在哺乳假期间，该女士的工资不得低于本人原工资的 80%，即 22 400 元。至于她在哺乳期结束后，是回到原业务部主管的岗位，还是留在后勤部门工作？如继续留在后勤部门，工资又该如何确定？对此双方应协商一致，最好在劳动合同中约定清楚，以免产生争议。

2. 未成年工的特殊劳动保护

未成年工主要指年满 16 周岁、未满 18 周岁的劳动者。针对未成年工处于生长发育期的特点，以及接受义务教育的需要，国家对未成年工进行了特殊的保护。《未成年人保护法》第六十一条规定："任何组织或者个人不得招用未满十六周岁的未成年人，国家另有规定的除外。"对未成年工的特殊劳动保护主要包括以下几个方面。

（1）未成年工禁忌从事的劳动范围。《劳动法》第六十四条规定："不得安排未成年工从事矿山井下、有毒有害、国家规定的第四级体力劳动强度的劳动和其他禁忌从事的劳动。"《未成年工特殊保护规定》第三、四、五条详细列举了17项用人单位不得安排未成年工从事的劳动范围，并对患有某种疾病或具有某些生理缺陷的未成年工的禁忌劳动范围作了专门规定。

（2）对未成年工定期进行健康检查。《未成年工特殊保护规定》第六条规定，用人单位应按下列要求对未成年工定期进行健康检查：①安排工作岗位之前；②工作满1年；③年满18周岁，距前一次的体检时间已超过半年。体检发现未成年工不适宜从事原工作的，用人单位应为未成年工调换适宜的工作岗位；未成年工身体健康受到损害的，用人单位应当为其治疗。

（3）对未成年工的使用和特殊保护实行登记制度。《未成年工特殊保护规定》第九条规定：用人单位招收使用未成年工，除符合一般用工要求外，还须向所在地的县级以上劳动行政部门办理登记。劳动行政部门根据未成年工健康检查表、未成年工登记表，核发未成年工登记证。未成年工须持未成年工登记证上岗。

（4）法律责任。《劳动法》第九十五条规定，用人单位违反本法对女职工和未成年工的保护规定，侵害其合法权益的，由劳动行政部门责令改正，处以罚款；对女职工或者未成年工造成损害的，应当承担赔偿责任。

237

第四节　企业规章制度

一、企业规章制度的重要性[①]

企业规章制度，是指企业根据国家有关法律法规和政策，结合本企业生产经营实际，制定并认可的由企业权力保证实施的组织生产和进行劳动管理的规则和制度的总和。《劳动法》第四条和《劳动合同法》第四条均规定，用人单位应当依法建立和完善规章制度，保障劳动者享有劳动权利和履行劳动义务。企业依法制定规章制度是企业内部"立法"，是企业规范运作和行使用人权的重要方式之一。企业应当最大限度地利用和行使好法律赋予的这一权利。

1. 完善的规章制度，可以帮助企业实现劳动用工的规范化管理

（1）正面引导与教育作用。规章制度作为企业内部规范员工行为的一种准则，具有为员工在生产过程中指引方向的作用。优秀的规章制度通过合理的权利义务及责任的设置，可以使职工预测到自己的行为和努力的后果，激励其工作积极性。

---

① 石先广：《劳动合同法下的企业规章制度制定与风险防范》. 北京：中国劳动社会保障出版社，2008年，第3-4页。

（2）反面警戒与威慑作用。首先，通过对员工违反规章制度的后果作出规定，使员工能够预估后果并自觉抑制不良行为的发生。而且，通过对违反规章制度的行为予以惩处，让违反规章制度的员工从中受到教育的同时也使其他员工看到违反规章制度的后果，达到警戒和威慑全体员工的效果。

2. 完善的规章制度，可以帮助企业预防劳动争议的发生以及增强争议发生后的举证能力

（1）防患未然与预防争议发生的作用。企业生产劳动的过程，也是劳资双方履行义务、享受权利的过程。规章制度不仅可以明确劳资双方的权利和义务，而且还可以更为具体地明确劳资双方实现权利和义务的措施、途径和方法等。因此，通过规章制度对双方权利义务加以明确、具体后，就可以大幅度防止纠纷的发生，从而可以维护企业正常的生产和工作秩序。

（2）事后支持与提供处理劳动争议证据的作用。劳动关系具有对抗性的一面，当劳资矛盾爆发无法通过协调解决时，诉诸法律就是唯一的选择。劳动争议仲裁机构和法院审理劳动争议案件时，不仅依据国家法律法规、劳动合同、集体合同，也会依据企业的规章制度来裁判案件。特别是在国家法规、劳动合同和集体合同对纠纷的有关事项规定不明确、不具体时，规章制度就显得尤为重要。《最高人民法院关于审理劳动争议案件适用法律问题的解释（一）》第五十条规定，"用人单位根据劳动合同法第四条规定，通过民主程序制定的规章制度，不违反国家法律、行政法规及政策规定，并已向劳动者公示的，可以作为确定双方权利义务的依据"。大多数企业在面对劳动争议纠纷中解除劳动关系这一难题时，都输在了"规章制度"上。规范的企业则正是在制定规章制度的时候就充分考虑所有的情形，将可能成为争议焦点的内容加以细化，并用书面的形式固定下来，一旦发生争议，这样的规章制度便能维护企业的合法权益。

3. 在中长期劳动合同以及无固定期限劳动合同的背景下，规章制度将成为解除劳动合同的主要依据

在倡导劳动关系长期化、稳定化的立法倾向下，我国的劳动合同正在走向以中长期合同为主，短期合同为辅的趋势，无固定期限劳动合同所占比例也在大幅提升。企业一旦与劳动者签订中长期劳动合同或者无固定期限劳动合同，那么终止制度将不再好使。企业要想终结劳动关系，只能提前与劳动者解除劳动合同，而要提前解除劳动合同将受到诸多因素的限制。企业要想在受到诸多限制的情况下行使提前解除权，必须事先完善自身的制度，将法律赋予用人单位事先明确的"严重违纪""重大损害""不能胜任工作"等界定清楚，一旦劳动者达到企业规章制度事先规定的情形，用人单位便可以依据规章制度来提前解除劳动合同。

综上所述，制定一套完善的规章制度，对于企业而言，具有重要意义，不仅可以建立健康良好的管理秩序，同时也是企业在劳动争议中制胜的关键所在。规范的规章制度可以使企业在劳动争议处理中把握主动权，降低败诉的风险。

案例分析

冼某是一家合资企业生产流水线上的员工，因对年终奖数额问题和单位领导发生争议。由于一时情绪难以控制，该员工将流水线上的关键生产设备拆下并藏匿起来，导致整条生产线停工一天，单位无法按时交货，不得不承担延迟交货的违约金 10 万元。企业当即决定解除与该名员工的劳动合同关系，员工不服，提起了劳动争议仲裁申请，要求恢复劳动关系。仲裁过程中，单位提供了经员工签字认可的《员工手册》，该《员工手册》中的奖惩制度里面明确规定了"破坏生产设备"属于违纪行为，而且也同时明确规定了关于"严重"违反规章制度的标准，即对公司造成直接经济损失达到 3 万元及以上者为"严重"。最后，劳动争议仲裁委员会驳回了冼某的请求。

（资料来源：石先广. 劳动合同法下的企业规章制度制定与风险防范. 北京：中国劳动社会保障出版社，2008，第 4 页，有改动）

【分析】

上述案例以企业胜诉告终，企业胜诉的原因在于企业的规章制度比较科学和完善。案例中，该中外合资企业对于违纪行为的"严重"标准作出了界定，冼某破坏生产设备给企业造成的损失超过了企业预先规定的"严重"标准，属于严重违纪的行为。根据法律的规定，单位在有合法证据证明员工严重违反用人单位规章制度的情况下是可以立即单方解除劳动合同的。因此，劳动争议仲裁委员会据此支持了单位的主张。

二、企业规章制度的有效性

合法有效的规章制度对企业员工具有约束力，是企业实施管理的重要手段。但是，并非企业制定的规章制度都是合法有效的。合法有效的规章制度必须满足一定的条件，而对于无效的规章制度，企业也需为此承担一定的法律后果。

（一）规章制度合法有效的条件

《最高人民法院关于审理劳动争议案件适用法律问题的解释（一）》第五十条规定："用人单位根据劳动合同法第四条规定，通过民主程序制定的规章制度，不违反国家法律、行政法规及政策规定，并已向劳动者公示的，可以作为确定双方权利义务的依据。"由此可见，合法有效的企业规章制度需同时满足以下三个

239

条件。

1. 通过民主程序制定

《劳动法》第八条规定："劳动者依照法律规定，通过职工大会、职工代表大会或者其他形式，参与民主管理或者就保护劳动者合法权益与用人单位进行平等协商。"《劳动合同法》第四条规定："用人单位在制定、修改或者决定有关劳动报酬、工作时间、休息休假、劳动安全卫生、保险福利、职工培训、劳动纪律以及劳动定额管理等直接涉及劳动者切身利益的规章制度或者重大事项时，应当经职工代表大会或者全体职工讨论，提出方案和意见，与工会或者职工代表平等协商确定。在规章制度和重大事项决定实施过程中，工会或者职工认为不适当的，有权向用人单位提出，通过协商予以修改完善。"

2. 内容合法

《劳动部关于〈中华人民共和国劳动法〉若干条文的说明》第四条规定："用人单位应当依法建立和完善规章制度，保障劳动者享有劳动权利和履行劳动义务。"根据原劳动部的解释，"本条中的'依法'应当作广义理解，指所有的法律、法规和规章。包括：宪法、法律、行政法规、地方法规，民族自治地方，还要依据该地方的自治条例和单行条例，以及关于劳动方面的行政规章。"

3. 已向劳动者公示

公示原则是现代法律法规生效的一个要件，作为企业内部的规章制度更应向内部员工进行公示，否则不对员工产生效力。《劳动合同法》第四条第四款："用人单位应当将直接涉及劳动者切身利益的规章制度和重大事项决定公示，或者告知劳动者。"

以上三项为规章制度的有效要件，缺一不可。

（二）规章制度无效的法律后果[①]

（1）不予适用。如上所述，合法有效的劳动合同须同时满足三个条件：通过民主程序制定、内容合法、已向劳动者公示。只要其中一个条件未满足，该规章制度即为无效的规章制度，不能成为管理及处罚员工的依据，更不能作为劳动争议处理机构审理劳动争议案件的依据。

（2）行政责任。根据《劳动合同法》第八十条，用人单位直接涉及劳动者切身利益的规章制度违反法律、法规规定的，该条款属于无效条款，由劳动行政部门责令改正，给予警告处理。

（3）民事责任。诸如社会保险、劳动安全卫生、工作时间及工资报酬等规章

① 汤云周，黄新发：《劳动合同条款设计及违法成本计算》. 北京：中国法制出版社，2008年，第112页。

制度给劳动者造成损害的，应当按《劳动合同法》的相关规定承担赔偿责任。

（4）劳动者单方解除劳动合同。《劳动合同法》第三十八条和第四十六条规定，用人单位的规章制度违反法律法规的规定，损害劳动者权益的，劳动者有权单方立即解除劳动关系，并有权要求用人单位支付经济补偿。

案例分析

某公司职工肖旺一天在上班时间因与同事发生口角，按捺不住急脾气，把对方打得鼻青脸肿，使车间秩序大乱，生产受到影响。公司为严肃纪律，决定按照本公司规章制度中"凡在职职工，在公司内不得打架斗殴，如有打架斗殴行为不分情节轻重，一律解除劳动关系"的规定，解除与肖旺的劳动合同。但公司没有想到的是，肖旺告到了劳动争议仲裁委员会，说公司的"厂规"没有经过职工代表大会通过，不合法，不能作为解除劳动关系的依据。劳动争议仲裁委员会审理查明该公司制定的厂规，仅是公司几位领导私下拟定后公布实施的，并没有经过职工代表大会或者工会审议通过，于是劳动争议仲裁委员会裁决：公司作出的解除劳动合同的行为无效。

（资料来源：石先广.劳动合同法下的企业规章制度制定与风险防范.北京：中国劳动社会保障出版社，2008，第128页，有改动）

【分析】

此案例中，公司的规章制度由于没有经过民主程序，没有经过职工代表大会通过，只是公司几位领导私下制定而被认定为无效，无效的规章制度对员工不具约束力，不能成为管理及处罚员工的依据，更不能作为劳动争议处理机构的裁判依据。因此，劳动争议仲裁委员会作出了不予适用的裁决。

在实践中，许多企业的规章制度看似非常详尽完整，实则关键时刻，如发生劳动争议时就会被人抓住在内容或程序方面与法律存在相悖之处而否定其法律效力，导致企业最终败诉，这种事例在实践中可谓不胜枚举。因此，只有依法制定的规章制度才能产生预期的效力。

三、规章制度的内容设计

1. 规章制度涉及的范围

企业规章制度是根据经营管理需要制定的，由于各个单位具体情况不一样，法律法规无法对规章制度应涉及的范围和应包括的内容作统一规定。一般来说，企业规章制度可分为三个类型：一是技术操作规程；二是安全卫生规程；三是内部劳动规则和其他综合性管理规定①。

用人单位可自主决定规章制度的数量、涵盖的范围，但也有一些法律规定是强制性的，用人单位必须依法制定有关的规章制度。如《安全生产法》第二十一条规定："生产经营单位的主要负责人对本单位安全生产工作负有下列职责：（二）组织制定本单位安全生产规章制度和操作规程……"第九十四条规定："生产经营单位的主要负责人未履行本法规定的安全生产管理职责的，责令限期改正；逾期未改正的，责令生产经营单位停产停业整顿。"由此可见，关于安全生产方面的规章制度是每个企业都必须制定的。

2. 规章制度设计的注意要点

企业制定规章制度应紧密结合企业自身情况并做到合法、合理、全面、具体。

（1）企业制定规章制度应避免出现违反法律法规的条款。如不得在规章制度中规定"企业根据需要，可随时要求加班"，这显然违反了劳动法关于延长工作时间的规定。

（2）规章制度不得与劳动合同和集体合同相冲突。《最高人民法院关于审理劳动争议案件适用法律问题的解释（一）》第五十条第二款规定："用人单位制定的内部规章制度与集体合同或者劳动合同约定的内容不一致，劳动者请求优先适用合同约定的，人民法院应予支持。"由此可以看出，如果用人单位制定的规章制度内容与劳动合同不一致，劳动者请求优先适用劳动合同的，审理实践中应采用劳动合同。而集体合同是用人单位的工会或行业工会代表员工签订的，其效力显然也高于用人单位的规章制度，故用人单位的规章制度也不能与集体合同相冲突②。

（3）规章制度不得违反公序良俗。公序良俗是指公共秩序和善良风俗，符合公序良俗是任何法律法规制定的基本原则。用人单位规章制度不得违反公序良俗，否则劳动者可向劳动行政部门主张该规章制度无效。

（4）规章制度的内容应具体可行。《劳动法》《劳动合同法》等法律法规有时会采用模糊性语言描述劳动者的违纪行为，比如"严重违纪""造成重大损失"。但是，什么情况下构成严重违纪，何种损失属于重大损失，法律法规中不可能一一列举，双方签订的劳动合同中一般也不会具体规定，这就需要用人单位在企业的规章制度中对此进行细化、具体化，否则，实践中无法操作，此类规章制度形同虚设。此外，用人单位在制定规章制度时，应避免设计出没有法律责任的条款。比如，规定员工在工作期禁止某种行为，但是对于违反该规定的员工并没有相应的处理措施，这些条款操作性差，用人单位无法应用这些条款对员工进行管理。

---

① 廖正江：《用人单位适用劳动合同制度疑难问题解读》. 北京：中国法制出版社，2006 年，第 60 页。
② 汤云周，黄新发：《劳动合同条款设计及违法成本计算》. 北京：中国法制出版社，2008 年，第 107 页。

案例分析

陈婕进入某外资公司工作，合同期2年。双方签订的劳动合同中约定，每年年底，公司将对其进行业绩考评，并根据考评的结果发放当年的年终奖。年底，该公司人事经理召集部分职工代表，经过充分协商、讨论，制定了新的年终奖制度，并通过公司的公告栏进行了公示。新制度规定，从次年起，公司将根据员工的工作时间实行年底双薪制度，即只要当年工作时间满12个月，且至当年12月31日仍在职的员工，就可以获得年底双薪作为奖励，旧的年终考评奖励制度将不再执行。又到了年底，公司通知陈婕，双方的劳动合同将于12月28日终止，公司将不再与其续签劳动合同。陈婕应允，但要求公司按劳动合同约定支付她当年的年终考评奖金，公司只同意按照陈婕的实际工作时间，支付了陈婕12月份的工资，按照新的年终双薪制度，拒绝支付陈婕任何年终奖金。

陈婕认为，虽然新的规章制度实行年底双薪制度，但是自己和单位的劳动合同签订在前，而规章制度更改在后，因此单位仍应该按照双方劳动合同的约定履行义务。况且，自己也为公司干满了一年。公司方认为，虽然公司和陈婕在劳动合同中约定了年终考评奖金，但是公司已采用了新的年终双薪制度来代替旧的年终考评奖金制度，并将新制度纳入了规章制度中，公司还公示了《关于实行新的年终奖制度的通知》。陈婕早已知道，但从来没有提过任何反对意见，应该视为对新制度的默认。而根据新的规定，只有当年工作时间满12个月，并且至当年12月31日仍在职的员工，才可以获得年底双薪作为奖励。由于陈婕不符合当年12月31日仍在职的条件，因此不同意支付陈婕任何年终奖金。双方因此产生争议，陈婕提起了劳动争议仲裁。

（资料来源：王桦宇．劳动合同法实务操作与案例精解．7版．北京：中国法制出版社，2017：89-90，有改动）

【分析】

此案例主要涉及劳动合同与规章制度的效力判定问题。此案中双方的劳动合同和公司的规章制度都有关于年终奖的相关内容，双方争议的焦点即在于年终奖的发放到底应该以哪个为准。劳动合同的订立和变更是双方行为，它是双方当事人意思一致而产生的合意，劳动合同变更也需要双方协商一致。规章制度是用人单位单方制定并用于规范其生产经营秩序的一种内部规则，属于用人单位依法享有的经营管理自主权的范畴，是单方行为。在劳动法学领域内，不管是从法律权利的本源上看，还是从倾斜保护弱势劳动者群体的理念来说，双方行为都具有比单方行为更高的效力。如果说上述只是法理分析的话，《最高人民法院关于审理劳动争议案件适用法律问题的解释（一）》则明确规定：用人单位制定的内部规章制度与集体合同或者劳动合同约定的内容不一致，劳动者请求优先适用合同约定的，人民法院应予支持。这事实上是赋予了劳动者优先选择权。换句话说，劳动者想选择劳动合同时，劳动合同的效力就高于规章制度；如果劳动者选择使用规章制度时，规章制度的效力就高于劳动合同；如果劳动者无请求适用标准时，人民法院可依据其他法律法规，或者依据法理来选择。

上述案例中企业的做法过于僵化，于情于理都是很难获得支持的。但是针对规章制度和劳动合同不一致的问题，企业可以主动采取应对措施以避免因不一致而带来的劳动争议。例如，在劳动合同中约定指引性条款，如"工资增长幅度以及奖金发放等，以企业员工手册或规章制度的相应规定为准，如有修订，以最新修订的版本为准"。当然，企业也可依据规章制度的更新及时变更劳动合同以避免冲突。

四、规章制度的制定程序

规章制度必须经过一定的程序才能生效。如上所述，规章制度的有效性有三个标准，除了内容合法外，还需要通过民主程序、向劳动者公示，三个条件缺一不可。因此，用人单位在制定规章制度时在程序上需要注意以下几点。

（一）尊重和建立职工代表大会制度

根据《劳动合同法》第四条第二款，用人单位在制定直接涉及劳动者切身利益的规章制度时，应当经职工代表大会或者全体职工讨论。用人单位应当尽量使用职工代表大会程序制定直接涉及劳动者切身利益的规章制度，并在制定其他规章制度时也尽量采用职工代表大会的形式进行讨论。职工代表大会进行选举和作出决议，必须经全体职工代表过半数通过。

职工代表大会在我国原本只适用于国有企业，我国已经建立了一套比较完整的职工代表产生制度和议事制度。国务院《全民所有制工业企业职工代表大会条例》规定了职工代表的产生方式、来源和职工代表大会的议事机制等。对非国有企业的用人单位而言，可以参照有关法律法规建立自己的职工代表大会。对职工代表大会接受的规章制度，用人单位应要求职工代表大会出具相应证明[①]。

（二）设计规章制度告知程序

劳动法规要求规章制度应当公示，或者告知劳动者。但实践中常常发生用人单位和职工对规章制度是否公示、告知产生争议，用人单位此时有责任举证证明规章制度已经公示，否则将面临败诉后果。因此，不管用人单位采用何种方式公

① 董保华，杨杰：《劳动合同法的软着陆——人力资源管理的影响与应对》. 北京：中国法制出版社，2007年，第423-425页。

示或告知，都应当注意留存证据。如可以将规章制度印制成册让员工签收；将规章制度文件发给员工进行传阅并做好传阅记录；在规章制度制定后通过培训或者会议告知员工，让员工在培训记录和会议记录上签字；在单位公告栏公告并摄录存证或由公证部门机构公证；等等。这些都可以证明规章制度已经公示或告知员工。

实践中，也有企业采用在内部局域网上公布，或用电子邮件传递，并要求员工阅读后再填写电子回执的公示方法。此类方法具有速度快、成本低的优点，但由于它们都是电子类证据而存在取证困难和取证不力的缺点。

（三）规章制度应及时修改、补充

企业规章制度具有一定的时间局限性，随着时间的推移、具体情况的变化以及立法的不断更新，总会有不符合实际情况或者不符合最新法规政策的地方。因此，企业应当自行或委托有关专家对现有的规章制度进行定期或不定期检查，及时修改、补充相关内容，以符合法律法规的规定及客观需要。

一般而言，规章制度的修改发起可能会分为两种情形：一种是企业方动议的发起；另一种是劳动者方动议的发起。对于第一种情形，由于企业方的主动，所以修改本身并不成为问题，主要是此后的具体修改过程仍应遵循严格的民主和公示程序。对于第二种情形，虽然规章制度的最终决定权在企业方，但《劳动合同法》第四条第三款规定："在规章制度和重大事项决定实施过程中，工会或者职工认为不适当的，有权向用人单位提出，通过协商予以修改完善。"这是法律正式赋予工会或职工的权利。

企业在规章制度的实施过程中，要注意听取和吸收员工方提出的各种意见与建议，这不仅是从法律应对的角度提出的，也是从企业改善与员工之间的关系和建立员工激励机制的立场应该关注的。对于员工方提出的各种意见和建议，特别是涉及规章制度修改的部分，应当制定相应的提案、协商和修改机制与程序。

思考题

1. 我国有哪几种工作时间制度？不同的工作时间制度在计算加班费上有何区别？

2. 根据我国劳动法，全年哪些时间需要支付工资？

3. 阐述我国劳动法对工资的定义和范畴界定，举例说明哪些货币性收入不属于劳动法意义上的工资范畴。

4. 阐述我国法律对克扣工资和无故拖欠工资的界定，以及用人单位克扣工资或者无故拖欠工资应承担的法律责任。

5. 简述劳动安全卫生制度中用人单位的权利和义务。

6. 简单列举我国劳动法对女职工和未成年工的特殊保护政策。

7. 论述企业规章制度的重要性。

8. 合法有效的企业规章制度需满足哪些条件？

【计算题】

1. 某工厂实行的是固定月薪制，某员工固定月薪为8000元，2023年3月份应出勤23天，实际该员工请事假4天，实际出勤天数为19天，平时晚上加班21个小时，周末加班1天，法定节假日加班半天。请问该员工3月份的薪资如何计算？

2. 王琳所在单位实行计件工资制，某产品计件单价为20元/件，每日劳动定额为10件。2022年10月1日法定休假日用人单位安排王琳加班，王琳当天完成劳动定额12件。王琳当天的应得工资是多少？

3. 小白是某地质勘探队的队员，劳动合同约定小白的岗位工资10 000元，该勘探队2022年经劳动行政部门审批采用综合计算工时制，以年为单位。2022年小白全年工作了2196小时，其中8小时为法定节假日加班。小白想知道自己可以领取多少加班费？

案例讨论一

如此加班安排是否合理？

王某与某制造型公司签订了为期五年的劳动合同。时值国庆节，公司以生产任务紧为由要求王某在10月1日、2日加班两天，不支付加班费，补休两天。王某虽提出异议，但最终还是服从了安排。同年10月8日是星期天，公司因输电设备遭雷击造成生产停顿要求王某加班抢修一天，王某起先拒绝，但在公司执意要求下又一次服从了安排，事后公司给了一天补假，未支付加班费。

（资料来源：案例由毛晓燕编撰）

讨论题：

1. 本案的第一次加班安排是否妥当？为什么？

2. 本案的第二次加班安排是否合理？为什么？

案例讨论二

离职需要支付应休未休年休假工资吗？

朱某大学毕业后进入某物流公司工作，双方签订了为期两年的劳动合同，月薪 6000 元。劳动合同到期后，物流公司表示不再与朱某续约，劳动合同到期终止。朱某表示，在职期间，物流公司从未安排其带薪年休假，公司应支付其应休未休带薪年休假工资，公司表示同意支付不续约的经济补偿，但不同意支付应休未休年休假工资。朱某遂向企业所在地仲裁委员会申请仲裁。

朱某申请劳动仲裁的事传入了张某的耳里，张某两年前与朱某一起进入物流公司工作，但在职一年半后，张某选择辞职跳槽。朱某申请仲裁的事启发了张某，他觉得自己同样未享受过带薪年休假，物流公司也应补发其应休未休年休假工资。

（资料来源：案例由毛晓燕编撰。）

讨论题：

1. 此案中物流公司是否应向朱某和张某支付应休未休年休假工资？请阐述法律依据。

2. 如果需要支付，应如何计算应休未休年休假工资？请帮助朱某计算具体金额。

案例讨论三

未经民主程序公司规章制度无效

马某是一学校的后勤维修人员，双方签订无固定期限劳动合同。2015 年 7 月 4 日该学校以马某违反《设备定期检修巡查制度》为由依据其学校奖惩制度，作出关于对马某违纪问题的处分决定。同年 10 月 30 日，该学校向马某送达《关于对马某违纪事件的处理决定》《解除劳动合同通知书》，决定与马某解除劳动合同。马某认为学校系违法解除劳动合同，遂提出仲裁请求，要求继续履行劳动合同。

仲裁委审理后认为，依照法律的相关规定，因用人单位作出开除、除名、辞退、解除劳动合同等决定发生的劳动争议，用人单位负举证责任，同时用人单位对其实行的规章制度是经民主程序产生及劳动者知晓该制度负有举证责任。尤其是，在解除劳动合同前应征求工会的意见。而本案中，该学校未证明学校奖惩制度经民主程序产生并依法进行公示，亦未证明马某存在违纪行为，该学校与马某解除劳动合同的行为，在实体和程序上均存在问题，已构成违法解除。鉴于劳动合同尚有条件继续履行，马某又有此要求，所以仲裁委员会依法对马某的仲裁请求予以支持。

（资料来源：林振富. 学校开除维修工的行为"违法". http:/lawyers.66law.cn/s2c0027c835e69_i284020.aspx，2016-07-20，有改动）

讨论题：

1. 合法有效的规章制度需同时满足哪些条件？
2. 结合上述案例，总结用人单位对"严重违反规章制度"的员工作出解除劳动合同的决定时，应保留哪些证据？

第十章　社　会　保　险

社会保险制度不仅关系到用人单位和劳动者的双方权利与义务，更是一个社会范围内关系到劳动人民的基本生活和社会稳定的大事情。《社会保险法》（2010 年颁布，2018 年修订）的实施，标志着我国社会保险制度发展全面进入法治化轨道。

第一节　社会保险概述

一、社会保险的基本内涵

社会保险是国家通过立法强制征集专门资金，用于保障劳动者在暂时或永久丧失劳动力时，或在工作中断期间的基本生活需求的一种保险制度。《劳动法》第七十条规定："国家发展社会保险事业，建立社会保险制度，设立社会保险基金，使劳动者在年老、患病、工伤、失业、生育等情况下获得帮助和补偿。"一般而言，社会保险呈现出以下几个特点：

（1）保障性。实施社会保险的根本目的，就是保障劳动者在其失去劳动能力之后或工作中断期间的基本生活，从而维护社会的稳定。社会保险是现代社会保障体系的主体与核心。

（2）法定性。社会保险属于国家立法，强制实施。《劳动法》第七十二条明确规定："用人单位和劳动者必须依法参加社会保险，缴纳社会保险费。"因此，保险待遇的享受者及其所在单位，双方都必须按照规定参加并缴纳社会保险费，不得逃避或采取其他规避的措施。

（3）互济性。社会保险是按照社会共担风险原则进行组织的。社会保险费用由社会统筹，建立社会保险基金。社会保险机构要用互助互济的办法统一调剂基金，支付保险金和提供服务，实行收入再分配，使参加社会保险的劳动者生活得到保障。

（4）福利性。社会保险不以营利为目的，它以最少的花费，解决最大的社会保障问题，属于社会福利性质。同时，劳动者享受社会保险待遇的权利，根据其缴纳保险费的记录而得到保证。

（5）普遍性。社会保险实施范围广。自社会保险制度实施以来，我国各类社会保险的覆盖范围在逐步扩大。目前我国社会保险制度已经基本实现了由保障职工向保障各类劳动者延伸，覆盖范围由从业人员向非从业居民扩展，保障区域由城市为主向城乡统筹转变，越来越多的人群被纳入社会保险制度中来。

社会保险法属于国家立法，属强制实施，用人单位未依法缴纳社会保险费的，需承担以下法律后果。第一，"用人单位不办理社会保险登记的，由社会保险行政部门责令限期改正；逾期不改正的，对用人单位处应缴社会保险费数额一倍以上三倍以下的罚款，对其直接负责的主管人员和其他直接责任人员处五百元以上三千元以下的罚款"。第二，"用人单位未按时足额缴纳社会保险费的，由社会保险费征收机构责令限期缴纳或者补足，并自欠缴之日起，按日加收万分之五的滞纳金；逾期仍不缴纳的，由有关行政部门处欠缴数额一倍以上三倍以下的罚款"。第三，劳动者可主张用人单位补缴欠缴金额，同时还可依法单方解除劳动合同，并要求用人单位支付经济补偿金。

二、社会保险的主要项目[①]

《社会保险法》第二条规定："国家建立基本养老保险、基本医疗保险、工伤保险、失业保险、生育保险等社会保险制度，保障公民在年老、疾病、工伤、失业、生育等情况下依法从国家和社会获得物质帮助的权利。"这就明确规定了我国的社会保险项目有养老保险、医疗保险、工伤保险、失业保险、生育保险，常统称为"五险制度"。

（1）养老保险。这是为法定范围内的劳动者因年老（符合法定退休条件）而退出社会劳动岗位后提供生活保障的一种社会保险项目。在世界各国社会保障体系中，养老保险一般都是最重要的项目，这是因为在养老保险中受保人享受保险待遇的时期最久，待遇给付的标准相对较高，尤其是在人口老龄化加剧的情况下，养老保险的重要性更是不言而喻。

（2）医疗保险。这是为法定范围内的劳动者在患病或非因工负伤时提供医疗及生活保障的一种社会保险项目。它既包括医疗费用的给付，也包括各种医疗服务。医疗保险的目的是恢复劳动者的劳动能力和补偿劳动者病假期间的生活费用，在各国的社会保险制度中，医疗保险是仅次于养老保险的又一项重要的社会保险

---

① 岳宗福：《五险一金制度·案例·答疑》. 北京：中国法制出版社，2008年，第3-4页。

制度。

（3）工伤保险。这是对法定范围内的劳动者因从事职业工作遭受伤害或患有与工作相关的职业病提供医疗及生活保障的一种社会保险项目。与其他社会保险项目相比，工伤保险具有雇主赔偿的性质，工伤保险的缴费一般完全由雇主承担，政府在特殊情况下予以资助，而劳动者个人不需要承担缴费义务。

（4）失业保险。这是对法定范围内的劳动者因失业而失去经济来源时，按法定时限和标准给予其物质帮助的一种社会保险项目。在市场经济条件下，劳动者的就业通常由竞争机制发挥主导作用，失业现象在所难免，对失业者予以一定的保障，既有利于劳动力的再生产，也有利于社会安定。

（5）生育保险。这是对法定范围内的女性劳动者因生育而导致收入暂时丧失而提供生活保障的一种社会保险项目，也是一项维护女性劳动者权益的社会政策。需要注意的是，各国的生育保险因人口政策的不同而表现出较大的差异，有的鼓励生育，有的控制生育，但都以保障劳动者在生育期间的基本生活需求为限。

除国家的相关法律法规外，各地政府还就社会保险的具体实施项目及其操作细节有所规定。因此，用人单位和劳动者应主动了解当地的具体规定。用人单位和个人依法缴纳社会保险费，有权查询缴费记录、个人权益记录，要求社会保险经办机构提供社会保险咨询等相关服务。

三、社会保险管理制度

国务院社会保险行政部门负责全国的社会保险管理工作。县级以上地方人民政府社会保险行政部门负责本行政区域的社会保险管理工作。

（一）社会保险的登记管理

根据《社会保险法》和《社会保险费征缴暂行条例》（1999年1月22日国务院令第259号发布，2019年3月24日修订），我国社会保险实行登记管理制度。社会保险登记是社会保险经办机构掌握缴费单位和缴费个人有关基础信息的主要途径，也是整个社会保险正常开展的重要的基础工作。

（1）申请登记。缴费单位必须向当地社会保险经办机构办理社会保险登记，参加社会保险。企业在办理登记注册时，同步办理社会保险登记；企业以外的用人单位应当自成立之日起30日内凭营业执照、登记证书或者单位印章，向当地社会保险经办机构申请办理社会保险登记。社会保险经办机构应当自收到申请之日起15日内予以审核，发给社会保险登记证件。

（2）变更和注销。缴费单位的社会保险登记事项发生变更或者缴费单位依法终止的，应当自变更或者终止之日起30日内，到社会保险经办机构办理变更或者注销社会保险登记手续。

（二）社会保险费的申报缴纳

根据《社会保险法》和《社会保险费征缴暂行条例》，用人单位应当自行申报、按时足额缴纳社会保险费，非因不可抗力等法定事由不得缓缴、减免。

（1）缴费申报。缴费单位必须按月向社会保险经办机构申报应缴纳的社会保险费数额，不按规定申报应缴纳的社会保险费数额的，由社会保险经办机构暂按该单位上月缴费数额的110%确定应缴数额；没有上月缴费数额的，由社会保险经办机构暂按该单位的经营状况、职工人数等有关情况确定应缴数额。缴费单位补办申报手续并按核定数额缴纳社会保险费后，由社会保险经办机构按照规定结算。

（2）费用缴纳。缴费单位和缴费个人应当以货币形式全额缴纳社会保险费。缴费个人应当缴纳的社会保险费，由所在单位从其本人工资中代扣代缴。缴费单位未按时足额缴纳社会保险费的，由社会保险费征收机构责令其限期缴纳或者补足。逾期仍未缴纳或者补足社会保险费的，社会保险费征收机构可以向银行和其他金融机构查询其存款账户，并可以申请县级以上有关行政部门作出划拨社会保险费的决定，书面通知其开户银行或者其他金融机构划拨社会保险费。用人单位账户余额少于应当缴纳的社会保险费的，社会保险费征收机构可以要求该用人单位提供担保，签订延期缴费协议。用人单位未足额缴纳社会保险费且未提供担保的，社会保险费征收机构可以申请人民法院扣押、查封、拍卖其价值相当于应当缴纳社会保险费的财产，以拍卖所得抵缴社会保险费。

（三）社会保险基金管理

社会保险基金是指为了保障参保对象的权益和社会保险待遇，根据国家法律法规规定，由单位和个人缴纳、政府补助以及通过其他合法方式筹集的专项资金。《社会保险法》《社会保险基金财务制度》《社会保险基金会计制度》对社会保险基金的管理作了详细规定。

社会保险基金纳入单独的社会保障基金财政专户，实行收支两条线管理，专款专用，任何地区、部门、单位和个人均不得挤占、挪用，也不得用于平衡财政预算。社会保险基金按照险种及不同制度分别建账、分账核算、分别计息、专款专用[①]。基金之间不得相互挤占和调剂，不得违规投资运营，不得用于平衡其他政府预算。

（四）社会保险稽核制度

为了规范社会保险稽核工作，确保社会保险费应收尽收，维护参保人员的合

---

① 《社会保险法》第六十四条：社会保险基金包括基本养老保险基金、基本医疗保险基金、工伤保险基金、失业保险基金和生育保险基金。除基本医疗保险基金与生育保险基金合并建账及核算外，其他各项社会保险基金按照社会保险险种分别建账，分账核算。社会保险基金执行国家统一的会计制度。

法权益，我国发布了《社会保险稽核办法》(2003 年 2 月 27 日中华人民共和国劳动和社会保障部令第 16 号发布)。

稽核是指社会保险经办机构依法对社会保险费缴纳情况和社会保险待遇领取情况进行的核查。《社会保险稽核办法》规定了社会保险稽核人员应具备的条件、职权、义务，稽核方式、内容和程序等。

第二节　养老保险

我国推行的是多层次养老保险体系，即基本养老保险、企业补充养老保险、个人储蓄性养老保险相结合。其中，基本养老保险是由国家统一组织并强制实施的养老保险制度；企业补充养老保险由企业及其职工自愿建立、自主管理；个人储蓄性养老保险则由劳动者自愿参加、自愿选择经办机构。本部分主要介绍我国的企业职工基本养老保险（又称城镇职工养老保险）制度。

一、基本养老保险的覆盖范围

基本养老保险是按国家统一政策规定强制实施的为保障广大离退休人员基本生活需要的一种养老保险制度。我国基本养老保险的覆盖范围经历了一个逐步扩展的过程，现行基本养老保险的覆盖范围包括：国有企业、城镇集体企业、外商投资企业、城镇私营企业和其他城镇企业及其职工，实行企业化管理的事业单位及其职工，城镇个体工商户和灵活就业人员，以及在华就业的外籍人士。这里的职工包括所有与用人单位建立劳动关系的个人。

二、基本养老保险基金的筹集

1. 养老保险基金的负担者

我国自 1991 年正式决定实行养老保险制度改革以来，就已经"改变养老保险完全由国家、企业包下来的办法，实行国家、企业、个人三方共同负担，职工个人也要缴纳一定的费用"。其中，企业和个人通过直接缴费的方式负担，国家则通过让税、让利和补贴等方式承担。

2. 缴费比例和缴费基数

1）缴费比例。企业缴纳的基本养老保险费按本企业职工工资总额和当地政府规定的比例在税前提取，由企业开户银行按月代为扣缴，企业缴费的比例一般不得超过企业工资总额的 20%，具体比例由省、自治区、直辖市政府确定。

个人缴纳的基本养老保险费按当地政府规定的比例从工资中提取，由企业在发放工资时代为收缴。个人缴费的比例，一般为本人缴费工资的 8%。

无雇工的个体工商户、未在用人单位参加基本养老保险的非全日制从业人员以及其他灵活就业人员可以参加基本养老保险，由个人缴纳基本养老保险费，缴费比例一般为 18% 左右，具体比例由省、自治区、直辖市确定。

2）缴费基数。职工本人一般以上一年度本人月平均工资为个人缴费工资基数（有条件的地区也可以本人上月工资收入为个人缴费工资基数，具体情况需要查询当地养老保险的缴费规则）。职工月平均工资收入超过当地职工月平均工资 300% 的部分，不计入个人缴费工资基数；低于当地职工平均工资 60% 的，按 60% 计入。

用人单位以本单位全部职工工资总额作为单位缴费基数，实际操作中，一般以本单位全部职工个人缴费基数之和作为单位缴费基数。

3. 养老保险基金的管理模式

职工基本养老保险基金实行"社会统筹和个人账户相结合"的基本模式，即分别设立社会统筹基金和个人账户基金。

1）个人账户基金。个人账户基金全部由个人缴费形成，即本人缴费工资的 8% 全部划入个人账户。无雇工的个体工商户和灵活就业人员按当地上年度在岗职工平均工资的 18% 缴费，其中 8% 计入个人账户，其余部分计入社会统筹基金。

个人账户储存额，每年根据记账利率计算利息。个人账户记账利率不得低于银行定期存款利率，免征利息税，由各省、自治区、直辖市人民政府确定并每年公布一次。个人账户储存额只用于职工养老，不得提前支取（另有规定者除外）；职工调动时，个人账户全部随同转移；职工或退休人员死亡，个人账户余额可以继承。

2）社会统筹基金。社会统筹基金属于全部参保人员所有，由社会保险经办机构集中管理，统一调剂使用。根据我国现行政策，基本养老保险社会统筹基金主要来自两部分：一是企业为其职工缴纳的全部基本养老保险费；二是无雇工的个体工商户和灵活就业人员缴费的一部分。

为了提高基本养老保险基金收益水平，实现基金保值增值，促进养老保险制度健康持续发展，根据《基本养老保险基金投资管理办法》，养老基金实行中央集中运营、市场化投资运作，由省级政府将各地可投资的养老基金归集到省级社会保障专户，统一委托给国务院授权的养老基金管理机构进行投资运营。养老基金投资应当坚持市场化、多元化、专业化的原则，确保资产安全，实现保值增值。

案例分析

王某自大学毕业后，于 2015 年 1 月到成都市某软件公司工作，与公司签订了为期 5 年的劳动合同。公司按规定给王某上了基本养老保险，为他建立了养老保险的个人账户，并告知其基本养老保险账户的号码。王某从单位劳资处的同事那里了解到，这个号码就是他的终身固定的社会保障号码，号码的确定是由国家技术监督局发布的。依据这个社会保障号码，王某可以在社会保险经办机构查询自己养老保险的账户资金情况。而且，王某退休后的养老金待遇也会根据这个账户中的缴费记录来判定。

转眼王某就在软件公司工作了满一年。这天，他登录当地社保网查询自己的养老保险账户情况，发现账户中已有储存额 5127.2 元。王某想知道自己工作的这一年以来，单位和个人分别缴纳了多少养老保险费？养老保险的个人账户储存额是怎么得出来的？于是他开始查询相关文件，并列出了自己这一年以来的收入情况：2015 年 1 月份到 6 月份试用期间的月平均工资收入为 4800 元；自 2015 年 7 月份开始，月平均工资收入为 6000 元。

（资料来源：案例由毛晓燕编写）

【分析】

首先是用人单位和职工个人的缴费计算。根据《成都市企业职工基本养老保险社会统筹与个人账户相结合实施办法》第六条，企业的缴费比例为 20%，个人的缴费比例为 8%；缴费基数为职工本人上月工资，而且，职工本人上月工资超过上一年四川省在岗职工月平均工资 300% 的部分，不计入缴费基数。职工本人上月工资低于上一年四川省在岗职工月平均工资 60% 的，按 60% 计算缴费基数。据查，2014 年四川省在岗职工月平均工资为 4476.8 元，因此缴费基数的下限和上限分别是 2686.1 元和 13 430.4 元。结合本案中王某的工资收入情况，可以确定，王某 1~7 月份的基本养老保险缴费基数为 4800 元，8~12 月份的缴费基数为 6000 元。因此：

2015 年该软件公司为王某缴纳的基本养老保险费=[（4800×7）+（6000×5）]×20%=12 720 元

2015 年王某个人缴纳的基本养老保险费=[（4800×7）+（6000×5）]×8%=5088 元

其中，公司为王某缴纳的 12 720 元全部记入基本养老保险统筹基金，王某个人缴纳的 5088 元则全部记入个人账户。

其次是养老保险的个人账户储存额计算。根据《四川省完善企业职工基本养老保险制度实施办法的实施细则》，基本养老保险个人账户由两部分组成：①参加基本养老保险社会统筹的职工按当地政府规定的缴费比例缴纳的基本养老保险费金额，即个人缴费部分。本案例中，王某 1～7 月份的个人缴费金额＝4800×8%＝384 元/月，8～12 月份的个人缴费金额＝6000×8%＝480 元/月。

②个人缴费的利息金额即利息部分。个人账户储存额按国家政策规定每年计算一次利息。用于计算个人账户储存额利息的利率就称为个人账户记账利率。据悉，2015 年四川省的个人账户记账利率为 1.5%。对于个人账户的年度累计储存额，有两种计算方法，分别为年度计算法和月积数法。本案例采用月积数法，即截至本年底个人账户累计储存额＝上年底止个人账户累计储存额×（1+本年记账利率）+本年记账额本金+本年记账额利息。结合本案例，截至 2015 年底王某个人账户累计储存额=2015 年王某个人缴纳的基本养老保险费+$\sum$[n 月份记账额×（12−n+1）]×本年记账利率×1/12=5088+[384×（12+11+10+9+8+7+6）+480×（5+4+3+2+1）]×1.5%×1/12=5088+39.2=5127.2 元。

三、基本养老保险的待遇和支付

（一）基本养老保险的享受条件

根据我国现行政策，享受基本养老保险待遇需要同时具备两个条件：年龄条件和缴费年限。

1. 年龄条件

劳动者享受基本养老保险待遇的必要条件是：达到了国家法定的退休年龄，其中包括正常退休和提前退休。

我国目前法定的正常退休年龄为男性满 60 周岁，女性满 50 周岁，女干部满 55 周岁。提前退休是指企业职工未达到国家规定的正常退休年龄而退出工作岗位、办理退休手续、领取养老金的行为，主要包括特殊工种提前退休和因病提前退休。

2. 缴费年限

根据我国现行政策，参加基本养老保险的个人，达到法定退休年龄时累计缴费满 15 年的，按月领取基本养老金；达到法定退休年龄时累计缴费不足 15 年的，可以缴费至满 15 年，按月领取基本养老金，也可以转入新型农村社会养老保险或者城镇居民社会养老保险，按照国务院规定享受相应的养老保险待遇。

缴费年限是指单位和职工个人依法共同缴纳基本养老保险费的累计年限，包括实际缴费年限和视同缴费年限。其中，实际缴费年限是指职工按规定足额缴纳基本养老保险费的年限；视同缴费年限，是指职工全部工作年限中，本人实际缴费之前按照国家规定计算的连续工龄或连续工作年限。视同缴费年限仅适用于那些在基本养老保险制度实施以前参加工作、实施以后退休的人员。

（二）基本养老保险金的计发办法

基本养老保险的待遇包括基本养老金的计发、死亡后的丧葬补助费和一次性抚恤费。其中，基本养老金是基本养老保险待遇最主要的组成部分，由基础养老金（又称"统筹养老金"）和个人账户养老金组成。基本养老金根据个人累计缴费年限、缴费工资、当地职工平均工资、个人账户金额、城镇人口平均预期寿命等因素确定。我国建立了基本养老金正常调整机制。根据职工平均工资增长、物价上涨情况，国家会适时提高基本养老保险待遇水平。

对于基本养老金的计发办法，由于我国基本养老保险制度自 1991 年建立以来，一直处于改革和完善阶段，情况较为复杂，1997 年《关于建立统一的企业职工基本养老保险制度的决定》（以下简称 1997 年《决定》）首次确定了"新人新制度、老人老办法、中人逐步过渡"的原则；2005 年《关于完善企业职工基本养老保险制度的决定》（以下简称 2005 年《决定》）在此基础上加以完善，使养老金计发办法更具效率、更为合理。计发办法具体如下：

1. 新人新制度

"新人"指 1997 年《决定》实施（1998 年 7 月 1 日）后参加工作、2005 年《决定》实施（2006 年 1 月 1 日）后退休，且缴费年限（含视同缴费年限，下同）累计满 15 年的人员。

这类人员退休后的养老待遇为：按月发给基本养老金，基本养老金由基础养老金和个人账户养老金组成。其计算公式是

基本养老金月标准=基础养老金月标准+个人账户养老金月标准

（1）基础养老金月标准=（当地上年度在岗职工月平均工资+本人指数化月平均缴费工资）/2×缴费年限×1%。

本人指数化月平均缴费工资=当地上年度职工月平均工资×本人平均缴费工资指数

$$本人平均缴费工资指数=（a_1/A_1+a_2/A_2+\cdots+a_n/A_n）\div N$$

其中，a_1、a_2、$\cdots$、a_n 为参保人员退休前 1 年、前 2 年、$\cdots$、n 年本人缴费工资额；A_1、A_2、$\cdots$、A_n 为参保人员退休前 1 年、2 年、$\cdots$、n 年全省职工平均工资；N 为企业和职工实际缴纳基本养老保险费的年限。

（2）个人账户养老金月标准=个人账户储存额÷计发月数。

计发月数根据职工退休时城镇人口平均预期寿命、本人退休年龄、利息等因素确定。比如，60 周岁退休的劳动者，其计发月数为 139；55 周岁退休的劳动者，其计发月数为 170；50 周岁退休的劳动者，其计发月数为 195。具体规定见表 10-1。

表 10-1　个人账户养老金计发月数表

退休年龄	计发月数	退休年龄	计发月数
40 周岁	233	56 周岁	164
41 周岁	230	57 周岁	158
42 周岁	226	58 周岁	152
43 周岁	223	59 周岁	145
44 周岁	220	60 周岁	139
45 周岁	216	61 周岁	132
46 周岁	212	62 周岁	125
47 周岁	208	63 周岁	117
48 周岁	204	64 周岁	109
49 周岁	199	65 周岁	101
50 周岁	195	66 周岁	93
51 周岁	190	67 周岁	84
52 周岁	185	68 周岁	75
53 周岁	180	69 周岁	65
54 周岁	175	70 周岁	56
55 周岁	170		

资料来源：国务院关于完善企业职工基本养老保险制度的决定. https://www.gov.cn/gongbao/content/2006/content_169950.htm, 2005-12-03.

现行养老金计发办法将养老金与本人缴费金额和缴费年限挂钩，从而形成了"多工作、多缴费、多得养老金"的激励约束机制。

2. 中人逐步过渡

"中人"指 1997 年《决定》实施（1998 年 7 月 1 日）前参加工作、2005 年《决定》实施（2006 年 1 月 1 日）后退休，且缴费年限累计满 15 年的人员。

这类人员退休后的养老待遇为：在按月发给基础养老金和个人账户养老金的基础上，再发给过渡性养老金（此外，不少地方还加发调节金等各种补贴）。其计算公式是

基本养老金月标准=基础养老金月标准+个人账户养老金月标准+过渡性养老金月标准

过渡性养老金=退休前本人指数化月平均缴费工资

×过渡性养老金计发比例（1%～1.4%）

×职工个人账户建立以前的缴费年限

过渡性养老金标准由各省、自治区、直辖市政府按照待遇水平衔接、新老政策平稳过渡的原则来制定，并报劳动保障部、财政部备案。按照新计发办法，"中人"养老金减少的不减发，增加的逐步增加，保证其养老待遇水平有所提高。

3. 老人老办法

"老人"指 1997 年《决定》实施（1998 年 7 月 1 日）前已经退休的人员。

这类人员退休后的养老待遇为：仍按国家原来的规定发给基本养老金，同时执行基本养老金调整办法。

4. 特人特办法

参加职工基本养老保险的个人达到法定退休年龄时，累计缴费不足 15 年的，可以延长缴费至满 15 年；《社会保险法》实施前参保、延长缴费 5 年后仍不足 15 年的，可以一次性缴费至满 15 年；也可以经个人申请和书面确认后，终止其职工基本养老保险关系，并将个人账户储存额一次性支付给本人。

参加了基本养老保险的无雇工的个体工商户、未在用人单位参加基本养老保险的非全日制从业人员和灵活就业人员，退休后基本养老金的计发办法与上述企业职工的基本养老金计发办法相同。

需要注意的是，地方规定对"新人""中人""老人"的界定可能会有所不同。因此，在实务操作中，一定要参照地方规定执行。

此外，个人跨统筹地区就业的，其基本养老保险关系随本人转移，缴费年限累计计算。个人达到法定退休年龄时，基本养老金分段计算、统一支付。具体办法详见国务院文件《城镇企业职工基本养老保险关系转移接续暂行办法》。

259

案例分析

张先生于 2005 年参加工作，当时 24 岁，月缴费工资基数为 3000 元，当年开始每月由单位代扣代缴 240 元的基本养老保险费，张先生初步匡算了一下，如果自己将来 60 岁退休，按照目前的缴费标准，自己要缴纳 103 680 元养老保险费。假定张先生退休时，本人指数化月平均缴费工资为 4000 元，当地上年度在岗职工月平均工资为 3200 元，且忽略个人账户利息，请计算张先生退休后每月能领到多少基本养老金？

（资料来源：案例由毛晓燕编写）

【分析】

根据 2005 年《决定》中的"新人新制度"，退休后的养老待遇为：按月发给基本养老金，基本养老金由基础养老金和个人账户养老金组成，即基本养老金月标准=基础养老金月标准+个人账户养老金月标准。

其中第一部分，基础养老金月标准=（当地上年度在岗职工月平均工资+本人指数化月平均缴费工资）/2×缴费年限×1%。本案中，已假定张先生退休时的本人指数化月平均缴费工资为4000元，当地上年度在岗职工月平均工资为3200元，如果张先生的工龄不间断，至60岁退休时，其工龄应为36年。依此计算，张先生退休后的基础养老金月标准=（3200+4000）/2×36%=1296元。

第二部分，个人账户养老金月标准=个人账户储存额÷计发月数。其中，个人账户储存额为个人账户基金加利息所得；而个人账户基金全部由个人缴费形成。本案中，忽略个人账户利息，个人账户储存额为张先生按照目前的缴费标准初步匡算的至退休时的养老保险个人缴费总额103 680元。另，根据张先生的预计退休年龄60岁，其养老金计发月数应为139个月。因此，张先生的个人账户养老金月标准=103 680÷139=746元。

综上所述，张先生退休后每月能领到的基本养老金=1296+746=2042元。

四、企业补充养老保险

企业补充养老保险，又称企业年金，是企业及其职工在依法参加基本养老保险的基础上，通过集体协商自主建立的补充养老保险制度，是我国多层次养老保险制度体系中第二支柱的重要组成部分。

（一）建立企业年金的条件和程序

根据《企业年金办法》（2017年12月18日人力资源社会保障部令第36号公布，自2018年2月1日起施行），只要参加了企业职工基本养老保险的用人单位及其职工，企业具有相应的经济负担能力，都可以建立企业年金。企业和职工一方通过集体协商确定建立企业年金，而后制订企业年金方案。企业年金方案应当提交职工大会或者全体职工讨论通过，并报送所在地县级以上人力资源社会保障行政部门。

（二）企业年金缴费

企业年金所需费用由企业和职工个人共同缴纳。企业缴费每年不超过本企业职工工资总额的8%，企业和职工个人缴费合计不超过本企业职工工资总额的12%。具体所需费用，由企业和职工一方协商确定。职工个人缴费由企业从职工个人工资中代扣代缴。

企业可以根据职工岗位、责任和贡献等不同，在分配企业缴费时存在一定的区别，体现企业年金的激励作用；同时也应兼顾公平、控制差距，企业当期缴费计入职工企业年金个人账户的最高额不得超过平均额的5倍。

（三）企业年金管理模式

企业年金实行完全积累,为每个参加企业年金的职工建立企业年金个人账户。职工企业年金个人账户下设企业缴费子账户和个人缴费子账户,分别记录企业缴费分配给个人的部分及其投资收益,以及本人缴费及其投资收益。企业年金基金按照国家有关规定进行投资运营,投资运营收益并入企业年金基金,即企业年金基金由三部分组成：企业缴费、职工个人缴费、企业年金基金投资运营收益。

职工企业年金个人账户中个人缴费及其投资收益自始归属于职工个人。职工企业年金个人账户中企业缴费及其投资收益,企业可以与职工一方约定其自始归属于职工个人,也可以约定随着职工在本企业工作年限的增加逐步归属于职工个人,完全归属于职工个人的期限最长不超过 8 年。

（四）企业年金个人账户转移

职工变动工作单位时,新就业单位已经建立企业年金或者职业年金的,原企业年金个人账户权益应当随同转入新就业单位企业年金或者职业年金。职工新就业单位没有建立企业（职业）年金的,原企业年金个人账户可以暂时由原管理机构管理,也可以由法人受托机构发起的集合计划设置的保留账户暂时管理。

261

（五）企业年金的领取

职工在达到国家规定的退休年龄或者完全丧失劳动能力时,可以从本人企业年金个人账户中按月、分次或者一次性领取企业年金,也可以将本人企业年金个人账户资金全部或者部分购买商业养老保险产品,依据保险合同领取待遇并享受相应的继承权；出国（境）定居人员的企业年金个人账户资金,可以根据本人要求一次性支付给本人；职工或者退休人员死亡后,其企业年金个人账户余额可以继承。未达到企业年金领取条件的,不得从企业年金个人账户中提前提取资金。

第三节 医疗保险

医疗保险就是当人们生病或受到伤害后,由国家或社会给予的一种物质帮助,即提供医疗服务或经济补偿的一种社会保障制度。

我国的医疗保险制度改革经过了 30 多年的探索和实践,以基本医疗保险为主体,医疗救助为托底,补充医疗保险、商业健康保险、慈善捐赠、医疗互助等共同发展的多层次医疗保障制度框架基本形成。其中,基本医疗保险包括职工基本医疗保险和城乡居民基本医疗保险,职工基本医疗保险覆盖用人单位及其职工,城乡居民基本医疗保险覆盖除职工基本医疗保险应参保人员以外的其他所有城乡居民。在此主要介绍职工基本医疗保险。

一、职工基本医疗保险的覆盖范围

1998 年《国务院关于建立城镇职工基本医疗保险制度的决定》(以下简称 1998 年《决定》)规定，城镇所有用人单位，包括企业(国有企业、集体企业、外商投资企业、私营企业等)、机关、事业单位、社会团体、民办非企业单位及其职工，都要参加基本医疗保险。

《社会保险法》第 23 条规定，职工应当参加职工基本医疗保险，由用人单位和职工按照国家规定共同缴纳基本医疗保险费。无雇工的个体工商户、未在用人单位参加职工基本医疗保险的非全日制从业人员以及其他灵活就业人员可以参加职工基本医疗保险，由个人按照国家规定缴纳基本医疗保险费。

该法第 32 条进一步规定，个人跨统筹地区就业的，其基本医疗保险关系随本人转移，缴费年限累计计算。

二、基本医疗保险基金的筹集

我国职工基本医疗保险制度实行"统账结合"的基本模式，即分别设立社会统筹基金和个人账户基金。同时，在缴费上遵循"费用分担"原则，基本医疗费全部由用人单位和职工共同承担。

1. 基本医疗保险费的缴纳

凡被纳入基本医疗保险覆盖范围的单位和个人，均需按规定缴纳基本医疗保险费。在我国，基本医疗保险费由用人单位和职工共同缴纳。用人单位缴费率一般控制在职工工资总额的 6%左右，职工缴费率一般为本人工资收入的 2%左右。各统筹地区的具体缴费标准由当地政府确定，同时允许随着社会经济的发展，适当调整用人单位和职工的缴费标准①。

基本医疗保险费的缴费基数在不同的统筹地区有不同的规定，职工个人缴费基数一般为本人上年月平均工资或本人上月实际工资，单位缴费基数为本单位全部职工工资总额。低于上一年统筹地区职工月平均工资 60%的，按 60%作为缴费基数；高于上一年统筹地区职工月平均工资 300%的，按 300%作为缴费基数。

2. 基本医疗保险个人账户

基本医疗保险个人账户是指社会医疗保险机构按照国家基本医疗政策法规的规定设立的，用于支付参保人本人及其家属医疗费用的社会医疗保险基金

---

① 参见《国务院关于建立城镇职工基本医疗保险制度的决定》和《中华人民共和国社会保险法释义（十二）》。

专用账户。

基本医疗保险的个人账户基金主要来自三个方面：一是个人强制性缴费的全部，即职工个人缴纳的基本医疗保险费，全部计入个人账户；二是用人单位强制性缴费的一部分，划入个人账户的比例一般为用人单位缴费的30%左右，具体比例由统筹地区根据个人账户的支付范围和职工年龄等因素确定；三是个人账户存储额的利息。

3. 基本医疗保险统筹基金

统筹基金是指在某一统筹区域内按照统一标准征收，并在全统筹区域内统一管理、统一调剂、统一使用的基本医疗保险基金。各地区统筹基金按照服务项目的不同，又可分为门诊统筹基金和住院统筹基金。

根据我国现行政策，从统筹区域内用人单位按照职工工资总额的一定比例（一般为6%）缴纳的医疗保险费总额中，扣除按一定比例（一般为30%）划入个人账户后剩余的部分，即形成该统筹区域内的基本医疗保险统筹基金，另外还包括依法纳入的其他资金，如滞纳金、财政补贴收入等。

4. 退休人员的医疗保险费用

根据1998年《决定》和《社会保险法》，参加职工基本医疗保险的个人，达到法定退休年龄时累计缴费达到国家规定年限的，退休后不再缴纳基本医疗保险费，按照国家规定享受基本医疗保险待遇；未达到国家规定年限的，可以缴费至国家规定年限。退休人员补缴医疗保险费为其实际缴费年限与国家规定的最低缴费年限相差的期间内，应当由用人单位和个人缴纳的全部医疗保险费[1]。

需要特别说明的是，这里所说的"国家规定年限"，既包括职工实际缴纳基本医疗保险费的年限，也包括职工参加基本医疗保险前的"视同缴费年限"。目前，国家对职工参加基本医疗保险的最低缴费年限尚无统一的规定，由各统筹地区根据本地情况自行确定。

由于退休人员不缴纳基本医疗保险费，其应享受的基本医疗保险费用由全体在职职工分担，即退休人员的个人账户资金从统筹基金划拨，其医疗待遇由统筹基金支付，为了做到统筹基金收支平衡，切实保障退休人员医疗保障待遇水平，各统筹地区对退休人员享受医疗保险待遇的最低缴费年限作了相关规定，一般为20～30年不等[2]。

对退休人员个人账户的计入金额和个人负担医疗费的比例给予适当照顾。

---

[1] 阜阳市人力资源和社会保障局：《社会保险法政策解读（三）基本医疗保险》，https://www.fy.gov.cn/openness/detail/content/570483237f8b9a7a13be5bcd.html，2016-04-06.

[2] 中华人民共和国人力资源和社会保障部：《中华人民共和国社会保险法释义（十二）》，http://www.mohrss.gov.cn/fgs/syshehuibaoxianfa/201208/t20120807_28573.html，2012-08-07.

三、基本医疗保险费用的支付

根据我国现行政策，参保人员自参加基本医疗保险的下一个月开始，即可享受基本医疗保险待遇。

1. 统筹基金和个人账户的支付范围

在基本医疗保险费用的待遇支付中，统筹基金和个人账户有各自的支付范围，分别核算，不得相互挤占。个人账户主要用于支付参保人员的一般门诊医疗费用和药店买药费用，即小病医疗费的支出；统筹基金主要用于支付特殊疾病门诊和住院医疗费用，即所谓大病医疗费。

根据 1998 年《决定》，统筹基金的起付标准原则上控制在当地职工年平均工资的 10%左右，最高支付限额原则上控制在当地职工年平均工资的 4 倍左右。随着经济社会发展水平不断提高，也应当相应提高职工医疗保障水平，2009 年，国务院决定将统筹基金最高支付限额提高到当地职工年平均工资的 6 倍左右[①]。起付标准以下的医疗费用从个人账户中支付或由个人自付。起付标准以上、最高支付限额以下的医疗费用，主要从统筹基金中支付，个人也要负担一定比例。超过最高支付限额的医疗费用，可以由企业补充医疗保险计划支付，或通过商业医疗保险等途径解决。统筹基金的具体起付标准，最高支付限额以及在起付标准以上和最高支付限额以下医疗费用的个人负担比例，由统筹地区根据以收定支、收支平衡的原则确定。

2. 基本医疗保险费用报销条件

根据我国基本医疗保险待遇支付的基本要求，参保人员到医疗保险机构报销医疗费用，一般要符合以下条件：

（1）参保人员必须到基本医疗保险的定点医疗机构就医购药，或持定点医院的大夫开具的医药处方到社会保险机构确定的定点零售药店外购药品。一般在非定点医疗机构就医和非定点药店购药发生医疗费用，除符合医疗保险制度中转诊等规定的相应条件外，基本医疗保险基金将不予支付。

（2）参保人员在看病就医过程中所发生的医疗费用必须符合基本医疗保险药品目录、诊疗项目、医疗服务设施标准以及急诊、抢救的医疗费用，按照国家规定从基本医疗保险基金中支付。

（3）医疗费用的产生原因不属于基本医疗保险基金不支付的范围内。根据《社会保险法》，基本医疗保险基金不支付下列医疗费用：①应当从工伤保险基金中支付的；②应当由第三人负担的；③应当由公共卫生负担的；④在境外就医的。

[①] 中华人民共和国人力资源和社会保障部：《中华人民共和国社会保险法释义（十二）》，http://www.mohrss.gov.cn/fgs/syshehuibaoxianfa/201208/t20120807_28573.html，2012-08-07.

（4）医疗费用符合基本医疗保险支付范围，在社会医疗统筹基金起付标准以上、最高支付限额以下的费用部分，由社会医疗统筹基金按一定比例支付（一般为90%左右）。

四、企业补充医疗保险

企业补充医疗保险是企业在参加基本医疗保险的基础上，国家给予政策鼓励，由企业自主主办或参加的一种补充性医疗保险形式。

根据《财政部、劳动保障部关于企业补充医疗保险有关问题的通知》，按规定参加各项社会保险并按时足额缴纳社会保险费的企业，可自主决定是否建立补充医疗保险。企业可在按规定参加当地基本医疗保险基础上，建立补充医疗保险，用于对城镇职工基本医疗保险制度支付以外由职工个人负担的医药费用进行的适当补助，以减轻参保职工的医药费负担。

企业建立补充医疗保险可采用以下几种形式：①商业医疗保险机构举办；②社会医疗保险机构经办；③大集团、大企业自办。

企业补充医疗保险费在工资总额4%以内的部分，企业可直接从成本中列支，不再经同级财政部门审批。企业补充医疗保险办法应与当地基本医疗保险制度相衔接。企业补充医疗保险资金由企业或行业集中使用和管理，单独建账，单独管理，用于本企业个人负担较重职工和退休人员的医药费补助，不得划入基本医疗保险个人账户，也不得另行建立个人账户或变相用于职工其他方面的开支[①]。

第四节　生育保险

生育保险是国家通过立法，对怀孕、分娩或进行计划生育手术的职工给予生活保障和物质帮助的一种社会保险制度。我国生育保险方面的主要法规是《企业职工生育保险试行办法》和《社会保险法》。

2019年，《国务院办公厅关于全面推进生育保险和职工基本医疗保险合并实施的意见》（以下简称2019年《合并实施意见》）印发实施。截至2019年底，我国所有地区都实现了生育保险和职工基本医疗保险合并实施，具体体现为参保同步登记、基金合并运行、征缴管理一致、监督管理统一、经办服务一体化。

[①] 《财政部、劳动保障部关于企业补充医疗保险有关问题的通知》，https://llc.nwupl.edu.cn/flfg/gjfg/56065.htm.

一、生育保险的覆盖范围

《社会保险法》第五十三条规定，职工应当参加生育保险，由用人单位按照国家规定缴纳生育保险费，职工不缴纳生育保险费。根据 2019 年《合并实施意见》，参加职工基本医疗保险的在职职工同步参加生育保险。需要明确的是，上述规定中的职工，是指包括男性职工在内的所有职工。

二、生育保险费的缴纳

生育保险费的提取比例由当地人民政府根据计划内生育人数和生育津贴、生育医疗费等项费用确定，并可根据费用支出情况适时调整，但最高不得超过工资总额的 1%。从各地具体执行情况看，生育保险的缴费比例大多数地区控制在 0.5%～0.8%。

根据 2019 年《合并实施意见》，生育保险基金并入职工基本医疗保险基金，统一征缴，统筹层次一致，不再单列生育保险基金收入，在职工基本医疗保险统筹基金待遇支出中设置生育待遇支出项目。

三、生育保险待遇

根据《社会保险法》第五十四条，用人单位已经缴纳生育保险费的，其职工享受生育保险待遇；职工未就业配偶按照国家规定享受生育医疗费用待遇。女职工在孕期、分娩和哺乳期间，可以享受的生育保险待遇包括生育医疗费用和生育津贴。

（1）生育医疗费用。生育医疗费用是指医疗服务机构为生育女职工提供怀孕、分娩和产后的医疗照顾以及必需的住院治疗等医疗费用，主要包括以下内容：①检查、接生、手术、住院、药品等，由职工基本医疗保险基金支付；②超出规定的医疗服务费和药费（含自费药品和营养药品的药费）由职工个人负担；③女职工生育出院后，因生育引起疾病的医疗费，由职工基本医疗保险基金支付；④其他疾病的医疗费，按照医疗保险待遇的规定办理；⑤女职工产假期满后，因病需要休息治疗的，按照有关病假待遇和医疗保险待遇规定办理。

（2）生育津贴。职工有下列情形之一的，可以按照国家规定享受生育津贴：①女职工生育按照法律、法规的规定享受产假，以及产假期间的生育津贴；②享受计划生育手术休假的职工也可以按照国家规定享受生育津贴。生育津贴支付期限按照《女职工劳动保护特别规定》等法律法规规定的产假期限执行，支付标准按照职工所在用人单位上年度职工月平均工资计发，由职工基本医疗保险基金支付。

（3）计划生育医疗费用。职工计划生育的医疗费用由职工基本医疗保险基金支付。

值得一提的是，随着我国生育政策的调整，生育保险制度也面临着改革完善。2022 年 8 月 16 日，国家卫生健康委员会等 17 部门联合印发《关于进一步完善和落实积极生育支持措施的指导意见》，提出"国家统一规范并制定完善生育保险生育津贴支付政策，强化生育保险对参保女职工生育医疗费用、生育津贴待遇等保障作用，保障生育保险基金安全""有条件的地方可探索参加职工基本医疗保险的灵活就业人员同步参加生育保险"等。

案例分析

某女士是上海一家公司的职员。她与公司签合同时，公司的劳动合同文本中约定："公司因女职工较少，所以未为女职工办理生育保险。女职工符合计划生育规定生育时，公司给予 158 天产假，并一次补助 5000 元。"该女士后来在怀孕、生产过程中实际花费了检查费、接生费、手术费、住院费、医药费等 8000 余元。公司履行合同的承诺，发放了 5000 元补助。但是，在产假期间，她除了这 5000 元外，却没有拿到一分钱的工资。她认为公司的规定不合理，要求公司支付产假工资。而公司认为，她既然与公司签订了带有"158 天产假、5000 元补助"的合同条款，就应当接受这一规定。双方协商不成，只好向当地劳动仲裁委员会提出申诉。

（资料来源：孙持明. 生育保险莫含糊. 人力资源，2008 年第 13 期，有改动）

【分析】

首先，该女士所在的公司以单位中女职工数量少而不办理生育保险，其做法显然是错误的，企业需要为所有职工缴纳生育保险费。

其次，公司应当按生育保险的待遇规定向该女士支付相关费用，而不是依据其自定的违反相关法律法规的合同条款。根据《上海市城镇生育保险办法》，该女士的生育医疗费补贴按 3600 元计发，并按 3 个月享受生育生活津贴，月生育生活津贴标准为本人生产当月城镇养老保险费缴费基数，上述费用由城镇职工基本医疗保险基金支付。由于本案中的公司未依法办理生育保险，因此所有的生育医疗费补贴和生育津贴应由公司自行负担。

第五节 工伤保险

工伤保险又称职业伤害保险，是指劳动者在生产工作中或法定的特殊情形下发生意外事故，或因职业性有害因素危害而负伤（或患职业病）、致残、死亡时，对其本人或供养亲属给予物质帮助或经济补偿的一种社会保险制度。

我国的工伤保险制度建立于 20 世纪 50 年代，之后不断地作出调整。自 20 世纪 80 年代末，我国开始对原有的工伤保险制度进行改革。1996 年，劳动部发布了《企业职工工伤保险试行办法》（已废止）。2003 年，国务院发布了《工伤保险条例》（2010 年修订）；同年，劳动和社会保障部发布了《工伤认定办法》（2010 年人力资源和社会保障部修订）、《因工死亡职工供养亲属范围规定》（劳动和社会保障部令第 18 号）和《非法用工单位伤亡人员一次性赔偿办法》（2010 年人力资源和社会保障部修订）；2011 年施行的《社会保险法》第四章也对工伤保险作了专门规定。上述法规和规章标志着我国工伤保险制度开始走向成熟。

一、工伤保险的覆盖范围

根据《工伤保险条例》，"中华人民共和国境内的企业、事业单位、社会团体、民办非企业单位、基金会、律师事务所、会计师事务所等组织和有雇工的个体工商户（以下称用人单位）应当依照本条例规定参加工伤保险，为本单位全部职工或者雇工（以下称职工）缴纳工伤保险费。中华人民共和国境内的企业、事业单位、社会团体、民办非企业单位、基金会、律师事务所、会计师事务所等组织的职工和个体工商户的雇工，均有依照本条例的规定享受工伤保险待遇的权利"。而且，根据《实施〈中华人民共和国社会保险法〉若干规定》（2011 年人力资源和社会保障部令第 13 号颁布），职工（包括非全日制从业人员）在两个或者两个以上用人单位同时就业的，各用人单位应当分别为职工缴纳工伤保险费。职工发生工伤，由职工受到伤害时工作的单位依法承担工伤保险责任。

另外，《最高人民法院关于审理工伤保险行政案件若干问题的规定》第三条对双重劳动关系、劳务派遣、指派、转包和挂靠关系等五类特殊的工伤保险责任主体作了更为明确的规定："（一）职工与两个或两个以上单位建立劳动关系，工伤事故发生时，职工为之工作的单位为承担工伤保险责任的单位；（二）劳务派遣单位派遣的职工在用工单位工作期间因工伤亡的，派遣单位为承担工伤保险责任的单位；（三）单位指派到其他单位工作的职工因工伤亡的，指派单位为承担工伤保险责任的单位；（四）用工单位违反法律、法规规定将承包业务转包给不具备用工主体资格的组织或者自然人，该组织或者自然人聘用的职工从事承包业务时因工伤亡的，用工单位为承担工伤保险责任的单位；（五）个人挂靠其他单位对外经营，其聘用的人员因工伤亡的，被挂靠单位为承担工伤保险责任的单位。"

由此可见，我国工伤保险的适用范围覆盖面已经扩大到境内所有企事业和社会团体组织的所有职工，以及个体工商户的雇工，是我国施行范围最为广泛的社会保险项目之一。

二、工伤保险的无责任补偿原则

工伤保险的"无责任补偿原则"，又称为"无过失赔偿原则"，是工伤保险的特有原则。无责任补偿原则是指劳动者在各种伤害事故中，只要属于工伤或视同工伤，无论事故责任属于本人、用人单位还是相关第三者，均应依法按照规定的标准给付工伤保险待遇。待遇给付与责任追究分开，不能因为事故责任的追究与归属，影响待遇给付的时间及额度（本人犯罪或故意行为除外）。

这一原则最早于 19 世纪 80 年代首创于德国，目前已被大多数国家采纳。应该说，工伤保险实行"无责任补偿原则"有其必要性。在生产过程中，职工遭受职业伤害的风险总是存在的，具有不可避免性。即便是在现代化大生产条件下，生产工艺已经发展到高速机械化和自动化阶段，依然会有不安全因素，不测事故仍有可能发生。就职工总体而言，在生产中遭受或轻或重的意外事故伤害是难以避免的，甚至可以说，职工一进入生产过程就存在着被伤害的风险，而这种风险的出现又具有难以预测的突发性特点，非职工个人所能抗拒。在这种客观背景下，理应在发生工伤事故后立即无条件地对受伤职工给予经济补偿，使其本人和家庭的基本生活及时得到保障。而且，"无责任补偿原则"具有赔偿性质，而"赔偿"作为一种手段，可以强制企业关心职工的生产安全，加强劳动保护，有效地预防各类事故和职业病的发生，降低事故率，保证安全生产[①]。

事实上，只要用人单位依法参加了工伤保险，就可以大大减轻直接给付工伤补偿的责任，而主要是由掌握工伤保险基金的社会保险机构统一给付。

案例分析

某市煤气公司职工小余，由于急于下班而未按流程操作，没有关严阀门导致煤气泄漏，引发煤气爆炸事故，造成公司直接经济损失 10 万元。小余也在爆炸中受重伤，并要求公司申请认定工伤，煤气公司方面认为，公司每周开安全例会，都反复强调这些安全常识。但小余由于急于下班而没有关严阀门导致事故发生，负有重大责任，不应该认定为工伤。最后由小余的家属向当地劳动保障行政部门提交了工伤认定申请。请问：小余应该被认定为工伤吗？

（资料来源：岳宗福.五险一金制度·案例·答疑.北京：中国法制出版社，2008：195，有改动）

【分析】

小余因违规操作引发事故，这是否应认定为工伤呢？根据《企业职工工伤保险试行办法》（已废止）规定，蓄意违章不认定为工伤，因此如果此案例发生在

---

① 冯建威：《试论工伤社会保险的"无责任补偿"原则》.《中国行政学院学报》，1992 年，第 4 期。

2004年以前，会被认定为不属于工伤。但2004年1月1日起实施的《工伤保险条例》奉行各国工伤保险实践普遍遵循的"无责任补偿原则"，即意外事故无论是由于单位的疏忽还是劳动者的粗心大意，甚至双方根本都不存在过失，只要排除劳动者自杀、自残或违法犯罪的情况下，用人单位都应承担赔偿责任。因此，劳动保障行政部门受理立案后，到该公司核实了事情的经过，公司与小余对事故的经过都没有异议，最后认为：小余因没有关严阀门而导致的事故属于"工作时间前后在工作场所内，从事与工作有关的预备性或收尾性工作受到事故伤害"，应当认定为工伤，并由工伤保险基金支付相关的工伤待遇。

当然，小余在下班前没有关严阀门，导致重大事故的发生，造成公司直接经济损失10万元，属于严重违章操作行为，公司可根据内部规章制度的相关规定对小余执行相应处分，追究小余的违规责任。

三、工伤保险基金的筹集和管理

1. 工伤保险基金的筹集

我国工伤保险基金的筹集，遵循劳动者个人不缴费的原则，工伤保险费全部由用人单位缴纳。用人单位缴纳工伤保险费的数额为本单位职工工资总额乘以单位缴费费率之积。

国家根据不同行业的工伤风险程度确定行业的差别费率，并根据工伤保险费使用、工伤发生率等情况在每个行业内确定若干费率档次。行业差别费率及行业内费率档次由国务院社会保险行政部门制定，报国务院批准后公布施行。

（1）行业工伤风险分类《人力资源社会保障部 财政部 关于调整工伤保险费率政策的通知》按照《国民经济行业分类》对行业的划分，根据不同行业的工伤风险程度，由低到高，依次将行业工伤风险类别划分为一类至八类。

（2）行业差别费率及其档次确定对应于不同的行业工伤风险类别，行业基准费率分别控制在该行业用人单位职工工资总额的0.2%、0.4%、0.7%、0.9%、1.1%、1.3%、1.6%、1.9%左右。

同时，通过费率浮动的办法确定每个行业内的费率档次。其中，一类行业分为三个档次，即在基准费率的基础上，可向上浮动至120%、150%，二类至八类行业分为五个档次，即在基准费率的基础上，可分别向上浮动至120%、150%或向下浮动至80%、50%。

各统筹地区按照"以支定收、收支平衡"的原则，合理确定本地区工伤保险行业基准费率具体标准，并征求工会组织、用人单位代表的意见，报统筹地区人民政府批准后实施。基准费率的具体标准可根据统筹地区经济产业结构变动、工伤保险费使用等情况适时调整。

（3）单位费率的确定与浮动统筹地区社会保险经办机构根据用人单位工伤保

险费使用、工伤发生率、职业病危害程度等因素，确定其工伤保险费率，并可依据上述因素变化情况，每一至三年确定其在所属行业不同费率档次间是否浮动。对符合浮动条件的用人单位，每次可上下浮动一档或两档。统筹地区工伤保险最低费率不低于本地区一类风险行业基准费率。

2. 工伤保险基金的统筹和管理

根据《工伤保险条例》，工伤保险基金逐步实行省级统筹。跨地区、生产流动性较大的行业，可以采取相对集中的方式异地参加统筹地区的工伤保险。具体办法由国务院劳动保障行政部门会同有关行业的主管部门制定。

工伤保险基金由用人单位缴纳的工伤保险费、工伤保险基金的利息和依法纳入的其他资金构成。工伤保险基金存入社会保障基金财政专户，用于工伤保险待遇、劳动能力鉴定、工伤预防的宣传培训，以及法律、法规规定的用于工伤保险的其他费用的支付。

案例分析

某建筑公司，按照《工伤保险条例》规定参加了工伤保险，并按照要求以本单位职工工资总额的 1.1% 为本单位全部职工缴纳了工伤保险费。一年后，当地社会保险经办机构依据该公司较高的工伤发生率及工伤保险费使用情况，将该公司的工伤保险缴费费率上调到职工工资总额的 1.32%。建筑公司表示难以接受和承担上调的工伤保险缴费额，自行规定按照每个职工月工资0.2%的比例，向职工个人征收工伤保险费。该建筑公司的做法是否正确？

（资料来源：案例由毛晓燕编写。）

【分析】

《工伤保险条例》第十条规定，"用人单位应当按时缴纳工伤保险费。职工个人不缴纳工伤保险费"。这是指工伤保险费全部由用人单位缴纳，职工个人不承担缴费义务，这是工伤保险与养老、医疗等其他社会保险项目的区别之处。养老、医疗等其他社会保险险种实行的是多方责任制度，而工伤保险遵循的是雇主责任制。工伤保险的雇主责任制在世界各国已形成共识，劳动者发生工伤或身患职业病理应由雇主负担补偿费用。因此，该建筑公司将上浮的应缴纳的工伤保险费转嫁到职工身上的做法是错误的。

四、工伤认定

职工因工作遭受事故伤害或者患职业病，用人单位须在规定时间内向劳动保障行政部门申请工伤认定。工伤认定是职工享受工伤保险待遇的前置程序。

工伤认定包括两个方面内容：一是工伤范围的认定；二是工伤认定的程序。

1. 工伤范围的认定

《工伤保险条例》采取列举的办法，规定工伤的范围包括七种应当认定为工伤的情形和三种视同工伤的情形，另外列举了三种不能认定或者视同工伤的情形。同时，还应该注意发生工伤的职工必须具有法律规定的劳动主体资格，否则一般不予受理工伤申请。比如，正式退休人员返聘者、病退人员再次就业者、农村超过 60 周岁的人员进城务工发生事故伤害等情况，通常不予受理工伤认定申请。

（1）应当认定为工伤的七种情形：①在工作时间和工作场所内，因工作原因受到事故伤害的；②工作时间前后在工作场所内，从事与工作有关的预备性或收尾性工作受到事故伤害的；③在工作时间和工作场所内，因履行工作职责受到暴力等意外伤害的；④患职业病的；⑤因工外出期间，由于工作原因受到伤害或者发生事故下落不明的；⑥在上下班途中，受到非本人主要责任的交通事故或者城市轨道交通、客运轮渡、火车事故伤害的；⑦法律、行政法规规定应当认定为工伤的其他情形。

（2）视同工伤的三种情形：①在工作时间和工作岗位，突发疾病死亡或者在48 小时之内经抢救无效死亡的；②在抢险救灾等维护国家利益、公共利益活动中受到伤害的；③职工原在部队服役，因战、因公负伤致残，已取得革命伤残军人证，到用人单位后旧伤复发的。

符合"视同工伤"前两种情况的，按《工伤保险条例》规定享受工伤待遇；符合"视同工伤"后一种情况的，按《工伤保险条例》规定享受除一次性伤残补助金以外的工伤保险待遇。

（3）不得认定工伤的三种情形：①故意犯罪的；②醉酒或者吸毒的；③自残或者自杀的。

《最高人民法院关于审理工伤保险行政案件若干问题的规定》对工伤认定中的"工作原因、工作时间和工作场所""因工外出期间""上下班途中"等问题，以及"不得认定工伤的三种情形"的认定依据，作了更为具体的规定。

2. 工伤认定的程序

根据《工伤保险条例》及《工伤认定办法》的有关规定，工伤认定的程序如下。

（1）申请人提交工伤认定申请。用人单位应当在本单位职工发生工伤事故之日或被诊断、鉴定为职业病之日起 30 日内提出工伤认定申请；遇有特殊情况，经报社会保险行政部门同意，申请时限可以适当延长。如用人单位在规定期限内没有提出申请的，受伤害职工或其直系亲属、工会组织在事故发生之日或被诊断、

鉴定为职业病之日起 1 年内，直接提出工伤认定申请。

用人单位未在规定的时限内提交工伤认定申请的，在此期间发生符合《工伤保险条例》规定的工伤待遇等有关费用由该用人单位负担。

提出工伤认定申请应当提交下列材料：①工伤认定申请表，应当包括事故发生的时间、地点、原因以及职工伤害程度等基本情况；②与用人单位存在劳动关系（包括事实劳动关系）的证明材料；③医疗诊断证明或者职业病诊断证明书（或者职业病诊断鉴定书）。

（2）社会保险行政部门受理申请。

（3）社会保险行政部门调查核实。在调查核实过程中，如职工或者其近亲属认为是工伤，用人单位不认为是工伤的，由用人单位承担举证责任。

（4）社会保险行政部门作出决定。社会保险行政部门应当自受理工伤认定申请之日起 60 日内作出工伤认定决定，并书面通知申请工伤认定的职工或者其近亲属和该职工所在单位。对受理的事实清楚、权利义务明确的工伤认定申请，应当在 15 日内作出工伤认定的决定。

（5）申请人申请行政复议或提起行政诉讼。受伤害职工或其近亲属、用人单位对决定不服的，可以依法申请行政复议或提起行政诉讼。

案例分析

原告李沐与丈夫马萌家住某市的市中心，马萌系该市远郊县某公司职工，在该公司变电站生产变电运行岗位上班。变电站实行两班每周轮休工作制，即上七天班休七天假。2013 年 9 月 2 日至 8 日马萌轮休，9 日应正式上班，2 日交班后马萌即回市里家中休假。7 日，马萌骑摩托车由家返回工作地途中，于 17 时 55 分发生交通事故，致使马萌受到严重伤害，经抢救无效死亡。交警部门认定马萌无责任。原告李牧提交了工伤认定申请，但被告县人力资源和社会保障局收到申请后，以其不符合《工伤保险条例》第十四条认定工伤的情形，决定不予认定工伤。理由是马萌提前两天出发去单位，发生交通事故时间是 2013 年 9 月 7 日 17 时 55 分，而根据用人单位制度规定，马萌应该到岗时间是 2013 年 9 月 9 日，时间相隔 40 小时，不属于合理的上班时间，因此被告县人力资源和社会保障局作出不予认定工伤的决定。

法院审理后认为，本案判断工伤认定是否合法的关键之一，在于马萌受到非本人主要责任交通事故伤害致死的地点是否在上下班途中。在本案中查明的事实是马萌上下班途中具有一定特殊性，即经常居住地在市里，而工作地在远郊县，两地相距 200 多公里。马萌所在单位工作制度是上班七天后连休七天，故马萌只能在休假期间回市里与其妻女团聚。根据《最高人民法院关于审理工伤保险行政案件若干问题的规定》第六条第（二）项的规定，在合理时间内往返于工作地与配偶、子女居住地的合理路线，应认定为上下班途中。所以，从市里到远郊县的路线就是其往返于工作地与配偶、子女居住地的上下班途中的合理路线。同时，马萌发生交通事故的时间属于在合理时间内往返于工作地与配偶、子女居住地的合理路线的上下班途中。

本案中马萌以摩托车为交通工具，9月7日至8日当地大范围小到中雨，为了不耽误9日按时交接班，他提前骑摩托车在从居住地前往工作地途中发生交通事故身亡，尽管发生交通事故距其交接班尚有一段时间，但此行的根本目的是为了上班，其行为具有正当性，提前出发具有合理性。据此，法院依法判决撤销被告县人力资源和社会保障局作出的《不予认定工伤决定书》，责令其在判决书生效之日起60日内对原告提出的工伤认定申请重新作出决定。宣判后，被告不服提起上诉，二审法院审理后，判决驳回上诉，维持原判。

（资料来源：熊迎春，张革胜."上下班途中"的合理时间应该如何界定.人民法院报，2015-10-14，有改动）

【分析】

根据最高人民法院《关于审理工伤保险行政案件若干问题的规定》，"上下班途中"的认定至少应当考虑三个要素：一是目的要素，即以上下班为目的；二是时间要素，即上下班时间是否合理；三是空间要素，即往返于工作地和居住地的路线是否合理。上下班途中"合理时间""合理路线"，是认定属于上下班途中相互联系、必不可少的时空概念，不应割裂开来。尤其是在时间的"合理"解释上不能简单理解为用人单位考勤规定的上下班时间。上下班有一个时间区域，可能早一点，也可能晚一点，这"一点"是多少，由于现实生活的复杂性，法律在此并未作出明确规定，但必须具有正当性。也就是说，除应考虑距离因素外，还应结合路况条件、交通工具的类型和季节气候的变化、偶然性事件的发生等，来作出客观、合理、全面的判断。因此，关于"上下班途中"的认定，不能单纯地以时间长短作为考量标准。如上述案例，尽管提前两天出门，但由于其目的地为工作地点，且劳动者能合理说明提前两天出发的合理性，故最终认定为工伤。

【法律链接】

《最高人民法院关于审理工伤保险行政案件若干问题的规定》第六条："对社会保险行政部门认定下列情形为'上下班途中'的，人民法院应予支持：（一）在合理时间内往返于工作地与住所地、经常居住地、单位宿舍的合理路线的上下班途中；（二）在合理时间内往返于工作地与配偶、父母、子女居住地的合理路线的上下班途中；（三）从事属于日常工作生活所需要的活动，且在合理时间和合理路线的上下班途中；（四）在合理时间内其他合理路线的上下班途中。"

五、劳动能力鉴定

劳动能力鉴定是指劳动功能障碍程度和生活自理障碍程度的等级鉴定。职工发生工伤，经治疗伤情相对稳定后存在残疾、影响劳动能力的，应当进行劳动能力鉴定，鉴定结论是工伤职工享受工伤保险待遇的依据。劳动能力鉴定的主要依据是《劳动能力鉴定职工工伤与职业病致残等级》。其中，劳动功能障碍分为 10 个伤残等级，最重的为 1 级，最轻的为 10 级；1～4 级的为完全丧失劳动能力，5～6 级的为大部分丧失劳动能力，7～10 级的为部分丧失劳动能力。生活自理障碍分为三个等级，即生活完全不能自理、生活大部分不能自理和生活部分不能自理。

劳动能力鉴定，由用人单位、工伤职工或其近亲属，向设区的市级劳动能力鉴定委员会提出申请，并提供工伤认定决定书和职工工伤医疗的有关资料；鉴定委员会收到申请之日起 60 日内（必要时期限可以延长 30 日）作出鉴定结论，及时送达单位及工伤职工本人；对市鉴定不服的可以在收到鉴定结论之日起 15 日内向省、自治区、直辖市劳动能力鉴定委员会提出再次鉴定申请，省鉴定结论为最终结论。自劳动能力鉴定结论作出之日起一年后，工伤职工或者其近亲属、所在单位或经办机构认为伤残情况发生变化的，可以申请劳动能力复查鉴定。

六、工伤保险待遇

职工因工作遭受事故伤害或者患职业病被认定为工伤之后，可根据《工伤保险条例》享受工伤保险待遇，主要包括工伤医疗待遇、因工伤残待遇、因工死亡待遇三部分。

1. 工伤医疗待遇

工伤医疗待遇是指职工遭遇工伤之后到评定伤残等级之前的治疗期间所应享有的各项待遇，但工伤职工治疗非工伤引发的疾病，不享受工伤医疗待遇，按照基本医疗保险办法处理。工伤医疗待遇具体包括几项内容。

（1）诊疗费、药费、住院费与康复性治疗费。职工治疗工伤应当在签订服务协议的医疗机构就医，情况紧急时可以先到就近的医疗机构急救。治疗工伤所需费用符合工伤保险诊疗项目目录、工伤保险药品目录、工伤保险住院服务标准的，从工伤保险基金支付。

（2）住院伙食补助费与交通食宿费。职工住院治疗工伤的伙食补助费，以及经医疗机构出具证明，报经办机构同意，工伤职工到统筹地区以外就医所需的交通、食宿费用从工伤保险基金中支付，基金支付的具体标准由统筹地区人民政府规定。

（3）辅助器械费用。工伤职工因日常生活或者就业需要，经劳动能力鉴定委员会确认，可以安装假肢、矫形器、假眼、假牙和配置轮椅等辅助器具，所需费用按照国家规定的标准从工伤保险基金支付。

（4）停工留薪期工资待遇。职工因工负伤或者患职业病需要停止工作、进行治疗的，在停工留薪期内，原工资福利待遇不变，由所在单位按月支付。停工留薪期一般不超过 12 个月，伤情严重或特殊情况，经设区的市级劳动能力鉴定委员会确认，可以适当延长，但延长不得超过 12 个月。工伤职工评定伤残等级后，停发原待遇，按规定享受因工伤残待遇。

（5）停工留薪期护理。生活不能自理的工伤职工在停工留薪期需要护理的，由所在单位负责。如果单位未安排护理，则由单位支付护理费。

（6）工伤复发待遇。工伤职工工伤复发，确认需要治疗的，享受工伤医疗费、辅助器具费，以及停工留薪期工资。

2. 因工伤残待遇

因工伤残待遇是指职工评定伤残等级之后享有的各项工伤待遇，主要包括生活护理费、一次性伤残补助金、伤残津贴、一次性工伤医疗补助金和伤残就业补助金等。

（1）生活护理费。工伤职工已经评定伤残等级并经劳动能力鉴定委员会确认需要生活护理的，从工伤保险基金按月支付生活护理费。生活护理费按照生活完全不能自理、生活大部分不能自理和生活部分不能自理三个不同等级支付，其标准分别为统筹地区上年度职工月平均工资的 50%、40% 和 30%。

（2）不同伤残等级的伤残待遇。所有伤残等级的工伤职工都享有相当于 7～27 个月本人工资的一次性伤残补助金，由工伤保险基金一次性支付；1～6 级伤残的工伤职工享有数额不等的伤残津贴，由工伤保险基金或用人单位按月发放；7～10 级伤残的工伤职工则享有由用人单位发给的一次性工伤医疗补助金和伤残就业补助金。此外，不同伤残等级的工伤职工在与用人单位的劳动关系保留问题上也有不同的规定。具体待遇情况详见表 10-2。

表 10-2　伤残待遇一览表

伤残等级	一次性伤残补助金	伤残津贴	其他待遇
1	27 个月	90%（工伤保险基金支付）	（1）保留劳动关系，退出工作岗位 （2）伤残津贴实际金额低于当地最低工资标准的，由工伤保险基金补足差额 （3）单位和职工以伤残津贴为基数缴纳基本医疗保险费 （4）工伤职工达到退休年龄并办理退休手续后，停发伤残津贴，按照国家规定享受基本养老保险待遇，基本养老保险待遇低于伤残津贴的由工伤保险基金补足
2	25 个月	85%（工伤保险基金支付）	
3	23 个月	80%（工伤保险基金支付）	
4	21 个月	75%（工伤保险基金支付）	

续表

伤残等级	一次性伤残补助金	伤残津贴	其他待遇
5	18个月	70%（用人单位在难以安排工作的情况下发给）	（1）保留劳动关系，由单位安排适当工作；难以安排工作的，按左列"伤残津贴"标准按月发给伤残津贴，津贴实际金额低于当地最低工资标准的，由用人单位补足差额 （2）单位按规定为其缴纳应缴的各项社会保险费 （3）职工本人可以提出与单位解除或终止劳动关系，由工伤保险基金支付一次性工伤医疗补助金，由用人单位支付一次性伤残就业补助金，具体标准由省级政府确定
6	16个月	60%（用人单位在难以安排工作的情况下发给）	
7	13个月	无	劳动合同期满终止，或者职工本人提出解除劳动合同的，由工伤保险基金支付一次性工伤医疗补助金，由用人单位支付一次性伤残就业补助金，具体标准由省级政府确定
8	11个月		
9	9个月		
10	7个月		

注：①一次性伤残补助金以本人月工资为标准，由工伤保险基金一次性支付。②伤残津贴以本人月工资为标准，按月支付。其中，本人月工资是指工伤职工因工作遭受事故伤害或者患职业病前 12 个月平均月缴费工资。本人工资高于统筹地区职工平均工资 300%的，按照统筹地区职工平均工资的 300%计算；本人工资低于统筹地区职工平均工资 60%的，按照统筹地区职工平均工资的 60%计算。

资料来源：本表由毛晓燕自行整理而成。

3. 因工死亡待遇

职工因工死亡，其近亲属按照下列规定从工伤保险基金中领取丧葬补助金、供养亲属抚恤金和一次性因工死亡补助金：

（1）丧葬补助金。职工因工死亡后，其直系亲属可以一次性领取丧葬补助金，具体标准为 6 个月的统筹地区上年度职工月平均工资。

（2）供养亲属抚恤金。按照职工本人工资的一定比例发给由因工死亡职工生前提供主要生活来源、无劳动能力的亲属。标准为：配偶每月 40%，其他亲属每人每月 30%，孤寡老人或者孤儿每人每月在上述标准的基础上增加 10%。核定的各供养亲属的抚恤金之和不应高于因工死亡职工生前的工资。

（3）一次性因工死亡补助金。标准为上一年度全国城镇居民人均可支配收入的 20 倍。

伤残职工在停工留薪期内因工伤导致死亡的，其直系亲属可以享受丧葬补助金的待遇；1～4 级伤残职工在停工留薪期满后死亡的，其直系亲属可以享受丧葬补助金和供养亲属抚恤金的待遇。

职工因工外出期间发生事故或者在抢险救灾中下落不明的，从事故发生当月起 3 个月内照发工资，从第 4 个月起停发工资，由工伤保险基金向其供养亲属按月支付供养亲属抚恤金。生活有困难的，可以预支一次性工亡补助金的50%。职工被人民法院宣告死亡的，按照因工死亡的规定处理。

此外，《工伤保险条例》第四十二条明确规定，有下列情形之一的工伤职工停止享受工伤保险待遇：①丧失享受待遇条件的；②拒不接受劳动能力鉴定的；③拒绝治疗的。

案例分析

魏莉系某公司职工，公司为其参加了工伤保险。魏莉上班时因头皮被机器拉伤住院治疗，公司垫付了部分医疗费。魏莉病情好转出院后，自行转院作面部整形手术并支付医疗费36 321.8元。魏莉受伤性质被认定为工伤，经鉴定为九级伤残。之后，魏莉申请仲裁，请求解除与公司之间的劳动关系，并由公司支付其各项工伤保险待遇共计21万余元。仲裁裁决解除双方劳动关系，并由公司支付魏莉49 548.4元，驳回了魏莉其余仲裁请求。魏莉不服，提起诉讼，诉讼请求同仲裁请求。一审判决后，魏莉不服提起上诉。二审期间，公司收到工伤基金报销的医疗费、一次性伤残补助金等费用，扣除公司垫付的医疗费后共计41 650.96元。因魏莉转院所作整形手术费工伤基金未予报销，双方就该笔费用是否由公司承担产生争议。

法院经审理认为，公司为魏莉参加了工伤保险，应由工伤保险基金向魏莉支付一次性伤残补助金、一次性工伤医疗补助金、住院期间伙食补助费、医疗费，但公司仍应向魏莉支付一次性伤残就业补助金、停工留薪期工资等应由用人单位承担的费用。遂判决：解除双方劳动关系，由公司支付魏莉49 548.4元，驳回魏莉其余诉讼请求。宣判后，魏莉不服，提起上诉，请求撤销原判，改判支持其一审全部诉讼请求。

中级人民法院经审理认为，因二审期间公司收到的工伤基金报销费用中，对魏莉转院所作整形手术费未予审核报销，故双方争议焦点为整形手术费应否由单位承担。工伤保险旨在保障受伤职工最基本的医疗需要，对于工伤医疗目录外的治疗，若单位能够举证证明其非必要性与非合理性，则应由劳动者自行承担相应治疗费用。本案中，公司出示了医院出院证明及工伤保险机构出具的审核说明，证明魏莉经过前期治疗病情已经好转，无继续住院治疗的必要，且魏莉自行转院后的整形项目超出了工伤医疗目录范围。综合上述证据判断，魏莉自行转院所作整形手术应属于过度治疗，产生的费用应由其承担。公司二审中收到的工伤基金报销费用本应由魏莉享有，为减少当事人讼累，故改判由公司支付魏莉其收到的工伤基金报销费用41 650.96元和本应由公司支付的各项工伤待遇，共计91 199.36元。

（资料来源：吴学文，黄晨.工伤医疗目录以外医疗费用承担主体的确定.人民法院报，2016-03-17，有改动）

【分析】

工伤保险的目的在于保障受伤职工最基本的医疗需要。根据《社会保险法》第二条、第三条的规定，社会保险设立目的是为了保障在公民遭遇疾病、工伤、失业等风险时能够维持基本生活，故其以福利性和救济性为特征，强调保障的广覆盖、保基本、多层次与可持续。工伤保险属于社会保险范围，也应以保障受伤职工最基本的医疗需要为宗旨。正因如此，《工伤保险条例》第三十条规定：治疗工伤所需费用符合工伤保险诊疗项目目录、工伤保险药品目录、工伤保险住院服务标准的，从工伤保险基金支付。实践中，超出工伤医疗目录外的治疗，可能存在如下情况：一是目录内的药品或治疗方法无法满足基本的治疗需要；二是属于不合理医疗或过度医疗。前者实质上仍为保障受伤职工基本医疗需要，故相应费用应由工伤保险基金或用人单位支付；后者则超出了基本医疗需要的范畴，有违工伤保险立法目的，故应由劳动者自行承担。

对超出工伤医疗目录以外的治疗是否合理与必要，应由用人单位承担举证责任。通常情况下，劳动者对治疗的药物及项目是否属于工伤医疗目录范围并不知情，而工伤医疗过程中是否必须使用目录外的药物更属于专业判断的范畴，因此，若由劳动者对目录外治疗的必要性承担举证责任，不利于保护劳动者的人身健康权。《最高人民法院关于审理人身损害赔偿案件适用法律若干问题的解释》第六条规定："赔偿义务人对治疗的必要性和合理性有异议的，应当承担相应的举证责任。"在工伤保险待遇纠纷中，用人单位是赔偿义务人，故本案可参照适用该解释，确定由用人单位对目录外治疗的必要性承担举证责任。本案中，公司出示的医院出院证明说明魏莉的病情已好转，无继续住院治疗的必要。工伤保险机构出具的审核说明进一步证明魏莉自行转院后的医疗项目超出了工伤医疗目录范围。综合上述证据判断，魏莉转院所作整形手术不符合《工伤保险条例》规定的享受工伤保险待遇的条件，属于过度治疗，故产生的相应费用应由魏莉自行承担。

第六节 失业保险

失业保险是指国家通过立法建立失业保险基金，对因失业而暂时中断生活来源的劳动者在法定期间内给予失业保险金，以维持其基本生活需要的一项社会保障制度。1999 年 1 月 22 日，国务院发布《失业保险条例》，标志着我国失业保险制度的基本确立。《社会保险法》第五章对失业保险也有明确规定。

一、失业保险的覆盖范围

根据《失业保险条例》，城镇企业事业单位、城镇企业事业单位职工依照规定缴纳失业保险费；城镇企业事业单位失业人员依照规定享受失业保险待遇。这里所称"城镇企业"，是指国有企业、城镇集体企业、外商投资企业、城镇私营企业以及其他城镇企业。这里所称"职工"，包括所有与上述单位建立劳动关系的个人。

《失业保险条例》同时规定："省、自治区、直辖市人民政府根据当地实际情况，可以决定本条例适用于本行政区域内的社会团体及其专职人员、民办非企业单位及其职工、有雇工的城镇个体工商户及其雇工。"目前，我国大多数的省、自治区、直辖市政府将上述人员纳入失业保险的覆盖范围内。

二、失业保险基金的筹集和管理

我国失业保险基金来源于用人单位和职工个人缴纳的失业保险费、失业保险基金的利息、财政补贴和滞纳金等其他资金。其中，用人单位和职工个人缴纳的失业保险费为基金的主要来源。

1. 失业保险费的缴纳

在覆盖范围内的单位和职工个人都应按一定比例缴纳失业保险费。城镇企事业单位按照本单位工资总额的2%缴纳失业保险费；职工按照本人缴费工资的1%缴纳失业保险费；各地区可根据本行政区域失业人员数量和失业保险基金数额，适当调整费率，但须报经国务院批准。

此外，失业保险的缴费工资没有最高和最低限制，这与基本养老保险和基本医疗保险的缴费规定不同，失业保险的缴费工资没有300%以及60%的上限和下限的限制，根据实际工资执行。

2. 失业保险基金的统筹和管理

失业保险基金在直辖市和设区的市实行全市统筹；其他地区的统筹层次由省、自治区、直辖市人民政府规定。此外，省、自治区、直辖市可以建立失业保险调剂金。失业保险调剂金以统筹地区依法应当征收的失业保险费为基数，按照省、自治区、直辖市人民政府规定的比例筹集。

职工跨统筹地区就业的，其失业保险关系随本人转移，缴费年限累计计算。

三、失业保险金的申领和发放

领取失业保险金是失业人员享受的最主要的失业保险待遇，即由失业人员在规定的时间内向当地的社会保险经办机构办理申领手续，社会保险经办机构按月支付给符合条件的失业人员基本生活费用。

1. 申领条件

失业人员同时具备以下条件的，可以领取失业保险金。

（1）按照规定参加失业保险，所在单位和本人已按照规定履行缴费义务满 1 年的。

（2）非因本人意愿中断就业的，即指非自愿性失业的，主要指下列人员：①终止劳动合同的；被用人单位解除劳动合同的；②被用人单位开除、除名和辞退的；③因用人单位以暴力、威胁或者非法限制人身自由的手段强迫劳动的和用人单位未按照劳动合同约定支付劳动报酬或者提供劳动条件而由劳动者提出解除劳动合同的；④法律、行政法规另有规定的。

（3）已办理失业登记，并有求职要求的。同时，失业人员在领取失业保险金期间有下列情形之一的，停止领取失业保险金，并同时停止享受其他失业保险待遇：①重新就业的；②应征服兵役的；③移居境外的；④享受基本养老金保险待遇的；⑤无正当理由，拒不接受当地人民政府指定部门或者机构介绍的适当工作或者提供的培训的。

2. 发放标准

关于失业保险金的发放标准，各国规定不同，大致有工资比例制、固定金额制、混合制、一次性发放等。我国失业保险金的标准，由省、自治区、直辖市人民政府确定，不得低于城市居民最低生活保障标准。

3. 发放期限

失业保险是短期发放的一种社会保险。失业人员领取失业保险金的期限，因其所在单位和本人累计缴费时间的长短而不同。具体分为以下几种情况。

（1）失业人员失业前所在单位和本人按照规定累计缴费时间满 1 年不足 5 年的，领取失业保险金的期限最长为 12 个月。

（2）累计缴费时间满 5 年不足 10 年的，领取失业保险金的期限最长为 18 个月。

（3）累计缴费时间 10 年以上的，领取失业保险金的期限最长为 24 个月。

（4）重新就业后，再次失业的，缴费时间重新计算，领取失业保险金的期限可以与前次失业应领取而尚未领取的失业保险金的期限合并计算，但是最长不得超过 24 个月。

此外，对于农民合同制工人，连续工作满 1 年，劳动合同期满未续订或者提前解除劳动合同的，只要本单位已缴纳失业保险费，即由社会保险经办机构根据其工作时间长短，向其支付一次性生活补助金。补助的办法和标准由省、自治区、直辖市人民政府规定。

4. 申领程序

失业人员领取失业保险金的一般程序为：

（1）用人单位证明备案。用人单位应当及时为失业人员出具终止或者解除劳动关系的证明，并将失业人员的名单自终止或者解除劳动关系之日起 15 日内告知社会保险经办机构。

（2）失业人员登记申领。失业者应在终止或解除劳动合同之日起 60 日内，持本单位为其出具的终止或者解除劳动关系的证明，及时到指定的公共就业服务机构办理失业登记。

（3）经办机构审核认定。失业保险经办机构自受理申领之日起 10 内对申领者的资格进行审核认定，并将结果及有关事项告知本人。

（4）领取失业保险金。失业人员凭失业登记证明和个人身份证明，到社会保险经办机构办理领取失业保险金的手续。失业保险金领取期限自办理失业登记之日起计算。

5. 其他失业保险待遇

符合条件的失业人员除了可按月领取失业保险金以外，还可享受以下待遇：

（1）失业人员在领取失业保险金期间，参加职工基本医疗保险，享受基本医疗保险待遇。失业人员应当缴纳的基本医疗保险费从失业保险基金中支付，个人不缴纳基本医疗保险费。

（2）失业人员在领取失业保险金期间死亡的，参照当地对在职职工死亡的规定，向其遗属发给一次性丧葬补助金和抚恤金。所需资金从失业保险基金中支付。个人死亡同时符合领取基本养老保险丧葬补助金、工伤保险丧葬补助金和失业保险丧葬补助金条件的，其遗属只能选择领取其中的一项。

此外，社会保险经办机构还为失业人员提供免费咨询、职业培训和职业介绍等服务。

案例分析

邓云从学校毕业后应聘到一家工厂工作。工厂召开职工代表大会表示：厂里效益开始滑坡，需要裁减一部分人员。厂里将负责为这批被裁减的人员办理失业登记，享受失业保险待遇。裁减人员名单下发时，邓云发现自己也成了其中一名。在职工代表大会上，厂方只表示将办理失业登记，并没有提到其他的补偿。据他了解，用人单位解除劳动关系是有经济补偿的。于是，邓云来到工厂劳资部门询问，劳资部门工作人员的答复是："工厂已经为你缴纳了失业保险费，既然以后可以领取失业金，就相当于已经给你补偿了，没有其他的经济补偿金。""可是，我缴纳了失业保险费，现在符合领取失业保险金的条件，领取失业保险金是没有错误的，但单位的经济补偿和失业保险金是完全不同的两回事，怎么能两者相抵销呢？”邓云辩解道。但是单位最终还是拒绝支付经济补偿金，于是，邓云申请了劳动争议仲裁。

（资料来源：失业金、经济补偿金，两者都不可少. https://zhuanlan.zhihu.com/p/24316704，2016-12-12，有改动）

【分析】

此案涉及的问题是劳动者领取失业保险金后能否获得经济补偿金的问题。这里的经济补偿金和劳动者所享受的失业保险待遇是完全不同的，两者不能等同，也不能互相代替。《关于贯彻执行〈中华人民共和国劳动法〉若干问题的意见》第四十三条明确规定：“劳动合同解除后，用人单位对符合规定的劳动者应支付经济补偿金。不能因劳动者领取了失业救济金而拒付或克扣经济补偿金，失业保险机构也不得以劳动者领取了经济补偿金为由，停发或减发失业救济金。”所以，此案中邓云的观点是正确的，该厂应该支付邓云的经济补偿金。

思考题

1. 简述社会保险的登记和申报程序。

2. 了解您所在地区的社会保险政策，详细列出各类社会保险的缴纳基数、比例和个人账户的计算方法等。

3. 简述基本养老保险的享受条件和待遇支付方法。

4. 简述城镇职工医疗保险费用的报销条件和待遇支付。

5. 简述工伤范围的认定，即应当认定为工伤、视同工伤以及不能认定或视同工伤的情形。

6. 简述工伤保险待遇的项目，包括各伤残等级的工伤待遇及因工死亡待遇。

7. 简述失业保险金的申领条件、发放标准、发放期限和申领程序。

8. 简述职工享受生育保险的条件和生育保险待遇的项目。

案例讨论一

借调期间的社会保险费应由谁来负担？

某机械公司职工张某根据公司安排，借调到乙公司工作。张某与乙公司签订了借调合同，约定借调期限为6个月，借调期间的工资由乙公司支付。6个月后，张某完成工作后回到原公司却发现，在自己被借调的6个月里，原公司并没有给自己缴纳社会保险费。原公司的说法是：“借调的6个月工资由乙公司支付，社会保险费也应由乙公司缴纳。"张某找到乙公司后得到的答复为："在借调期间我公司已按约定支付工资，你的劳动关系在原公司，应该由原公司缴纳社会保险费。"无奈之下，张某到当地劳动争议仲裁委员会提起申诉。

（资料来源：职工借调期间社保费由原单位缴纳. https://llc.nwupl.edu.cn/dxal/sajj/55000.htm.）

讨论题：

张某在借调期间的社会保险费应该由谁来负担？为什么？

案例讨论二

以下情境是否应认定为工伤？

【情境一】

某公司派临时促销员张某（未签订劳动合同）到商场从事促销工作，并与商场口头约定，张某的工资及其他待遇由公司负责支付，张某受公司及商场的双重管理。同年3月7日，张某在参加商场组织的"三八"节拔河比赛中，因比赛用绳断裂，跌伤手腕。

（资料来源：促销员参加商场组织拔河比赛不慎受伤应属工伤. https://www.lawtime.cn/info/laodong/ldanligs/2010120883074.html，2020-06-07，有改动）

【情境二】

马某生前系某县水利局下属的水电站工会主席。水电站与该站职工汪某签订水电站承包合同，将该站业务承包给汪某经营。因部分发电设备不能正常运行，马某与汪某一道前往外地请人维修，途中发生交通事故，马某、汪某身亡。

（资料来源：工会主席公差遇车祸身亡家属打赢工伤官司. https://www.lawtime.cn/info/sunhai/gspc/2010092862327.html，2019-01-15，有改动）

【情境三】

钱某系某工程建筑公司职工，一天，经工程部领导安排，驾驶推土机在公司承建的工程中执行平整场地道路的任务，并于当日18时完成了工作任务。然而，当钱某完工后，将推土机靠路边停好，收拾工作工具放回驾驶室时，从山坡上突然滚下一块飞石，击穿驾驶室玻璃后打中钱某的胳膊。钱某当即被送往医院抢救，经确诊为左桡骨骨折，多处软组织挫裂伤。该工程部认为钱某的受伤是在工作时间（8时至18时）之外，与完成该项工作任务无关，不同意按工伤处理，钱某遂与单位发生争议。

（资料来源：工伤保险案例分析解读工伤认定办法. http://www.xindetihuiya.

com/news/gsbx/107329.html，2023-07-07，有改动）

【情境四】

陈某应聘进入一家食品公司务工，双方未签订劳动合同。某日，陈某在公司制糖车间从事机台制糖操作时，右手五指被制糖机搅伤，住院治疗15天。食品公司提出，公司已明确告知每个员工的工作职责、业务操作流程，陈某在工作中违反车间安全操作规定，窜台到其自身工作领域之外，导致损害发生，公司不承担责任。

（资料来源：郑良．劳动者违规作业致残用人单位承担全部赔偿责任．https://www.66law.cn/domainblog/4590.aspx，2007-06-22，有改动）

讨论题：

以上情境中的事故是否应被认定为工伤？请阐述其法律依据。

案例讨论三

张三是否可以领取失业保险？

张三2008年1月至2012年12月在A公司就业并参加失业保险，2013年1月因个人原因从公司主动辞职。八个月后，张三在B公司重新就业并参加失业保险，并于2019年1月因合同到期再次失业。

（资料来源：灵台县人力资源和社会保障局．失业保险案例分析．http://www.lingtai.gov.cn/zfbmxxgk/ltxrlzyhshbzj/fdzdgknr/sybx/art/2023/art_f0328e5401fc44188d6d243e8d619de4.html，2023-02-16，有改动）

讨论题：

1. 张三在A公司失业后，是否可以申领失业保险金？请说明理由。
2. 张三在B公司失业后，是否可以申领失业保险金？请说明理由。
3. 张三领取失业保险金期限最长是多久？请说明理由。

第十一章　集体协商与集体合同

集体协商和集体合同制度所涉及的是企业的集体劳动关系，它通过企业方与劳动者团体就劳动条件和劳动标准进行谈判协商、签订集体合同的方式，调整企业方与劳动者团体的相互关系，是劳动关系调整机制中的重要环节。现行关于集体协商和集体合同的主要法规有：《劳动法》《劳动合同法》和《工会法》中关于集体合同的规定，劳动和社会保障部发布的《集体合同规定》，中华全国总工会发布的《工会参加平等协商和签订集体合同试行办法》等。

第一节　集体协商与集体合同概述

一、集体协商与集体合同的概念[①]

集体协商是指用人单位与本单位职工或企业代表组织与相应的工会组织就劳动标准条件及有关劳动关系事项进行商谈的行为。

集体合同是指用人单位与本单位职工根据法律、法规、规章的规定，就劳动报酬、工作时间、休息休假、劳动安全卫生、职业培训、保险福利等事项，通过集体协商签订的书面协议。

集体协商与集体合同属于同一件事情的两个部分，集体协商是签订集体合同的法定程序，没有集体协商也就不会有集体合同的签订；集体合同是集体协商的一种结果，是集体协商结果的书面契约表示，签订集体合同是进行集体协商所要实现的目的，所以集体协商与集体合同是不可分离的。

在市场经济国家，劳动关系的调整可以从三个层面进行观察：国家的劳动立法、个人层面的劳动合同制度、集体协商与集体合同制度。劳动立法为整个劳动

---

① 本部分参考常凯：《劳动关系学》. 北京：中国劳动社会保障出版社，2005 年，第 274-275 页。

关系的运行和调整提供基本规范与最低标准；劳动合同制度确立劳动者个人与企业的劳动关系，明确双方的权利和义务；集体协商与集体合同制度则处于两者之间，它通过劳动者团体与企业方就劳动条件和劳动标准进行谈判协商、签订劳动合同的方式，调整劳动者团体与企业方的相互关系。可见，集体协商与集体合同制度一方面成为劳动立法的重要补充，另一方面也弥补了个体劳动合同制度的不足，因而成为劳动关系调整机制中的重要环节。

二、集体合同与劳动合同的区别

集体合同与劳动合同都是调整劳动关系的法律契约，是协调劳动关系的重要法律制度。从历史角度看，集体合同是在劳动合同的基础上产生和发展起来的；从程序上看，只有在劳动合同确立了用人单位和劳动者之间的劳动关系后，才能进一步签订集体合同[①]。从劳动关系调整角度看，集体合同所涉及的是集体劳动关系，而劳动合同则是涉及个别劳动关系。两者的不同主要表现在以下几个方面[②]。

（1）当事人不同。劳动合同是职工个人与用人单位签订的；集体合同是工会代表全体职工，即劳动者集体与企业或企业组织签订的。

（2）内容不同。劳动合同是劳动者个人与用人单位权利和义务的约定；集体合同是确定劳动者集体与用人单位之间的权利和义务。

（3）效力不同。劳动合同对双方当事人具有法律约束力；集体合同对企业和企业的全体职工具有约束力，行业性、区域性集体合同对当地本行业、本区域的用人单位和劳动者具有约束力。集体合同的效力高于劳动合同，劳动合同规定的劳动条件和劳动标准不能低于集体合同的规定。

（4）生效的时间不同。劳动合同自签订之日起生效；集体合同签订后要报劳动行政部门，劳动行政部门自收到文本之日起 15 日之内未提出异议的即行生效。

（5）期限不同。劳动合同的期限分为有固定期限、无固定期限和以完成一定工作为期限三种；集体合同的期限则一般为一年，最长不超过三年。

由于集体合同与劳动合同有较大的区别，因此两者不能相互替代。

三、集体合同的种类

1. 综合性集体合同和专项集体合同

从集体合同涉及的内容划分，我国集体合同分为综合性集体合同和专项集体合同。

---

① 韩君玲：《劳动与社会保障法简明教程》. 北京：商务印书馆，2005 年，第 69 页。

② 左祥琦：《学好用好〈劳动合同法〉》. 北京：北京大学出版社，2007 年，第 161-162 页。

（1）综合性集体合同。一般讲，综合性集体合同是按照《集体合同规定》，全面规范劳动标准条件的集体合同，包括劳动报酬、工作时间、休息休假、劳动安全卫生、职业培训、保险福利等事项。

（2）专项集体合同。专项集体合同则是就其中某项内容进行协商后签订的集体合同。《劳动合同法》第五十二条规定："企业职工一方与用人单位可以订立劳动安全卫生、女职工权益保护、工资调整机制等专项集体合同。"

2. 企业集体合同和区域性、行业性集体合同

根据集体合同签订的主体范围，我国的集体合同类型分为企业集体合同和区域性、行业性集体合同。

（1）企业集体合同。这是由企业工会代表职工同企业方平等协商后签订的集体合同。没有建立工会的企业，由上级工会指导职工推举的代表与企业签订。

（2）区域性、行业性集体合同。这是由区域工会或行业工会组织与相应的企业组织或企业主代表在协商基础上签订的区域性或行业性集体合同，主要在小企业或同行业企业比较集中的乡镇、街道、社区和产业集聚区推行。《劳动合同法》第五十三条规定："在县级以下区域内，建筑业、采矿业、餐饮服务业等行业可以由工会与企业方面代表订立行业性集体合同，或者订立区域性集体合同。"

案例分析

萧岑到某公司工作，从事目镜检测工作。公司与其签订了劳动合同，合同期限为 3 年，约定月工资为 2500 元，如果工作业绩良好，产品良率高，则还有相应的特别补贴和奖金。在公司就职期间，萧岑一直非常认真地工作。到了年底的时候，她偶然听到一位同乡讲，目镜检测员工工资福利待遇在全市范围内的电子行业集体合同中有约定，月收入应保证在 3000 元以上。萧岑自己算了一下，即使加上公司每月发给自己的 250 元的补贴和奖金外，每月实得收入也只有 2750 元。她向公司工会主席张大姐求助。张大姐得知此事后，立即找公司核实。但公司行政部认为，公司并没有参加这个所谓的区域性集体合同，所以企业并不受此约束，同时还告知张大姐，即便是因区域性集体合同事项发生争议，也是所在区的总工会来与公司协商，企业的工会主席没有此项监督权。

（资料来源：王桦宇. 劳动合同法实务操作与案例精解. 北京：中国法制出版社，2017：304，有改动）

【分析】

此案例涉及两个法律问题：一是区域性或行业性集体合同能否适用于本区域所在企业；二是企业工会是否有权监督区域性或行业性集体合同的履行。对于第

一个问题，根据《劳动合同法》第五十四条，依法订立的集体合同对用人单位和劳动者具有约束力。行业性、区域性集体合同对当地本行业、本区域的企业和员工具有约束力。所以，该区域性集体合同当然可以约束此案例公司。对于第二个问题，《劳动合同法》第七十八条规定，工会有权对用人单位履行集体合同的情况进行监督，企业违反劳动法律、法规和集体合同的，工会有权提出意见或者要求纠正。所以，工会有权对在该企业适用的区域性集体合同履行情况进行监督。当然，企业工会也可以通过层报所在区总工会依法进行监督和交涉。

四、集体协商与集体合同制度的意义和作用[①]

1. 稳定企业劳动关系、促进企业发展的重要保障

通过平等协商和签订集体合同，可以及时反映职工的意见和要求，寻找合理的解决办法，防止出现争议，避免矛盾激化。当出现争议时，可以将职工与企业之间自发的、无序的冲突，变为有序的依法协商和协调行为，以保证劳动关系的和谐和稳定。集体协商与集体合同制度的核心是利益共享和风险共担，它可以把职工的切身利益与企业经营状况紧密地联系起来，有利于调动职工的积极性，增强企业的活力和凝聚力，提高企业的管理水平和经济效益。

2. 促进现代企业制度建设，实现经济民主的需要

现代产权制度、管理制度和劳权制度构成了现代企业制度内部的权力关系及制约机制。现代企业制度的基本特征和要求之一，就是产权与劳权的利益关系要和谐、公正，如果任何一方的利益受到损害，其结果必将使双方的利益都受到损害。市场经济也是民主经济。一是产权民主，即产权构成多元化；二是管理民主，即劳动者广泛参与企业管理；三是利益分配民主，即劳方利益由劳资双方在平等协商一致的基础上确定。从这个意义上说，集体协商与集体合同制度不仅仅是利益保护制度，也是现代企业的科学管理制度。

3. 实现劳动者的民主权利，促进民主政治建设的需要

劳权的实质是人权，尊重集体协商的权利，其实就是尊重人权。从微观上看，在一个企业中，劳动者的政治地位是通过参与民主决策、民主管理、民主监督、民主选举等权利的实现而得以体现的。集体协商作为劳动者实现经济利益和民主权利的重要法律途径,在推进民主政治建设方面具有重要的政治意义和现实意义，而不能把它仅仅视为劳动者实现眼前经济利益的一种手段。

---

① 本部分参考左祥琦：《学好用好〈劳动合同法〉》. 北京：北京大学出版社，2007 年，第 157-160 页。

第二节　集体协商与集体合同制度的内容

集体协商与集体合同制度是调整劳动关系的一项重要劳动法律制度，其法律规范涉及集体协商的主体、内容、程序，集体合同的签订、报送审核、履行实施、监督检查，违反合同的法律责任、争议处理，等等。

一、集体协商与集体合同的主体

集体协商是一种团体行为，即资方及其组织与劳方组织之间的协商与谈判[①]。因此，在集体协商与签订集体合同时，首先面临的一个问题是：协商双方的主体是谁以及谁来代表双方主体进行集体协商？

1. 劳方主体

集体协商与集体合同的劳方主体一般是指职工（职工团体）、职工代表或工会。《劳动合同法》第五十一条规定，集体合同由工会代表企业职工一方与用人单位订立；尚未建立工会的用人单位，由上级工会指导劳动者推举的代表与用人单位订立。

集体协商与集体合同的劳方实质主体是协商范围内的全体职工，而工会或职工代表则代表全体职工行使集体协商或集体谈判权。《工会法》（2022 年修订版）第二十一条规定，代表职工与企业、实行企业化管理的事业单位、社会组织进行平等协商，依法签订集体合同；因履行集体合同发生争议，经协商解决不成的，工会可以向劳动争议仲裁机构提请仲裁，仲裁机构不予受理或者对仲裁裁决不服的，可以向人民法院提起诉讼。上述规定进一步强化了工会在集体协商与集体合同中的地位。

2. 资方主体

集体协商与集体合同的资方主体一般是指用人单位。《集体合同规定》第二十一条明确指出，"用人单位一方的协商代表，由用人单位法定代表人指派"。就企业集体合同而言，资方主体的协商代表可以是企业法定代表人或法定代表人指派的人员。如果是区域性或行业性的集体协商与集体合同，资方主体则是用人单位组织。用人单位组织是由用人单位组成的团体，一般为产业、行业或地区、全国性的用人单位协会。

---

① 常凯：《劳动关系学》. 北京：中国劳动社会保障出版社，2005 年，第 283 页。

中国企业联合会（原中国企业管理协会）是国际劳工组织和中国政府承认的中国雇主（用人单位）最大的代表性组织。在经济快速发展的背景下，在政府的支持和推动下，各类用人单位组织纷纷出现，如中国中小企业协会、中国中小商业协会、中国制造企业协会、中国电子企业协会等。但与层级规范的工会组织相比，用人单位组织在其代表性和会员数量方面要弱很多，真正意义上的用人单位组织尚不成熟。

3. 集体协商代表

（1）集体协商代表的产生。集体协商代表是指按照法定程序产生并有权代表本方利益进行集体协商的人员。根据《集体合同规定》第十九条至第二十四条，集体协商代表的产生与担任须按以下规定执行：①集体协商代表的人数。集体协商双方的代表人数应当对等，每方至少3人，并各确定1名首席代表。用人单位协商代表与职工协商代表不得相互兼任。②职工一方的协商代表的产生。职工一方的协商代表由本单位工会选派；未建立工会的，由本单位职工民主推荐，并经本单位半数以上职工同意。职工一方的首席代表由本单位工会主席担任。工会主席可以书面委托其他协商代表代理首席代表。工会主席空缺的，首席代表由工会主要负责人担任。未建立工会的，职工一方的首席代表从协商代表中民主推举产生。③用人单位一方的协商代表。用人单位一方的协商代表由用人单位法定代表人指派，首席代表由单位法定代表人担任或由其书面委托的其他管理人员担任。④本单位以外的专业人员担任协商代表。集体协商双方首席代表可以书面委托本单位以外的专业人员作为本方协商代表。委托人数不得超过本方代表的三分之一。首席代表不得由非本单位人员代理。

（2）集体协商代表的职责。集体协商代表在集体协商过程中应当遵守法律法规的规定，以平等合作为原则，为充分维护所代表的一方的合法权益，就需要协商的内容进行协商，履行自己的职责。根据《集体合同规定》第二十五、二十六条，协商代表应履行下列职责：①参加集体协商；②接受本方人员质询，及时向本方人员公布协商情况并征求意见；③提供与集体协商有关的情况和资料；④代表本方参加集体协商争议的处理；⑤监督集体合同或专项集体合同的履行；⑥协商代表应当维护本单位正常的生产、工作秩序，不得采取威胁、收买、欺骗等行为；⑦协商代表应当保守在集体协商过程中知悉的用人单位的商业秘密。

（3）集体协商代表合法权益的保护。集体协商双方代表在协商过程中难免会发生意见分歧甚至冲突，为防止集体协商代表的合法权益受到侵害，《集体合同规定》第二十七、二十八条专门规定了对集体协商代表，尤其是对职工一方协商代表的特别保护。

（1）企业内部的协商代表参加集体协商视为提供了正常劳动。

（2）职工一方协商代表在其履行协商代表职责期间劳动合同期满的，劳动合同期限自动延长至完成履行协商代表职责之时，除出现下列情形之一的，用人单位不得与其解除劳动合同：①严重违反劳动纪律或用人单位依法制定的规章制度的；②严重失职、营私舞弊，对用人单位利益造成重大损害的；③被依法追究刑事责任的。

（3）职工一方协商代表履行协商代表职责期间，用人单位无正当理由不得调整其工作岗位。

此外，《工会法》对工会主席即集体协商职工一方的首席代表给予了特殊的保护，具体包括：①工会主席、副主席任期未满时，不得随意调动其工作。因工作需要调动时，应当征得本级工会委员会和上一级工会的同意。②罢免工会主席、副主席必须召开会员大会或者会员代表大会讨论，非经会员大会全体会员或者会员代表大会全体代表过半数通过，不得罢免。③基层工会专职主席、副主席或者委员自任职之日起，其劳动合同期限自动延长，延长期限相当于其任职期间；非专职主席、副主席或者委员自任职之日起，其尚未履行的劳动合同期限短于任期的，劳动合同期限自动延长至任期期满。但是，任职期间个人严重过失或者达到法定退休年龄的除外。

二、集体协商与签订集体合同的原则

根据《集体合同规定》，用人单位与本单位职工在集体协商和签订集体合同的过程中应遵守以下原则：

（1）合法原则。即平等协商签订集体合同的主体、程序和内容必须符合国家和地方的法律、法规、规章，以及有关政策规定。

（2）平等原则。劳动关系主体双方必须相互尊重，在平等协商的基础上签订集体合同。

（3）诚信原则。诚信原则就是在诚实守信、公平公正、充分合作的基础上，进行平等协商，签订和履行集体合同。

（4）双赢原则。集体协商和签订集体合同必须兼顾双方的合法权益，正确处理各方利益关系。

（5）不得采取过激行为的原则。按照双方约定的规则，妥善处理劳动争议和利益矛盾。

三、集体协商与集体合同的内容

集体协商和签订集体合同的内容包括了实体性规定和程序性规定两个方面，实体性规定主要是劳动条件和标准，程序性规定主要是与劳动管理、平等协商和集体合同有关的规定[①]。

1. 实体性规定

实体性规定是指集体协商与集体合同中关于劳动条件和标准的部分，也是集体协商与集体合同内容的核心部分，主要包括：劳动报酬、工作时间、休息休假、劳动安全与卫生、补充保险和福利、女职工和未成年工特殊保护、职业技能培训、劳动合同管理、奖惩、裁员等事项。《集体合同规定》第九条至第十八条对各部分所包含的内容进行了详细列举。

用人单位和职工双方可以就以上内容或某项内容进行协商，签订集体合同或专项集体合同。

2. 程序性规定

集体合同本身的程序性规定是集体合同的必备内容，主要指集体合同期限，变更、解除集体合同的程序，履行集体合同发生争议时的协商处理办法，违反集体合同的责任，等等。

除此以外，集体合同还可以包括双方认为应当协商约定的其他内容。根据各地的实践，可以有以下内容：一是企业劳动争议的预防和处理，包括劳动争议预警的措施、办法和制度，劳动争议调解的组织、制度、程序和处理办法等；二是职工民主管理，包括企业职工民主管理的组织形式、内容、程序、职权范围等；三是工会工作，包括工会的权利和义务、工会财产和经费拨缴、工会办公和开展活动的时间、设施条件与场所、工会干部的待遇和权益等[②]。

为了规范和指导当地企业和工会签订集体合同，各地劳动行政部门一般都提供了集体合同样本以供参考。但需要注意的是，一份行之有效的集体合同应该是根据企业的具体情况制定的。从规范集体合同的本意来讲，重点是为了维护职工的合法权益，但集体合同也可以成为企业管理的重要手段，关键就在于企业如何设计集体合同的内容，尤其是重视约定条款的使用。

四、集体协商和签订集体合同的程序[③]

集体协商和签订集体合同不但要求协商主体和协商内容合法，还要求做到程序合法。程序合法是内容合法的基础，是集体合同得以成立的前提，只有程序合法才能使集体合同具有法律效力。《集体合同规定》对集体协商的程序作出了具体的规定，主要包括以下内容。

---

① 中华全国总工会集体合同部：《协调劳动关系工作问答》. 北京：中国工人出版社，2006 年，第 38 页。
② 中华全国总工会集体合同部：《协调劳动关系工作问答》. 北京：中国工人出版社，2006 年，第 40 页。
③ 中华全国总工会集体合同部：《协调劳动关系工作问答》. 北京：中国工人出版社，2006 年，第 41-43 页。

（1）提出书面要约。集体协商任何一方均可就签订集体合同或专项集体合同以及相关事宜，以书面形式向对方提出进行集体协商的要求。一方提出进行集体协商要求的，另一方应当在收到集体协商要求之日起 20 日内以书面形式给予回应，无正当理由不得拒绝进行集体协商。在实践中，一般情况是由工会向企业方主动提出要约；企业方应约后，应以书面形式记录在案。

（2）协商前的准备。协商代表在协商前应熟悉与集体协商内容有关的法律、法规、规章和制度；了解与集体协商内容有关的情况和资料，收集用人单位和职工对协商意向所持的意见。

（3）拟订协商议案。根据集体协商议题，制订协商方案。集体协商议题可由提出协商一方起草，也可由双方指派代表共同起草；确定双方商定召开协商会议的时间、地点、参加人员、协商议程等事项；共同确定一名非协商代表担任集体协商记录员。记录员应保持中立、公正，并为集体协商双方保密。

（4）召开协商会议。集体协商会议由双方首席代表轮流主持，并按下列程序进行：①宣布议程和会议纪律；②一方首席代表提出协商的具体内容和要求，另一方首席代表就对方的要求作出回应；③协商双方就商谈事项发表各自意见，开展充分讨论；④双方首席代表归纳意见；⑤协商达成一致的，应当形成集体合同草案或专项集体合同草案，由双方首席代表签字；⑥协商未能达成一致意见或出现事先未预料的问题时，经双方同意，可以中止协商；中止期限及下次协商的时间、地点、内容由双方商定。

协商会议一般按照双方商定的协商议题进行，视协商的具体情况，进行一轮或多轮的协商。在原定议题协商完毕后，双方均可提出新的协商内容进行商议。每次协商会议的结果都要记录在案。

（5）集体合同草案的审议和签字。集体合同草案应当提交职工代表大会或者全体职工讨论。应当有 2/3 以上职工代表或者职工出席，且须经全体职工代表半数以上或者全体职工半数以上同意，集体合同草案方获通过。集体合同草案通过后，由集体协商双方首席代表签字。

（6）集体合同的审核备案和公布。集体合同签订或变更后，应当自双方首席代表签字之日起 10 日内，由用人单位一方将文本一式三份报送劳动保障行政部门审查。劳动保障行政部门自收到文本之日起 15 日内未提出异议的，集体合同即行生效。集体合同自其生效之日起由协商双方及时以适当形式向本方全体人员公布。

以上程序中，提出书面要约、协商前的准备、拟订协商议案、召开协商会议、集体合同草案的审议和签字、集体合同的审核备案和公布等六个程序是法定程序。

案例分析

汪斌是某机械厂的职工。近来,省里发布了新的劳动安全卫生法规,要求改善企业的劳动条件,完善安全技术措施和安全操作规程,并强调要保证劳动用品的发放。机械厂在这段时间里正忙着起草集体合同。汪斌和厂里的其他职工对正在起草的集体合同很关注,期待着这份合同能落实省里的劳动安全卫生法规,改善他们的劳动条件。

集体合同起草完毕后,厂里的高管开了一次会,就通过了合同。然后就一面把合同送交劳动行政部门审查,一面把合同在厂里公布。职工们看到合同后,发现只字未提本来按照省里的最新规定应该改善的技术措施和派发的劳动卫生用品等问题,都有些失望,同时也有人鸣不平,汪斌就是其中一个。汪斌代表厂里的职工向厂领导反映了情况,认为厂里订立的合同应该执行省里的规定,改善工人的劳动条件。厂领导给予的答复是:这份集体合同是经厂领导和各部门主管协商一致签订的,需要解决的问题我们在协商时就已经考虑过了;厂里也有难处,大家应该体谅一下。何况今年的集体合同已经签完了,如果有什么不妥之处明年我们签订的时候再协调解决。工人们看到是这样一种情况,而且合同已经签完了,也没有其他办法了,只能作罢。

没想到,过了几天,厂里接到通知,说集体合同没有通过,原因就是劳动安全卫生条件条款不符合法律规定,要求修改集体合同。这下,厂里的工人都很高兴,说劳动安全问题终于可以解决了。

(资料来源:徐阳. 劳动合同法看图一点通. 北京:中国法制出版社,2008:235,有改动)

【分析】

上述案例中涉及的集体合同的签订程序有多处不合法。

第一,集体合同由工会代表全体职工同企业经过充分协商,并提交职工代表大会或全体职工讨论通过后才能形成。而此案例中,机械厂与其职工签订的集体合同既没有工会的参与,也没有职工代表的参与,就只是在厂里的高管会议上通过了。这点是不符合法定程序的。

第二,集体合同订立后,应报送劳动行政部门审查,如 15 日内未提出异议的,集体合同才生效。生效后的集体合同才可以以适当形式公布。本案例中,集体合同在厂里高管会上通过后就同时提交劳动行政部门审查和公布,因此合同是未生效的。

第三,劳动行政部门有权审查集体合同的内容是否违法。如果发现集体合同的条款有违反法律规定等情况,应当发回企业让其进行修改。所以厂领导说合同已经签完了,有什么不妥明年签订的时候再解决是没有道理的。即使机械厂不对合同内容进行修改，劳动行政部门也有权要求进行修改。

五、集体合同的变更、解除和终止

1. 集体合同的变更和解除

集体合同的变更，是指集体合同生效后，未履行完毕之前，由于签订集体合同的环境和条件发生变化，使得集体合同难以履行时，签订集体合同的双方根据法律规定条件和程序，对原合同内容进行修改的法律行为。

集体合同的解除，是指集体合同生效后，未履行完毕之前，签订集体合同的环境和条件发生变化，使得集体合同难以履行，签订集体合同的双方根据法律规定的条件和程序提前终止合同的行为[①]。

根据《集体合同规定》第三十九、四十条和《工会参加平等协商和签订集体合同试行办法》第二十七条，有下列情形之一的，可以变更或解除集体合同或专项集体合同：

（1）双方协商代表协商一致。

（2）用人单位因被兼并、解散、破产、转产、停产等原因，致使集体合同或专项集体合同无法履行的。

（3）因不可抗力等原因致使集体合同或专项集体合同无法履行或部分无法履行的。

（4）订立集体合同所依据的法律、法规和政策被修改或废止。

（5）订立集体合同所依据的国家宏观调控的政策措施被修改或取消。

（6）集体合同或专项集体合同约定的变更或解除条件出现的。

（7）法律、法规、规章规定的其他情形。

变更或解除集体合同或专项集体合同同样须遵循集体协商程序。

2. 集体合同的终止

集体合同的终止，是指由于某种法律事实的发生而导致集体合同所确立的法律关系的终结和停止。

根据《集体合同规定》第三十八条，集体合同或专项集体合同期限一般为1～3年，期满或双方约定的终止条件出现，即行终止。集体合同或专项集体合同期满前3个月内，任何一方均可向对方提出重新签订或续订的要求。

---

① 贾俊玲：《劳动法与社会保障法学》. 北京：中国劳动社会保障出版社，2005年，第117-118页。

六、集体合同的法律责任和争议处理

1. 集体合同的法律效力

依法签订的集体合同具有法律效力，其法律效力体现在两个方面。

（1）集体合同对签约双方的成员都具有约束力。企业集体合同对签订集体合同的企业和全体劳动者具有约束力；不论用人单位是否是行业协会或区域协会会员，也不论劳动者是否是工会会员，行业性、区域性集体合同都对当地本行业、本区域的用人单位和劳动者具有约束力。

（2）集体合同所确定的劳动标准为劳动合同的签订提供了一个基本标准。用人单位与劳动者订立的劳动合同中，劳动报酬和劳动条件等标准不得低于集体合同规定的标准；当然，集体合同中劳动报酬和劳动条件等标准也不得低于当地人民政府规定的最低标准。

2. 违反集体合同的法律责任

违反集体合同的责任，简称违约责任，是指集体合同当事人由于过错造成集体合同不能履行或者不能完全履行，依照法律或者集体合同的规定所应承担的法律后果。

我国目前尚未对违反集体合同的责任作出具体的规定，而是把这一问题交给了集体合同的当事人，即由当事人在集体合同中约定违约责任。当事人可以约定的责任形式包括继续履行、解除合同、支付违约金、赔偿损失、赔礼道歉等[①]。

3. 集体合同的争议处理

我国立法将集体协商与集体合同制度中的争议分为两种：一是集体协商过程中发生争议；二是因履行集体合同发生争议。

（1）集体协商过程中发生的争议处理。根据《集体合同规定》第四十九条、第五十一条，集体协商过程中发生争议，双方当事人不能协商解决的，当事人一方或双方可以书面向劳动保障行政部门提出协调处理申请；未提出申请的，劳动保障行政部门认为必要时也可以进行协调处理。集体协商争议处理实行属地管辖，具体管辖范围由省级劳动保障行政部门规定。

（2）因履行集体合同发生的争议处理。根据《集体合同规定》第五十五条，因履行集体合同发生的争议，当事人协商解决不成的，可以依法向劳动争议仲裁委员会申请仲裁。《工会法》第二十条第四款和《劳动合同法》第五十六条还明确规定，用人单位违反集体合同，侵犯职工劳动权益的，工会可以依法要求用人单

297

---

① 中华全国总工会集体合同部：《协调劳动关系工作问答》. 北京：中国工人出版社，2006 年，第 68 页。

位承担责任；因履行集体合同发生争议，经协商解决不成的，工会可以依法申请仲裁、提起诉讼，即工会对集体合同的履行，尤其是用人单位是否依法履行集体合同拥有监督权。

对于用人单位而言，无论是集体协商过程中因签订集体合同发生的争议，还是因履行集体合同发生的争议，都涉及较多劳动者，如果处理不好，可能会引发集体停工、怠工事件，给用人单位的生产和经营造成较大影响。因此，用人单位要特别重视集体协商过程中和因履行集体合同发生的争议的处理，如果可能，最好与劳动者、工会及时协商解决争议。

第三节　我国集体协商与集体合同制度的发展历程和基本特征

一、我国集体合同制度的发展历程[①]

在我国，最早的集体合同出现在 20 世纪 20 年代初。中华人民共和国成立后，工会在企业中普遍建立起来，集体合同也随之得到了初步发展。党的十一届三中全会以后，我国进行了全面的经济体制改革，为适应改革和建设的需要，集体合同制度被再度提上议事日程。1994 年 7 月，我国发布了《劳动法》，将集体合同制度确立为我国调整劳动关系的一项基本法律制度；为了配合《劳动法》的实施，劳动部于 1994 年 12 月发布了《集体合同规定》，使集体合同立法更加具体、便于操作；中华全国总工会为了规范和指导工会代表职工依法与企业进行平等协商和签订集体合同，于 1995 年 8 月 17 日发布了《工会参加平等协商和签订集体合同试行办法》；2000 年 11 月，劳动和社会保障部发布了《工资集体协商试行办法》，为推动工资集体协商提供了法律依据；为了适应新时期劳动关系的变化，劳动和社会保障部重新制定了《集体合同规定》，于 2004 年 5 月 1 日开始实施（1994 年发布的《集体合同规定》同时废止）。劳动保障部门的上述法规虽然对我国集体合同制度的推行起到积极作用，但是由于其属于部门规章，立法层次较低，缺乏法律的权威性，同时对实践中存在的一些问题缺乏相应的解决途径。

于 2008 年 1 月 1 日开始实施的《劳动合同法》在第五章"特别规定"中专门设置"集体合同"一节，明确集体合同的订立程序，强调集体合同的效力及其与劳动合同的关系，首次在法律层面上提出和规定区域性、行业性集体合同以及专

---

① 姜颖：《劳动法学》. 北京：中国劳动社会保障出版社，2007 年，第 109-116 页；常凯：《劳动关系学》. 北京：中国劳动社会保障出版社，2005 年，第 286-290 页。

项集体合同，对于集体合同制度的确立和完善，以及对于集体合同在协调劳动关系方面作用的更好发挥意义重大。但是，受到体例、篇幅等多方面的限制，集体合同的相关规定在《劳动合同法》中只是"点到为止"。目前，大量地方性法规起到了很好的补充和完善作用。截至 2020 年，全国已有 30 个省（区、市）人大或政府出台了 42 部集体协商地方性法规或政府规章，17 个省（区、市）发布了工资集体协商条例或政府规章，《劳动合同法》和各地集体协商条例（规定）的陆续出台标志着我国集体合同制度开始进入成熟阶段[①]。

二、中国特色集体协商与集体合同制度的基本特征

1. 自上而下的推进方式[②]

我国是在从计划经济向市场经济过渡的过程中，由政府以立法的形式首先提出建立此制度的。现实表明，自《劳动法》实施以后，集体协商与集体合同制度主要是通过一种自上而下的方式向前推进。这种方式有其明显的优势：指导思想统一，组织措施得力，责任目标明确。因此在很短的时间内，我国的集体合同就覆盖了众多的企业和地区。这种推进方式与我国经济体制改革的推进方式是相适应的。我国经济体制的转轨，实质上也是通过一种自上而下的变革方式逐步实现的。但也不能否认，自上而下的推进方式难免存在不足，如集体合同文本的格式化（统一印制）以及互相抄袭。因此，当集体合同的数量达到一定规模时，就需要不失时机地对其加以规范和引导，切实提高集体合同的质量。

2. 政府的主导作用

在我国集体协商与集体合同制度的推行过程中，政府劳动行政部门一开始便直接介入：劳动部门率先进行集体合同试点工作，并且与地方总工会和其他政府部门以"联署发文"的形式共同推进集体协商与集体合同制度；而且集体合同文本经职工代表大会讨论通过后还要报送当地劳动行政部门审核方能生效。可见，政府对集体合同制度的介入是多方面的。这种状况的形成，也是与我国集体合同制度自上而下的推进方式相适应的。

从我国的实际情况来看，在集体协商与集体合同制度的起步阶段，特别是在劳动关系双方力量不均衡的情况下，政府劳动行政部门对其进行积极的引导是十分必要的，这不仅有利于协调并促使各方达成共识，而且有助于使集体协商与集体合同制度能够按照《劳动法》的要求逐步规范到位。

---

① 《实际指导性较弱，对新问题规范滞后！全国政协委员吕国泉：加快制定〈集体协商法〉，关注新生代职工诉求》．http://www.511db.com/shsldb/zc/content/017f6c7aa594c0010000df844d7e124a.html，2022-03-09。

② 姜颖：《劳动法学》．北京：中国劳动社会保障出版社，2007 年，第 109-116 页；常凯：《劳动关系学》．北京：中国劳动社会保障出版社，2005 年，第 286-290 页。

3. 中国特色的工会组织①

我国的工会是中国特色的社会主义工会，是发展社会主义新型劳动关系的重要社会力量。工会组织具有双重责任，各级工会不仅是市场经济中代表劳动者参与协调劳动关系的重要一方，还是党和国家的桥梁、纽带、基础、支柱，承载着党联系广大职工群体的职责。我国工会的组织体制是典型的一元化体制。全国建立统一的中华全国总工会，而基层工会、地方各级总工会、全国或者地方产业工会组织的建立，必须报上一级工会批准。

这种独特的职责和组织体制要求工会组织按照促进企事业发展、维护职工权益的原则，支持行政方依法行使管理权力，组织职工参加民主管理和民主监督，与行政方面建立协商制度，保障职工的合法权益，调动职工的积极性。因此，各级工会组织在集体协商与集体合同制度建设中，既着力解决劳动者最关心、最直接、最现实的利益问题，满足职工群体对美好生活的需要，也有责任维护发展和稳定的大局，引领职工积极践行社会主义核心价值观，团结和动员劳动者以主人翁姿态建功立业。

4. 中国特色的企业代表组织②

中国企业联合会、中华全国工商业联合会等作为企业代表组织参与三方机制建设，共同研究解决有关劳动关系的重大问题，参与群体性事件应急处置，参与协调劳动关系。

中国企业联合会作为企业代表组织，代表企业、企业家参加由人力资源和社会保障部、中华全国总工会及中华全国工商业联合会组成的国家协调劳动关系三方会议。全面推进集体协商与集体合同制度是中国企业联合会系统的重要工作职责。中华全国工商业联合会是中国共产党领导的面向工商界、以非公有制企业和非公有制经济人士为主体的人民团体和商会组织，是党和政府联系非公有制经济人士的桥梁纽带，是政府管理和服务非公有制经济的助手。近年来，各级工商业联合会充分发挥组织健全、会员广泛、贴近企业的优势，积极参与三方协调机制建设，通过与其成员单位开展对话沟通，反映企业合理诉求、推动劳动立法协商、推进集体协商制度建设、开展劳动关系监测、参与纠纷调解仲裁，推动了中国特色和谐劳动关系的实践。

5. 独具特色的集体协商机制③

我国集体协商的结果可能有三种：第一种情况是协商成功，双方达成共识，签订集体合同；第二种情况是协商不成功，引发争议，按照规定要由有关部门组

---

① 唐鑛，嵇月婷：《人力资源与劳动关系管理》. 北京：中国人民大学出版社，2022 年，第 257 页。
② 唐鑛，嵇月婷：《人力资源与劳动关系管理》. 北京：中国人民大学出版社，2022 年，第 258-259 页。
③ 姜颖：《劳动法学》. 北京：中国劳动社会保障出版社，2007 年，第 109-116 页。

织协调处理，然后再协商并签订集体合同；第三种情况是劳动关系双方可以只就有关问题进行协商，而不一定签订集体合同，此种做法被称为"重在建立协商机制"，其目的在于建立双方之间经常性的联系与沟通机制。这种做法并没有法律法规的明确规定，而只是在工会系统内部提出。这种做法的意义在于，可以促进企业劳动关系双方在签订集体合同的条件不具备时，先把集体协商开展起来，建立劳动关系双方沟通的渠道。

第四节　我国集体协商与集体合同
制度的发展趋势

虽然我国的集体协商和集体合同制度还存在一些问题，但就目前的实践来看，我国各地正在积极探索适合我国国情和地方特色的集体协商机制。随着市场化的不断推进、相关立法和规范的不断完善，以及地方实践的不断探索，我国的集体协商与集体合同制度必将越来越成熟，真正成为劳动关系调整机制的重要组成部分。

1. 实践趋势

经过多年的发展，我国的集体协商与集体合同制度，无论在调整对象上，还是内容、形式上都在不断扩展，集体合同覆盖率、集体合同覆盖职工的比例在逐步提高。特别是近几年，人口的下降趋势和产业的转型升级正在带来劳动力市场供求关系的逆转，从而带来劳动者市场谈判能力的增强，我国的集体协商模式开始出现新趋势，形成了具有不同协商内容和特点的集体协商新类型，并取得了不同的劳动关系结果。例如，在浙江、江苏、广东等长三角地区兴起的产业集群地区的行业性工资集体协商，行业性工资集体协商实际上是雇主发动的集体协商，成为避免企业恶性竞争以及提高产业集中度的制度手段[①]。一些企业和地方政府鼓励工人民主选举能够代表自己的企业工会，推动企业工会直选，探索源头治理劳资冲突的制度化途径。工人高度参与到集体协商的过程之中，地方政府和上级工会往往扮演调解和仲裁的角色，促成谈判结果的达成，不少雇主企业通过制度化的集体协商获利匪浅[②]。

---

① 闻效仪：《集体谈判的内部国家机制以温岭羊毛衫行业工价集体谈判为例》.《社会》，2011 年，第 1 期。

② 闻效仪：《改革开放四十年之集体协商与集体合同研究：历史演进、制度执行与类型化趋势》.《中国人力资源开发》，2018 年，第 10 期。

随着市场经济的进一步发展，工人意识正在不断成熟，劳动关系领域的社会空间正在逐渐开启，行业协会和企业工会正在发挥力量，通过劳资博弈解决利益矛盾的规则逐步树立，地方政府角色从"政府主导"转向"政府指导"，协商谈判逐渐成为处理群体性事件的重要原则。

2. 立法趋势

与集体合同推行的实践相比，集体合同的立法相对滞后，现行法律中存在的问题也暴露出来，阻碍了这一制度的发展。因此，制定单独统一的《集体合同法》势在必行。而且，我国集体合同实践为立法积累了宝贵经验，以及地方立法对集体合同立法的探索，都为集体合同统一立法创造了条件，因此，集体合同单独立法具有可行性[①]。在立法方向上，我国的集体合同立法很可能将朝着扩大集体协商、扩大集体合同制度的覆盖面、增强集体协商的强制性、建立多层次的集体协商结构和注重协商内容的实效性等方向发展。

思考题

1. 简述集体协商与集体合同制度的重要性。
2. 简述集体合同与劳动合同的区别。
3. 简述集体协商与签订集体合同的原则、程序和内容。
4. 简述集体合同的法律责任和争议处理方式。
5. 了解您所在地区的集体协商与集体合同制度的实施现状。
6. 探讨我国现阶段集体协商与集体合同制度存在的问题和发展趋势。

案例讨论一

如何认定集体合同的效力？

3月5日，某纺织公司工会代表全体职工与公司签订了集体合同。合同规定：职工工作时间为每日8小时，每周40小时，周六、周日为公休日。如果在周六、周日安排职工加班，便在加班后的一周内安排补休；在上午和下午连续工作4个小时期内安排工间操各一次，每次时间为20分钟，此20分钟计入工作时间之内；职工的工资报酬不低于每月3800元；合同的有效期为1年，双方对于集体合同都要严格遵守，任何一方也不能违反，否则要赔偿对方所造成的损失。

---

① 王向前：《尽快制定〈集体合同法〉完善我国集体合同制度》. 《华北电力大学学报（社会科学版）》，2000年，第76页。

此合同于 3 月 20 日被劳动行政部门确认。8 月 1 日，纺织公司从人才市场上招聘了一批女工，去充实新建立的一个纺织分厂。8 月 3 日，纺织公司与这批女工签订了劳动合同。其内容包括：本合同有效期为 1 年；工人工作时间为每周 40 小时，每天 8 个小时，上下午各 4 个小时；没有工间休息时间；工资实行每月 4000 元的工资制度。双方签字盖章后合同生效。

当新招聘的工人到纺织公司下属的纺织分厂上班后，发现车间细尘很多，连续工作 4 小时头昏脑涨，以徐涛为首的分厂职工就向分厂领导提出工作期间休息一会儿、换换空气的要求。分厂领导答复说，在上班时间不休息是劳动合同中已经规定了的，集体合同中规定职工报酬是每月 3800 元，你们的报酬是每月 4000 元，就是因为取消了 20 分钟的中间休息时间。

（资料来源：内蒙托克托县总工会.签订集体合同案例.http://mp.weixin.qq.com/s?__biz=MzIzMTQ3MDMyNQ==&mid=2247483878&idx=1&sn=2f940042d7fbd3321ab099e0a0ee12bf&chksm=e8a2e47cdfd56d6a95709c31a2b1e75c968bfa390df200877 2d1853d0a16fb732f838a6ea006&scene=27，2017-03-14，有改动）

讨论题：

1. 徐涛等在集体合同生效后进入某纺织公司的，公司的集体合同是否适用于他们？

2. 徐涛等与某纺织公司约定的劳动合同的工作时间的内容低于集体合同的标准，该内容是否有效？

3. 徐涛等能否在不减少工资的情况下得到 20 分钟工间休息时间？

案例讨论二

某县服装产业的行业集体合同是否有效？

某县服装产业发达。但近年来，收入不稳定导致技术熟练工人的高频率"跳槽"的现象愈发严重，阻碍了服装产业的健康发展。

该县服装业行业工会主席在了解这一情况后对该县服装业行业协会提出集体协商的要求，该行业协会给予积极回应。双方都分别组织在服装行业的不同层次企业中选举出集体协商代表，并由这些代表征求各层次企业的劳动者和企业主的意见。双方就劳动报酬、社会保险与福利、工作时间和休息休假、劳动安全与卫生、劳动争议等几个方面进行协商。在协商一致的基础上形成了《服装行业集体合同》，并由双方代表签字。在这份合同中有一项，企业应为职工提供免费食宿和生活必需品，其中包括免费使用水电等。

订立合同的次日，由县服装行业协会将该合同报送县劳动保障行政部门。县劳动保障行政部门在收到文本后一直未置可否。该合同订立一个月后，王某来到该县务工，并与一家经营服装业的私营企业A公司订立劳动合同，但合同中并未涉及王某食宿问题和生活用品相关福利。后王某向A公司要求提供住宿，A公司以劳动合同中没有规定为由予以拒绝。王某以A公司违反该县《服装行业集体合同》向当地劳动仲裁机构申请仲裁，请求裁决A公司履行该县《服装行业集体合同》中企业应为职工提供免费食宿的义务。而A公司在答辩中提出以下理由：①该县《服装行业集体合同》并未经过县劳动保障行政部门的明确认可，故不具有法律效力；②公司负责人并未在《服装行业集体合同》上签字，该合同即使生效，也对本公司无效。

（资料来源：滕晓春，李志强.《中华人民共和国劳动合同法》条文释义与案例精解.北京：中国民主法制出版社，2007：246-249，有改动）

讨论题：

1. 本案中，江苏省某县的《服装行业集体合同》是否具备法律效力？

2. 案例中的江苏省某县《服装行业集体合同》对A公司是否有效？A公司是否应履行为职工提供免费食宿的义务？

阅读材料 上海市出租汽车行业集体协商案例分析

第十二章 劳动争议处理

劳动争议是企业劳动关系管理中无法回避的问题，劳动争议制度也是我国劳动立法中的重要组成部分。近年来，随着劳动关系的复杂化和劳动者维权意识的增强，劳动争议案件数量逐年增加。因此，当企业与劳动者之间发生劳动争议时，企业应如何着手处理，我国在处理劳动争议的机构、程序等方面具体有哪些规定，对企业的劳动关系管理者来说都是必须了解和掌握的基本内容。本章主要就劳动争议的受案范围、处理原则、处理程序、举证责任，劳动争议各阶段的处理机构和步骤，以及企业的应对措施等进行简单介绍。

第一节 劳动争议概述

劳动争议又称劳动纠纷，指用人单位和劳动者之间因劳动权利和劳动义务所发生的纠纷，主要法规有《劳动争议调解仲裁法》（2008 年 5 月 1 日起施行）、《劳动法》和《劳动合同法》中有关劳动争议的规定、《民事诉讼法》（2021 年第四次修改）、《劳动人事争议仲裁办案规则》（人力资源和社会保障部令第 33 号公布，自 2017 年 7 月 1 日起施行）、《劳动人事争议仲裁组织规则》（人力资源社会保障部令第 34 号公布，自 2017 年 7 月 1 日起施行）、《企业劳动争议协商调解规定》（人力资源和社会保障部 2011 年 11 月 30 日发布，2012 年 1 月 1 日实施）、《企业劳动争议调解委员会组织及工作规则》（劳动部 1993 年 11 月 5 日发布并实施），以及《最高人民法院关于审理劳动争议案件适用法律问题的解释（一）》等。

一、劳动争议的受案范围

从本质上说，用人单位与劳动者之间有关劳动权利义务关系的争议都应属于劳动争议的范畴，但我国法律法规采用了列举法界定劳动争议的受案范围。根据

《劳动争议调解仲裁法》第二条,中华人民共和国境内的用人单位与劳动者发生的下列劳动争议,属于我国劳动争议处理机构的受案范围:①因确认劳动关系发生的争议;②因订立、履行、变更、解除和终止劳动合同发生的争议;③因除名、辞退和辞职、离职发生的争议;④因工作时间、休息休假、社会保险、福利、培训以及劳动保护发生的争议;⑤因劳动报酬、工伤医疗费、经济补偿或者赔偿金等发生的争议;⑥法律、法规规定的其他劳动争议。

此外,根据《最高人民法院关于审理劳动争议案件适用法律问题的解释(一)》,下列纠纷不属于劳动争议:①劳动者请求社会保险经办机构发放社会保险金的纠纷;②劳动者与用人单位因住房制度改革产生的公有住房转让纠纷;③劳动者对劳动能力鉴定委员会的伤残等级鉴定结论或者对职业病诊断鉴定委员会的职业病诊断鉴定结论的异议纠纷;④家庭或者个人与家政服务人员之间的纠纷;⑤个体工匠与帮工、学徒之间的纠纷;⑥农村承包经营户与受雇人之间的纠纷。

用人单位要成功应对劳动争议,首先要明确哪些争议属于劳动争议,哪些争议不属于劳动争议,因为法律关系不同,争议所适用的法律法规也就不同,争议双方的权利义务也不相同,用人单位的应对思路和应对策略亦有所区别。不属于劳动争议的,劳动者就不能根据劳动法主张相关权利,用人单位也无需承担劳动法规定的用人单位的义务。

案例分析

蒋先生的身份证记载出生日期为1961年8月,他于1980年到某公司工作,但自2020年10月开始,公司就一直未向江某按时发放工资。江某遂向劳动争议仲裁委员会申请仲裁,被裁决不予受理后,依法向法院提起诉讼,要求公司恢复其工作岗位并补发2020年10月至2021年1月的工资。

公司辩称,蒋先生人事档案记载的出生时间为1960年9月17日,与其身份证记载时间不一致,根据规定,二者不一致时,应以本人档案最先记载的出生时间为准。据此,蒋先生于2020年9月17日达到法定退休年龄,双方之间的劳动关系因"劳动者达到法定退休年龄"而终止,其公司自2020年9月17日起无需再向蒋先生发放工资。

蒋先生的起诉法院会受理吗?

(资料来源:用人单位与劳动者因退休手续产生的争议是否属于人民法院民事案件受理范围?. www.sdcourt.gov.cn/jnanpyfy/395858/395861/11109989/index.html,2023-06-25,有改动)

【分析】

蒋先生与某公司之间的纠纷实质上系因对蒋先生出生日期认定不一致而产生的争议,其实质是退休年龄认定问题。公民出生日期的认定及办理退休手续问题,均属于行政管理的范畴，不属于人民法院民事案件受案范围。最终，法院裁定，驳回蒋先生的起诉。

人力资源和社会保障等行政主管部门给劳动者办理退休手续属于行政管理的范畴，具有社会管理的性质。劳动者是否符合法定退休条件，以及能否办理退休手续，应由有关行政主管部门依法予以审核、批准并予以办理，因此，办理退休手续属于有关行政主管部门的法定职责。劳动者与用人单位之间因退休，包括提前退休问题发生的争议，不在劳动争议案件受理范围内，故劳动争议仲裁委员会和人民法院均不予受理。蒋先生应依据《中华人民共和国行政诉讼法》向人民法院提起行政诉讼。

二、劳动争议的处理原则

处理劳动争议，应当遵循下列原则：①着重调解，及时处理；②在查清事实的基础上，依法处理；③当事人在适用法律上一律平等。

《劳动争议调解仲裁法》第三条也明确指出，"解决劳动争议，应当根据事实，遵循合法、公正、及时、着重调解的原则，依法保护当事人的合法权益"。

可见，我国的劳动争议制度提倡"着重调解"。调解是指在第三人的主持下，依法劝说争议双方进行协商，在互谅互让的基础上达成协议，从而消除矛盾的一种方法。劳动者与用人单位不存在势不两立的不可调和的矛盾，经过说服教育和协商对话就有可能及时解决纠纷、化解矛盾，而且由于调解气氛平缓、方式温和，易于被双方接受。因此，各国都重视采用调解方法，使之成为解决劳动争议的重要手段。

《劳动法》第七十七条规定："用人单位与劳动者发生劳动争议，当事人可以依法申请调解、仲裁、提起诉讼，也可以协商解决。调解原则适用于仲裁和诉讼程序。"由此可见，着重调解原则包含两方面的内容：一是调解作为解决劳动争议的基本手段贯穿于劳动争议的全过程。即使进入仲裁和诉讼程序后，劳动争议仲裁委员会和人民法院在处理劳动争议时，仍必须先进行调解，调解不成的，才能作出裁决和判决；二是调解必须遵循自愿原则，在双方当事人自愿的基础上进行，不能勉强和强制。

案例分析

王某因解除劳动合同的经济补偿问题与用人单位产生纠纷。王某先找到了企业所在街道的基层劳动争议调解组织申请调解。基层劳动争议调解组织的工作人员热情地接待了王某，在对事实进行调查核实的基础上组织了多次调解工作，但终因双方无法达成一致意见而调解失败。王某只好向当地劳动争议仲裁委员会申请仲裁。仲裁委员会在规定时间内依法立案受理，并将仲裁申请书副本等资料送达被申诉人，即王某所在的企业。第二天，企业接到了负责此案的仲裁员的电话，邀请企业参加此案的调解工作，企业纳闷了："街道的基层劳动争议调解组织不是已经调解过了吗？怎么现在还要调解？"仲裁员解释道："这是两个不同的程序，在仲裁庭开庭之前，劳动争议仲裁委员会必须先对双方进行调解，这是必经程序。"企业问："那我可以不参加仲裁委员会组织的调解吗？"

（资料来源：此案例由毛晓燕编撰）

【分析】

此案例体现了劳动争议处理的"着重调解原则"。"着重调解原则"不仅适用于劳动争议发生后进入仲裁程序之前，而且适用于仲裁和诉讼程序，即劳动争议发生后，当事人可直接申请调解，但如果不愿调解或调解不成而进入仲裁程序甚至诉讼程序后，劳动争议仲裁委员会和人民法院在处理劳动争议时，仍必须先进行调解。当然，不同环节的调解其程序和效力是有区别的，我们将在后面逐一介绍。

虽说劳动争议仲裁委员会和人民法院对立案受理的劳动争议案件的双方当事人先行组织调解是必经程序，但双方当事人是否参加则应遵循自愿原则，只要有一方不愿调解，即为调解不成，才能进入接下来的裁决或判决阶段。

事实上，"着重调解原则"旨在"化干戈为玉帛"，以最小的成本、最快的速度解决劳动争议。在实践中，存在大量案件在进入仲裁环节甚至诉讼环节后，最终以双方达成调解协议而结束了争议。

三、劳动争议的处理程序

《劳动争议调解仲裁法》第四、第五条规定：发生劳动争议，劳动者可以与用人单位协商，也可以请工会或者第三方共同与用人单位协商，达成和解协议；当事人不愿协商、协商不成或者达成和解协议后不履行的，可以向调解组织申请调解；不愿调解、调解不成或者达成调解协议后不履行的，可以向劳动争议仲裁委员会申请仲裁；对仲裁裁决不服的，除本法另有规定的外，可以向人民法院提起诉讼。可见，我国的劳动争议处理程序一般包括以下几个步骤：

（1）协商。发生劳动争议，劳动者可以与用人单位协商，也可以请工会或者第三方共同与用人单位协商，达成和解协议。但是，协商属于双方当事人自愿，并非处理劳动争议的必经程序，也非法定程序，如达成和解协议，对和解协议的履行也属自愿性质，没有强制性的法律效力。

（2）调解。发生劳动争议，当事人不愿协商、协商不成或者达成和解协议后不履行的，可以向调解组织申请调解。调解程序是法定程序，但不是必经程序，当事人享有是否选择调解的自主决定权；经调解达成的协议也不具备强制履行的法律效力，但因支付拖欠劳动报酬、工伤医疗费、经济补偿或者赔偿金事项达成调解协议，用人单位在协议约定期限内不履行的，劳动者可以持调解协议书依法向人民法院申请支付令，人民法院应当依法发出支付令。

（3）仲裁。发生劳动争议，当事人不愿调解、调解不成或者达成调解协议后不履行的，可以向劳动争议仲裁委员会申请仲裁。仲裁是处理劳动争议的法定必经程序，同时还是劳动争议案件提请人民法院审理的前置条件，只有在案件经过仲裁委员会仲裁之后，当事人对裁决不服时，才能向人民法院起诉，否则，人民法院不予受理。仲裁裁决书一旦生效，即具法律效力，如一方当事人在法定期限内不起诉又不履行仲裁裁决的，另一方当事人可以申请人民法院强制执行。

（4）诉讼。当事人对仲裁裁决不服的，可以在规定期限内向人民法院提起诉讼。人民法院审理劳动争议案件适用的是民事诉讼程序，采取两审终审制，之后即使当事人对判决不服，也只能通过审判监督程序进行申诉，但申诉并不影响判决的执行。

这就是我国的"一调一裁二审制"和"仲裁前置"原则。需要注意的是，用人单位违反国家规定，拖欠或者未足额支付劳动报酬，或者拖欠工伤医疗费、经济补偿或者赔偿金的，劳动者还可以向劳动行政部门投诉，由劳动行政部门依法处理。

此外，根据《劳动合同法》第三十条，用人单位拖欠或克扣劳动报酬的，劳动者还可以直接向人民法院申请支付令。

案例分析

陈某是某小型纸品厂的工人，在某次操作中不小心因右手卷入正在运作的机器中而受伤，当场被送往医院并住院治疗了一个月，后经劳动能力鉴定委员会鉴定为八级伤残。陈某要求厂里为其报销工伤医疗费并支付其他医疗待遇，厂里却一直拖延着未支付。陈某声称要向法院起诉，通过法律途径尽快要回自己被拖欠的工资。

（资料来源：本案例由毛晓燕编撰）

【分析】

根据我国的劳动争议处理程序，当劳动争议发生后，当事人可通过自行协商、申请调解、申请仲裁、提起诉讼来解决劳动争议。其中，协商与调解非必经程序，当事人可以选择，也可以不选择。不愿协商、协商不成或者达成和解协议后不履行的，不愿调解、调解不成或者达成调解协议后不履行的，可以向劳动争议仲裁委员会申请仲裁；对仲裁裁决不服的，除法律另有规定的以外，可以向人民法院提起诉讼。可见，一般的劳动争议，必须经过仲裁环节才能进入诉讼阶段，这就是"仲裁前置原则"。但对于用人单位拖欠或者未足额支付劳动报酬的劳动争议，《劳动合同法》第三十条规定，劳动者可以直接向当地人民法院提起诉讼，申请支付令。

此案中，陈某与某小型纸品厂之间的劳动争议是关于工伤医疗费等医疗待遇的争议，根据法律程序，应先向劳动争议仲裁委员会申请仲裁，对仲裁裁决不服的，才可向人民法院提起诉讼。因此，陈某如直接向人民法院提起诉讼，将会被法院依法驳回。当然，陈某也可向劳动监察部门投诉，由劳动监察部门责令工厂限期支付。

在处理劳动争议时，如果是由于用人单位的过错而导致的，为防止增加违法成本，用人单位应当慎重对待，最好能与劳动者协商解决。当然，也有的劳动争议是由劳动者的过错引起的，甚至因劳动者的过错损害了用人单位的合法权益，如劳动者违法解除劳动合同、违反保密义务和竞业限制等，用人单位同样可以通过自行协商、申请调解和仲裁、提起诉讼等途径维护自己的合法权益。

四、劳动争议的举证责任

举证责任是指当事人对自己提出的请求，有提出证据加以证明的责任，如果当事人提不出证据或所提供的证据不足以证明其主张的，其主张无法获得法律的支持。根据《民事诉讼法》，证据有下列几种：当事人的陈述、书证、物证、视听资料、电子数据、证人证言、鉴定意见、勘验笔录。以上证据必须查证属实，才能作为认定事实的根据。对于劳动争议案件的举证责任分配，一般遵循下列两个原则。

1. "谁主张，谁举证"原则

按照《民事诉讼法》，除法律有特别规定外，在一般民事案件中，举证责任是由提出主张的一方当事人负担，即"谁主张，谁举证"。当事人不能提供证据支持其诉讼请求的，应当承担不能举证的后果，这种后果主要表现为劳动争议仲裁委员会或法院将不支持其诉讼请求。因此，《劳动争议调解仲裁法》第六条规定，"发生劳动争议，当事人对自己提出的主张，有责任提供证据"。

2. "举证责任倒置"原则

"谁主张，谁举证"是民事案件的一般原则，但是，由于劳动争议是比较特殊的民事案件，不完全适用"谁主张，谁举证"的原则，因为在许多情况下劳动者是难以得到充分证据的。因此，在有些情况下，法律规定用人单位承担举证责任，换句话说，在这些情况下，虽然是劳动者提出主张，但举证责任却在用人单位，如果用人单位不能举证推翻劳动者的主张，则由用人单位承担不利的法律后果，这就是所谓的"举证责任倒置"。因此，《劳动争议调解仲裁法》第六条还规定，"与争议事项有关的证据属于用人单位掌握管理的，用人单位应当提供；用人单位不提供的，应当承担不利后果"。其中，法律明确规定应由用人单位负举证责任的事项有以下几种：

（1）在确认双方是否存在劳动关系的争议中，工资支付凭证或者记录（职工工资发放花名册）、缴纳各项保险费的记录，劳动者填写的用人单位招工招聘"登记表""报名表"等招用记录，以及考勤记录等有关凭证由用人单位负举证责任。

（2）因用人单位作出的开除、除名、辞退、解除劳动合同、减少劳动报酬、计算劳动者工作年限等决定而发生的劳动争议，用人单位负举证责任。

（3）用人单位与劳动者或者劳动者直系亲属对于是否构成工伤发生争议的，由用人单位承担举证责任。

（4）劳动者主张加班费的，应当就加班事实的存在承担举证责任。但劳动者有证据证明用人单位掌握加班事实存在的证据，用人单位不提供的，由用人单位承担不利后果。

在法律没有具体规定而无法确定举证责任承担时，根据《劳动人事争议仲裁办案规则》第十四条，仲裁庭可以根据公平原则和诚实信用原则，综合当事人举证能力等因素确定举证责任的承担。

案例分析

售票员小朱与公交公司签订了为期两年的劳动合同。合同中有一条约定：如果员工违反公交公司的劳动纪律（如藏匿票款、故意不收票款等），公交公司在拟定违纪通知书并发送本人后，有权辞退该员工。劳动合同履行期间，该公司在未拟定和发送违纪通知书的情况下，单方面通知小朱，因其多次故意不收票款，违反了公司纪律，按照劳动纪律的规定，决定予以辞退。小朱以自己从未故意不收票款为由向劳动争议仲裁委员会申请仲裁，要求公交公司撤销辞退决定。该公交公司认为小朱是在狡辩，并认为是小朱在主张权利，应由其负责举证，故未提交任何证据。最终，劳动争议仲裁委员会支持了小朱的申诉请求，以公交公司辞退小朱证据不足为由，裁决撤销其辞退小朱的决定。

（资料来源：戴福. 谁该为劳动争议举证？. 人力资源，2006（16）：62-63，有改动）

【分析】

此案例中，公交公司以员工小朱多次故意不收票款、违反了公司纪律为由，对小朱作出了辞退的决定，根据《最高人民法院关于审理劳动争议案件适用法律问题的解释（一）》第四十四条："因用人单位作出的开除、除名、辞退、解除劳动合同、减少劳动报酬、计算劳动者工作年限等决定而发生的劳动争议，用人单位负举证责任。"因此，虽然是由小朱向劳动争议仲裁委员会申请了仲裁，但小朱无需证明自己没有违纪，而应由其用人单位提供证据证明其"多次故意不收票款、违反了公司纪律"。另外，由于该公司与小朱劳动合同中约定"向员工发出违纪通知书后"方能作出辞退决定，但该公司未提供也无法提供相关证据，证明其向小朱发出了违纪通知书。因此，视为该公司举证不能，劳动争议仲裁委员会裁决撤销其辞退小朱的决定是符合相关法律法规规定的。

上述案例提醒用人单位，"打官司就是打证据"，这说明证据在仲裁、诉讼中的重要作用。在劳动争议处理中，作为用人单位，除了遵守"谁主张，谁举证"的一般举证原则外，还要遵守"举证责任倒置"原则和举证期限的规定，明确哪些证据属于用人单位提供、什么时候提供、不提供或不及时提供的法律后果，并及时按要求提供属于用人单位提供的各种证据，以免承担不利后果。

用人单位要有效完成举证，必须要注意收集和保存证据，特别是属于用人单位掌管的各种证据，如用工花名册、工资发放记录、考勤记录、规章制度、人事档案、社会保险费缴纳记录等。另外，如用人单位要对违规违纪劳动者作出处理，必须注意收集和保存劳动者违规违纪的各种证据，特别是大错不犯、小错不断的证据。对劳动者违规违纪之事实进行证据保存，应尽量做到书面化，并力争取得被处理员工的签名确认。员工拒绝签名确认的，可通过证人见证、拍照、录音、录像、公证等方式确认。

第二节　劳动争议的协商与调解

劳动争议的协商和调解并非劳动争议处理的必经阶段，但却是劳动关系处理实践中最基本和最常用的方式之一，具有便捷、及时、低成本、安全等优势，可有效地化解劳动关系双方的矛盾、预防劳动纠纷，有利于构建和谐稳定的劳动关系。人力资源和社会保障部发布的《企业劳动争议协商调解规定》对此作了详细规定。

一、劳动争议的协商

劳动争议协商，是指用人单位和劳动者为解决劳动争议，平等自愿地进行协商，以便达成和解协议的活动。发生劳动争议，一方当事人可以通过与另一方当事人约见、面谈等方式协商解决。

（1）协商的提出。一方当事人提出协商要求后，另一方当事人应当积极作出口头或者书面回应。5日内不作出回应的，视为不愿协商。

（2）协商期限。协商的期限由当事人书面约定，在约定的期限内没有达成一致的，视为协商不成。当事人可以书面约定延长期限。

（3）协商形式。《劳动争议调解仲裁法》第四条规定："发生劳动争议，劳动者可以与用人单位协商，也可以请工会或者第三方共同与用人单位协商，达成和解协议。"可见，劳动争议协商有三种形式：①劳动者独自与用人单位协商；②劳动者邀请工会组织共同与用人单位协商；③劳动者邀请工会之外的第三方共同与用人单位协商，第三方可以是律师、专家、法律援助机构等。

（4）和解协议。协商达成一致，应当签订书面和解协议。和解协议对双方当事人具有约束力，当事人应当履行。

经仲裁庭审查，和解协议程序和内容合法有效的，仲裁庭可以将其作为证据使用。但是，当事人为达成和解的目的作出妥协所涉及的对争议事实的认可，不得在其后的仲裁中作为对其不利的证据。

当事人不愿协商、协商不成或者达成和解协议后，一方当事人在约定的期限内不履行和解协议的，可以依法申请仲裁。

案例分析

牛某是某煤矿的井下作业人员，在煤矿工作已有8年。该煤矿为保证生产安全，在劳动纪律中明确规定"井下人员不得擅自离开工作岗位"，但煤矿巡查人员在工作检查中，多次发现牛某不在自己的工作岗位上，询问牛某的同事，同事也都不知他的去向。于是，该煤矿以"擅自离开工作岗位，严重违反劳动纪律"为由，单方面解除了与牛某的劳动合同。牛某认为，煤矿现有的劳动纪律和规章制度并没有对什么是"严重违反劳动纪律"作出界定，因此，煤矿单方面解除劳动合同缺乏证据和合法理由，牛某找到律师，通过律师向公司表达了自己的看法，并希望协商解决。

纠纷发生后，煤矿负责人即出差在外，指定由煤矿人事部门经理全权负责此事的处理。在律师的沟通下，煤矿人事部门和牛某签订了和解协议，双方签字盖章，并由律师出具了见证书：牛某同意与煤矿解除劳动合同，煤矿按照牛某的工作年限，每满一年向牛某支付1个月工资作为经济补偿金，鉴于牛某在煤矿工作时间较长，另外支付牛某1.5万元安置费。

和解协议达成后，牛某开始办理离职相关手续，但煤矿负责人出差回来后，认为给牛某支付的经济补偿费用太高，不同意支付，双方为此发生争议，牛某于是向当地劳动争议仲裁委员会申请仲裁，要求煤矿按和解协议支付补偿费用，仲裁委员会经审查后，直接裁决煤矿依据和解协议支付牛某经济补偿费用。

（资料来源：北京易中创业科技有限公司. 管理者劳动法实务手册. 北京：中国财富出版社，2012：3，有改动）

【分析】

《企业劳动争议协商调解规定》第十一条第一款规定："和解协议对双方当事人具有约束力，当事人应当履行。"虽然，这种约束力相当于合同的约束力，并不具备法律上的强制执行力，但正如《企业劳动争议协商调解规定》第十一条第二款所规定的："经仲裁庭审查，和解协议程序和内容合法有效的，仲裁庭可以将其作为证据使用。"即只要和解协议的产生程序与内容不存在法定无效或可撤销的情形，和解协议就是庭审中的有效证据，仲裁庭会根据和解协议确定的双方权利义务内容，直接审理当事人不履行和解协议有无合法的抗辩理由，从而判定不履行一方因此应当承担的法律责任。

此案中，员工牛某确实违反了单位的规章制度，但是煤矿解除与牛某劳动合同的理由确实也不合法。双方在真实意愿下达成和解协议，就解除劳动合同没有异议，就补偿方案也没有显失公平之处，因此，该和解协议不存在违法的情形，双方应当履行。但煤矿方面因为负责人个人意见没有履行和解协议，仲裁庭因此直接将和解协议作为裁决的合法依据，裁决煤矿承担履行和解协议的义务。

当然，和解协议也可能由于非双方真实意愿达成或有其他违法情形，而被仲裁委员会或法院依法认定为无效。因此，争议双方当事人在和解协议中确定双方权利义务时，需要认真与谨慎，遵循自愿、合法原则，在自愿平等基础上达成的和解协议，应当自觉履行。

二、劳动争议的调解

劳动争议的调解是指由调解机构查明事实、分清责任，促使争议当事人在法律法规的基础上和在相互谅解的基础上达成协议的处理方法。

（一）劳动争议的调解机构

根据《劳动争议调解仲裁法》第十条，发生劳动争议，当事人可以到下列调解机构申请调解。

1. 企业劳动争议调解委员会

大中型企业应当依法设立调解委员会，并配备专职或者兼职工作人员。

有分公司、分店、分厂的企业，可以根据需要在分支机构设立调解委员会。总部调解委员会指导分支机构调解委员会开展劳动争议预防调解工作。调解委员会可以根据需要在车间、工段、班组设立调解小组。

小微型企业可以设立调解委员会，也可以由劳动者和企业共同推举人员，开展调解工作。

企业劳动争议调解委员会由职工代表和企业代表组成,人数由双方协商确定,双方人数应当对等。职工代表由工会成员担任或者由全体职工推举产生,企业代表由企业负责人指定。企业劳动争议调解委员会主任由工会成员或者双方推举的人员担任。

需要注意的是,《企业劳动争议协商调解规定》第三十四条明确指出,企业未按照本规定成立调解委员会,劳动争议或者群体性事件频发,影响劳动关系和谐,造成重大社会影响的,由县级以上人力资源和社会保障行政部门予以通报;违反法律法规规定的,依法予以处理。

2. 依法设立的基层人民调解组织

基层人民调解组织是我国解决民间纠纷的组织,过去主要是以调解家庭纠纷、邻里纠纷为主,现在则越来越多地参与到劳动争议纠纷的调解工作中来。除了村民委员会、居民委员会设立的人民调解组织外,根据 2002 年 9 月司法部发布的《人民调解工作若干规定》,乡镇、街道可以设立人民调解委员会,企业、事业单位根据需要也可以设立人民调解委员会,根据需要还可以设立区域性、行业性的人民调解委员会。

3. 在乡镇、街道设立的具有劳动争议调解职能的组织

这一类组织涵盖范围较大,比如区域性、行业性劳动争议调解组织,以及劳动行政部门在乡镇街道设立的劳动争议调解中心等都属于这一类组织。

劳动争议当事人可以自愿选择以上三类调解机构的任何一种,而并不仅局限于企业劳动争议调解委员会。

调解机构调解劳动争议应当遵循以下原则:①当事人自愿申请,依据事实及时调解;②双方当事人在适用法律上一律平等;③同当事人民主协商;④尊重当事人申请仲裁和诉讼的权利。

案例分析

韩总是某器械公司的总经理(法定代表人),依据公司董事会的决定,受命组建公司的劳动争议调解委员会,以符合《劳动争议调解仲裁法》的规定。韩总很快制订了方案,拟决定由公司高层主管人力资源总监朱丽、中层干部销售经理米奇作为企业代表,而公司没有工会,因此又决定了 5 名普通职工作为职工代表共 7 人组成调解委员会,但是谁作为主任,这个问题却还没有想好。这种做法符合法律规定吗?

(资料来源:徐阳. 劳动合同法看图一点通. 北京:中国法制出版社,2008:241.)

【分析】

根据《劳动争议调解仲裁法》第十条，企业劳动争议调解委员会由职工代表和企业代表组成，企业代表由企业负责人指定。在这一点上，韩总的做法完全合法。但是，韩总在职工代表如何确定的程序上却违反了法律规定。在没有工会的情况下，职工代表应由全体职工推举产生，而不是由企业负责人指定。而且，根据《企业劳动争议协商调解规定》第十五条，调解委员会人数由双方协商确定，双方人数应当对等。案例中韩总指定了2名企业代表和5名职工代表，人数上不对等。至于企业劳动争议调解委员会的主任人选，则可由双方推举的人员担任。

（二）劳动争议调解的程序

根据《劳动争议调解仲裁法》和《企业劳动争议协商调解规定》，调解组织尤其是企业劳动争议调解委员会应按下列程序进行调解。

1. 申请和受理

发生劳动争议，当事人可以口头或者书面形式向调解委员会提出调解申请。调解委员会接到调解申请后，对属于劳动争议受理范围且双方当事人同意调解的，应当在3个工作日内受理。对不属于劳动争议受理范围或者一方当事人不同意调解的，应当作好记录，并书面通知申请人。

此外，发生劳动争议后当事人没有提出调解申请的，调解委员会可以在征得双方当事人同意后主动调解。

2. 调查与调解

调解委员会调解劳动争议一般不公开进行。但是，双方当事人要求公开调解的除外。调解委员会根据案件情况指定调解员或者调解小组进行调解，在征得当事人同意后，也可以邀请有关单位和个人协助调解。

调解委员会调解劳动争议，应当自受理调解申请之日起15日内结束。但是，双方当事人同意延期的可以延长。在规定期限内未达成调解协议的，视为调解不成。经调解达成调解协议的，由调解委员会制作调解协议书。

3. 调解协议的履行

生效的调解协议对双方当事人具有约束力，当事人应当履行。

双方当事人可以自调解协议生效之日起15日内共同向仲裁委员会提出仲裁审查申请。仲裁委员会经审查后对程序和内容合法有效的调解协议出具调解书，仲裁调解书经双方当事人签收后即发生法律效力，一方不履行，另一方可向人民法院申请强制执行。

如双方当事人未提出仲裁审查申请，一方当事人在约定的期限内不履行调解协议的，另一方当事人可以依法申请仲裁。仲裁委员会受理仲裁申请后，应当对调解协议进行审查，调解协议合法有效且不损害公共利益或者第三人合法利益的，在没有新证据出现的情况下，仲裁委员会可以依据调解协议作出仲裁裁决。

值得一提的是，《最高人民法院关于建立健全诉讼与非诉讼相衔接的矛盾纠纷解决机制的若干意见》指出：经调解达成的劳动争议调解协议，双方当事人也可以不经仲裁程序，而直接向人民法院申请确认劳动争议调解协议的效力；人民法院依法审查后，决定是否确认调解协议的效力；确认调解协议效力的决定送达双方当事人后发生法律效力，一方当事人拒绝履行的，另一方当事人可以依法申请法院强制执行；如果法院没有确认劳动争议调解协议效力，当事人对调解协议的内容或履行有争议的，仍有权申请仲裁①。

第三节　劳动争议的仲裁

劳动争议仲裁是指由劳动争议仲裁委员会查明事实、分清责任的基础上根据国家法律法规对纠纷事实和当事人责任的认定与裁决。

一、劳动争议仲裁组织机构的构成及其职责

我国的劳动争议仲裁组织机构是地方各级劳动争议仲裁委员会，劳动争议仲裁委员会处理劳动争议案件实行仲裁庭制度。

我国的劳动争议件裁组织机构是地方各级劳动争议仲裁委员会；劳动争议仲裁委员会下设办事机构，负责办理劳动争议仲裁委员会的日常工作；劳动争议仲裁委员会处理劳动争议案件实行仲裁庭制度。《劳动争议调解仲裁法》《劳动人事争议仲裁组织规则》对劳动争议仲裁委员会及其办事机构、仲裁员和仲裁庭的构成和职责作了详细规定。

1. 劳动争议仲裁委员会及其办事机构

劳动争议仲裁委员会是国家授权，依法独立处理劳动争议案件的专门机构。劳动争议仲裁委员会按照统筹规划、合理布局和适应实际需要的原则设立，不按行政区划层层设立。因此，劳动争议仲裁委员会设在同一层面的不同地域，相互之间是独立的，没有隶属关系。

---

① 《最高人民法院关于建立健全诉讼与非诉讼相衔接的矛盾纠纷解决机制的若干意见》第十一、十三、二十、二十四、二十五条。

劳动争议仲裁委员会由劳动行政部门代表、工会代表和企业方面代表组成，组成人员必须是单数。

劳动争议仲裁委员会可以下设实体化的办事机构，具体承担争议调解仲裁等日常工作。劳动争议仲裁委员会组成单位可以派兼职仲裁员常驻办事机构，参与争议调解仲裁活动。

2. 仲裁庭

劳动争议仲裁委员会处理争议案件应当组成仲裁庭，实行一案一庭制。处理下列争议案件应当由三名仲裁员组成仲裁庭，设首席仲裁员：①10人以上集体劳动、人事争议；②有重大影响的争议；③仲裁委员会认为应当由三名仲裁员组成仲裁庭处理的其他案件。处理因履行集体合同发生的劳动争议，应当按照三方原则组成仲裁庭处理。简单案件可以由一名仲裁员独任，进行仲裁。

二、劳动争议仲裁的原则

劳动争议仲裁委员会仲裁劳动争议，除需遵守处理劳动争议的基本原则外，还需遵守如下特有原则。

（1）强制性原则。只要劳动争议一方当事人提出仲裁申请就能引起劳动争议仲裁程序的开始，相比之下，《仲裁法》规定其他类型仲裁必须采取"自愿性原则"，即争议双方都必须在自愿的前提下采用仲裁方式解决纠纷。

（2）先调解后裁决原则。仲裁庭处理劳动争议应先行调解，在查明事实的基础上促使当事人双方自愿达成协议，经过调解不能达成协议的，应及时仲裁。

（3）及时、迅速原则。仲裁裁决一般应自受理仲裁申请之日起45日内结束，案情复杂的，经批准可延期，但延长期限不得超过15日。

（4）回避原则。仲裁委员会成员或仲裁员在仲裁劳动争议案件时，认为具有法定回避情况不宜参加此案审理，或当事人认为仲裁员具有回避情节的，可能裁决不公，都可以申请更换他人，以保证仲裁公正顺利进行。是否采取回避措施由仲裁委员会决定。

（5）少数服从多数原则。仲裁委员会由三方代表单数组成，仲裁庭则由三名仲裁员组成，均为多数人组成，难免意见有分歧，而仲裁委员会成员、仲裁员均有平等的表决权，为保证裁决不因少数成员意见的不一而难以作出，故以少数服从多数原则，按多数仲裁员的意见作出裁决。

（6）裁审衔接制原则。当事人对仲裁裁决不服时，可依法向法院提起诉讼。而其他仲裁实行"裁审分轨制"，即当事人达成仲裁协议的，一方向法院起诉的，法院不予受理。

案例分析

近期，某市劳动争议仲裁委员会受理了一起某科技公司诉员工未提前 30 天通知解除劳动合同要求赔偿的案件。在仲裁委员会向该员工当事人张某下达应诉通知书的第二天，张某拿着《仲裁法》的单行本急匆匆地闯进了仲裁委员会办公室，一进门就开口叫嚷道："你们怎么搞的，公司不找我协商就告我，你们还立案，你们真的不知道《仲裁法》是怎么规定的吗？申请仲裁必须双方当事人协商一致达成仲裁协议，仲裁委员会才能够对纠纷进行处理。"

负责接待的小周一下子就笑了，原来这位当事人把两个仲裁法搞混了。小周一边招呼他坐下，一边到隔壁的资料室拿出一本《劳动争议调解仲裁法》，与其带来的《仲裁法》相对照，耐心地向其作出详细的讲解。听了小周的讲解后，当事人张某这才明白此仲裁非彼仲裁，并向小周道歉。

（资料来源：中国法制出版社. 中华人民共和国劳动争议调解仲裁法（案例应用版）. 北京：中国法制出版社，2009：8-9.）

【分析】

正如此案例所表明的一样，《劳动争议调解仲裁法》中的劳动争议"仲裁"虽然与《仲裁法》中的民商事"仲裁"同为一词，但是却有着实质的不同。大致而言，两者的区别主要如下：一是受理范围不同。劳动争议仲裁受理的是劳动争议事项，而民商事仲裁受理的是合同争议和其他财产权益争议。二是主体不同。劳动争议仲裁的双方当事人主体之间存在管理上的隶属关系，而民商事仲裁当事人双方主体地位通常是平等独立的。三是前提和效力不同。劳动争议仲裁的前提是双方存在劳动关系，双方当事人对仲裁裁决不服的，一般可以向人民法院提起诉讼。民商事仲裁的前提是双方存在交由仲裁委员会处理的合意，仲裁委员会的裁决"一裁终局"，一般不允许再向人民法院起诉。四是庭审形式不同。劳动争议仲裁以公开审理为原则，而民商事仲裁以不公开审理为原则。

三、劳动争议仲裁时效

仲裁时效是指权利人向仲裁机构请求保护其权利的法定期限，也即权利人如果在法定期限内没有行使权力，即丧失提请仲裁以保护其权益的权利。《劳动争议调解仲裁法》第二十七条规定，劳动争议申请仲裁的时效期间为一年[①]。仲裁时效

[①] 《劳动法》规定的仲裁时效为 60 天，根据"后法优于前法"的原则，自《劳动争议调解仲裁法》实施后，实际上就默示废止了《劳动法》关于 60 天仲裁时效的规定。《企业劳动争议处理条例》中关于 6 个月仲裁时效的规定也随着该条例的废止而失效。现在的劳动争议仲裁时效应当一律按一年执行。

期间从当事人知道或者应当知道其权利被侵害之日起计算。

对于何为"当事人知道或者应当知道其权利被侵害之日",根据原劳动部的解释是:"知道或应当知道其权利被侵害之日",不应从侵权行为终结之日起计算,而是指有证据表明权利人知道自己的权利被侵害的日期,或者根据一般规律推定权利人知道自己的权利被侵害的日期,即劳动争议发生之日。

此外,如因当事人一方向对方当事人主张权利,或者向有关部门请求权利救济,或者对方当事人同意履行义务而中断。从中断时起,仲裁时效期间重新计算。

因不可抗力或者有其他正当理由①,当事人不能在规定的仲裁时效内申请仲裁的,仲裁时效中止。从中止时效的原因消除之日起,仲裁时效期间继续计算。

比较特殊的是,劳动关系存续期间因拖欠劳动报酬发生争议的,劳动者申请仲裁不受仲裁时效期间的限制;但是,劳动关系终止的,应当自劳动关系终止之日起一年内提出。

案例分析

张先生于 2013 年 2 月 1 日进入某销售公司工作,担任销售经理岗位。入职第一天王某向公司人力资源部同事询问劳动合同签订事宜,得到的答复是合同管理层正在审核,等条款最终确定后会通知你来签的。过了一个多月,张先生又向人力资源部同事询问何时签订劳动合同,依然得到相同的答复。随后,由于业务比较繁忙,张先生也就没再向公司询问关于劳动合同签订的事宜。2014 年 5 月底公司以张先生不胜任工作为由与其解除劳动关系。此时,张先生想起公司至今还未与其签订劳动合同,故于 2014 年 6 月 1 日申请仲裁,要求公司支付其 2013 年 3 月 1 日至 2014 年 1 月 31 日期间未签订劳动合同的双倍工资。张先生认为,根据《劳动合同法》规定,"用人单位自用工之日起超过一个月不满一年未与劳动者订立书面劳动合同的,应当向劳动者每月支付二倍的工资"。

公司方认为,公司一直未与张先生签订劳动合同的确属于工作失误,对于未签订劳动合同的事实并不否认。但是由于张先生是 2014 年 6 月 1 日申请仲裁要求支付双倍工资,故 2013 年 3 月 1 日至 2013 年 5 月 31 日期间的双倍工资已经超过仲裁时效,公司无须支付这 3 个月的双倍工资。

劳动仲裁委员会委员审理后认为,申请人 2013 年 2 月 1 日进入被申请人处工作,双方于当天已建立劳动关系。因被申请人原因导致双方自 2013 年 2 月 1 日

---

① 《劳动人事争议仲裁办案规则》第十一条指出:"因不可抗力,或者有无民事行为能力或者限制民事行为能力劳动者的法定代理人未确定等其他正当理由,……"但对于何为"其他正当理由",法律并无详细规定,因此在司法实践中容易产生不同的认识和判断。

至 2014 年 5 月 31 日期间没有签订书面劳动合同，被申请人应当承担未签订劳动合同支付双倍工资的责任。但由于申请人于 2014 年 6 月 1 日申请劳动仲裁，故 2013 年 3 月 1 日至 2013 年 5 月 31 日期间的双倍工资已经超过仲裁时效。最终裁定被申请人支付申请人 2013 年 6 月 1 日至 2014 年 1 月 31 日之间未签订劳动合同的双倍工资。

（资料来源：唐律. 追讨未签合同的双倍工资仲裁时效如何算. 劳动报，2015-01-10，有改动）

【分析】

此案例是一起由于用人单位未与劳动者签订书面劳动合同而需要支付双倍工资的案例。此案例的争议焦点为：未签订劳动合同双倍工资的仲裁时效如何计算？此案例双方当事人对于未签订书面劳动合同的事实无异议，但对于未签订劳动合同双倍工资的仲裁时效如何计算存在不同看法。劳动者认为，双倍工资属于劳动报酬范围，应当适用"特殊仲裁时效"。用人单位则主张未签订劳动合同的双倍工资应当适用"一般仲裁时效"。《劳动争议调解仲裁法》第二十七条第一款对"一般仲裁时效"作出了规定："劳动争议申请仲裁的时效期间为一年。仲裁时效期间从当事人知道或者应当知道其权利被侵害之日起计算。"《劳动争议调解仲裁法》第二十七条第四款则规定了"特殊仲裁时效"，即"劳动关系存续期间因拖欠劳动报酬发生争议的，劳动者申请仲裁不受本条第一款规定的仲裁时效期间的限制；但是，劳动关系终止的，应当自劳动关系终止之日起一年内提出"。因此，未签订劳动合同支付的双倍工资是否属于"拖欠劳动报酬"是确定适用"一般仲裁时效"还是"特殊仲裁时效"的关键因素。

目前，司法实务界已经基本达成一致，即未签订劳动合同产生的双倍工资并非劳动者提供正常劳动所获得的一种劳动报酬，而是因用人单位未按法律规定与劳动者签订书面劳动合同而应承担的法律责任，即惩罚性赔偿责任，因此适用"一般仲裁时效"，即从应签未签书面劳动合同的第二个月起，开始计算仲裁时效。此案中王某于 2014 年 6 月 1 日申请了劳动争议仲裁，故其 2013 年 3 月 1 日至 2013 年 5 月 31 日期间的未签订劳动合同双倍工资已经超过一年的仲裁时效，因此无法得到支持。

该案例给用人单位的启示是，对劳动者提起的任何一起劳动争议，用人单位应当首先审查劳动者的请求是否已过仲裁时效，是否存在中断或中止的情形。如果劳动者的请求已过仲裁时效，又不存在中断或中止情形的，则可主张劳动者的请求已过仲裁时效，请求仲裁委员会驳回劳动者的请求。

四、劳动争议仲裁的管辖

劳动争议仲裁管辖，是指确定各个仲裁委员会审理劳动争议案件的分工和权

321

限，明确当事人应当到哪一个仲裁委员会申请劳动争议仲裁，由哪一个仲裁委员会受理的法律制度。

根据《劳动争议调解仲裁法》和《劳动人事争议仲裁办案规则》，以及上位法优于下位法的立法原则，在确定劳动争议案件的仲裁管辖机构时，主要遵循以下原则。

1. 特殊地域管辖

我国现在的劳动争议仲裁实行的是特殊地域管辖，不实行级别管辖或者协定管辖。特殊地域管辖是指依照当事人之间的某一个特殊的联结点确定的管辖。《劳动争议调解仲裁法》第二十一条规定："劳动争议仲裁委员会负责管辖本区域内发生的劳动争议。劳动争议由劳动合同履行地或者用人单位所在地的劳动争议仲裁委员会管辖。双方当事人分别向劳动合同履行地和用人单位所在地的劳动争议仲裁委员会申请仲裁的，由劳动合同履行地的劳动争议仲裁委员会管辖。"[1]可见，《劳动争议调解仲裁法》以劳动合同履行地和用人单位所在地作为联结点确定劳动争议仲裁管辖，因此是特殊地域管辖。而且，不同于一般的民商事仲裁，《劳动争议调解仲裁法》不允许双方当事人协议选择劳动合同履行地或者用人单位所在地以外的其他劳动争议仲裁委员会进行管辖。

2. 移送管辖

劳动争议的管辖还存在移送管辖情形。移送管辖即劳动争议仲裁委员会将已经受理的无管辖权的劳动争议案件移送给有管辖权的劳动争议仲裁委员会。《劳动人事争议仲裁办案规则》第九条第一款规定，仲裁委员会发现已受理案件不属于其管辖范围的，应当移送至有管辖权的仲裁委员会，并书面通知当事人。

3. 指定管辖

根据《劳动人事争议仲裁办案规则》第九条第二款，受移送的仲裁委员会认为移送的案件按照规定不属于其管辖，或者仲裁委员会之间因管辖争议协商不成的，应当报请共同的上一级仲裁委员会主管部门指定管辖。

4. 专属管辖

专属管辖指法律法规规定某类劳动争议只能由特定的仲裁委员会管辖。例如，原劳动部规定，我国公民与国（境）外企业签订的劳动（工作）合同履行地在我国领域内，因履行该合同发生争议的，由合同履行地仲裁委员会受理。

---

① 根据《劳动人事争议仲裁办案规则》，"劳动合同履行地"为劳动者实际工作场所地。"用人单位所在地"为用人单位注册、登记地或者主要办事机构所在地。用人单位未经注册、登记的，其出资人、开办单位或主管部门所在地为用人单位所在地。《劳动人事争议仲裁办案规则》第八条第二款规定："有多个劳动合同履行地的，由最先受理的仲裁委员会管辖。劳动合同履行地不明确的，由用人单位所在地的仲裁委员会管辖。"

案例分析

在北京登记注册的某贸易公司在上海、广州等城市分别设立了办事处。上海办事处首先成立，公司先后录用了几名上海籍员工，并均订立了劳动合同，贺强被聘为上海办事处副主任。后来由于贺强工作十分出色，受到公司总部的赏识，贺强被公司召到北京总部，告知由于他的表现，公司决定提升他为广州办事处主任，同时免除其在上海办事处副主任职务。另外，他的工资由公司总部每月从北京寄给他。贺强表示同意，于是公司人事部便在贺强的劳动合同上写上了"工作岗位：广州办事处主任"几个字。

贺强在广州工作期间，与该公司发生了一些劳动纠纷。经与公司协商不成，贺强决定申请仲裁，但让贺强感到为难的是：他应该向其户籍所在地——上海，还是向其工作岗位所在地——广州，抑或是向总公司所在地——北京的劳动争议仲裁委员会申请仲裁？

（资料来源：中国法制出版社. 中华人民共和国劳动争议调解仲裁法（案例应用版）. 北京：中国法制出版社，2009：66-68，有改动）

【分析】

在确定劳动争议的仲裁管辖上，《劳动争议调解仲裁法》确定特殊地域管理的标准是，企业与员工是否分别向劳动合同履行地和用人单位所在地的劳动争议仲裁委员会申请仲裁，如果分别申请了，就由劳动合同履行地的劳动争议仲裁委员会管辖，如果没有分别申请，那么以一方当事人申请为准。如果企业在北京，员工是上海人，但被派到广州工作，那么员工既可以在广州，也可以在北京申请仲裁。但是，如果员工在广州申请仲裁，企业在北京申请仲裁，那么以劳动合同履行地的劳动争议仲裁委员会的管辖为准。

此案例中，如果贺强在上海申请劳动仲裁，公司可以就此提出管辖权异议，但如果贺强在广州申请劳动仲裁，公司则不能提出管辖权异议，双方只能到广州去进行劳动仲裁。

用人单位应明确劳动争议仲裁管辖的规定，在劳动者申请仲裁违反管辖规定而可能对用人单位不利的情况下，懂得依法提出管辖权异议。需要注意的是，《劳动人事争议仲裁办案规则》第十条明确规定，用人单位应当在答辩期满前书面提出管辖异议，逾期提出的，不影响仲裁程序的进行，即仲裁委对管辖异议将不予理会。如果因此对仲裁裁决不服的，则只能依法向人民法院起诉或者申请撤销。

五、劳动争议仲裁的参加人

（一）劳动争议仲裁当事人

劳动争议仲裁当事人指基于劳动权利与义务发生争议，以自己的名义参加仲裁活动并受仲裁裁决的约束利害关系人。《劳动争议调解仲裁法》第二十二条规定："发生劳动争议的劳动者和用人单位为劳动争议仲裁案件的双方当事人。劳务派遣单位或者用工单位与劳动者发生劳动争议的，劳务派遣单位和用工单位为共同当事人。"同时，《劳动人事争议仲裁办案规则》第六条、第七条对两种比较特殊的当事人进行了明确：

（1）发生争议的用人单位未办理营业执照、被吊销营业执照、营业执照到期继续经营、被责令关闭、被撤销以及用人单位解散、歇业，不能承担相关责任的，应当将用人单位和其出资人、开办单位或者主管部门作为共同当事人。

（2）劳动者与个人承包经营者发生争议，依法向仲裁委员会申请仲裁的，应当将发包的组织和个人承包经营者作为共同当事人。

此外，根据《劳动人事争议仲裁办案规则》第五条，"劳动者一方在十人以上并有共同请求的争议，或者因履行集体合同发生的劳动争议，仲裁委员会应当优先立案，优先审理"。

（二）劳动争议仲裁第三人

《劳动争议调解仲裁法》第二十三条规定："与劳动争议案件的处理结果有利害关系的第三人，可以申请参加仲裁活动或者由劳动争议仲裁委员会通知其参加仲裁活动。"例如，招用与其他单位存在竞业限制约定员工的企业可列为第三人。

（三）劳动争议仲裁代理人

劳动争议仲裁代理是指代理当事人一方，以被代理当事人的名义，在法律规定或当事人授权范围内，为被代理人行使劳动争议仲裁权利和承担仲裁义务的行为。根据《劳动争议调解仲裁法》，仲裁代理人有三种：

（1）法定代理人，指根据法律规定行使代理权的人，故无须办理委托代理书。如企业法人由其法定代表人参加仲裁活动；依法成立的其他企业或单位由其主要负责人参加仲裁活动；丧失或者部分丧失民事行为能力的劳动者，由其法定代理人代为参加仲裁活动；劳动者死亡的，由其近亲属或利害关系人代为参加仲裁活动。

（2）指定代理人，指基于仲裁委员会的指定而行使代理权的人。根据规定，无法定代理人的，由劳动争议仲裁委员会为其指定代理人。

（3）委托代理人，指受仲裁当事人、法定代理人的委托而代理仲裁的人。当事人可以委托 1～2 名律师或其他代理人参加仲裁活动。委托他人参加仲裁活动，应当向仲裁委员会提交有委托人签名或者盖章的委托书，委托书应当载明委托事项和权限。

六、劳动争议仲裁的程序

（一）申请与受理

当事人在法定的仲裁时效内，以书面形式向仲裁委员会申请仲裁，仲裁委员会在限期内作出是否受理的决定。劳动争议仲裁不收费。

1. 仲裁申请

申请人申请仲裁应当提交书面仲裁申请，并按照被申请人人数提交副本。书写仲裁申请确有困难的，可以口头申请，由仲裁委员会记入笔录，并告知对方当事人。

2. 仲裁申请的受理和不予受理

仲裁委员会收到仲裁申请之日起 5 日内，认为符合受理条件的，应当受理，并通知申请人；认为不符合受理条件的，应当书面通知申请人不予受理，并说明理由。对仲裁委员会不予受理或者逾期未作出决定的，申请人可以就该劳动争议事项向人民法院提起诉讼。

3. 仲裁申请送达与仲裁答辩书的提供

仲裁委员会受理仲裁申请后，应当在 5 日内将仲裁申请书副本送达被申请人；被申请人收到仲裁申请书副本后，应当在 10 日内向仲裁委员会提交答辩书；仲裁委员会收到答辩书后，应当在 5 日内将答辩书副本送达申请人；被申请人未提交答辩书的，不影响仲裁程序的进行。

（二）和解与调解

根据《劳动争议调解仲裁法》第四十一条，当事人申请劳动争议仲裁后，可以自行和解。达成和解协议的，可以撤回仲裁申请。

《劳动争议调解仲裁法》第四十二条规定，"仲裁庭在作出裁决前，应当先行调解"。《劳动人事争议仲裁办案规则》第六十八条甚至规定，仲裁委员会处理争议案件，应当坚持调解优先，引导当事人通过协商、调解方式解决争议，给予必要的法律释明及风险提示。

对于调解达成协议的，仲裁庭应当制作调解书。调解书经双方当事人签收后，发生法律效力。调解不成或者调解书送达前，一方当事人反悔的，仲裁庭应当及时作出裁决。

需要说明的是，仲裁和解与仲裁调解不同。仲裁和解是指一方当事人申请劳动争议仲裁后，当事人之间通过协商就已经提交仲裁的劳动争议自行达成解决方案的行为；而仲裁调解是指一方当事人申请劳动争议仲裁后，当事人在仲裁庭的主持下达成解决方案的活动。两者的区别还表现在发生的阶段不同，和解可以发生在当事人申请仲裁后到裁决作出前的任一阶段，可以在开庭时，也可以在开庭前或开庭后；而调解只能发生在仲裁庭作出裁决前的那一阶段。而且，和解协议与调解书的效力不同。和解协议仅具有合同效力而不具有强制执行力，当事人不能依据和解协议直接向人民法院申请强制执行；而仲裁调解书具有强制执行力，一方当事人逾期不履行的，另一方当事人可以依照《民事诉讼法》的有关规定直接向人民法院申请强制执行。

（三）开庭和裁决

仲裁委员会裁决劳动争议案件实行仲裁庭制。仲裁庭应当在限期内作出仲裁裁决。

1. 仲裁准备

仲裁准备包括组成仲裁庭、在受理仲裁申请之日起 5 日内将仲裁庭的组成情况书面通知当事人、审阅案卷材料，以及进行庭审前的调解。

2. 开庭审理与裁决

申请人收到开庭的书面通知，无正当理由拒不到庭或者未经仲裁庭同意中途退庭的，可以视为撤回仲裁申请。被申请人收到开庭的书面通知，无正当理由拒不到庭或者未经仲裁庭同意中途退庭的，可以缺席裁决，不影响仲裁程序的进行。

劳动争议仲裁公开进行，但当事人协议不公开进行或者涉及国家秘密、商业秘密和个人隐私的除外。

仲裁庭裁决劳动争议案件，应当自仲裁委员会受理仲裁申请之日起 45 日内结束。案情复杂需要延期的，经仲裁委员会主任批准，可以延期并书面通知当事人，但是延长期限不得超过 15 日。逾期未作出仲裁裁决的，当事人可以就该劳动争议事项向人民法院提起诉讼。

仲裁庭裁决劳动争议案件时，其中一部分事实已经清楚，可以就该部分先行裁决。当事人就该部分达成调解协议的，可以先行出具调解书。

而且，仲裁庭对追索劳动报酬、工伤医疗费、经济补偿或者赔偿金的案件，根据当事人的申请，可以裁决先予执行，移送人民法院执行。仲裁庭裁决先予执行的，应当符合下列条件：①当事人之间权利义务关系明确；②不先予执行将严重影响申请人的生活。

裁决应当按照少数服从多数的原则作出；仲裁庭不能形成多数意见时，裁决应当按照首席仲裁员的意见作出。仲裁庭作出裁决后，应制作仲裁裁决书。

3. 终局裁决

为解决在以往劳动争议案件处理过程中，劳动争议处理周期长、效率低、劳动者维权成本高的问题，《劳动争议调解仲裁法》作出了有针对性的制度设计：对部分劳动争议仲裁案件实行一裁终局制。

一裁终局制度是指部分特定的劳动争议案件经仲裁庭裁决后即行终结的制度，即仲裁裁决在作出后立即发生法律效力，用人单位不得就同一争议事项再向仲裁委员会申请仲裁或向人民法院起诉。需要注意的是，一裁终局制度仅适用于部分劳动争议案件，而且劳动者不受"一裁终局"的限制，即如果劳动者对仲裁裁决不服，可以自收到仲裁裁决书之日起 15 日内向人民法院提起诉讼；但对于用人单位来讲，除非仲裁裁决被人民法院依法撤销，否则仲裁裁决即为最终结果，用人单位应当限期履行。

根据《劳动争议调解仲裁法》第四十七条，下列劳动争议，除劳动者对仲裁裁决不服，自收到仲裁裁决书之日起 15 日内向人民法院提起诉讼的，仲裁裁决为终局裁决，裁决书自作出之日起发生法律效力。①追索劳动报酬、工伤医疗费、经济补偿或者赔偿金，不超过当地月最低工资标准 12 个月金额的争议。《最高人民法院关于审理劳动争议案件适用法律问题的解释（一）》补充规定，如果仲裁裁决涉及上述数项，每项确定的数额均不超过当地月最低工资标准 12 个月金额的，应当按照终局裁决处理。②因执行国家的劳动标准在工作时间、休息休假、社会保险等方面发生的争议。

一裁终局的裁决发生法律效力后，用人单位不得就同一争议事项再向仲裁委员会申请仲裁或向法院起诉①。为了保护用人单位的救济权利，法律也规定用人单位在某些情形下可以向法院申请撤销仲裁裁决。《劳动争议调解仲裁法》第四十九条规定："用人单位有证据证明本法第四十七条规定的仲裁裁决有下列情形之一，可以自收到仲裁裁决书之日起三十日内向劳动争议仲裁委员会所在地的中级人民法院申请撤销裁决：（一）适用法律、法规确有错误的；（二）劳动争议仲裁委员会无管辖权的；（三）违反法定程序的；（四）裁决所根据的证据是伪造的；

---

① 《最高人民法院关于审理劳动争议案件适用法律问题的解释（一）》第十八条规定："仲裁裁决的类型以仲裁裁决书确定为准。仲裁裁决书未载明该裁决为终局裁决或非终局裁决，用人单位不服该仲裁裁决向基层人民法院提起诉讼的，应当按照以下情形分别处理：（一）经审查认为该仲裁裁决为非终局裁决的，基层人民法院应予受理；（二）经审查认为该仲裁裁决为终局裁决的，基层人民法院不予受理，但应告知用人单位可以自收到不予受理裁定书之日起三十日内向劳动争议仲裁机构所在地的中级人民法院申请撤销该仲裁裁决；已经受理的，裁定驳回起诉。"第二十条规定："劳动争议仲裁机构作出的同一仲裁裁决同时包含终局裁决事项和非终局裁决事项，当事人不服该仲裁裁决向人民法院提起诉讼的，应当按照非终局裁决处理。"

（五）对方当事人隐瞒了足以影响公正裁决的证据的；（六）仲裁员在仲裁该案时有索贿受贿、徇私舞弊、枉法裁决行为的。人民法院经组成合议庭审查核实裁决有前款规定情形之一的，应当裁定撤销。仲裁裁决被人民法院裁定撤销的，当事人可以自收到裁定书之日起十五日内就该劳动争议事项向人民法院提起诉讼。"终局裁决一旦被人民法院裁定撤销，仲裁裁决自始无效，当事人可以就同一劳动争议事项向法院起诉。

4. 裁决书的生效和执行

终局裁决案件，裁决书自作出之日起即发生法律效力，劳动者对仲裁裁决不服，可以自收到仲裁裁决书之日起 15 日内向人民法院提起诉讼；而终局裁决以外的案件，当事人双方（劳动者或用人单位）对仲裁裁决不服的，均可自收到仲裁裁决书之日起 15 日内向人民法院提起诉讼；期满不起诉的，裁决书才发生法律效力。

此外，根据《最高人民法院关于审理劳动争议案件适用法律问题的解释（一）》第十七条，仲裁机构对多个劳动者的劳动争议作出仲裁裁决后，部分劳动者对仲裁裁决不服，依法向人民法院起诉的，仲裁裁决对提出起诉的劳动者不发生法律效力；对未提出起诉的部分劳动者，发生法律效力。

当事人对发生法律效力的调解书、裁决书，应当依照规定的期限履行。一方当事人逾期不履行的，另一方当事人可以依照《民事诉讼法》的有关规定向人民法院申请执行。受理申请的人民法院应当依法执行。

但是，当事人申请人民法院执行劳动争议仲裁机构作出的发生法律效力的裁决书、调解书，被申请人提出证据证明劳动争议仲裁裁决书、调解书有下列情形之一，并经审查核实的，人民法院可以裁定不予执行：①裁决的事项不属于劳动争议仲裁范围，或者劳动争议仲裁机构无权仲裁的；②适用法律、法规确有错误的；③违反法定程序的；④裁决所根据的证据是伪造的；⑤对方当事人隐瞒了足以影响公正裁决的证据的；⑥仲裁员在仲裁该案时有索贿受贿、徇私舞弊、枉法裁决行为的；⑦人民法院认定执行该劳动争议仲裁裁决违背社会公共利益的。当事人在收到裁定书次日起 30 日内，可以就该劳动争议事项向人民法院起诉[①]。

案例分析

小李是某公司的一名从事销售工作的员工，由于小李最近的销售业绩很不理想而且经常出现旷工的情况，公司找他沟通了好几次也没有好转，于是公司以小

---

① 《最高人民法院关于审理劳动争议案件适用法律问题的解释（一）》第二十四条。

李旷工为由向其发出了解除劳动合同的通知书。小李不服，向劳动争议仲裁委员会申请仲裁，要求支付经济补偿。劳动争议仲裁委员会经开庭审理后作出要求公司给予小李2个月工资经济补偿的裁决，即公司需要补偿小李共6000元。公司不服，想向法院提起诉讼，请问该公司能否向法院提起诉讼？

（资料来源：俞敏.我们这个案子是一裁终局吗?.劳动报，2009-03-14，有改动）

【分析】

根据《劳动争议调解仲裁法》第四十七条，追索劳动报酬、工伤医疗费、经济补偿或者赔偿金，不超过当地月最低工资标准十二个月金额的争议，除本法另有规定的外，否则仲裁裁决为终局裁决，裁决书自作出之日起发生法律效力，当事人不得就同一争议事项再向仲裁委员会申请仲裁或向法院起诉。

此案中，仲裁委员会支持员工小李的经济补偿金共为6000元，并没有超过上海市最低工资标准12个月金额，因此根据以上规定，在没有特殊情况下该仲裁裁决对该公司来说是终局裁决，该公司不能就该项劳动争议向法院起诉。

第四节　劳动争议的诉讼

劳动争议诉讼，是处理劳动争议的最终程序，指劳动争议当事人不服劳动争议仲裁委员会的裁决，在规定的期限内向人民法院起诉，人民法院依照民事诉讼程序，依法对劳动争议案件进行审理的活动。此外，劳动争议的诉讼，还包括当事人一方不履行仲裁委员会已发生法律效力的裁决书或调解书，另一方当事人向人民法院申请强制执行的活动。

一、劳动争议诉讼的原则

人民法院审理劳动争议案件适用《民事诉讼法》所规定的诉讼程序，遵循司法审判中的一般诉讼原则，如以事实为根据，以法律为准绳的原则；独立行使审判权的原则；回避原则；着重调解的原则；等等。

二、劳动争议诉讼的管辖

劳动争议诉讼管辖，是指法院受理第一审劳动争议案件的分工和权限。根据《最高人民法院关于审理劳动争议案件适用法律问题的解释（一）》第三条、第四条，劳动争议诉讼由用人单位所在地或者劳动合同履行地的基层人民法院管辖，劳动合同履行地不明确的，由用人单位所在地的基层人民法院管辖。当事人双方就同一仲裁裁决分别向有管辖权的人民法院起诉的，后受理的人民法院应当将案件移送给先受理的人民法院。

案例分析

A公司总部所在地在上海，在杭州设有分公司，在杭州当地聘请了员工张某，劳动合同履行地在杭州。A公司因张某违纪解除了张某的劳动合同，张某不服，向杭州当地的劳动争议仲裁委员会申诉。仲裁裁决后，张某对结果比较满意，而A公司不服，直接向总部所在地的法院提起诉讼。张某的代理律师向上海的法院提出管辖异议，认为该案应该由杭州的法院进行审理。双方就此引起了争议。

（资料来源：白永亮. 劳动争议的法院管辖地如何确定. 中国劳动保障报，2009-06-30，有改动。）

【分析】

此案是一起关于法院管辖权异议的劳动争议。

劳动争议的处理采用仲裁前置的处理程序，对仲裁结果不满意的，一方可以依法到法院起诉。依据《劳动争议调解仲裁法》第二十一条，劳动争议由劳动合同履行地或者用人单位所在地的劳动争议仲裁委员会管辖。而根据《最高人民法院关于审理劳动争议案件适用法律问题的解释（一）》第三条，劳动争议案件由用人单位所在地或者劳动合同履行地的基层人民法院管辖。如果劳动合同履行地和用人单位所在地一致，就不会出现仲裁管辖地与法院管辖地不一致的情形。

此案的特点在于：劳动合同履行地与用人单位所在地不一致，仲裁是由劳动者在合同履行地杭州提出的，起诉是由企业在用人单位所在地上海提出的。所以，需要解决的问题是，没有在用人单位所在地进行仲裁，可否直接在用人单位所在地提出诉讼。

依据《最高人民法院关于审理劳动争议案件适用法律问题的解释（一）》第三条："劳动争议案件由用人单位所在地或者劳动合同履行地的基层人民法院管辖。劳动合同履行地不明确的，由用人单位所在地的基层人民法院管辖。"也就是说，劳动合同履行地和用人单位所在地的法院对劳动争议都有管辖权。因此，在法律上，劳动争议仲裁的管辖地可以与劳动争议诉讼的管辖地不一致。

但是，此案中A公司要向上海的法院起诉，还需要满足两个条件。条件之一是劳动争议仲裁委员会的裁决书没有明确指定起诉法院。一般来说，仲裁裁决书在这方面的裁决有两种可能：一种是"不服裁决的，任何一方都有权向有管辖权的人民法院提起诉讼"；另一种是"不服裁决的，向某某法院提起诉讼"。如果裁决书已经指定了明确的管辖法院，那么劳动者和用人单位都只能到指定的法院起诉；如果裁决书没有明确指定有管辖权的法院，那么任何一方都可以向劳动合同履行地或用人单位所在地的法院起诉。条件之二是劳动者没有对仲裁裁决提起诉讼，若劳动者在合同履行地起诉，用人单位在单位所在地起诉的话，那么就应当由合同履行地的法院管辖这起劳动争议诉讼。

综上，此案中 A 公司对仲裁结果不服，而张某对仲裁的结果没有起诉，因此，尽管仲裁地在杭州，A 公司仍有权利向上海的法院起诉，而上海的法院依法拥有管辖权。

三、劳动争议诉讼的程序

劳动争议诉讼实行二审终审制，当事人对劳动争议仲裁机构的仲裁不服的，可以向人民法院起诉，对一审法院的判决不服的，可以向上一级人民法院上诉，二审法院的判决是劳动争议的最终判决。

（一）劳动争议案件的起诉

根据《劳动法》和《劳动争议调解仲裁法》，劳动争议当事人对仲裁裁决不服的，自收到裁决书之日起 15 日内，可以向人民法院起诉。当事人依法向人民法院起诉的，劳动争议仲裁裁决不发生法律效力。

（二）劳动争议案件的受理

《民事诉讼法》规定，人民法院收到起诉状或者口头起诉后，进行审查认为符合起诉条件的，应当在 7 日内立案，并通知当事人；认为不符合起诉条件的，也应当在 7 日内裁定不予受理；原告对裁定不服的，可以提起上诉。

（三）劳动争议案件的准备与调查

这一阶段的主要工作是人民法院做好审理前的准备工作以及调查取证工作。

1. 送达起诉状副本和答辩状副本

人民法院应当在立案之日起 5 日内将起诉状副本送被告，被告在收到之日起 15 日内提出答辩状；被告提出答辩状的，人民法院应当在收到之日起 5 日内将答辩状副本发送原告。被告不提出答辩状的，不影响人民法院审理。

2. 告知当事人诉讼权利和合议庭组成人员

人民法院对决定受理的案件，应当在受理案件通知书和应诉通知书中向当事人告知有关的诉讼权利义务，或者口头告知。合议庭组成人员确定后，应在 3 日内告知当事人。

3. 认真审核诉讼材料，调查收集必要的证据

法院的调查取证除了对原告提供的有关材料、证据或仲裁机构掌握的情况、证据进行核实外，自己还要对争议的有关情况、事实进行重点调查。

（四）劳动争议案件的调解与审判

人民法院审理劳动争议案件，同样应先行调解，但调解必须坚持双方自愿，不得强迫。当事人同意进行调解的，应当组成合议庭进行调解。调解成功的，要制作法院调解书。调解书经双方当事人签收后，发生法律效力。法院调解不成或调解书送达前当事人反悔的，法院应当进行及时判决。

开庭审理，是人民法院在劳动争议诉讼当事人及其他诉讼参与人的参加下，依照法定形式和程序，在法庭上对劳动争议案件进行实体审理的诉讼活动过程，主要包括法庭调查、法庭辩论和法庭判决等程序。对于判决结果，有可能当庭宣判，也可能定期宣判。当庭宣判的，应当在 10 日内将判决书送达当事人；定期宣判的，宣判后应立即将判决书发给当事人。

（五）劳动争议二审与判决的执行

法庭判决书送达当事人以后，当事人不服一审判决的，可在一审判决书送达之日起 15 日内向上一级即中级人民法院提起上诉。二审人民法院作出的判决为终审判决。当事人在规定时间内不向上一级法院上诉的，判决书即行生效，双方当事人必须执行。当事人如在规定的时限内不执行判决的，另一方当事人可向人民法院申请强制执行。

思考题

1. 简述我国现行法律所确定的劳动争议处理机构的受案范围。
2. 如何理解我国劳动争议处理的"着重调解"的原则？
3. 简述我国劳动争议的处理程序或途径。
4. 如何理解我国劳动争议举证责任的分配原则？
5. 简述我国劳动争议的调解机构及调解程序。
6. 如何理解劳动争议调解机构所制作的调解协议书的效力？
7. 简述我国劳动争议仲裁机构的制度体系和管辖权分配原则。
8. 简述我国劳动争议仲裁的基本程序。
9. 如何理解仲裁时效和诉讼时效？
10. 评价我国的"一调一裁二审制"和"仲裁前置原则"。

案例讨论一

劳动争议案件的管辖权如何确定？

雪花公司是在北京注册的一家乳品公司，其过硬的乳品品质和良好的口感受到了消费者广泛的好评，市场越做越大，在北京市、天津市的主要城区及郊区县都设有生产厂家。

小米是雪花公司位于天津市某区的生产厂的一位技术研发人员。小米和企业签订了两年的固定期限的劳动合同，合同履行了一年半后，小米向企业提出了辞职申请。10 天以后，小米意外地收到了公司的处罚通知书，处罚原因是小米作为技术人员掌握着公司的乳品配方，却将公司乳品配方这种重要的商业机密泄露给了雪花公司的竞争对手春芽乳品厂，违反了《雪花公司规章制度》中关于技术人员应当保守公司的商业秘密的规定，属于严重违纪的行为，因此，解除与该技术人员的劳动合同。

小米不服，因此向生产厂所在地天津市某区的劳动争议仲裁委员会提起了仲裁。与此同时，雪花公司在北京聘请了律师并派出了一名公司的法务人员作为代表向其登记注册地北京市朝阳区劳动争议仲裁委员会提起了仲裁，要求小米赔偿因泄漏商业秘密给公司造成的损失。

（资料来源：徐阳. 劳动合同法看图一点通. 北京：中国法制出版社，2008：243，有改动）

讨论题：

1. 小米向生产厂所在地天津市某区的劳动争议仲裁委员会提起仲裁，而同时，雪花公司向其登记注册地北京市朝阳区劳动争议仲裁委员会提起仲裁，最终，该案件应由哪一个仲裁委管辖呢？请阐述法律依据。

2. 阐述我国确定劳动争议案件的仲裁管辖机构的主要原则。

案例讨论二

调解协议书的法律效力

窦先生在 A 公司任职生产主管已经 3 年，他每个星期固定要上班六天，并且几乎每天 8 小时之外还要加班 2～3 小时，但公司从未支付过窦先生加班费。

因受金融危机影响，公司决定缩小生产规模，不再招收新人员，对劳动合同到期的员工也不再续签，以此降低经营成本。11月，窦先生与公司的劳动合同到期终止，虽然公司依法支付了窦先生经济补偿金，但窦先生还要求公司再支付其最近两年的加班费50 000元，公司的人力资源总监表示公司并无此先例，拒绝支付窦先生加班费。

在劳动合同到期终止后的第二天，窦先生即向企业的劳动争议调解委员会申请调解，双方最终达成调解协议，企业同意向窦先生支付加班费25 000元。但是，自调解协议达成后都一个月了，企业仍未向窦先生支付协议上注明的加班费金额。无奈之下，窦先生只好向劳动争议仲裁委员会申请仲裁。

仲裁委员会在受理该案后，在仲裁员的出面调解下，双方最终再次达成调解协议：公司在签收调解书后10天内支付窦先生加班费30 000元。仲裁庭制作了调解书，并送达双方当事人签收。但是，10天过去了，公司却一直以公司内部正在进行财务制度改革为由迟迟不支付加班费。因此窦先生持调解书向法院申请强制执行，法院受理了窦先生的执行申请。

（资料来源：此案例由毛晓燕编撰）

讨论题：

1. 为什么在窦先生经历了由企业劳动争议调解委员主持的调解程序以后，到了仲裁环节还要进行调解？这体现了我国在处理劳动争议案件时的什么重要原则？

2. 此案中，窦先生与公司先后达成了两次调解协议，但结果却不一样，请结合此案例阐述两次调解的区别。

案例讨论三

关于加班的举证责任

金某于9月1日到某公司担任动画部经理，双方未签订书面劳动合同，约定试用期3个月，试用期工资为每月6400元。金某在公司工作了2个多月，至11月25日辞职。金某因主张其在公司工作期间存在加班，具体为9月17日、9月24日、10月4~6日、10月15日、10月22日、10月29日和30日共9天时间，且上述九天加班均有打卡记录，而公司未支付加班费，向公司所在区劳动争议仲裁委员会提出申诉，要求公司支付加班费5506.56元。该委员会经审理认为，金某要求加班费的依据不足，驳回了金某的申诉请求。金某不服仲裁裁决，向法院提起诉讼。

公司辩称，我公司在新员工培训会上，已明确说明了公司的各项制度要求，我公司的考勤管理制度规定，员工如需加班，必须事先填写加班申请单，经主管上级领导核实签字后方可生效。金某所列明的时间段没有任何加班记录，故无法证明其加班。打卡记录只说明其曾进出公司，考勤记录不能证明其存在加班事实。

金某为证明其加班事实，向法院提供了员工加班登记表及公司于 11 月 24 日出具的证明。公司认可在加班登记表上签字的高某、王某及刘某均系该公司员工，但认为根据该公司管理制度，因签字人并非金某的主管领导，没有审批加班的权力，故不能证明金某存在加班事实，只能证明金某有刷卡记录。就此，公司向法院提供了考勤管理制度，金某对该制度不予认可，公司未能提供该制度已向金某进行过明示的证据。

此外，金某主张的加班时间均为休息日。经法院核实，在员工加班登记表上金某加班处有公司员工签字的时间分别为 9 月 17 日、10 月 5～7 日、10 月 29 日和 30 日。

法院审理认为，此案中，公司主张该公司的考勤管理制度规定：员工如需加班，必须事先填写加班申请表，经主管上级领导核实签字后方可生效。但金某对该制度不予认可，且公司未提供该制度已向金某进行过明示的证据，故法院对该考勤管理制度不予认可，该制度对金某不具有约束力。现金某提供的员工加班登记表载明，9 月 17 日、10 月 5～7 日、10 月 29 日和 30 日的加班记录有公司员工签字确认，故法院认定金某在上述时间进行了加班工作，公司应向金某支付相应的加班工资。金某主张的其他加班时间无公司员工签字确认，故法院对金某要求的其他时间的加班工资不予支持。

法院最终判令某公司向金某支付 9 月 17 日、10 月 5～7 日、10 月 29 日和 30 日的加班工资 3372 元。

一审判决作出后，公司不服判决并提出上诉，二审判决驳回上诉，维持原判。

（资料来源：张家麟. 劳动争议 75 案. 北京：中国法制出版社，2008：322-324，有改动）

讨论题：

1. 我国现行法律法规明确规定应由用人单位承担举证责任的事项有哪些？是否包括对员工加班记录的举证？结合此案说明在员工主张加班工资这一争议上，用人单位和劳动者应承担的举证责任。

2. 此案中，公司败诉的关键原因是什么？

3. 如果你是这家公司的负责人，经历过此案后，你将如何弥补漏洞以防止类似的事情再度发生？

第十三章　非标准劳动关系

随着我国社会经济的深入发展，劳动关系亦发生了深刻变化，就业形式越来越灵活、弹性，非标准劳动关系得到迅速发展，并日益冲击着标准劳动关系。

我国近年来已逐步重视非标准劳动关系的问题，《中共中央、国务院关于进一步做好下岗失业人员再就业工作的通知》明确指出："鼓励下岗失业人员通过非全日制、临时性、季节性、弹性工作等灵活多样形式实现就业。"原劳动和社会保障部发布了部门规章《关于非全日制用工若干问题的意见》，一些省市也相继出台了地方规定。尤其是《劳动合同法》的出台，对劳务派遣和非全日制用工这两种用工形式进行了专门规定。以下，我们将分别就劳务派遣和非全日制用工这两种主要的非标准劳动关系进行阐述和讨论。

第一节　劳务派遣

一、劳务派遣的定义与发展

1. 劳务派遣的定义

劳务派遣，又称劳动力派遣、劳动力租赁、人才租赁、人才派遣等，《劳动合同法》出台后将其规范为"劳务派遣"，指用工单位向劳务派遣单位提出所需人员的条件，由劳务派遣单位向用工单位派遣劳务人员的用工形式。这种用工形式最显著的特征就是雇佣关系与劳动力使用关系相分离，用工单位"只用人、不雇人"，而劳务派遣单位"只雇人、不用人"。

2. 我国劳务派遣的产生与发展

劳务派遣在我国的产生和发展，是市场经济条件下市场主体自发选择的结果。由于这种用人和招聘相分离的模式具有合理利用专业单位、根据市场需求配置劳动力资源、降低用工单位人事成本、方便非正规就业者被纳入社会保障体系覆盖范围的优点，而在我国得到飞速发展。尤其是进入 20 世纪 90 年代后期，我国劳务派遣用工数量猛增，劳务派遣也成为社会上热门行业。

在我国，劳务派遣出现至今，一直是毁誉参半。一方面，它使企业的用工形式更加灵活，能够满足企业的多种需要；另一方面，由于相关立法缺失，三方主体的法律关系混乱不清，劳务派遣单位和用工单位之间相互推诿，劳动者的权益容易受到侵害。因此，2008 年以前，我国劳务派遣这一用工形式的发展状况可以概括为：快速发展、潜力巨大、无序竞争和缺乏规范。

2007 年，以《劳动合同法》的出台为标志，我国第一次对劳务派遣这一用工形式作出了法律层次上的规定。2012 年，《劳动合同法》就劳务派遣作了修订，提高进入门槛，设置行政许可，进一步对劳务派遣的使用进行了规范和限制。之后，人力资源和社会保障部先后出台《劳务派遣行政许可实施办法》（2013 年 7 月 1 日起施行）和《劳务派遣暂行规定》（2014 年 3 月 1 日起施行）。至此，初步形成了对劳务派遣这一非标准用工形式较为全面的法律规范体系。

二、劳务派遣的主体

（一）劳务派遣三方主体关系

与传统的用工模式中"用人单位-劳动者"之间一对一的劳动关系所不同的是，劳务派遣涉及劳务派遣单位、接受派遣单位以及被派遣员工三方之间的关系，即劳务派遣这种用工模式存在三角关系，如图 13-1 所示。

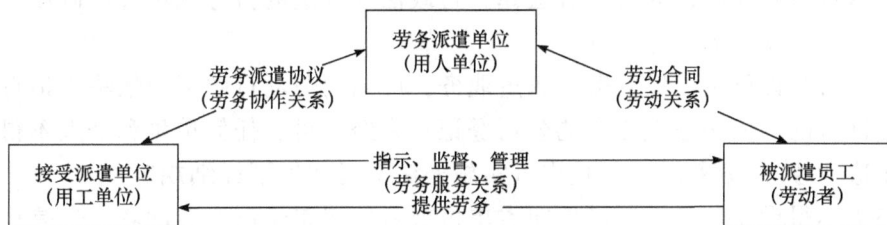

图 13-1　劳务派遣三方主体关系

劳务派遣活动由三方当事人来完成，包括劳务派遣单位、接受派遣单位、被派遣员工，三方依据不同的法律关系缔结比较特殊的劳动力使用三角关系。

（1）劳务派遣单位与接受派遣单位是两个平等的民事主体，双方通过订立劳务派遣协议确定劳务协作关系，劳务派遣单位派遣劳动者为接受派遣单位提供劳务，接受派遣单位向劳务派遣单位支付管理费，属于民事法律关系的范畴。

（2）劳务派遣单位与被派遣员工之间是用人单位和劳动者之间的关系，双方通过订立劳动合同确定劳动关系，属于劳动法调整范畴。

（3）接受派遣单位是实际使用劳动者的用工单位，劳动者与用工单位之间是一种劳务服务关系，即劳动者向用工单位提供劳务，劳动者接受用工单位在具体工作中的指示、监督和管理。

在劳务派遣的实践中，一般先由用工单位向劳务派遣单位提出所需人员的条件，双方就派遣岗位和人员数量、派遣期限、劳动报酬和社会保险费的数额与支付方式以及违反协议的责任等内容达成劳务派遣协议；然后劳务派遣单位与被派遣劳动者订立劳动合同，并由劳务派遣单位向用工单位派遣劳动者。

在劳务派遣这种用工形式下，劳动管理事务被划分为两部分：用工单位负责被派遣员工的工作岗位安排、提供一定的劳动保护条件、劳动纪律的制定和实施等生产性劳动管理事务；劳务派遣单位则负责被派遣员工的招聘录用、劳动合同的签订、人事档案的建立与管理、工资发放、社会保险费的缴纳等非生产性的劳动管理事务，相当于用工单位的"第二人力资源部"，为用工单位提供社会化的人力资源管理服务。通过非生产性劳动管理事务服务的提供，劳务派遣单位实现了非生产性劳动管理事务的专业化和集约化，从而降低了劳动管理成本，提高劳动管理效率。对于用工单位来说，非生产性劳动管理事务的剥离，减轻了管理负担，能够专注于生产性劳动事务管理，减少管理成本，提高管理效率。

（二）劳务派遣单位的主体资格

《劳动合同法》对劳务派遣单位的主体资格予以限制性规定。

（1）条件限制。根据《劳动合同法》第五十七条，经营劳务派遣业务应当具备下列条件：①注册资本不得少于人民币二百万元；②有与开展业务相适应的固定的经营场所和设施；③有符合法律、行政法规规定的劳务派遣管理制度；④法律、行政法规规定的其他条件。

（2）行政许可制。经营劳务派遣业务，应当向劳动行政部门依法申请行政许可；经许可的，依法办理相应的公司登记。未经许可，任何单位和个人不得经营劳务派遣业务。《劳务派遣行政许可实施办法》对此做了详细规定。

（3）不得设立劳务派遣单位向本单位或者所属单位派遣劳动者。这是针对实践中某些企业为了降低用工成本，将一些原来的正式职工以改制名义，分流到本企业设立的劳务派遣公司，然后又以劳务派遣公司的名义派遣到原岗位的不正常现象所做的禁止性规定，即用人单位不得自设劳务派遣单位向本单位或者所属单位派遣劳动者。学界对"所属单位"目前存在多种理解，最广泛的一种理解认为"所属单位"包括：一是母公司与子公司的关系；二是集团公司与下属公司的关系；三是具有关联性质的公司关系[①]。对于用工单位而言，面对法律歧义最好选择最没有风险的方式，即选择与自己没有任何关系的劳务派遣单位合作。

---

① 信春鹰：《中华人民共和国劳动合同法释义》，北京：法律出版社，2007年，第230页。

（三）用工单位使用劳务派遣工的限制性规定

用工单位是使用被派遣劳动者从事劳动的单位,《劳动合同法》对其做了两方面限制。

1. 用工范围

劳务派遣用工是补充形式,只能在临时性、辅助性或者替代性的工作岗位上实施。这是法律出于防止用工单位滥用劳务派遣制度,任意扩大劳务派遣使用范围而做的限制性规定,限定了实施劳务派遣的工作岗位范围,即具有"临时性、辅助性或者替代性"。其中,临时性工作岗位是指存续时间不超过6个月的岗位;辅助性工作岗位是指为主营业务岗位提供服务的非主营业务岗位;替代性工作岗位是指用工单位的劳动者因脱产学习、休假等原因无法工作的一定期间内,可以由其他劳动者替代工作的岗位。并且,《劳务派遣暂行规定》对辅助性岗位做了进一步要求,即用工单位决定使用被派遣劳动者的辅助性岗位,应当经职工代表大会或者全体职工讨论,提出方案和意见,与工会或者职工代表平等协商确定,并在用工单位内公示。

2. 用工比例

用工单位应当严格控制劳务派遣用工数量,使用的被派遣劳动者数量不得超过其用工总量的10%。用工总量是指用工单位订立劳动合同人数与使用的被派遣劳动者人数之和。为加强对用工单位执行比例要求的监督管理,确定用工比例的责任主体,《劳务派遣暂行规定》对比例的核算问题进行了明确,即用工比例的计算单位为依照《劳动合同法》和《劳动合同法实施条例》可以与劳动者订立劳动合同的用人单位。

案例分析

某体育文化用品公司近年来发展迅速,员工队伍逐渐扩大。公司为了节省人工成本,便于管理,专门成立了一家劳务派遣公司。公司通知所有员工在一个月内重新与该劳务派遣公司签订劳动合同,合同约定劳动者被派遣到体育文化用品公司工作,工资降为原来的2/3。很多员工为了能继续工作,被迫同意;而王晓芸(化名)认为,自己已经同公司签订了2年期的劳动合同,遂拒绝与劳务派遣公司签订劳动合同。公司以王晓芸不同意订立劳动合同为由,通知其3日内办理离职手续。

王晓芸遂向劳动争议仲裁委员会提起申请,要求公司恢复其劳动关系,继续履行与体育文化用品公司的劳动合同。

(资料来源:张驰.单位变相自派,法理情理难容.人力资源,2008(12):

71-70.）

【分析】

现实中，部分用人单位为了追求用人成本和法律成本的最低化，规避责任，将其应当承担的责任转移给劳务派遣单位，有的甚至自行设立劳务派遣单位，损害了被派遣劳动者的合法权益。为此，《劳动合同法》第六十七条规定，用人单位不得设立劳务派遣单位向本单位或者所属单位派遣劳动者。

此案中，体育文化用品公司自行设立一家派遣公司后，要求原正式员工与该派遣公司签订劳动合同，以派遣方式用工，属于以上所述的违法自派行为。王晓芸入职时与体育文化用品公司签订的 2 年期劳动合同，该劳动合同仍然有效，应当继续履行。

三、劳务派遣三方之间权利义务关系及其法律规定

（一）劳务派遣单位与用工单位之间的权利义务

劳务派遣单位通过与用工单位签订劳务派遣协议确定双方之间的劳务协作关系。

1. 劳务派遣协议的内容

根据《劳动合同法》第五十九条第一款和《劳务派遣暂行规定》第七条，劳务派遣协议应当载明下列内容：①派遣的工作岗位名称和岗位性质；②工作地点；③派遣人员数量和派遣期限；④按照同工同酬原则确定的劳动报酬数额和支付方式；⑤社会保险费的数额和支付方式；⑥工作时间和休息休假事项；⑦被派遣劳动者工伤、生育或者患病期间的相关待遇；⑧劳动安全卫生以及培训事项；⑨经济补偿等费用；⑩劳务派遣协议期限；⑪劳务派遣服务费的支付方式和标准；⑫违反劳务派遣协议的责任；⑬法律、法规、规章规定应当纳入劳务派遣协议的其他事项。

2. 关于劳务派遣的期限

根据《劳动合同法》第五十九条第二款，用工单位应当根据工作岗位的实际需要与劳务派遣单位确定派遣期限，不得将连续用工期限分割订立数个短期劳务派遣协议。为了避免劳务派遣人为的短期化，法律提倡根据工作岗位的实际需要确定派遣期限，并禁止将连续用工期限分割订立数个短期劳务派遣协议。

（二）劳务派遣单位与被派遣劳动者之间的权利义务

劳务派遣单位与被派遣劳动者通过签订劳动合同建立劳动关系，此种劳动关系虽与传统的标准劳动关系有些差别，但仍属于劳动关系范畴。因此，双方的权利义务关系受劳动法调整。《劳动合同法》第五十八条明确指出，"劳务派遣单位

是本法所称用人单位，应当履行用人单位对劳动者的义务"。

1. 劳动合同的内容

劳务派遣单位要与被派遣劳动者订立书面劳动合同，并且，根据《劳动合同法》第五十八条，"劳务派遣单位与被派遣劳动者订立的劳动合同，除应当载明本法第十七条规定的事项外，还应当载明被派遣劳动者的用工单位以及派遣期限、工作岗位等情况"，即劳务派遣单位与被派遣劳动者订立的劳动合同应当具备以下条款：①劳务派遣单位（用人单位）的名称、住所和法定代表人或者主要负责人；②被派遣劳动者的姓名、住址和居民身份证或者其他有效证件号码；③劳动合同期限，包括派遣期限；④工作内容和工作地点，包括被派遣劳动者的用工单位、工作岗位等情况；⑤劳动报酬；⑥社会保险；⑦劳动保护、劳动条件和职业危害防护；⑧法律、行政法规规定应当纳入劳动合同的其他事项。

2. 劳动合同的期限

（1）劳务派遣单位应当与被派遣劳动者订立两年以上的固定期限劳动合同。为了避免由于劳务派遣期限的不确定性造成劳务派遣市场的不稳定，《劳动合同法》规定劳务派遣单位与被派遣劳动者必须签订固定期限劳动合同，并且合同期限至少为两年。

（2）劳务派遣单位不得以非全日制用工形式招用被派遣劳动者。非全日制用工属于一种灵活的用工形式，双方当事人可以订立口头协议，且可以随时提出终止用工，这与劳务派遣规定的必须订立两年以上的固定期限劳动合同的规定显然冲突，因此，《劳动合同法实施条例》补充规定劳务派遣单位不得招用非全日制用工劳动者。但是，该规定并不反对劳务派遣单位将招用的劳动者派遣至用工单位从事非全日制岗位工作。

（3）劳务派遣单位可以依法与被派遣劳动者约定试用期。根据《劳务派遣暂行规定》第六条，劳务派遣单位可以依法与被派遣劳动者约定试用期。劳务派遣单位与同一被派遣劳动者只能约定一次试用期。至于被派遣劳动者被派遣至不同的企业时如何考核其是否符合用工条件的问题，在实践中常采用用工单位与被派遣劳动者约定一定期限的试工期，明确试工期内考核方式、考核程序、考核标准等，但这种试工期在无特殊规定的情况下只能作为退回被派遣劳动者的依据，不能作为解除劳动合同的依据。

3. 劳动报酬的给付

根据《劳动合同法》第五十八条、第六十条、第六十一条和《劳务派遣暂行规定》第八条：①劳务派遣单位应当按月支付劳动报酬；②劳务派遣单位跨地区派遣劳动者的，被派遣劳动者享有的劳动报酬和劳动条件，按照用工单位所在地的标准执行；③劳务派遣单位不得克扣用工单位按照劳务派遣协议支付给被派遣劳动者的劳动报酬；④即使被派遣劳动者在无工作期间，劳务派遣单位也应当按照所在地人民政府规定的最低工资标准，向其按月支付报酬；⑤按照国家规定和劳务派遣协议约定，依法为被派遣劳动者缴纳社会保险费，并办理社会保险相关手续。《劳务派遣暂行规定》第十八条、第十九条还对跨地区劳务派遣的社会保险事宜做了专门规定，即劳务派遣单位应当在用工单位所在地为被派遣劳动者参加社会保险。

从规定中可以看出，劳动者在用工单位工作期间，其劳动报酬和社会保险应根据用工单位所在地的标准执行，劳动者的劳动报酬也是由用工单位根据劳务派遣协议按月支付给劳务派遣单位，再由劳务派遣单位代发全部被派遣劳动者的工资、代扣代缴个人所得税、代扣代缴社会保险费等。但是，在被派遣劳动者无工作期间，劳务派遣单位则须按最低工资标准承担被派遣劳动者的工资报酬与社会保险费。

4. 劳务派遣单位的管理义务

（1）劳务派遣单位的告知义务。根据《劳动合同法》第六十条第一款和《劳务派遣暂行规定》第八条，劳务派遣单位应当如实告知被派遣劳动者工作内容、工作条件、工作地点、职业危害、安全生产状况、应遵守的规章制度、劳务派遣协议的内容，以及劳动者要求了解的其他情况。劳务派遣协议虽然是劳务派遣单位与用工单位之间的双方合同，具有民事合同的性质，但是其中关于派遣岗位、派遣期限、劳动报酬和社会保险费的数额与支付方式等多项内容都与被派遣劳动者的利益密切相关。劳务派遣单位一般依据劳务派遣协议的相关内容与劳动者订立劳动合同，因此有必要让被派遣劳动者了解劳务派遣协议的相关内容。

（2）劳务派遣单位的培训义务。《劳务派遣暂行规定》第八条规定，劳务派遣单位应当建立培训制度，对被派遣劳动者进行上岗知识、安全教育培训，从而明确了劳务派遣单位作为用人单位而应尽的岗前培训义务。

（3）督促用工单位合法用工和协助处理纠纷的义务。根据《劳务派遣暂行规定》第八条，劳务派遣单位应当督促用工单位依法为被派遣劳动者提供劳动保护和劳动安全卫生条件。由于用工单位是实际使用被派遣劳动者的单位，因此《劳动合同法》规定用工单位应当为被派遣劳动者提供相应的劳动条件和劳动保护；而劳务派遣单位作为用人单位则负有督促用工单位依法执行的义务。同时，《劳务派遣暂行规定》第八条还规定了当被派遣劳动者与用工单位产生劳动纠纷时，劳务派遣单位应当积极主动地协助处理，从而明确了用工单位与被派遣劳动者发生纠纷时劳务派遣单位的角色定位，目的是将劳务派遣单位作为被派遣劳动者"用人单位"的作用真正发挥出来。

（4）承担工伤保险责任。被派遣劳动者在用工单位因工作遭受事故伤害的，劳务派遣单位应当依法申请工伤认定，承担工伤保险责任，但可以与用工单位约定补偿办法。

5. 劳动合同的解除和终止

（1）协商一致解除劳动合同。被派遣劳动者与劳务派遣单位协商一致，可以解除劳动合同，劳务派遣单位应当将解除劳动合同的情况及时告知用工单位。

（2）被派遣劳动者单方解除劳动合同的权利。《劳动合同法》第六十五条第一款和《劳务派遣暂行规定》第十四条赋予了被派遣劳动者完整的单方解除权：①被派遣劳动者提前 30 日以书面形式通知劳务派遣单位，可以解除劳动合同；②被派遣劳动者在试用期内提前 3 日通知劳务派遣单位，可以解除劳动合同；③用人单位出现《劳动合同法》第三十八条情形之一，即侵害劳动者合法权益时，被派遣劳动者拥有单方解除权。劳务派遣单位应当将被派遣劳动者通知解除劳动合同的情况及时告知用工单位。

（3）劳务派遣单位单方解除劳动合同的权利。具体如下：①被派遣劳动者因《劳动合同法》第三十九条和第四十条第一、二项[1]规定情形被退回的，劳务派遣单位可以与劳动者解除劳动合同。②被派遣劳动者因《劳务派遣暂行规定》第十二条[2]被用工单位退回，劳务派遣单位重新派遣时维持或者提高劳动合同约定条件，被派遣劳动者不同意的，劳务派遣单位可以解除劳动合同。劳务派遣单位应当依法出具解除劳动合同的证明。

（4）劳动合同终止。劳务派遣单位被依法宣告破产、吊销营业执照、责令关闭、撤销、决定提前解散或者经营期限届满不再继续经营的，劳动合同终止。用工单位应当与劳务派遣单位协商妥善安置被派遣劳动者。劳务派遣单位应当依法出具终止劳动合同的证明。但是，劳务派遣单位行政许可有效期未延续或者《劳务派遣经营许可证》被撤销、吊销的，已经与被派遣劳动者依法订立的劳动合同应当履行至期限届满。

（5）不得解除劳动合同的情形。被派遣劳动者因《劳务派遣暂行规定》第十

---

① 《劳动合同法》第三十九条："劳动者有下列情形之一的，用人单位可以解除劳动合同：（一）在试用期间被证明不符合录用条件的；（二）严重违反用人单位的规章制度的；（三）严重失职，营私舞弊，给用人单位造成重大损害的；（四）劳动者同时与其他用人单位建立劳动关系，对完成本单位的工作任务造成严重影响，或者经用人单位提出，拒不改正的；（五）因本法第二十六条第一款第一项规定的情形致使劳动合同无效的；（六）被依法追究刑事责任的。"《劳动合同法》第四十条："有下列情形之一的，用人单位提前三十日以书面形式通知劳动者本人或者额外支付劳动者一个月工资后，可以解除劳动合同：（一）劳动者患病或者非因工负伤，在规定的医疗期满后不能从事原工作，也不能从事由用人单位另行安排的工作的；（二）劳动者不能胜任工作，经过培训或者调整工作岗位，仍不能胜任工作的……"

② 《劳务派遣暂行规定》第十二条："有下列情形之一的，用工单位可以将被派遣劳动者退回劳务派遣单位：（一）用工单位有劳动合同法第四十条第三项、第四十一条规定情形的；（二）用工单位被依法宣告破产、吊销营业执照、责令关闭、撤销、决定提前解散或者经营期限届满不再继续经营的；（三）劳务派遣协议期满终止的……"

二条被用工单位退回，劳务派遣单位不得依据该退回情形解除劳动合同；劳务派遣单位重新派遣时降低劳动合同约定条件，被派遣劳动者不同意的，劳务派遣单位不得解除劳动合同，但被派遣劳动者提出解除劳动合同的除外。

（6）经济补偿金。对于解除或终止劳动合同，劳务派遣单位与标准劳动关系下的用人单位一样，须依照《劳动合同法》第四十六条、第四十七条的规定向被派遣劳动者支付经济补偿。此外，被派遣劳动者因《劳务派遣暂行规定》第十二条被用工单位退回，双方解除劳动合同的，劳务派遣单位应当支付经济补偿。如果劳务派遣单位违法解除或者终止被派遣劳动者的劳动合同，需承担《劳动合同法》第四十八条所规定的法律后果。

（三）用工单位与被派遣劳动者之间的权利义务

在劳务派遣中，虽然劳务派遣单位是用人单位，应当履行用人单位对劳动者的义务。但是，劳动者根据劳动合同，是向用工单位提供劳务，所以，在劳动者为用工单位提供劳务服务的过程中，与用工单位形成一种劳务服务关系。根据这种劳务服务关系，用工单位应当履行一系列的义务。《劳动合同法》第六十二至六十四条、《劳务派遣暂行规定》第九至十三条对用工单位的义务和劳动者的权利做了明确规定。

（1）执行国家劳动标准，提供相应的劳动条件和劳动保护。关于劳动条件和劳动保护，国家和各地区都有一系列的规定，这些规定主要针对用人单位。但是在劳务派遣中，用工单位是实际使用劳动者的单位，应当按照标准提供相应的劳动条件和劳动保护。

（2）告知被派遣劳动者的工作要求和劳动报酬。在劳务派遣中，劳动者与劳务派遣单位订立劳动合同，所以在实际工作之前缺乏与用工单位的接触和了解，为了让劳动者更好地提供劳务，用工单位应当告知被派遣劳动者的工作要求。而且，为了有助于双方信息的对称，防止劳务派遣单位克扣被派遣劳动者的劳动报酬，法律也规定了用工单位告知被派遣劳动者劳动报酬的义务。

（3）支付加班费、绩效奖金，提供与工作岗位相关的福利待遇。在劳务派遣的情况下，劳动者的报酬由劳务派遣协议加以规定，并由劳务派遣单位支付给劳动者。但是对加班费、绩效奖金、与工作岗位相关的福利待遇等，都是在具体劳动中产生的报酬内容，不便于在劳务派遣协议中明确规定，因此可以由用工单位向被派遣劳动者直接支付或提供。《劳务派遣暂行规定》第九条特别强调，用工单位应当向被派遣劳动者提供与工作岗位相关的福利待遇，不得歧视被派遣劳动者。

（4）对在岗被派遣劳动者进行工作岗位所必需的培训。用工单位自己负责对在岗被派遣劳动者进行工作岗位所必需的培训，该费用由用工单位承担。

（5）连续用工的，实行正常的工资调整机制。这主要是解决被派遣劳动者的工资长期过低的问题，对劳动者因长期工作而享有提升工资的权益进行了保护。

（6）被派遣劳动者享有与用工单位的劳动者同工同酬的权利。用工单位应当按照同工同酬原则，对被派遣劳动者与本单位同类岗位的劳动者实行相同的劳动报酬分配办法。用工单位无同类岗位劳动者的，参照用工单位所在地相同或者相近岗位劳动者的劳动报酬确定。

（7）被派遣劳动者有权在劳务派遣单位或者用工单位依法参加或者组织工会，维护自身的合法权益。

（8）被派遣劳动者在申请进行职业病诊断、鉴定时，用工单位应当负责处理职业病诊断、鉴定事宜，并如实提供职业病诊断、鉴定所需的劳动者职业史和职业危害接触史、工作场所职业病危害因素检测结果等资料，劳务派遣单位应当提供被派遣劳动者职业病诊断、鉴定所需的其他材料。

（9）用工单位不得将被派遣劳动者再派遣到其他用工单位。法律禁止用工单位对被派遣劳动者进行再派遣。也就是说，接受以劳务派遣形式用工的单位接收被派遣劳动者必须是自用。

（10）用工单位依法退回被派遣劳动者的权利。有下列情形之一的，用工单位可以将劳动者退回劳务派遣单位：①被派遣劳动者有《劳动合同法》第三十九条和第四十条第一、二项规定情形的；②用工单位有《劳动合同法》第四十条第三项、第四十一条规定情形的[①]；③用工单位被依法宣告破产、吊销营业执照、责令关闭、撤销、决定提前解散或者经营期限届满不再继续经营的；④劳务派遣协议期满终止的。但是，被派遣劳动者有《劳动合同法》第四十二条规定情形的，在派遣期限届满前，用工单位不得依据上述②③④将被派遣劳动者退回劳务派遣单位；派遣期限届满的，应当延续至相应情形消失时方可退回。

（四）劳务派遣单位与用工单位的法律责任

《劳动合同法》第九十二条第二款规定：劳务派遣单位、用工单位违反本法有关劳务派遣规定的，由劳动行政部门和其他有关主管部门责令改正；情节严重的，以每人一千元以上五千元以下的标准处以罚款，对劳务派遣单位，吊销其劳务派遣业务经营许可证。用工单位给被派遣劳动者造成损害的，劳务派遣单位与用工单位承担连带赔偿责任。

---

① 《劳动合同法》第四十条第三项："劳动合同订立时所依据的客观情况发生重大变化，致使劳动合同无法履行，经用人单位与劳动者协商，未能就变更劳动合同内容达成协议的。"《劳动合同法》第四十一条："（一）依照企业破产法规定进行重整的；（二）生产经营发生严重困难的；（三）企业转产、重大技术革新或者经营方式调整，经变更劳动合同后，仍需裁减人员的；（四）其他因劳动合同订立时所依据的客观经济情况发生重大变化，致使劳动合同无法履行的。"

案例分析

2013 年 9 月 27 日，申请人雷宇靖（化名）经某劳务公司派遣至某工业公司保冷车间从事辅助剪料工作，未接受任何岗位规范和劳动保护培训。2013 年 10 月 8 日，申请人在剪料工作时误操作被机器压伤右手，经鉴定为工伤七级。至事故发生，申请人尚未领取过工资，亦未办理工伤保险。

2015 年 1 月 4 日，申请人向常州市钟楼区劳动争议仲裁委员会申请仲裁，要求解除与劳务公司的劳动关系，并且上述两公司共同支付各项工伤保险待遇计 475 206 元。该仲裁委员会做出仲裁裁决支持申请人的仲裁请求。

工业公司不服仲裁裁决，提起诉讼，请求判令其无需支付雷宇靖工伤保险待遇，其理由主要是《最高人民法院关于审理工伤保险行政案件若干问题的规定》第三条第一款第（二）项规定，即"劳务派遣单位派遣的职工在用工单位工作期间因工伤亡的，派遣单位为承担工伤保险责任的单位"。一审法院认为，劳务派遣单位违反规定给劳动者造成损害的，劳务派遣单位与用工单位承担连带赔偿责任，遂判决劳务公司向被告雷宇靖支付工伤保险待遇，工业公司对劳务公司的前述工伤待遇支付义务承担连带赔偿责任。

工业公司不服一审判决，提起上诉，上诉理由与一审诉讼意见基本一致。后二审法院审理认为，用工单位给被派遣劳动者造成损害的，劳务派遣单位与用工单位承担连带赔偿责任，故驳回上诉，维持原判。

（资料来源：袁良军. 派遣工发生工伤用工单位是否承担连带责任. http://www. ft22.com/pingxi/6411.html，2016-01-17，有改动）

【分析】

上述案例的争议核心，就是劳务派遣用工中用工单位承担法定连带赔偿责任的问题。《最高人民法院关于审理工伤保险行政案件若干问题的规定》第三条第一款第（二）项规定，"劳务派遣单位派遣的职工在用工单位工作期间因工伤亡的，派遣单位为承担工伤保险责任的单位"。《劳务派遣暂行规定》第十条也明确规定"劳务派遣单位承担工伤保险责任"。从字面上来看，该规定似乎排除了用工单位的赔偿责任，劳务派遣单位才是对被派遣劳动者承担工伤保险责任的唯一单位。对于用工单位而言，这岂不是最佳的防御盾牌？此案中，用工单位的代理人也是反复强调该规定，但两级法院并未理会，而是判令用工单位承担了赔偿责任。

《最高人民法院关于审理工伤保险行政案件若干问题的规定》第三条第一款第（二）项仅是明确了认定工伤主体问题，即在劳务派遣用工中，被派遣劳动者发生工伤的，应将工伤认定在劳务派遣单位名下，这样的规定是符合《劳动合同法》关于劳务派遣单位是用人单位的立法精神的。但这一规定，并不涉及被派遣劳动者发生工伤后劳务派遣单位和用工单位如何承担责任的实体问题，更不应作为抗辩用工单位无需承担赔偿责任的法律依据。

《劳动合同法》第六十二条规定："用工单位应当履行下列义务：（一）执行国家劳动标准，提供相应的劳动条件和劳动保护……（四）对在岗被派遣劳动者进行工作岗位所必需的培训。"此案中，用工单位明显违反了上述法律规定，存在过错且该过错与劳动者发生工伤事故显然有因果关系，应当按照《劳动合同法》第九十二条第二款规定执行，即用工单位给被派遣劳动者造成损害的，劳务派遣单位与用工单位承担连带赔偿责任。

四、劳务派遣用工的使用与管理

劳务派遣是开发和重新配置人力资源的一条重要渠道，是灵活有效配置劳动力资源的载体。选择劳务派遣用工的真正意义在于简化人力资源管理工作，使人力资源管理更加专业化；依法理顺劳动关系，有效减少劳动纠纷的发生；合法、合理地降低企业的用工成本。企业要想采用劳务派遣用工模式，最大限度地发挥劳务派遣用工的优势和作用，就应该注意劳务派遣对象的选择、派遣机构的选择、派遣协议的签订和对劳务派遣工的管理。

1. 劳务派遣对象的选择

根据《劳动合同法》，劳务派遣只能在临时性、辅助性或者替代性的工作岗位上使用。企业可根据上述法律规定，结合本企业的核心业务对工作岗位进行划分，通过与劳务派遣服务商的联盟和合作，将临时性、辅助性和替代性等岗位上的非核心人力资源外包给外部的服务商，从而集中企业有限的资源从事核心业务，以减少企业运营成本，增强人力资源活动在提升企业核心竞争力方面的作用。尤其是对于那些劳动密集型的中小型企业、人力资源管理能力不足的企业，以及将资金和精力集中于打造核心竞争力的企业，就可以对部分非核心部门和岗位选择劳务派遣这一用工形式。

2. 劳务派遣机构的选择[①]

用工单位使用劳务派遣这一形式用工时，首先要做的就是选择一家合适的派遣机构。用工单位可以考虑从四个方面去选择合适的劳务派遣机构。

（1）资质合法。这是对劳务派遣机构最基本的要求。用工单位一旦选择了不具有法定资格的劳务派遣机构，则存在用工风险，司法实践中常常出现此种情况下认定用工单位与劳动者之间存在劳动关系。企业可以通过审查行政部门批准的许可证和营业执照等资质证书来确认劳务派遣机构是否具备合法资质。

---

① 本部分参考自：董保华，杨杰：《劳动合同法的软着陆——人力资源管理的影响与应对》. 北京：中国法制出版社，2007年，第135-137页。

（2）风险转移程度。不同的劳务派遣机构有不同的用工风险承受度，企业应该选择能承受较多风险的派遣机构。具体而言，企业可以评估派遣机构有没有承担风险的责任意识，对不愿承担风险的派遣机构予以排除；企业应当考察派遣机构有没有预防风险的管理体系，对没有风险管理部门或机制的派遣机构予以排除；企业应当调查派遣机构应对风险的业务能力，对缺乏劳动法律问题处理经验和专业人员的派遣机构应予以排除。

（3）服务能力。劳务派遣机构可以在大量具体人力资源管理事务上为企业提供服务，企业可以从服务项目种类、服务网络分布、服务规模大小、服务水平高低、服务品牌知名程度等方面进行评估，选择其服务项目适合企业需求的派遣机构。

（4）派遣成本。企业使用劳务派遣就需要另外支付服务费用给派遣机构，企业应根据风险转移程度和服务能力来评估服务费用的高低。

3. 劳务派遣协议的签订[①]

《劳动合同法》对劳务派遣协议的签订提出了较多要求，一份完备的劳务派遣协议会大大降低企业在使用劳务派遣过程中的法律风险。用工企业在与劳务派遣机构签订派遣协议时，最关键的是注意派遣协议是否"权责明晰"，主要包括六个方面：

（1）明确规定派遣机构签订劳动合同的义务，防止派遣机构不签、迟签劳动合同。

（2）明确规定派遣机构有缴纳社会保险的法定义务并承担没有依法缴纳的法律责任，防止派遣机构不缴、漏缴社保。

（3）明确规定派遣机构发放工资的日期，并规定未经用工企业同意，派遣机构不得以任何名目直接扣除或拖欠员工工资，防止派遣机构无故拖欠克扣工资导致劳务派遣工难以安心工作以及不必要的纠纷。

（4）双方可以约定在哪些情形下可以将劳务派遣工退回劳务派遣机构以及退回方式。

（5）双方可以约定工伤事故、劳动纠纷如何处理，费用如何分摊。

（6）双方应当明确约定违约责任，用工企业在派遣协议中应明确规定派遣机构违约应承担所有损失并且用工企业有权解约。

4. 劳务派遣工的管理

用工企业应充分、正确理解相关法律对劳务派遣中用工单位所负的责任和义务，在不违法的前提下加强对劳务派遣工的管理，如加强对派遣员工的关注，关

---

① 本部分参考自：董保华，杨杰：《劳动合同法的软着陆——人力资源管理的影响与应对》. 北京：中国法制出版社，2007年，第137页。

注他们的工作条件、工作情绪与工作知觉，并且提供有效的激励，同时进行有效的考核。用工企业有必要专门针对受派遣员工制定不同的激励措施和考核办法，考核要能区分绩效的优劣，并采取不同的措施，如对绩效好的劳务派遣工提供将其转化为企业正式员工的奖励，而对不合格的劳务派遣工则根据派遣协议退回派遣机构。

案例分析

　　某电子公司与劳务派遣公司之间的劳务派遣协议即将到期，将其一名通过劳务派遣公司派遣来的员工李某退回劳务派遣公司，但李某主张自己与劳务派遣公司无任何关系，而与该电子公司存在事实劳动关系，并进一步要求电子公司支付五年工龄的经济补偿金及补缴欠缴的社会保险费。

　　电子公司后经查实，由于自己合作伙伴劳务派遣公司管理上的不规范和严重缺失，导致五年来李某与劳务派遣公司根本无任何劳动合同，未为李某缴纳任何社会保险费，也几乎没有对李某采取管理，当然也没有任何书面的证明双方建立劳动关系的证据。电子公司以前也曾多次要求该员工提交其与劳务派遣公司的劳动合同，李某均借故推托，但一直没有引起电子公司的重视。李某因此将电子公司告上仲裁庭，请求认定其与电子公司的事实劳动关系，并要求电子公司支付五年工龄的经济补偿金及补缴欠缴的社会保险费。

　　（资料来源：事实劳动关系的法律防治与证据保全. http://www.hefei148.com/display.asp?id=588，2008-05-14，有改动）

【分析】

　　劳务派遣作为一种新的用工方式，有着充分的便利性和灵活性。企业采取劳务派遣的方式可以有效外包劳动人事管理服务，节省人力资源成本，甚至可以转移或规避员工管理上的部分法律风险。但是，这些受益都是建立在良好的劳务派遣业务秩序和优质派遣企业基础上的，如果作为实际用工企业受托方的劳务派遣企业存在管理上的缺失，很有可能导致派遣员工和实际用工单位之间建立事实劳动关系，使实际用工企业遭受巨大的用工法律风险，并且造成大量的员工补偿金等赔付损失。

　　因此，对于使用劳务派遣这一用工形式的企业来说，规范劳务派遣是当务之急。首先，企业应当选择运转规范的劳务派遣企业；其次，要监督派遣企业的服务质量及履约情况，监督其与派遣员工签订书面合同；最后，注意留存和审查与派遣企业合作过程中产生的各种合同、约定和表单等内容。上述行为可以有效防止名义上的派遣用工关系转变为实质上的事实劳动关系。

第二节　非全日制用工

一、非全日制用工的定义

非全日制用工是在传统的全日制就业形式之外，为适应用人单位灵活用工和劳动者自主择业的需要，发展起来的新的用工形式。

《中共中央、国务院关于进一步做好下岗失业人员再就业工作的通知》明确指出："鼓励下岗失业人员通过非全日制、临时性、季节性、弹性工作等灵活多样形式实现就业。"根据该精神，原劳动和社会保障部发布了部门规章《关于非全日制用工若干问题的意见》，一些省（自治区、直辖市）也相继出台了地方规定。2007年6月29日，全国人大常委会颁布的《劳动合同法》第一次从法律层面上对非全日制用工进行了专节阐述。

《劳动合同法》第六十八条对非全日制用工形式做了明确界定："非全日制用工，是指以小时计酬为主，劳动者在同一用人单位一般平均每日工作时间不超过四小时，每周工作时间累计不超过二十四小时的用工形式。"可见，非全日制用工最主要的特征是以小时工为主要形式，劳动者不提供全日制劳动，因此，非全日制劳动者与用人单位之间建立的是一种非标准的劳动关系，或者说是特殊的劳动关系。针对这种非标准劳动关系，法律法规对劳动关系主体双方的权利义务也有着特殊的规定。

二、非全日制用工的法律规定

（一）非全日制用工主体

非全日制用工形式下，劳动者与用人单位之间建立的是劳动关系，对用人单位和劳动者的主体要求与标准劳动关系一致。但是，有两点需要引起充分注意。

（1）《劳动合同法实施条例》第三十条明确规定："劳务派遣单位不得以非全日制用工形式招用被派遣劳动者。"因此，劳务派遣单位在招用被派遣至其他单位的劳动者时，不得以非全日制用工的形式招用人员，但如果是招用在本单位工作的劳动者，劳务派遣单位仍可作为非全日制用工的主体。

（2）一些不属于劳动关系主体所从事的按小时计酬的劳动并不能认为属于法定的非全日制用工。例如，按照原劳动部的规定，学生与课外兼职单位建立的并非劳动关系,自然不属于劳动法意义上的非全日制用工[①];又如家庭雇主不属于劳动法规定的用人单位,所以家政服务中的小时工与家庭雇主之间也不是劳动关系,不属于劳动法意义上的非全日制用工。

（二）劳动合同形式

《劳动合同法》第六十九条第一款规定,"非全日制用工双方当事人可以订立口头协议"。也就是说,为了保持非全日制用工形式的灵活性以促进就业,非全日制用工既可以订立书面协议,也可以订立口头协议。

而且,《劳动合同法》和《关于非全日制用工若干问题的意见》都明确规定,非全日制用工双方当事人不得约定试用期。

（三）劳动报酬的支付

《关于非全日制用工若干问题的意见》中规定"非全日制用工的工资支付可以按小时、日、周或月为单位结算"。但根据《劳动合同法》,非全日制用工劳动报酬结算支付周期最长不得超过 15 日,即非全日制用工劳动报酬不得按月结算支付。而且,非全日制用工小时计酬标准不得低于用人单位所在地人民政府规定的最低小时工资标准,从法律上保障了非全日制用工劳动者的基本权益。

351

（四）多重劳动关系

非全日制用工允许劳动者同时建立一个以上劳动关系。《劳动合同法》第六十九条第二款规定,"从事非全日制用工的劳动者可以与一个或者一个以上用人单位订立劳动合同;但是,后订立的劳动合同不得影响先订立的劳动合同的履行"。而我国现行劳动法律法规是禁止全日制劳动者与多家用人单位建立多重劳动关系的。

（五）劳动关系的终止

根据《劳动合同法》第七十一条,"非全日制用工双方当事人任何一方都可以随时通知对方终止用工。终止用工,用人单位不向劳动者支付经济补偿"。相比之下,全日制用工情况下的用人单位在解除和终止劳动合同时需要受到更多的限制,也需承担更多的责任和义务。

（六）社会保险

在全日制用工的劳动关系中,社会保险实行用人单位和劳动者共同承担,单位负责缴纳的模式,而在非全日制用工中,由于可能存在一个以上的用人单位,

---

① 《关于贯彻执行〈中华人民共和国劳动法〉若干问题的意见》第十二条规定,在校生利用业余时间勤工助学,不视为就业,未建立劳动关系,可以不签订劳动合同。

故对非全日制用工社会保险执行特殊规定。《关于非全日制用工若干问题的意见》规定如下。

（1）从事非全日制工作的劳动者应当参加基本养老保险，原则上参照个体工商户的参保办法执行。符合退休条件时，按国家规定计发基本养老金。

（2）从事非全日制工作的劳动者可以以个人身份参加基本医疗保险，并按照待遇水平与缴费水平相挂钩的原则，享受相应的基本医疗保险待遇。

（3）用人单位应当按照国家有关规定为建立劳动关系的非全日制劳动者缴纳工伤保险费。从事非全日制工作的劳动者发生工伤，依法享受工伤保险待遇；被鉴定为伤残 5～10 级的，经劳动者与用人单位协商一致，可以一次性结算伤残待遇及有关费用。

可见，根据《关于非全日制用工若干问题的意见》，用人单位应当为从事非全日制工作的劳动者缴纳工伤保险费，基本养老保险由劳动者参照个体工商户自行缴纳；而基本医疗保险则自愿参加。但是，《劳动合同法》对非全日制用工的社会保险问题未做任何规定，各地政府多按上述《关于非全日制用工若干问题的意见》的规定执行，但也有例外。如《上海市劳动合同条例》第五十条规定："非全日制劳动者的劳动报酬按小时计算。劳动报酬包括小时工资收入和法律、法规规定应当缴纳的社会保险费等。"即规定用人单位将社会保险费用与工资一并发放，由劳动者自行缴纳。因此，用人单位应注意所在地政府对非全日制用工问题有何具体规定。

案例分析

郭某来到某食品加工公司从事非全日制工作，签订的非全日制合同中规定，每天的工作时间为 3 小时，每小时的工资为 15 元。郭某工作三个多星期后，因有另一用人单位承诺把他录用为全日制员工，郭某十分高兴，马上向食品加工公司提出辞职，准备终止与该公司的非全日制劳动合同后，前往新的用工单位报到，成为该单位的一名全日制员工。

郭某在食品加工公司办完了所有的离职手续，并提出让公司给自己结清这三个星期的工资。经理对郭某说："你在我们这里工作都不满一个月，还要什么工资呀？按公司规定，凡工作未满一个月的员工，一律不能享受任何工资待遇。"

"你们这规定太不合理了！"听了经理的话，郭某气愤地说道，"我的工资是按小时计算的，别说我已经干了三个多星期，就是只干一个小时，你们也得支付我一小时的工资。否则，我就去劳动监察大队告你们。"

经理一看郭某要动真格的了，赶紧让财务人员给他结清了工资。郭某拿到工资后，愤怒的情绪得到了平息。但在回家的路上，郭某碰到一位律师朋友，郭某把自己的遭遇跟律师说了一下。律师告诉他，食品加工公司虽然向他支付了工资，但由于当地政府规定的小时最低工资标准是 18 元，比公司给郭某的每小时 15 元高 3 元，因此公司支付给他的工资标准是违法的，同时公司支付工资的周期也违反了《劳动合同法》的有关规定。听了律师的这番话后，郭某真动怒了："他们简直欺人太甚，我马上就去劳动监察大队告他们去！"

（资料来源：左祥琦. 学好用好《劳动合同法》. 北京：北京大学出版社，2007：186-187，有改动）

【分析】

非全日制劳动合同一般是以小时为单位建立劳动关系的，因此，对非全日制劳动者计发劳动报酬通常也以小时为单位计算。我国《最低工资规定》第五条明确指出："最低工资标准一般采取月最低工资标准和小时最低工资标准的形式。月最低工资标准适用于全日制就业劳动者，小时最低工资标准适用于非全日制就业劳动者。"而且，根据《最低工资规定》第十三条，用人单位违反本规定第十二条规定的，由劳动保障行政部门责令其限期补发所欠劳动者工资，并可责令其按所欠工资的 1～5 倍支付劳动者赔偿金。

案例中的食品加工公司由于向郭某支付的小时工资 15 元低于当地政府规定的小时最低工资标准 18 元，违反国家的《最低工资规定》，因此劳动监察大队应责令其限期补发所欠郭某的工资差额，并可责令其按所欠工资的 1～5 倍支付郭某赔偿金。

另外，根据《劳动合同法》关于"非全日制用工劳动报酬支付周期最长不得超过十五日"的规定，公司在郭某已经为其工作三个多星期后，还没发过一次工资的行为也是违法的。

三、非全日制用工的使用与管理[①]

从《劳动合同法》对非全日制用工的规定可知，我国目前法律对这一用工形式的规定是较为宽松的，赋予了用人单位极大的用工自由和管理灵活度。在全日制用工成本过高、风险过大的情况下，企业可以通过合理使用非全日制用工予以应对，具体可以从三个方面着手。

（一）对工作岗位进行评估

非全日制用工与标准劳动关系相比具有用工灵活、成本较低、风险较小的特点。用人单位对绩效不好的人员可以随时更换，也不需要支付经济补偿。用人单位可以对用工岗位进行评估，对适合使用非全日制人员工作的岗位尽量使用非全日制人员。

---

① 本部分参考自：董保华，杨杰：《劳动合同法的软着陆——人力资源管理的影响与应对》. 北京：中国法制出版社，2007 年，第 138-139 页。

（二）加强劳动合同管理

在非全日制用工中，一旦发生劳动争议，用人单位第一步要做的就是证明双方之间是非全日制用工关系，而劳动合同无疑是确定用工性质最好的证明。书面合同有助于避免将非全日制用工与事实劳动关系相混淆，对用人单位而言有着减小用工风险的作用。因此，虽然非全日制用工不强求签订书面劳动合同，用人单位还是应当加强劳动合同管理，与员工签订书面合同，明确用工性质为非全日制，并对各项待遇进行约定。由于法律允许非全日制员工同时为一个以上的用人单位提供劳动，因此首先就存在着各用人单位之间工作时间协调的问题，同时各单位之间可能会存在竞争关系，因此单位在使用非全日制员工时应对此予以注意，可以从三个方面着手解决。

（1）在招用非全日制员工时应当对其基本情况进行全面了解，要求求职者说明在其他兼职单位的工作内容和工作时间等情况。对工作时间有冲突的以及在竞争对手、客户等有利益冲突单位工作的求职者不予录用。

（2）注重商业秘密管理。对涉及商业秘密的工作岗位一般不宜使用非全日制用工，如确需使用的，应当与员工签订保密协议。

（3）向员工说明单位不希望其从事某些领域的兼职，要求员工在有其他工作单位后予以报告。如在日常管理中发现员工在单位不允许兼职的领域工作时，及时与其结束劳动关系。

（三）注意地方性规定

《劳动合同法》对非全日制用工的社会保险、加班处理等问题未做规定，有待于有关部门做进一步规定，用人单位应当研究当地对非全日制用工的社会保险规定和其他的保护政策并注意执行，以保障劳动者的基本权益。如当地法规未就有关问题做出规定的，用人单位应当和劳动者约定处理办法。

案例分析

小李是某乳品公司的一名社区送奶工，双方订立了两年期限的劳动合同，合同约定工作时间为每周一至周六早上6~9点，公司为其缴纳各项社会保险。合同期满，小李决定不再续签劳动合同，与公司办理了劳动合同终止手续。当小李在办理社会保险的接续时，发现公司只为其缴纳了3个月的社会保险，之后就中断了。小李非常气愤，去找公司说理。公司人力资源部给出的答复却是：公司送奶工的岗位符合《劳动合同法》中规定的非全日制用工形式要求，所以，公司将此岗位变更为非全日制用工来管理了，是以小时为单位计算工资，所以停缴了社会保险。小李认为，自己对送奶岗位变更为非全日制用工管理一事全然不知，乳品公司不能单方决定停缴小李的社会保险。

双方对此争执不下，最终走上了仲裁庭。仲裁委员会经调查审理后认为，乳品公司调整送奶岗位用工形式的管理行为没有按照法定程序办理，所以此调整行为无效。乳品公司应为小李补缴 21 个月的社会保险。

（资料来源：全日制用工变非全日制应慎重. 人力资源，2009（10）：74，有改动）

【分析】

此案例的焦点在于：乳品公司将送奶工岗位变更为非全日制用工管理为何无效？

根据《劳动合同法》第三条，依法订立的劳动合同具有约束力，用人单位与劳动者应当履行劳动合同约定的义务。此案中，虽然送奶工的岗位特点符合《劳动合同法》中对非全日制用工形式的要求，但由于小李与乳品公司签订的书面劳动合同中，对社会保险的缴纳问题做出了明确的规定，所以乳品公司就必须按照合同中的约定，在劳动合同履行期间，为小李缴纳社会保险。

公司在没有告知小李、没有履行任何法定程序的情况下，将送奶岗位变更为非全日制用工管理，停缴了小李的社会保险，此种行为已经构成了单方变更劳动合同的行为，是不符合法律规定的。因此，劳动争议仲裁委员会裁决：乳品公司的调整岗位用工管理的行为无效，乳品公司应当按照原合同的约定履行义务。

根据《劳动合同法》，非全日制用工无疑是一种较标准劳动关系更为经济的用工模式。可以预见，在今后，会有越来越多的企业越来越多地采用非全日制用工。上述案例就是提醒有类似情况或者准备对部分岗位实行非全日制管理的企业，在将全日制用工转变为非全日制用工时需注意以下三个方面。

第一，调整的准备工作。这些准备工作包括企业管理者对非全日制用工形式的法律法规和政策的了解、对拟调整的岗位特点是否适合非全日制用工管理的判断和分析、对工作在拟调整岗位上的员工的心理感受和接受程度的预测等。

第二，企业管理层要经过全面的考察，做出是否执行非全日制用工的决定。

第三，依法履行变更程序，做好沟通工作。企业应当将决定意向以书面形式告知劳动者，征求劳动者意见，双方意见达成一致，变更手续办理完毕后方可进行调整。

思考题

1. 简述劳务派遣的三方主体及相互的权利义务关系。
2. 简述非全日制用工的定义及其法律特征。
3. 请阐述和评价我国对劳务派遣以及非全日制用工这两种用工形式的立法

4. 你认为我国现行法律对劳务派遣和非全日制用工的规定会对这两种用工形式产生什么样的社会影响呢？

5. 你认为我国企业在使用劳务派遣和非全日制用工这两种用工形式时应注意什么呢？

案例讨论一

1号店配送员单挑劳务派遣制

许某一直在1号店工作了一年零四个月，在1号店的要求下，许某先后同两家劳务派遣公司签订劳务派遣合同，分别为：深海人力资源服务公司、大陆人才资源开发公司。"我从来没有见过、接触过这两家劳务派遣公司。"许某说，"当初面试、签订合同、改签合同、发放工资等全部是由1号店所属公司负责。"为了生存，许某接受了1号店的全部要求和安排，却没想到仍在2013年11月底被无故解雇。据许某了解，1号店所有的配送员工都是采用劳务派遣的方式用工，派遣单位同样是上述两家劳务派遣公司。

2013年12月15日，许某向当地劳动监察大队进行了投诉，要求依法查处被投诉人违法使用派遣工等违法行为。2014年1月10日，许某又将1号店告上当地劳动人事争议仲裁委员会，要求确认与1号店的劳动合同关系，返还押金，支付工资、加班费、经济补偿金、社保等合计15万元。

（资料来源：周斌.案例解读《劳务派遣暂行规定》四大亮点.劳动报，2014-02-15，有改动。）

讨论题：

1. 根据我国法律规定，企业可以在哪些岗位上使用劳务派遣工？
2. 上述案例中，1号店在劳务派遣的使用上存在哪些不妥之处？

案例讨论二

用工单位不给钱，派遣公司不发饷？

曾某与某劳务派遣公司签订了一年期劳动合同，被派入某物流公司负责货物搬运。半年后，物流公司以资金周转困难为由，一直未向劳务派遣公司支付任何费用，劳务派遣公司也因此开始拖欠曾某的工资，并停止为其缴纳任何社会保险费用。同年 12 月 25 日，曾某在搬运货物时不慎摔伤，经医院诊断为小臂骨折，物流公司随即对曾某做出了解除劳务用工关系的决定。12 月 28 日，曾某找到劳务派遣公司，要求其支付拖欠的工资并报销摔伤的治疗费用。劳务派遣公司认为是物流公司违约在先，一直拖欠费用，才导致拖欠了曾某工资，也不能为其缴纳社会保险费，物流公司应当承担所有责任。而物流公司则认为，曾某是劳务派遣公司的员工，理应依法为其发放工资，缴纳社会保险费用；发生了工伤事故，也应当由派遣公司解决，而且与曾某已解除了劳务用工关系，与物流公司无任何关系。曾某无奈之下向当地劳动争议仲裁委员会提出申请，要求获得拖欠的工资及工伤补偿，并继续履行与劳务派遣公司的劳动合同。

（资料来源：用工酒店不给钱，派遣公司不发饷？. http://arts.veryeast.cn/lawcase/10627_1.shtml，2011-02-10，有改动）

讨论题：

1. 分析此案中曾某、劳务派遣公司、物流公司三者之间的法律关系。

2. 物流公司对曾某做出的解除劳务用工关系的决定是否有效？物流公司应如何正确处理与曾某之间的关系？

3. 劳务派遣公司认为，物流公司一直拖欠费用，所以才导致拖欠了曾某工资，也不能为其缴纳社会保险费，物流公司应当承担所有责任，这种观点是否正确？劳务派遣公司应如何正确解决物流公司拖欠费用的问题？

4. 曾某的仲裁请求能否得到支持？曾某的工资及工伤补偿应由谁来支付？

案例讨论三

非全日制用工纠纷案

徐某在某商务会馆公司担任修脚技师一职。工作期间，双方先后连续订立 6 次非全日制劳动合同，最后一份合同截止日期为 2021 年 1 月 15 日，该公司未为徐某缴纳社会保险费。徐某月工资不固定，无底薪，工资按月支付，全部为提成工资，月均工资为 5314 元。2021 年 3 月 19 日，徐某以未为其缴纳社会保险费为由，向公司发出书面通知解除劳动关系。

2021 年 3 月 25 日，徐某向劳动人事争议仲裁委员会提出仲裁申请，要求会馆公司支付解除劳动合同经济补偿。庭审中，会馆公司主张，徐某属于非全日制用工，实行计件工资制，没有社会保险，对其工作时间没有要求，也不要求打卡，有客人来就工作，没有客人就休息。每周有一天休息，因属于非全日制用工，故不同意支付解除劳动合同经济补偿。

　　徐某则主张，其每天下午 1 点上班，晚上 12 点下班，每周有一天休息需要申请，公司批准后可以休。针对工作时长的主张，徐某提交了其与上级主管的微信聊天记录予以佐证。该微信聊天记录显示，徐某称"每天下午 1 点到夜里 12 点的熬夜工作，单位没有给缴纳社保没有医疗保障……"，对方回复有"如果是班次的话可以调整""因为现在就两个人，所以时间比较长"等内容，会馆公司认可上述微信聊天记录的真实性。徐某要求会馆公司支付解除劳动合同经济补偿 53140 元。

　　（资料来源：超过用工时长非全日制劳动合同，不能成为免责挡箭牌. http://wap.51ldb.com/shsldb/wq/content/018671f6dd11c0010000df844d7e124a.html, 2023-02-21，有改动）

讨论题：

　　1. 此案的争议焦点是什么？

　　2. 什么是非全日制用工？此案中会馆公司与徐某的用工关系是否属于非全日制用工？请阐述理由与法律依据。

　　3. 案例公司是否应向徐某支付解除劳动合同的经济补偿？